高等学校法学系列教材

律师制度与实务

主　编◎陈　宜　王进喜

副主编◎司　莉

撰稿人◎（以撰写章节先后为序）

陈　宜　司　莉　王进喜

宗　源　周院生　胡占山

张晓维　张　宏　许身健

王才亮　覃　慧　杜国栋

中国政法大学出版社

2023·北京

图书在版编目（ＣＩＰ）数据

律师制度与实务 / 陈宜，王进喜主编.—北京：中国政法大学出版社，2023.11
ISBN 978-7-5764-0679-5

Ⅰ.①律… Ⅱ.①陈…②王… Ⅲ.①律师制度②律师业务 Ⅳ.①D916.5

中国版本图书馆CIP数据核字(2023)第144471号

书　　名	律师制度与实务 LÜSHI ZHIDU YU SHIWU
出　版　者	中国政法大学出版社
地　　址	北京市海淀区西土城路 25 号
邮　　箱	fadapress@163.com
网　　址	http://www.cuplpress.com (网络实名：中国政法大学出版社)
电　　话	010-58908435(第一编辑部) 58908334(邮购部)
承　　印	保定市中画美凯印刷有限公司
开　　本	720mm×960mm　1/16
印　　张	20
字　　数	403 千字
版　　次	2023 年 11 月第 1 版
印　　次	2023 年 11 月第 1 次印刷
印　　数	1～4000 册
定　　价	59.00 元

　　陈　宜　中国政法大学教授。中国法学会律师法学研究会常务理事、副秘书长。2003 年曾担任律师法修改专家起草小组组长，2008 年律师事务所管理办法个人律师事务所课题小组组长，2018 年《中华人民共和国律师法》修改专班成员。主要担任《律师学》《法律职业规则》《法律职业伦理》《大学生职业素养提升》等课程的授课教师。主要研究领域：律师制度和法律职业伦理、基层法律服务。出版专著《律师执业组织形式和律师管理体制研究》《我国基层法律服务工作者的现状与发展对策研究——兼论法律服务市场的规制》，主编《律师公证制度与实务》《律师职业行为规则概论》《律师职业行为规则论》《新编法律职业伦理》《法律职业伦理》等多部教材，《北京律师发展报告（No. 1～No. 5）》主要撰写人，发表学术论文数十篇。

　　王进喜　法学博士，博士研究生导师，中国政法大学法学院教授、律师学研究中心主任，司法部律师惩戒委员会委员，中国法学会律师法学研究会副会长；2008 年度教育部新世纪人才支持计划入选者，2010 年教育部长江学者和创新团队发展计划"证据科学研究与应用"创新团队负责人；澳大利亚新南威尔士大学 2009～2012 年度客座研究人员，2002～2003 年度美国西北大学法学院美国富布莱特项目研修学者，2010 年 9 月～2011 年 6 月美国加州大学戴维斯分校法学院高级访问学者。主要著作有：《律师管理体制比较研究》《律师法实施与再修改问题研究》《律师公证制度与实务》《法律职业伦理》《新编法律职业伦理》《法律职业行为法（第二版）》《法律伦理的 50 堂课》《美国律师职业行为规则理论与实践》等。主要译作有：《律师的麻烦》《苏格兰诉辩律师协会诉辩律师职业行为指引和惩戒规则》《面向新世纪的律师规制》《律师的职业责任与规制》《现代律师事务所管理：新的挑战，新的视角》等。

　　司　莉　河南财经政法大学教授，硕士研究生导师，河南省律师学研究会副会长，具有三十余年律师执业经历，曾任全国律师协会教育委员会和宣传委员会委员、河南省律师协会纪律委员会委员。著有《律师职业属性论》《律师职业操守》，主编或参编《法律职业道德》《法律论辩》等全国性教材 11 部，主持完成河南省哲学社会科学规划课题《法律职业伦理内化实施机制研究》及河南省政府决策招标课题《河南省加强社会管理创新问题研究》《社会转型中农村法律服务问题研究》等省级、厅级项目三十余项；发表《司法一元化简论》《论法律职业者之正义》《律师职业功能正义性的悖反与统一》《律师保密义务有关理论问题探讨》等学术论文四十余篇。其中，个人专著《律师职业属性论》获得河南省社会科学优秀成果二等奖（省级），学术论文《理想与现实之间——农村法律服务机制的科学建构》获司法部全国司法行政理论研究优秀成果奖二等奖，《社会转型中农村法律服务问题研究》获得河南省发展研究奖三等奖（省级）。

编写说明

党的十八大以来，以习近平同志为核心的党中央将全面依法治国纳入"四个全面"战略布局，明确习近平法治思想在全面依法治国中的指导地位，作出一系列重大决策部署，高度重视律师工作，将律师工作摆在全面依法治国的重要位置统筹推进，为我国律师事业发展指明了前进方向。习近平总书记多次对律师工作作出重要指示，强调律师队伍是依法治国的一支重要力量，要把拥护中国共产党领导、拥护我国社会主义法治作为从业基本要求，坚持正确政治方向，依法规范诚信执业，认真履行社会责任，满腔热忱投入社会主义法治国家建设。

党的二十大报告首次单独把"法治建设"作为专章论述，进行专门部署，充分体现了以习近平同志为核心的党中央对全面依法治国的高度重视，律师作为依法治国的重要力量，坚持正确的政治站位，提升自身素质，打造一支高质量发展的律师队伍，成为党和人民满意的好律师至关重要。深学笃行习近平法治思想，全面贯彻党的二十大精神，对律师队伍的建设具有重要意义。

2013 年 11 月，党的十八届三中全会把改革完善律师制度作为全面深化改革的重要内容作出部署。2014 年 10 月，党的十八届四中全会通过《中共中央关于全面推进依法治国若干重大问题的决定》，从依法治国全局高度对加强新时期律师工作和律师队伍建设作出部署。2015 年 9 月，中央全面深化改革领导小组第十六次会议审议通过了《关于深化律师制度改革的意见》，明确了深化律师制度改革的指导思想、基本原则、发展目标，从完善律师执业保障机制、健全律师执业管理制度、加强律师队伍建设、充分发挥律师职能作用等方面作出全面部署。2016 年 5 月，中央全面深化改革领导小组第二十四次会议审议通过了《关于发展涉外法律服务业的意见》，明确提出要建立一支通晓国际规则、具有世界眼光和国际视野的高素质涉外律师人才队伍，建设一批规模大、实力强、服务水平高的涉外法律服务机构。2019 年 10 月，党的十九届四中全会从坚持和完善中国特色社会主义制度、推进国家治理体系和治理能力现代化的高度，对完善中国特色社会主义律师制度提出明确要求。2020 年 12 月以来，党中央先后印发《法治社会建设实施纲要（2020-2025 年）》《法治中国建设规划（2020-2025 年）》《法治政府建设实施纲要（2021-2025 年）》，统筹谋划和推进全面依法治国，对充分发挥律师在全面依法治国中的作用作出具体部署。

为贯彻十八大精神，司法部、全国律协出台了一系列举措，推进律师制度改革。制定了《关于进一步加强律师职业道德建设的意见》《律师职业道德基本准则》《关于进一步加强律师协会建设的意见》等系列文件，修订了《律师事务所管理办法》和《律师执业管理办法》《律师协会会员违规行为处分规则（试行）》等规定。同时，积极会同有关部门研究完善了律师执业的保障机制。2017 年 3 月底前，在全国实现了律师协会律师执业权利中心、投诉受理查处中心建设的全覆盖。2017 年 10 月，中国共产党全国律师行业委员会成立，全国 31 个省（区、市）、新疆生产建设兵团和 435 个地市（含直辖市的区县）相应成立了律师行业党组织，加强对律师行业党建工作的指导。

截至 2022 年底，全国共有律师 65.16 万多人，律师事务所 3.86 万多家，公职、公司律师队伍也得到壮大，律师事业创新发展，律师工作取得新的成效。广大律师始终不渝坚持党的领导，在立法、执法、司法、守法等领域发挥职能作用，作出积极贡献。律师积极开展法律援助工作，参与信访工作、民营企业"法治体检"，充分发挥律师在维护群众合法权益、化解矛盾纠纷、促进社会和谐稳定中的重要作用。我国法律服务市场对外开放也迈出新步伐，（上海）自由贸易试验区探索密切中外律师事务所业务合作试点，广东省开展内地律师事务所与港澳律师事务所合伙联营试点及内地律师事务向香港律师事务所驻粤代表机构派驻内地律师担任内地法律顾问试点。"一带一路"律师联盟成立，"一带一路"法律服务理论和实践体系逐步形成。

主编所在的律师法学研究团队自 1990 年律师学教研室成立伊始，就开始了《律师学》的教学和有关律师制度的理论研究，长期、深入地关注律师法学领域，与实务部门、律师管理部门密切合作，进行了大量的调研工作，通过发放问卷、座谈、走访等方式，获得丰富的一手材料，以问题为导向进行研究，取得了系统、全面的成果，研究内容已涵盖了律师法学的主要内容。2007 年，主编邀请了河南省政法管理干部学院司莉老师、西南政法大学徐新跃老师、中国政法大学许身健老师，以及当时在司法部律师公证指导司长期负责管理工作、起草律师法和律师管理文件的周院生副司长、胡占山处长，中华全国律师协会发展战略委员会委员、民事委员会委员王才亮律师，"全国优秀律师"张晓维等共同编写了《律师公证制度与实务》，并在 2013 年进行了修订，该书在使用中获得了普遍好评。本书是在《律师公证制度与实务》2013 年修订版的基础上，根据十八届三中全会以来律师业的发展、律师法学的研究成果，结合最新国内外资料的基础上，对律师制度进行了全面、系统的阐述，是理论与实践的结合，兼备理论性和实践指导意义。本书有利于开阔研究律师制度的视野，加深人们对律师制度的认识，促进我国律师制度的完善。本次教材编写内容及编写人员也进行了一些调整，覃慧博士、杜国栋博士、张宏博士、博士生宗源等新生力量的加入，让本书编写小组年龄、资历结构更为合理。

全书共十四章，由编写人员按照分工撰写，最后由主编统改定稿。由于水平有限，不足之处敬请读者批评指正，以便再版时予以修订。

本书的撰写分工如下（以撰写章节先后为序）：

陈　宜：第一章，第三章第三节，第四、五、十章；

司　莉：第二、八章；

王进喜：第三章第一至二节；

宗　源、周院生：第六章；

胡占山：第七章；

张晓维、张　宏：第九章；

许身健：第十一章；

王才亮、覃　慧：第十二章；

杜国栋、王才亮：第十三章；

杜国栋：第十四章。

衷心希望通过学者和律师们的共同努力，使这本教材在全面系统地介绍我国律师制度的同时，能够固化理论研究成果，注重理论与实践的结合，培养法学学生职业精神及其基本职业技能。最后，衷心感谢中国政法大学出版社的编辑们为本书所做的工作。

主编：陈宜　王进喜
2023 年 8 月于北京

第一章　律师制度的产生和发展

■ 学习目的和要求

通过本章的教学让学生了解律师制度产生和发展的历史，系统地总结历史上多种类型律师制度的有益经验，并加以批判地借鉴、利用和吸收，以利于我国律师制度的建设。通过了解律师制度的产生和发展，让学生探究律师和律师制度的最初形态，律师制度得以产生的一系列客观条件和因素以及这些条件和因素在律师制度的演变过程中所起的作用，研究律师制度发展的规律。

■ 重点及难点

律师制度产生的社会原因；中华人民共和国律师制度的发展历程。

律师制度是司法制度的一个重要组成部分，但是律师制度作为一种法律现象不是随着国家与法的出现而出现的，而是法律发展到一定阶段的产物。律师制度的产生与发展经历了一个漫长的过程。通过了解律师制度的产生和发展，我们可以探究律师和律师制度的最初形态，律师制度得以产生的一系列客观条件和因素以及这些条件和因素在律师制度的演变过程中所起的作用，研究律师制度发展的规律。正如列宁所说："最可靠、最必需、最重要的就是不要忘记基本的历史联系，考察每个问题都要看某种现象在历史上怎样产生，在发展中经过了哪些主要阶段，并根据它的这种发展去考察这一事物现在是怎样的。"[1] 学习律师制度产生和发展的历史，目的在于系统地总结历史上多种类型律师制度的有益经验，并加以批判地借鉴、利用和吸收，以利于我国律师制度的建设。

---

　〔1〕《列宁选集》（第2卷），人民出版社1972年版，第43页，转引自戚其章：《马克思主义的历史主义是关于历史联系的科学》，载《东岳论丛》1983年第3期。

第一节 西方律师制度的产生和发展

一、西方国家律师制度的萌芽

据史料记载，早在公元前 5 世纪至公元前 4 世纪，古希腊雅典已出现"雄辩家"的活动。当时古希腊雅典的诉讼分为侦查与庭审两个阶段，在庭审阶段，允许双方当事人发言进行辩论，也允许当事人委托他人撰写发言稿，并允许被委托人在法庭上宣读，法官听取辩论，并检验双方提出的证据，作出裁决。由于法官的裁决取决于双方当事人的辩论结果，善辩对法官的影响是显而易见的，当事人觉察到法官易受善辩的影响，于是不惜花钱雇佣精通法律而又口齿伶俐的人来为自己在法庭上辩论。这种受委托在法庭上为他人辩论的人被称为"雄辩家"，有点类似于现在的诉讼代理人。由于他们的活动并没有形成一种职业，诉讼代理人也没有形成一个阶层，因此，只应将其视为律师制度的萌芽。

二、西方国家律师制度的雏形

（一）律师制度的雏形最早出现在罗马奴隶制时期

罗马律师制度被认为是世界各国律师制度的初级形式。古罗马并没有律师和律师制度，但其所谓"保护人"制度，与后世的诉讼代理制度相近，后来发展为律师制度。

1. 古罗马的"保护人"制度。马尔库斯·图利乌斯·西塞罗（Marcus Tullius Cicero）在《论演说家》中说道："在希腊，那些卑微的人以微薄的报酬为保护人提供着法庭协助。而在我们的社会却恰恰相反，那些最体面的、尊贵的人正在从事着这样的工作。"根据提图斯·李维（Titus Livius）在史料《自建城之初》（Liv. 44. 11-12）中的记载，在这一时期为当事人提供辩护的人被笼统地称为"诉讼保护人"（patroni causarum）[1]。

古罗马的"保护人"制度是指保护人代表被保护人进行诉讼行为，也就是由被告人的亲戚朋友陪同被告人出席法庭，在法庭审理时为被告提供具体意见和帮助。当然，能够作为保护人的只是少数地位显赫的公民，而且这种诉讼代理人的选任，必须在法庭上为之，选任时还得用一定的术语，相对人也须到场，被选任的人可以不到场，事后承认即可，代理人以自己的名义出庭诉讼。

2. 古罗马的辩护士。公元前 3 世纪，僧侣贵族对法律事项的垄断被取消以后，只要是权利能力不受法律限制的罗马公民，都享有出席法庭为诉讼当事人利益进行辩护的资格，诉讼代理制度渐次扩大了适用范围，一些善于辞令的人就经常代人出

---

[1] Cicerone, *De oratores 1*, p. 198. 转引自黄美玲：《律师职业化如何可能——基于古希腊、古罗马历史文本的分析》，载《法学家》2017 年第 3 期。

庭辩护和代人办案，被称为辩护士。在著名的古罗马法律文献《十二铜表法》中也有关于辩护士活动的记载。有研究表明，法庭辩护士产生于罗马共和国后期，

由于这一时期程式诉讼和法律关系相对简单，加之法庭辩护从一开始就是一种独特的法律活动，固然需要一定的法律知识，但也要求相当的机智与辩才，因而，主要是修辞学校培养的演说家而不是专修法律的学生成了最早的辩护士。到了罗马帝国前期，虽然对法庭辩护士的法律知识的要求有所提高，但这一时期的法庭辩护士们仍然缺乏系统、全面的法律知识。到了帝国后期，在东罗马，法庭辩护士这一职业发生了重大的变化，完成了从演说家到职业律师的嬗变。[1]

3. 罗马律师制度的产生。在共和国后半期，罗马国经济生活迅速发展，各种社会矛盾也日趋尖锐，古代的法律规范已难以适应新的形势，统治阶级为了维护其统治秩序，缓和社会矛盾，制定和颁布了大量的法律、法规。但由于社会经济生活日益复杂化，法律又尚未完备，统治阶级不得不借助法学家的研究活动和他们的著述，以弥补法律上的某些不足，因而法学家的活动十分活跃，他们不仅从事法学研究、著书立说，而且负责解释、答复法律上的疑难问题，编撰合法证书，指导当事人诉讼。逐渐地，法学家集法律顾问、律师和法学研究人员三种身份于一体的崇高社会地位得以确立。罗马皇帝又进一步以诏令的形式承认了诉讼代理制度，律师可为平民咨询法律事项提供服务，法律也允许他人委托和聘请律师从事诉讼代理活动，而且国家还通过考试制度来遴选具有法律知识的善辩之人担任诉讼代理人，规定他们代理诉讼可以获得相当的报酬，职业律师阶层得以形成，律师制度得以确立。

（二）罗马律师制度的特点

1. 实行"二元制"的律师制度。罗马统治者出于各种考虑，将全国划分为若干个司法管辖区，每一个司法管辖区内都有一定限额的从业律师从事律师业务活动，且不得超过此限额。此外还存在候补律师，候补律师不能从事律师业务活动，只有当从业律师的名额空缺时才可以递补。从业律师具有很高的社会地位。

2. 取得律师资格的条件相当严格。罗马时期，公民要成为律师须具备以下条件：①必须具有完全的行为能力。依据罗马法规定，行为能力以权利能力为前提，只有同时具备自由权、市民权、家属权，才能在政治、经济和家庭等方面享有完全的权利能力。三种身份权中有一个消失或发生变化，即所谓"人格减等"，就不能享有完全的权利能力。如此规定就排除了未成年人、精神病人、奴隶以及异邦人成为律师。因此，真正有资格当选的是同时具有三种身份权的罗马公民。②必须是男性公民。③必须具备相当的法律知识。古罗马的法学教育程度很高，在历史上首创了5年制法律教育的典型，与此同时，受过专门的高等法律教育，便成为国家任免司法官吏及律师的先决条件。罗马帝国后期至查士丁尼时代的法律规定：申请从事律师职业

---

〔1〕　金敏：《古罗马的法庭辩护士》，载《浙江社会科学》2006年第4期。

的人，必须受过 5 年的法律教育。所以，罗马时期的律师基本上是法学家或长期从事法律教育和研究的人。

公民取得律师资格后，需参加律师团体，接受执政官的领导和监督。

3. 律师业务范围较为广泛。罗马律师的业务范围包括参与诉讼，担任代理人和辩护人；代公民起草和书写合同、诉讼及其他法律文书；解答司法、行政官员和公民提出的各种法律问题；指导辩护人进行法庭辩论。此外，他们还研究法律、著书立说、从事法学教育工作。

4. 律师的社会地位较高。罗马律师一般都具有渊博的知识和雄辩的口才，备受社会的尊重和推崇。政界的权威人士多出自律师。

（三）律师制度产生的条件

任何社会现象的产生都有着深刻的阶级根源和经济根源。作为一种法律现象的律师制度的产生也不例外。律师制度起源于罗马奴隶制国家也正是由于当时的罗马存在一系列使律师制度产生的政治、经济及法律条件。

1. 律师的活动有利于维护统治阶级的统治秩序。罗马奴隶制时期，原始商品经济已相当发达，这种经济关系愈发达，它反映在法律上的财产关系便愈复杂。同时，随着商业的发展和罗马征服地区的扩大，罗马公民与异邦人以及被征服地区广大居民间关于适用法律的矛盾也越来越突出，古代的法律规范已无法调整社会中层出不穷的各种法律关系。为此，统治阶级颁布了大量法律、法规、规定，以求适应罗马奴隶制经济的发展和统治阶级利益的要求。然而，不管罗马私法在当时怎样完备，也始终无法将层出不穷的各种法律关系概括无遗，这就需要通过司法活动来弥补法律的不足，而当时的法学家们研究法律、著书立说、参与诉讼、编撰法律文书、解答法律问题的一系列活动，正好起到了这一作用，有利于维护统治阶级的统治秩序。因此，律师的活动为统治阶级所认可，并受到重视，诉讼代理制度也被皇帝以诏令的形式加以确认。

2. 律师的活动迎合了奴隶主阶级参与市场贸易的需要。奴隶主阶级作为市场贸易的积极参与者，不可能通晓所有调整财产关系和人身关系的法律规范，他们为了进行经济交往，及时解决各种纠纷，就需要通晓法律的人士的帮助，职业律师的出现正迎合了奴隶主阶级的需要。

3. 辩论式的诉讼结构使职业律师的出现有了可能。罗马的刑事、民事案件大都实行公开审理，与公开审理相应，案件审理采取法庭辩论的原则，被控诉人享有与控诉人相同的权利，双方诉讼地位平等，在法庭上可以充分陈述自己的意见，提出证人证据，反驳对方的诉讼请求，而且可以委托他人代理诉讼，向法庭表述意见，法官本身不调查取证，只根据双方辩论的结果作出裁判。一方面，在辩论式的诉讼结构下，当事人被允许委托他人代理诉讼，从而使律师的出现成为可能；另一方面，由于诉讼的结果取决于双方的辩论，通晓法律的人士善辩的口才总是能给法官的裁决造成影响，这也促使当事人愿意花钱请律师代理诉讼。

由于上述因素和条件的存在，加之罗马有法学家担任法律顾问指导办案的传统，所以罗马律师制度的产生是一种历史的必然。

三、西欧封建制时期的律师制度

（一）西欧封建制时期律师制度的衰落

公元 5 世纪，日耳曼人侵入西罗马，西罗马帝国灭亡，欧洲大陆自此进入封建社会。自给自足的自然经济取代商品经济占据了主导地位。在诉讼制度上，废除了辩论式的诉讼形式，以与封建政治统治相适应的纠问式的诉讼形式取而代之，在审理中，广泛地采用刑讯逼供，强迫被告人作出有罪的供认，并不准其抗辩，诉讼当事人完全是被审讯、拷问的对象，毫无诉讼权利可言。法官主动询问当事人和证人，以查清事实，为判决提供根据。律师制度几乎失去了赖以生存的社会条件，走向衰落。恩格斯曾经说过，西欧中世纪"从没落了的古代世界承受下来的唯一事物就是基督教和一些残破不全而且失掉文明的城市"〔1〕。"政治和法律都掌握在僧侣手中，也和其他一切科学一样，成了神学的分支，一切按照神学中通行的原则来处理。"〔2〕宗教的权势很大，在诉讼中起着很大作用，律师制度也不得不被打上这一历史的烙印。在法国，12 世纪以前，有资格担任律师的是僧侣阶层，他们主要在宗教法院执行职务，世俗法院的诉讼中，虽然也允许当事人请律师辩护，但只有僧侣阶层的人才能充当辩护人和代理人的角色。这些僧侣参加诉讼的目的，不是维护当事人的利益，而是向当事人灌输宗教思想，让刑事被告人认罪服刑。在英国，13 世纪以前，只要诉讼当事人申请到专门的"国王许可证"，并到法庭上证明其有代理权时，任何公民都可以作为代理人参加诉讼。在教会法逐渐渗入世俗法院后，诉讼代理权转移到了僧侣手中，法律规定，除僧侣外的主体不得被委托为诉讼代理人。

（二）西欧封建制律师制度的复兴

13 世纪末，法国腓力四世因向教会领地征收土地税，和教皇卜尼法八世发生冲突，结果教会权力被大大削弱，僧侣被禁止在世俗法院执行律师职务，代之以受过封建法律教育、经封建统治者严格挑选、受国会严密监督的律师。这些律师站在国王一边，尽力帮助国王维护国家的集权和统一，受到王权的保护。12 世纪，英国亨利二世进行了司法、军事方面的改革以及限制教会权力的斗争，大大加强了王权，僧侣被禁止在世俗法院执行律师职务。13 世纪中叶，国内外对羊毛的需求刺激了牧羊业和羊毛加工业的发展，羊毛的生产、加工、贸易十分活跃，商品经济逐步成为

---

〔1〕 《马克思恩格斯全集》（第 7 卷），人民出版社 1959 年版，第 400 页。转引自李小辉、罗春梅：《马克思恩格斯关于宗教与教育基本关系的探析》，载《沧州师范学院学报》2013 年第 1 期。

〔2〕 《马克思恩格斯全集》（第 7 卷），人民出版社 1959 年版，第 392 页。转引自牛苏林：《恩格斯论僧侣、神学异端和禁欲主义——〈德国农民战争〉与宗教问题》，载《青海社会科学》1998 年第 1 期。

社会经济的主要成分。在政治上，1265 年国会正式成立，并且权力日益扩大，从监督财政支出开始逐渐取得有限的立法权，立法的范围涉及民法、刑法和诉讼制度等广泛领域。与此相适应，社会上出现了学习、研究法律的职业阶层。英国的诉讼结构主要是辩论式，诉讼当事人地位平等，并享有一定的诉讼权利。这一系列政治、经济、法律条件的出现，使英国的律师制度兴旺起来。同时，英国的法庭审理中采用直接言词原则，当事人必须以言词的方式在法庭上陈述，并且不得更改，而其代理人在法庭上的陈述则可以更改，这也促使当事人倾向于委托诉讼代理人。公元 11 世纪，欧洲大陆开始了"复兴罗马法"的热潮，对罗马法的重新研究也随诺曼底人对大不列颠的征服传到英国，古罗马的律师制度对英国律师制度的建立也产生了影响。14 世纪初，英国成立了四大律师院和其他一些较小的律师学院，专门负责培训律师，律师的活动范围也日益广泛。16 世纪，英国律师开始划分为大律师和小律师，形成了英国律师的二元制度。

（三）资本主义律师制度的产生

封建社会末期，一些资产阶级启蒙家和思想家（如洛克、里尔本、孟德斯鸠等）无情地抨击了封建社会的政治制度和法律制度，提出"天赋人权""主权在民""平等、自由、博爱"等新思想，法国著名思想家伏尔泰（Voltaire）提出了在审判中广泛实行辩护的主张。17 世纪，英国小资产阶级政党平均主义派在其《人民约法》宣言中提出了"被告有亲身辩护或者请人辩护的权利"。意大利法学家切萨雷·贝卡利亚（Cesare Beccaria）在《论犯罪与刑罚》中，强烈反对纠问式诉讼，认为应该给被告人以辩护权。英国的约翰·洛克（John Locke），法国的德尼·狄德罗（Denis Diderot）、孟德斯鸠（Montesquieu）等思想家也都提出在诉讼中必须用辩论式代替纠问式，当事人（尤其是被告人）有权为自己辩护，有权请律师或其他公民为自己辩护。资产阶级革命成功后，资本主义各国都在宪法和法律上肯定了律师制度。1679 年《英国人身保护法》首次明文确立了诉讼中的辩论原则，承认被告人有权获得辩护；1791 年《美国宪法修正案》第 6 条规定，被告人在一切刑事诉讼中享有法庭律师为其辩护的协助；同年颁布的《法国宪法》也规定了在整个刑事诉讼中"不得禁止被告人接受辩护人的援助"，1808 年《法国刑事诉讼法典》又将律师制度系统化。由于资本主义社会具备适合律师制度发展的政治、经济、法律条件，所以律师制度一经法律确定，便得到空前的发展，律师在社会生活中的作用越来越重要，活动范围越来越广泛。

第二节　中华人民共和国成立前
律师制度的产生和发展

封建制的古代中国，实行集权统治，自给自足的自然经济占统治地位，实行纠问式的诉讼形式。被告人是被刑讯拷打的对象，有时原告甚至证人也会被进行刑讯，当事人根本无诉讼权利可言，更谈不上委托他人代为行使权利。由于缺乏律师制度产生的基础，中国古代虽然存在一些类似现代代理和辩护的现象，但始终没有产生现代意义的律师及律师制度。直到清末，我国才从西方引进了律师制度。

一、中国古代律师现象探源

（一）中国古代代理诉讼现象

《周礼·秋官·小司寇》记载："凡命夫命妇，不躬坐狱讼。"《周礼疏》又解释说："古者取囚要辞皆对坐，治狱之吏皆有威严，恐狱吏亵尊，故不使命夫命妇亲坐。若取辞之时，不得不坐，当使其属或子弟代坐也。"也就是说，为了使奴隶主贵族不致在狱吏面前受辱，大夫以上的贵族涉及诉讼，必要时可以派下属或子弟代为出庭。据史料记载，公元前7世纪春秋时期，在元咺指控卫侯杀死叔武一案的审判中，卫侯因不便与其臣下元咺同堂辩论，就委派宁武子为证人，针庄子为坐，士荣为大士代表其出庭。杨鸿烈在《中国法律发达史》中认为："士荣系充律师也。"公元前563年，楚王叔陈生和伯舆争讼，王叔派其家宰，伯舆派其大夫坐狱于庭，双方各自代表自己的主子进行了激烈的争辩。以上案例说明我国古代已有诉讼代理现象存在。史料还记载，春秋战国时期的郑国大夫邓析能言善辩，素好刑名。《淮南子》说他是个"巧辩"之人。刘歆的《邓析子·序》称他可以"操两可之说，设无穷之词"，并且"持之有故，言之成理"（《荀子·非十二子》）。邓析在诉讼中，不以周礼为准，《吕氏春秋》说他是"以非为是，以是为非，是非无度，而可与不可日变，所欲胜因胜，所欲罪因罪"。邓析不仅助人诉讼，而且教人诉讼。《吕氏春秋·离谓》记载，邓析"与民有讼者约，大狱一衣，小狱襦袴，民之献衣襦袴而学讼者，不可胜数"。由于邓析的法律思想及助人诉讼、传播诉讼法律知识的活动危害了奴隶主贵族的统治，其思想及活动受到禁锢，最后惨遭奴隶主贵族杀害。邓析的活动也带有一些类似律师代理、辩护的色彩。自元代开始，如诉讼当事人为老弱病残者，除了某些重大案件和涉及告者本身利益的案件以外，可令亲属代理诉讼。《明会典》也有类似规定，同时还规定"诬告者，罪坐代告之人"。中国古代的诉讼代理现象，前者主要是为维护贵族特权而设立，后者并不具有普遍意义，就代理目的及代理人的身份而言都与现代的诉讼代理大相径庭。

(二) 古代讼师的代书活动

中国古代有关诉讼的法律制度较为完备。法律对案件的起诉、受理等都有明确的规定，若不符合规定，则要受到处罚。如违反亲亲相容隐原则、奴婢为主隐原则，仍行控告的，告者要被处罚；对控告不实的，控告者要受处罚；越级诉讼的，越诉者要受处罚；告状不合要求的，告者也要受处罚。而在当时的政治、经济、文化条件下，一般人对打官司的知识可谓一窍不通，一旦涉讼就不得不求助于他人，于是，一些求官不得、入幕无门的失意仕子便以识文断字的本领代人书写诉状，同时也兼做其他文字抄写工作，以维持生计，被称为讼师。有研究表明，讼师的起源可以追溯到西周的民事代理制度，正式出现在春秋时期，这一时期的讼师活动因带有很强的政治性而遭到封杀，直至秦代，讼师几乎销声匿迹。汉代经学与律学的发展，一定程度上解放了民间的观念，为助讼职业的出现营造了氛围，也为之后讼师在礼与法间的因缘奠定了基础。隋唐社会的安定和大发展，中国法文化的民主性因素的增强，制度环境的相对稳定，尤其是科举制的实施，都使讼师规模化成为可能。宋代商品经济的发达、义利之学的兴起，把讼师活动推向第一个高潮。经过元代各民族的融合，经济缓慢地前进，民事关系日益复杂，讼师职业被有意识地用正规代书制度分化，至明清时，尽管专制集权程度愈来愈高，但讼师职业并没因不断遭受打击而衰弱。相反，越是接近清末，越是如火如荼。[1] 明清两代代写诉状的讼师已普遍存在，甚至在社会中还出现了传授如何"代写词状"的"专著"，如明代的《做状十段锦》就是讲述写状子的要领。但由于这些人的活动没有法律依据，也没有法律来规范和约束，不少讼师敲诈勒索、坑骗当事人，深为百姓所痛恶，也为统治阶级所不容。早在《唐律》中对"代作词状"的活动就有明确的限制性规定。《唐律》规定："诸为人作辞牒，加增其状，不如所告者，笞五十；若加增罪重，减诬告一等。"《明律》还规定："凡教唆词讼，及为人作词状，增减情罪，诬告人者，与犯人同罪。若受人雇诬告人者，与自诬告同，受财者，计赃以枉法从重论。其见人愚而不能伸冤，教令得实，及为人书写词状，而罪无增减者，勿论。"直至清朝灭亡，千百年来，讼师始终没有合法地位。

二、清末从西方引进律师制度

1840 年鸦片战争后，外国侵略者凭借不平等条约攫取了领事裁判权，设立了会审公廨，外国律师也开始在中国出现，近代史上著名的"苏报案"便是在辩护律师的参与下，使清廷引渡章炳麟、邹容的企图未能得逞。外国律师起初只在"租界"的法庭执行职务，后来也在中国法院担任辩护人或代理人，他们不仅担任外国当事人的代理人，一些中国人在与外国人发生诉讼时也寄希望于洋律师的帮助，请他们作代理人。修订法律大臣沈家本目睹这一现象，上书光绪皇帝指出：中国近来的通

---

〔1〕 党江舟：《中国传统讼师文化研究》，中国政法大学 2003 年博士学位论文。

商口岸已经允许外国律师办案，"以华人讼案藉外人辩护，已觉扞格不通""且领事治外之权因之更形滋蔓，后患堪可设想"，由此提出了建立中国律师制度的设想。1906 年完成起草的《大清刑事民事诉讼法》仿效西方的律师制度，规定了律师资格、申请手续、照章宣誓、原被告律师的职责、对律师的惩罚、关于外国律师出庭办案等内容，尽管这一法律草案未来得及批准颁行，清政府即被推翻，但草案第四章第一节有关律师制度的规定，在清政府内部也引起了不少争议。相对于沈家本、伍廷芳等人在《修订法律大臣沈家本等奏进呈诉讼法拟请先行试办折并清单》中认为引进律师制度具有必要性的观点，保守派认为这一制度在当时的中国不具有可行性，其首要理由是"人才不备"，另一个原因则是担心在律师人才未备的情况下，律师变异成讼师，引发"唆讼""扛讼"等流弊。

三、中华人民共和国成立前律师制度的发展

（一）南京临时政府时期的律师制度

武昌起义胜利后，南京临时政府成立，伍廷芳被任命为司法总长，其一方面主张效仿西方，全面建立新的法律体系，包括建立律师制度；另一方面，其利用司法总长身份，在具体的审判活动中率先推动律师辩护制度的实施。伍廷芳曾就姚荣泽一案致电孙中山，曰"廷以为民国方新，对于一切诉讼应采文明办法……并准两造聘请辩护士到堂辩护，审讯时任人旁听。如此，则大公无私，庶无失出失入之弊"。致陈其美的信中具体设计了审理姚案的程序："先由辩护士（即律师）将全案理由提起，再由裁判官动问原告及各人证，两造辩护士盘诘，俟原告及人证既终，再审被告。其审问之法与原告同。然后由两造辩护士各将案由复述结束。""法庭之上，断案之权在陪审员；依据法律为适法之裁判，在裁判官；盘诘驳难之权，在律师。"对于律师制度的实施与确立，孙中山也给以大力支持。在关于《律师法草案》的饬令中提出："律师制度与司法独立相辅为用，夙为文明各国所通行。"主张尽快审议《律师法》，以确立律师制度。与此同时，南京临时政府各部门也都纷纷行动，从官制、立法、舆论等方面为律师制度的正式确立创造条件。南京临时政府成立后，设立司法部为中央政府九部之一，其职责就包括对律师业务的管理。[1] 后因袁世凯窃取了革命果实，解散了临时政府，《律师法草案》未能公布。这一时期，苏杭地区率先建立了辩护士会，接着上海地区也组织起中华民国律师总工会。苏沪地区的律师组织、律师纷纷到都督府领凭注册，出庭办案。

（二）北洋军阀政府时期的律师制度

北洋军阀政府在继承清末法统的同时，又颁布了大量新的法规，在律师制度方面有：《律师暂行章程》《律师登录暂行章程》《律师惩戒会暂行规则》《律师甄别章程》。1912 年公布施行的《律师暂行章程》，标志着中国律师制度的开始。《律师暂

---

〔1〕　徐家力：《论民国初期律师制度的建立及特点》，载《中外法学》1997 年第 2 期。

行章程》共 8 章 38 条，规定有：律师资格、律师证书、律师名簿、律师职务、律师义务、律师公会、律师惩戒等。其特点是：①律师必须是男性；②律师年龄限制在20 岁以上；③律师履行职务无区域限制。《律师暂行章程》规定律师有如下守则：不得兼任公职、不得经商、对于法院指定的出庭不得任意推辞、不得收买当事人间所争的权利、对于先前曾参与的事件不得执行其职务等；《律师暂行章程》设定了特殊的以登录、惩戒为中心的司法机关，行业团体两机构双重管理、监督机制。司法机关对于律师的监督管理，主要体现在登录、惩戒两个方面。对违反律师章程规定的惩戒有：训诫、500 元以下罚款、2 年以下停职、除名；对律师的惩戒采取诉讼形式，地方检察长根据律师公会会长的申请或职权呈请其上属高等检察长，由高等检察长向高等审判厅提起惩戒之诉。律师公会则对执业律师的业务活动进行经常性监督。《律师暂行章程》颁布后又作了数次修改，北洋政府时期全国约有律师 3000 名。

（三）国民党政府的律师制度

国民党南京政府建立后，在沿用北洋政府法律制度的同时，不断提出新的修正意见，颁布新的法规。在律师制度方面，以《律师章程》取代北洋政府时期的《律师暂行章程》，还颁布了《律师法》《律师法施行细则》《律师检核办法》《律师惩戒规则》等新的法规。1927 年公布施行的《律师章程》较《律师暂行章程》有较大的变化：①允许女子担任律师；②增加律师公会就法律修改向司法部长提出建议之权；③提高律师年龄至 21 岁以上；④增设高等法院接受律师惩戒诉讼和律师惩戒委员会及司法部长复审的规定。

1919 年全国 18 家律师公会联合提议组建"全国律师公会联合会"，但这些提案均被司法部否决。直到 1921 年成立的中华民国律师协会因参与国际律师协会的需要才得到司法部的默认。1927 年南京国民政府建立后，颁布的《律师章程》依然沿用1912 年《律师暂行章程》中的规定，没有组建全国性律师组织。1929 年成立的中华民国律师协会虽然得到司法行政部备案，但同年南京国民政府颁布《人民团体组织方案》，对合法成立的团体组织颁发许可证，该组织因于法无据，无法获得许可证，其法律地位受到挑战。中华民国律师协会为获得组织许可证与中央党部、训练部、司法行政部的交涉一直持续到 1936 年，但始终没有得到批准。1941 年国民政府颁布的《律师法》没有提及全国性律师组织全国律师公会。1945 年国民政府颁布新修订的《律师法》终于明确规定了全国律师公会联合组织的法律地位，最终在 1948 年 9月 9 日正式成立全国性律师组织——中华民国律师公会全国联合会。[1] 国民党时期，律师主要集中于城市。1935 年全国有律师 10 249 人。

中华人民共和国成立前的律师由个人经营，大多数是大地主、官僚、买办资产阶级的代理人，但也不乏像沈钧儒、史良、施洋这样追求民主、为民撑腰的进步律师。

---

〔1〕 赵睿、李严成：《战后中华民国律师公会全国联合会的筹建》，载《江汉论坛》2021 年第 8 期。

第三节　中华人民共和国成立后
律师制度的产生和发展

中华人民共和国成立后的律师制度是在砸碎旧的律师制度的基础上建立起来的，而新民主主义革命时期颁布的一些条例、确立的辩护原则以及苏联社会主义国家的律师制度，都为中华人民共和国成立后律师制度的建立提供了有益的经验。

一、中华人民共和国成立后律师制度的建立

中华人民共和国建立以后，我国彻底废除了旧的司法制度，同时通过颁布法律建立了新的司法制度。1950 年 7 月颁布的《人民法庭组织通则》和 1954 年《中华人民共和国宪法》（以下简称《宪法》）以法律的形式确立了辩护制度。然而，要使被告人的辩护权利得以实现，还需要一系列制度的保障，律师辩护制度则是实现被告人辩护权的重要保障。因此，在废除旧律师制度的同时，国家着手创建人民律师制度。1950 年夏，司法部草拟了《京、津、沪三市辩护人制度试行办法（草案）》准备提交第一届全国司法会议讨论。在同年 7~8 月召开的第一届全国司法会议上，时任司法部长史良作了《关于目前司法行政工作报告》，明确提出了建立新律师制度的问题，并要求各地有条件的酌予试办。1950 年 12 月，司法部针对当时仍然存在的旧律师与讼棍的活动，发出了《关于取缔黑律师及讼棍事件的通报》。一些大城市开始尝试创新律师制度，上海市人民法院专门建立了"公设辩护人"室，重点帮助一些刑事被告人进行辩护，摸索建立律师制度的经验。1954 年 7 月，司法部发出《关于试验法院组织制度中几个问题的通知》，决定在北京、上海、天津、重庆、沈阳等大城市试行开展律师工作。随后，又有一些省、市、县成立法律顾问处，建立了律师组织。从 1955 年起，经国务院批准，开始在全国推行律师工作。1956 年 3 月，司法部召开了第一次全国律师工作座谈会，讨论了《律师章程》和《律师收费暂行办法》两个草案。同月，司法部公证律师司转发了上海市、沈阳市法律顾问处工作细则。1956 年 5 月，国务院全体会议通过了司法部关于建立律师工作的请示报告，对律师的性质、组织、任务及条件等问题作了一系列规定。1956 年 7 月，《律师收费暂行办法》颁布。1957 年上半年《律师暂行条例（草案）》脱稿，该草案是在前一年《律师章程（草案）》的基础上拟定的，分 4 章，共 22 条。第一章规定了律师的任务；第二章规定了律师和实习律师的资格，兼任律师的条件和不能担任律师的限制；第三、四章规定了法律顾问处的组织机构、职权和律师进行活动时应遵守的纪律和应负的责任。6~7 月，司法部通过座谈等方式，广泛征求了各地法学家、律师和司法工作者的意见，在第二次全国律师工作座谈会上，讨论并批准了《律师暂行条例（草案）》，呈请国务院批准颁布。9 月，董必武同志在党的第八次全国代表大会上的发言指出："律师制度是审判工作中保护当事人诉讼权利不可缺少的，律师制度……应该逐步建立起来。"截至 1957 年 6 月，全国已有法律顾问处 817 个，专职律师和兼职律师分别发展为 2528 名和 350 名，30 万人口以上的城市和中级人民法院所在地的县一般都设有法律顾问处，同时，全国已有 14 个省、市、自治区开始筹建律师协会。

二、"文化大革命"期间律师制度被否定

1957 年下半年，由于极"左"思潮的影响，反右斗争扩大化，律师队伍受到严重摧残。

三、律师制度的恢复重建

（一）《中华人民共和国律师暂行条例》颁布

"文化大革命"结束后，党中央提出了健全社会主义法制的重大任务。1979 年 12 月，司法部出台《关于律师工作的通知》，宣布恢复中国律师制度，全国各地陆续开始重建律师队伍。全国人大也加快了《律师暂行条例》的起草工作，经过广泛的讨论，1980 年 8 月 26 日第五届全国人民代表大会常务委员会第十五次会议通过了《中华人民共和国律师暂行条例》（以下简称《律师暂行条例》）。《律师暂行条例》共 4 章 21 条，规定了我国律师的性质、律师的任务和权利、律师从事的主要业务、律师资格、律师的工作机构及组织原则、律师协会等。《律师暂行条例》规定，律师是国家的法律工作者，法律顾问处是律师执行职务的工作机构，受国家司法行政机关的组织领导和业务监督。律师协会的职责是"维护律师的合法权益，交流工作经验，促进律师工作的开展，增进国内外法律工作者的联系"。《律师暂行条例》使我国律师制度的建立和健全，以及律师参加诉讼活动有了可靠的法律保证，从此，我国律师工作开始走上正轨。随着经济体制改革的开展，律师事业也得到了空前的发展，律师业务范围不断拓宽。

（二）律师体制改革

在新的形势下，《律师暂行条例》的许多规定也开始表现出历史的局限性，并影响到律师事业的进一步发展，律师体制的改革势在必行。

1983 年 3 月，司法部召开了六市一县律师工作体制改革座谈会，探索实行律师的体制改革，并指定到会单位进行试点。1983 年 7 月，深圳 3 名青年律师创办了蛇口律师事务所，这是中华人民共和国成立以来第一家以"律师事务所"名称挂牌的律师执业机构。1984 年 8 月全国司法行政工作会议召开后，一些法律顾问处更名为律师事务所，并在经营管理上进行了改革的尝试，打破了收入和支出由国家包办的传统模式。1986 年 7 月，全国第一次律师代表大会成立了中华全国律师协会。同年 8 月，司法部举行了第一次全国律师资格考试。1987 年，中华全国律师协会正式加入亚太律师协会。1988 年 3 月，河北保定市成立了全国第一家合作制律师事务所，随后，上海、天津、北京等地开始创办合作制律师事务所。1988 年 6 月，司法部下发了《合作制律师事务所试点方案》，1993 年合作制律师事务所在全国推广，1994 年北京大部分合作制律师事务所转制为合伙律师事务所。

随着律师事业不断发展，对外开放扩大，对外经济往来不断发展，我国的律师事业也开始走向国际化，我国律师同外国律师之间在业务上的联系和协作也日益增多。1991 年 5 月，司法部在给江西省司法厅的批复中就律师事务所与外国律师事务所建立业务协作关系一事作出了原则性规定。为进一步推动涉外律师业务的开展，1992 年 2 月，司法部发出《司法部关于律师事务所与外国律师事务所建立业务协作关系有关问题的通知》，就律师事务所与外国律师事务所建立业务协作关系的有关问题作出具体规定。1992 年 5 月，《司法部、国家工商行政管理局关于外国律师事务所在中国境内设立办事处的暂行规定》发布，第 2 条规定"经中华人民共和国司法部批准，中华人民共和国国家工商行政管理局登记注册，外国律师事务所可在中国境内设立办事处"。外国律师事务所办事处及其成员，可以从事下列业务活动：①向当事人提供该律师事务所律师已获准从事律师业务的国家的法律和有关国际条约、国际商事法律和国际惯例的咨询；②接受当事人或中国律师事务所的委托，办理在该律师事务所律师已获准从事律师业务的国家的法律事务；③代理外国当事人，委托中国律师事务所办理在中国境内的法律事务。外国律师事务所办事处及其成员不得从事下列业务活动：①代理中国法律事务；②向当事人解释中国法律；③中国法律不允许外国人从事的其他业务活动。司法部开始进行允许外国律师事务所在中国境内设立办事处的试点工作，确定北京市、上海市、广州市、深圳市和海南省为首批试点城市（地区）。司法部于同年 10 月 20 日批准了首批 12 家外国及香港地区的律师事务所分别在北京、上海、广州设立办事处。同年 8 月，司法部还发出了《司法部关于我国律师事务所在境外设立办事机构有关事宜的通知》，规定国内有条件的律师事务所到外国设立办事机构，必须在充分论证的基础上，提出可行性方案报告，经过批准后，向我国律师管理部门提出申请。1995 年，司法部发布了《律师事务所在外国设立分支机构管理办法》，规定了申请在外国设立分支机构的条件。

1993 年 12 月 26 日，国务院批准了《司法部关于深化律师工作改革的方案》。该方案提出要进一步解放思想，不再使用生产资料所有制模式和行政管理模式界定律师机构的性质，大力发展经过主管机关资格认定、不占国家编制和经费的自律性律师事务所；积极发展律师队伍，努力提高队伍素质，建立起适应社会主义市场经济体制和国际交往需要的，具有中国特色，实行自愿组合、自收自支、自我发展、自我约束的律师体制；逐步建立激励机制、竞争机制和优胜劣汰机制，使律师工作充满生机与活力；要充分发挥律师在市场经济中的中介作用，努力建设有中国特色的律师管理体制。1995 年 7 月召开的第三次全国律师代表大会审议和通过了新的《中华全国律师协会章程》，选举了新一届全国律师协会理事会并产生了新一届全国律师协会领导班子，141 名理事全部由执业律师组成，会长、副会长、常务理事全部由理事会产生，这对于充分发挥律师协会的自律作用具有重要的意义。

截至 1995 年底，全国律师共 9 万多人，律师机构达 7200 家。律师队伍的素质有了一定的提高，在专职律师中，大专以上学历的占 71.6%，其中博士、硕士和留学归国人员 3000 多名。

在律师事业发展的同时，律师立法也在加紧进行。1992 年 10 月，司法部发布了《律师惩戒规则》，规定了对律师或律师事务所违反法律、法规、律师职业纪律的行为进行惩戒的程序、惩戒的种类、惩戒的事由、惩戒的原则、惩戒的执行以及惩戒的机构等。1993 年 12 月，司法部发布了《律师职业道德和执业纪律规范》，明确规定律师在执行职务、履行职责过程中应遵守的职业道德和执业纪律，规定律师因违反执业纪律给当事人造成损失的应进行赔偿。需要惩戒的，由律师惩戒委员会予以惩戒；触犯刑律的，由司法机关依法追究刑事责任。1994 年 7 月，司法部发布了《律师事务所审批登记管理办法》和《律师事务所设立分所管理办法》，对律师事务所及分所的设立条件、设立程序，律师事务所及分所的登记作了明确的规定。1995 年 2 月，司法部发布了《关于反对律师行业不正当竞争行为的若干规定》。同月，司法部还发布了《律师事务所名称管理办法》，对律师事务所名称的组成、核定、使用等作了规定。

四、律师法颁布

1996 年 5 月 15 日，第八届全国人民代表大会常务委员会第十九次会议通过了《中华人民共和国律师法》（以下简称《律师法》），规定了律师执业条件、律师事务所、执业律师的业务和权利义务、律师协会、法律援助、法律责任等。《律师法》颁布以后，为了保障《律师法》的顺利实施，司法部颁布了一系列规章，包括《律师事务所登记管理办法》《律师事务所分所登记管理办法》《律师执业证管理办法》《律师资格全国统一考试办法》《律师资格考核授予办法》《兼职从事律师职业人员管理办法》《国家出资设立的律师事务所管理办法》《合作律师事务所管理办法》《合伙律师事务所管理办法》《律师违法行为处罚办法》。1997 年 3 月，原国家计委、司法部制定了《律师服务收费管理暂行办法》。这一系列的法律法规，对于完善律师制度，保障律师依法执业，规范律师行为，维护当事人的合法权益和保障法律的正确实施，发挥律师在社会主义法制建设中的积极作用具有重要意义。

2000 年 8 月，司法部根据《国务院办公厅关于清理整顿经济鉴证类社会中介机构的通知》和国务院清理整顿经济鉴证类社会中介机构领导小组《关于经济鉴证类社会中介机构与政府部门实行脱钩改制的意见》，发布了《律师事务所、社会法律咨询服务机构脱钩改制实施方案》，要求已实现自收自支的国资律师事务所，挂靠事业单位、企业或社会团体的律师事务所，司法行政机关批准设立的挂靠政府部门、事业单位、企业或社会团体的社会法律咨询服务机构，要在人员、财务、业务、名称四个方面，与挂靠的政府部门、事业单位、企业或社会团体彻底脱钩。

2001 年 3 月，司法部下发关于部直管律师事务所实施属地管理的通知，司法部及司法厅不再管理律师事务所。同月，司法部发布的《司法部关于律师工作为西部大开发服务的意见》把支持西部大开发，加速西部律师业的发展作为此后一个时期的重要任务。同年 10 月，最高人民法院、最高人民检察院、司法部联合发布《国家司法考试实施办法（试行）》，确定国家司法考试为国家统一的从事特定法律职业的资格考试。初任法官、初任检察官和取得律师资格必须通过国家司法考试。同月，司法部决定在全国律师队伍中开展职业道德和执业纪律教育评查活动。

2002 年 5 月，第五次全国律师代表大会召开，大会选举产生了新一届理事会，25 名常务理事全部由执业律师担任。10 月，司法部发布《司法部关于开展公职律师试点工作的意见》，积极开展公职律师、公司律师的试点工作，完善律师队伍结构。11 月，党的十六大提出要拓展和规范法律服务，"十一五"规划明确指出要大力发展包括法律服务在内的现代服务业。截至 2002 年底，执业律师已达 102 198 人。

2003 年 2 月，司法部对兼职律师队伍进行清理和规范，对每名兼职律师是否符合规定的条件进行审查，对不符合担任兼职律师条件的人员一律不予注册。8 月，司法部发布《司法部关于拓展和规范律师法律服务的意见》，提出拓展和规范律师工作，努力提高律师的职业道德水准和业务素质，大力拓展律师的法律服务领域和服务功能，全面规范律师执业行为，进一步探索和改革律师管理制度，积极完善律师组织结构，力争到 2010 年形成比较完善的中国特色社会主义律师制度。11 月，司法部发布《香港法律执业者和澳门执业律师受聘于内地律师事务所担任法律顾问管理办法》《取得内地法律职业资格的香港特别行政区和澳门特别行政区居民在内地从事律师职业管理办法》。

2004 年，司法部发布《律师和律师事务所违法行为处罚办法》《律师事务所收费程序规则》《律师会见监狱在押罪犯暂行规定》《合伙律师事务所管理办法（2004）》。为规范律师事务所的内部管理，中华全国律师协会（以下简称"全国律协"）制定《律师事务所内部管理规则（试行）》。为了引导律师事务所向规范化、高层次发展，不断提高律师队伍的政治素质、业务素质及职业道德素质，积极推动律师行业的健康发展，第五届全国律协常务理事会第七次会议审议通过了《全国优秀律师事务所评定办法》《全国优秀律师事务所评定标准》。2004 年，司法部决定在全国范围内开展律师队伍集中教育整顿活动。截至 2004 年底，教育整顿工作告一段落，先后有 719 名律师受到了不同程度的处罚，213 家律师事务所受到了查处，律师队伍的整体素质得到了提高，律师队伍的社会形象得到有力地维护和提升。

2005 年 1 月，司法部发布《司法部关于进一步建立健全律师队伍建设长效机制的意见》，在律师行业开展为期 1 年的"合伙律师事务所规范建设年"活动。截至 2005 年 6 月，我国执业律师已达 11.8 万多人，其中专职律师 103 389 人，兼职律师 6841 人，公职律师 1817 人，公司律师 733 人，军队律师 1750 人，法律援助律师

4768 人。另外，还有律师辅助人员 3 万多人。具有本科以上学历的律师已占律师总数的 64.6%，其中，研究生以上学历的律师已经超过 1 万人。同时，律师执业组织形式逐步完善，全国共有律师事务所 11 691 个，其中合伙律师事务所 8024 个，合作律师事务所 1746 个，国家出资设立的律师事务所 1742 个。律师事务所的专业化、规模化程度不断提高，在北京、上海、广东等大城市和经济发达地区，已经出现了一批专门或主要从事证券、金融、房地产等业务的专业律师事务所。但从总体上看，律师数量仍然不足，地区分布不均衡、不合理，中西部地区律师数量短缺严重，全国还有 206 个县没有律师，高层次、复合型人才十分缺乏，一些专业领域还缺乏高水准、富有办理国际业务经验的律师人才。

五、《律师法》修订

2004 年，司法部正式启动了《律师法》的修改程序。经过多方调研、征求意见、各方利益博弈，2007 年 10 月 28 日，十届全国人大常委会第三十次会议审议通过了修订后的《律师法》，并于 2008 年 6 月 1 日起正式实施。此后，司法部颁布、修订了《律师事务所管理办法》《律师执业管理办法》《律师和律师事务所执业证书管理办法》《律师事务所名称管理办法》《律师和律师事务所违法行为处罚办法》《律师事务所年度检查考核办法》等一系列规范性文件，2010 年全国律协颁布了《律师执业年度考核规则》，2011 年底修订了《律师执业行为规范》。

2010 年 11 月，中共中央办公厅、国务院办公厅转发了《司法部关于进一步加强和改进律师工作的意见》，该意见阐述了律师工作在全面建设小康社会和社会主义现代化建设全局中的重要地位和作用，阐明了坚持律师工作社会主义方向的根本要求，进一步明确了健全和完善律师工作体制机制的主要内容和途径，强调了对律师行业发展的扶持和保障政策，回答了律师事业发展面临的重大理论和实践问题，是新时期推动律师事业又好又快发展的重要指导性文件。

2012 年 3 月，《中华人民共和国刑事诉讼法》（以下简称《刑事诉讼法》）修改并颁布。2012 年 10 月 26 日，中华人民共和国第十一届全国人民代表大会常务委员会第二十九次会议通过《全国人民代表大会常务委员会关于修改〈中华人民共和国律师法〉的决定》，并于 2013 年 1 月 1 日起施行。

截至 2012 年底，我国执业律师人数已达 23 万，律师事务所 1.93 万家。

六、十八大以后律师业的发展

（一）中央文件对律师业发展的顶层设计

2013 年，中国共产党第十八届中央委员会第三次全体会议通过《中共中央关于全面深化改革若干重大问题的决定》，对进一步深化律师制度的改革作出了重大部署，把完善律师制度的决策部署纳入了中央全面深化改革的总体布局，体现了党和国家对律师工作的高度重视，也对律师工作提出了新的更高要求。

2014 年，党的十八届四中全会明确了律师业发展、法治队伍建设的顶层设计，要求加强律师队伍思想政治建设，把拥护中国共产党领导、拥护社会主义法治作为律师从业的基本要求，增强广大律师走中国特色社会主义法治道路的自觉性和坚定性。构建社会律师、公职律师、公司律师等优势互补、结构合理的律师队伍。提高律师队伍业务素质，完善执业保障机制。加强律师事务所管理，发挥律师协会自律作用，规范律师执业行为，监督律师严格遵守职业道德和职业操守，强化准入、退出管理，严格执行违法违规执业惩戒制度。加强律师行业党的建设，扩大党的工作覆盖面，切实发挥律师事务所党组织的政治核心作用。

2014 年 7 月，习近平总书记对司法行政工作作出的重要指示，明确提出要积极推进律师队伍建设，充分体现了党中央和习近平总书记对律师工作的高度重视和对律师队伍的亲切关怀。

2015 年 6 月，《中央政法委关于建立律师参与化解和代理涉法涉诉信访案件制度的意见（试行）》发布，该意见指出要发挥律师在维护群众合法权益、化解矛盾纠纷、促进社会和谐稳定中的积极作用。

2015 年 9 月 15 日至 2016 年 5 月 20 日，中央深改组第十六次会议、第二十二次会议、第二十四次会议先后审议通过《关于深化律师制度改革的意见》《从律师和法学专家中公开选拔立法工作者、法官、检察官办法》《关于推行法律顾问制度和公职律师公司律师制度的意见》《司法部、外交部、商务部、国务院法制办公室关于发展涉外法律服务业的意见》。《关于推行法律顾问制度和公职律师公司律师制度的意见》《从律师和法学专家中公开选拔立法工作者、法官、检察官办法》强调，在党政机关、人民团体、国有企事业单位普遍建立法律顾问制度和公职律师、公司律师制度，重视发挥法律顾问和公职律师、公司律师作用，健全相关工作规则，严格责任制。从律师和法学专家中公开选拔立法工作者、法官、检察官，是加强法治专门队伍正规化、专业化、职业化建设的重要举措。[1]

2016 年 1 月 7 日，时任中共中央政治局委员、中央政法委书记孟建柱邀请 12 位律师代表走进中央政法委机关，共话政法工作和司法体制改革。1 月 22 日，又有 7 名律师受邀参加中央政法工作会议。

2016 年 4 月，中共中央办公厅、国务院办公厅印发了《关于深化律师制度改革的意见》，共 6 部分 29 条，对深化律师制度改革作出全面部署。从深化律师制度改革的总体要求到完善律师执业保障机制、健全律师执业管理制度、加强律师队伍建设、充分发挥律师在全面依法治国中的重要作用、加强组织领导等方面，全面提出了深化律师制度改革的指导思想、基本原则、发展目标和任务措施。

---

〔1〕《习近平主持召开中央全面深化改革领导小组第二十二次会议》，载人民网，http：//cpc. people. com. cn/BIG5/n1/2016/0322/c84094-28218699. html.，最后访问日期：2023 年 7 月 10 日。

(二) 有关部门出台一系列举措

为贯彻十八大精神，司法部、全国律协出台了一系列举措，推进律师制度改革，制定了《司法部关于进一步加强律师职业道德建设的意见》《律师职业道德基本准则》，修订了《律师和律师事务所违法行为处罚办法》《中华全国律师协会会员违规行为处分规则（试行）》。同时，积极会同有关部门研究制定关于律师刑事辩护的规定，进一步完善刑事辩护制度，切实保障司法人权，完善了律师执业的保障机制。

为加强律师队伍建设，充分发挥律师在公共法律服务体系中的作用，司法部采取多种措施加快解决有些地方没有律师和欠发达地区律师资源不足的问题。2013 年 7 月，司法部下发《司法部关于加快解决有些地方没有律师和欠发达地区律师资源不足问题的意见》。全国律协会同各地司法厅（局）、律师协会，多措并举，采取有效措施加快解决少数地方没有律师和欠发达地区律师资源不足的问题。截至 2014 年 6 月，全国 174 个县无律师问题已经全部解决，实现了律师法律服务县域及以上区域全覆盖。

2014 年 1 月，司法部批准同意《上海市司法局关于在中国（上海）自由贸易试验区探索密切中外律师事务所业务合作方式和机制试点工作方案》和广东省司法厅提出的《关于在广东省开展内地与港澳律师事务所合伙型联营试点的工作方案》《关于开展内地律师事务向香港律师事务所驻粤代表机构派驻律师担任内地法律顾问试点的工作方案》，我国律师业对外开放迈出新步伐。

2014 年 5 月，《司法部关于进一步加强律师职业道德建设的意见》发布，对进一步加强律师职业道德建设作出全面部署。为贯彻落实司法部工作部署，进一步加强律师职业道德建设，全国律协于同年 6 月制订下发了《律师职业道德基本准则》。

2015 年 8 月，最高人民法院、最高人民检察院、公安部、司法部四部门在北京联合召开全国律师工作会议。会上，时任中央政治局委员、中央政法委书记孟建柱作了重要讲话。以往的全国律师工作会议均是由司法部召开，这次由“两院两部”联合召开，在中国律师事业发展史上尚属首次。2015 年 9 月，最高人民法院、最高人民检察院、公安部、国家安全部、司法部印发《关于依法保障律师执业权利的规定》。

2015 年，司法部印发《关于在全国律师队伍中开展全面依法治国教育的意见》，对在全国律师队伍中开展全面依法治国教育作出部署。

2016 年 9 月，《律师事务所管理办法》和《律师执业管理办法》修订。11 月，司法部出台了《关于进一步加强律师协会建设的意见》，这是深化律师制度改革的重要举措，对于进一步加强律师协会建设，充分发挥律师协会职能作用，促进律师事业发展具有重要意义。

2016 年 9 月，全国律协在京启动中国律师服务“一带一路”战略建设项目，由全国律协国际业务专业委员会委员和涉外律师领军人才组成工作团队，联手"一带一路"沿线国家优秀律师事务所的律师共同撰写《"一带一路"国家和地区投资法律实务指南》，推动形成"一带一路"法律服务理论和实践体系。

2016年12月，《司法部、国家信访局关于深入开展律师参与信访工作的意见》发布，要求充分发挥律师在维护群众合法权益、化解矛盾纠纷、促进社会和谐稳定中的重要作用。

为深入贯彻落实党的十八大和十八届三中、四中、五中、六中全会精神，贯彻落实《关于完善法律援助制度的意见》（中办发〔2015〕37号）文件精神，充分发挥律师在法律援助工作中的作用，更好地满足人民群众法律援助需求，2017年2月，司法部、财政部发布《关于律师开展法律援助工作的意见》。

2017年2月10日，全国律协印发《关于律师协会成立维护律师执业权利中心投诉受理查处中心的通知》。3月，全国律协制定《律师协会维护律师执业权利规则（试行）》，全国律协维护律师执业权利中心、投诉受理查处中心挂牌成立。2017年3月底前，在全国实现了律师协会"两个中心"建设的全覆盖。

2017年3月，全国律协修订了《律师协会会员违规行为处分规则（试行）》。从2017年5月1日开始，凡是受到行政处罚或者行业惩戒的律师，其相关信息将于第一时间在司法部官网上进行公开。

2017年3月，司法部印发《关于建立律师专业水平评价体系和评定机制的试点方案》。该方案经中央司法体制改革领导小组审议通过，在内蒙古、上海、安徽、陕西等省份先行试点。

2017年10月起，最高人民法院、司法部部署在北京等8个省（市）开展刑事案件律师辩护全覆盖试点。

2017年10月，中国共产党全国律师行业委员会成立，此后共13次召开全体会议研究部署律师行业党建工作。全国31个省（自治区、直辖市）、新疆生产建设兵团和435个地市（含直辖市的区县）相应成立了律师行业党组织，加强对律师行业党建工作的指导。

2018年11月，司法部印发通知，对民营企业"法治体检"专项活动作出部署。司法部指导各级司法行政机关、律师协会，会同当地工商联、商会组织等，共同组织开展了为期2个月的民营企业"法治体检"专项活动。

2018年11月7日，全国律协印发《关于扶持青年律师发展的指导意见》，通过加强对青年律师的政治引领、成立青年律师培养专门工作机构、设立青年律师培养工作专项基金、加大对青年律师优惠扶持力度、实施青年律师最低工资保障制度、建立健全传帮带培养机制、积极为青年律师搭建业务学习交流平台、建立青年律师培养工作奖惩机制等八项举措，扶持青年律师健康成长，促进律师事业均衡发展。

2018 年，全国律协出台《律师宣誓规则（试行）》，明确规定律师宣誓时单独宣誓人、集体宣誓领誓人均应左手抚按《中华人民共和国宪法》。2018 年 12 月 2 日，司法部、全国律协联合开展"宪法宣传周"律师集体宣誓活动，全国 400 多个城市和 600 多个县（旗）组织开展了律师集体宣誓活动，律师集体宣誓仪式超过 1300 场，超过 10 万名律师面对国旗庄严宣誓。

2019 年为进一步加强党对律师工作的全面领导，实现律师行业党建工作全覆盖、全规范、全统领三年目标，司法部党组决定在 2019 年开展律师行业党建规范化建设年活动。

2019 年，全国检察机关自当年 7 月至次年 1 月开展保障律师执业权利专项监督活动，将保障律师的会见、通信权，阅卷权，调查取证权，人身权利以及其他妨碍律师依法履行辩护、代理职责的情形等五个方面的执业权利作为监督重点。

2019 年 11 月，司法部发布《全国民事行政法律援助服务规范》，细化了民事行政法律援助的服务要求。要求各地自标准发布之日起组织实施，为受援人提供符合标准的民事行政法律援助服务，不断提高人民群众在法治领域的获得感。

2019 年 12 月 9 日至 10 日，世界律师大会在广州举行。57 个国家的 800 多名嘉宾、代表齐聚一堂，围绕"科技进步与法律服务"这一大会主题深入研讨。这次大会是中国举办的第一次世界律师盛会。大会推动成立了"一带一路"律师联盟，来自 36 个国家和地区的律师协会、律师事务所和法律机构的 85 个创始会员出席了联盟成立大会。[1]

中共中央印发的《法治中国建设规划（2020-2025 年）》要求，发展公职律师队伍，充分发挥公职律师在重大行政决策中的作用。2020 年 1 月召开的全国司法厅（局）长会议提出，推动中央和国家机关以及县级以上地方党政机关普遍开展公职律师工作。

2020 年 4 月，司法部发布第三批疫情防控和企业复工复产律师公益法律服务指导案例。同月，人力资源和社会保障部、教育部、司法部、农业农村部、文化和旅游部、国家卫生健康委、国家知识产权局等 7 部门印发的《关于应对新冠肺炎疫情影响实施部分职业资格"先上岗、再考证"阶段性措施的通知》，尚未取得法律职业资格证书的高校毕业生，凡符合有关条件的，可先申请实习登记，在律师事务所实习。实习期满经律师协会考核合格并取得法律职业资格证书的，或者自收到考核合格通知之日起 1 年内取得法律职业资格证书的，可以按规定申请律师执业。

2020 年 12 月，为深入贯彻落实中央关于深化律师制度改革要求，完善便利律师

---

〔1〕 截至 2022 年 8 月，联盟已在中国境内设立了广州、海口、成都、西安、杭州中心 5 个代表机构。截至 2022 年初，我国已与 180 多个国家和国际组织，签署 200 多份共建"一带一路"合作文件，"一带一路"倡议成为全球治理体系的重要组成部分，在促进世界繁荣发展方面发挥着越来越重要的作用。

参与诉讼机制，为律师执业提供更加便捷高效、智慧精准的诉讼服务，最高人民法院与司法部共同研究、深入调研，在广泛征求律师意见建议的基础上，制定了《最高人民法院、司法部关于为律师提供一站式诉讼服务的意见》。同时，研发人民法院律师服务平台，为律师提供 35 项在线诉讼服务。

2021 年年初召开的全国司法厅（局）长会议明确，司法部 2021 年将着力推进法治政府建设，在 2021 年年底前，要推动中央和国家机关以及县级以上地方党政机关普遍开展公职律师工作，推动国有企业深入开展公司律师工作。

2021 年 7 月，天达共和律师事务所律师宫晓燕赴日本东京，开展为期 18 天的中国奥运代表团赛事专项法律服务与保障工作。

2021 年 9 月，最高人民法院发布了《关于完善四级法院审级职能定位改革试点的实施办法》（法〔2021〕242 号），该办法第 16 条规定，当事人向最高人民法院申请再审的，最高人民法院应当向其释明委托律师作为诉讼代理人的必要性。对于委托律师有困难的再审申请人，最高人民法院应当及时告知其有权申请法律援助。

2022 年 2 月，司法部建成并正式向社会开放全国律师执业诚信信息公示平台，被广大网民称为当事人找靠谱、优质律师的"神器"。

2023 年 7 月，司法部、工业和信息化部联合印发《"服务实体经济 律企携手同行"专项行动方案》，就在全国范围内开展律师行业助力实体经济发展专项行动作出安排部署。方案明确，专项行动坚持以习近平新时代中国特色社会主义思想为指导，全面贯彻落实党的二十大精神，深入学习贯彻习近平经济思想和习近平法治思想，着眼于服务实体经济和推进新型工业化，通过搭建律企协作平台，推动律师法律服务融入现代化产业体系建设各领域各环节，充分发挥法律服务职能作用，促进产业链供应链补链强链，服务实体经济做强做优做大，为加快构建以国内大循环为主体、国内国际双循环相互促进的新发展格局提供有力法治保障。

（三）律师业发展数据

1. 律师。截至 2022 年底，全国共有执业律师 65.16 万多人。律师人数超过 1 万人的省（自治区、直辖市）有 23 个，其中超过 3 万人的省（市）有 8 个（分别是广东、北京、江苏、上海、山东、浙江、四川、河南）。

从律师类别看，专职律师 50.47 万多人，占 77.46%，兼职律师 1.43 万多人，占 2.19%，公职律师 9.59 万多人，占 14.73%，公司律师 2.99 万多人，占 4.6%，军队律师 1500 多人，占 0.23%。

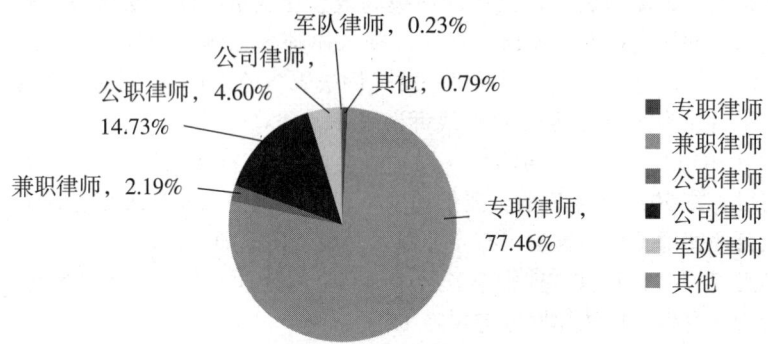

图 1-1　2022 年全国各类别律师占比统计

从年龄结构看，30 岁以下的律师 10.79 万多人，占 16.56%，30 岁（含）至 50 岁的律师 41.59 万多人，占 64.39%，50 岁（含）至 65 岁的律师 10.63 万多人，占 16.32%，65 岁（含）以上的律师 1.77 万多人，占 2.73%。

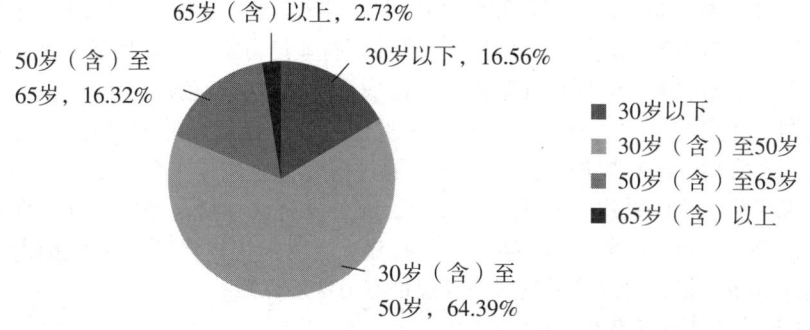

图 1-2　2022 年全国律师年龄结构占比

从文化程度看，本科学历的律师 46.69 万多人，占 71.66%，硕士研究生学历的律师 13.04 万多人，占 20.01%，博士研究生学历的律师 7800 多人，占 1.21%，本科学历以下的律师 4.64 万多人，占 7.12%。

在国境外接受过教育并获得学位的律师 8727 人，占 1.34%。

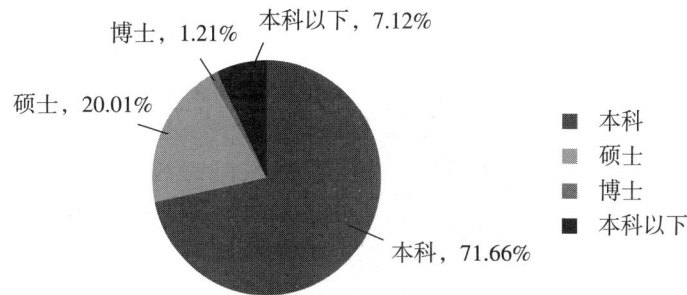

图 1-3　2022 年全国律师教育程度占比

2. 律师事务所。截至 2022 年底，全国共有律师事务所 3.86 万多家。其中，合伙所 2.82 万多家，占 73.16%，国资所 604 多家，占 1.56%，个人所 9777 多家，占 25.28%。

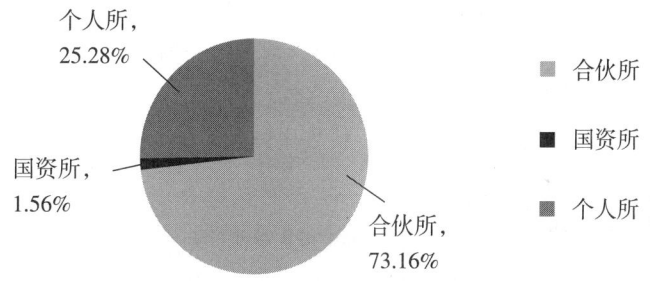

图 1-4　2022 年全国律师事务所分类情况统计

从律师事务所规模来看，律师 10 人（含）以下的律师事务所 2.53 万多家，占 65.5%，律师 11 人至 20 人的律师事务所 8023 家，占 20.74%，律师 21 人至 50 人的律师事务所 4037 家，占 10.44%，律师 51 人至 100 人的律师事务所 784 家，占 2.03%，律师 100 人（含）以上的律师事务所 500 家，占 1.29%。

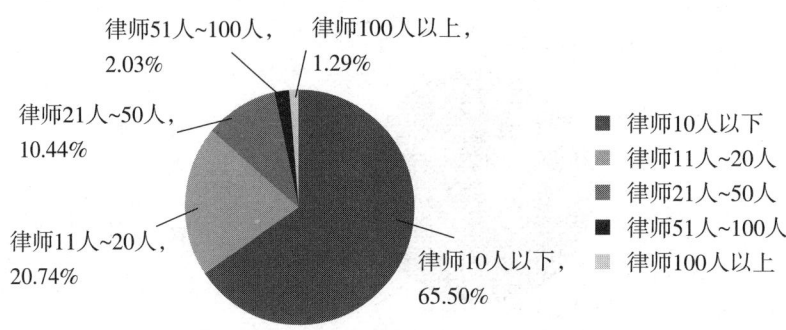

图 1-5 2022 年全国律师事务所规模统计

3. 律师业务。2022 年，全国律师办理各类法律事务 1274.4 万多件。其中，办理诉讼案件 824.4 万多件，办理非诉讼法律事务 141.6 万多件，为 87.6 万多家党政机关、人民团体和企事业单位等担任法律顾问。

在律师办理的 824.4 万多件诉讼案件中，刑事诉讼辩护及代理 99 万多件，占诉讼案件的 12.01%；民事诉讼代理 697.5 万多件，占诉讼案件的 84.61%；行政诉讼代理 25.4 万多件，占诉讼案件的 3.09%；代理申诉 2.3 万多件，占诉讼案件的 0.29%。

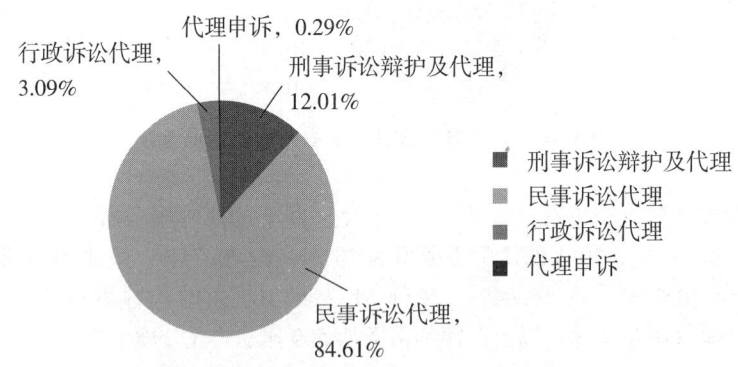

图 1-6 2022 年全国诉讼案件辩护及代理情况

2022 年，律师共提供各类公益法律服务 141.3 万多件，其中办理法律援助案件 97.1 万多件，参与接待和处理信访案件 21.6 万多件，律师调解 20.9 万多件，参与处置城管执法事件 1.6 万多件。律师为弱势群体提供免费法律服务 130.9 万多件。律师等法律从业人员为 60 万多个村（居）担任法律顾问。

4. 律师对港、台、外国开放。截至 2022 年底，已有来自 22 个国家和地区的 217

家律师事务所在华（内地、大陆）设立 282 家代表机构，其中外国律师事务所驻华代表机构 205 家，香港律师事务所驻内地代表机构 64 家，台湾律师事务所驻大陆代表机构 13 家，港澳律师事务所与内地律师事务所建立了 25 家合伙型联营律师事务所，有 8 家在上海自贸区设立代表机构的外国律师事务所与中国律师事务所实行联营。我国律师事务所在境外设立分支机构共 180 家。

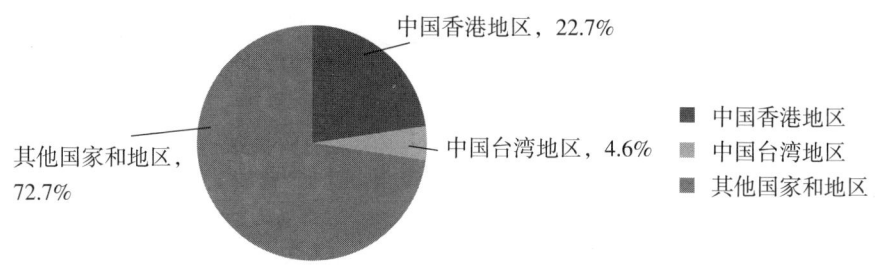

图 1-7　2022 年外国、香港、台湾驻华、内地、大陆代表机构

5. 律师参政议政。截至 2022 年底，律师担任"两代表一委员"共 12 017 人，其中担任各级人大代表 4219 人，担任各级政协委员 7067 人，担任各级党代会代表 731 人。

6. 律师惩戒。2022 年，106 家律师事务所受到行政处罚，309 家律师事务所受到行业惩戒；540 名律师受到行政处罚，1131 名律师受到行业惩戒。[1]

■ 思考题

1. 简述律师制度产生、发展过程中政治、经济、法律条件所起的作用。
2. 简述中华人民共和国律师立法的变迁。
3. 简述十八届三中全会以后，我国律师业的发展。

■ 参考书目

1. 党江舟：《中国讼师文化——古代律师现象解读》，北京大学出版社 2005 年版。
2. 徐家力、吴运浩编著：《中国律师制度史》，中国政法大学出版社 2000 年版。
3. 韩松、王银新编著：《民国大律师》，团结出版社 2019 年版。
4. 程骞：《历史的潜流：律师风骨与民国春秋》，法律出版社 2015 年版。
5. 沈国明、何勤华主编：《上海律师公会报告书》，上海人民出版社 2021 年版。
6. 王清友主编：《北京律师发展报告 No. 5（2020）》，社会科学文献出版社 2021 年版。
7. 蒋勇：《法律服务的未来》，中国政法大学出版社 2019 年版。

---

〔1〕 以上数据来源：《中华人民共和国司法部政府信息公开》，载 http：//www. moj. gov. cn/pub/sfb-gw/zwxxgk/fdzdgknr/fdzdgknrtjxx/202306/t20230614_480740. html，最后访问日期：2023 年 7 月 10 日。

第二章 律师职业属性

第一节 律师职业属性的基本定位

一、国内学界关于律师职业属性的主要观点

　　对于律师职业性质的界定，学者们早已从不同的理论旨趣，从不同的逻辑出发，用不同的话语渊源进行了多种诠释，目前，国内学界关于律师性质的主要观点有如下几种：

　　（一）律师职业二性说

　　律师职业二性说，就是将律师职业的性质界定为两个方面。这种观点是从阶级属性和职业属性两个方面来阐释律师的性质。这种分类观点认为，所谓律师的阶级属性，是指律师制度作为一国法律制度的重要组成部分具有阶级性，而律师作为特定律师制度内的从业人员，从根本上说，必然服务于统治阶级的根本利益。律师的职业属性，则是指律师区别于其他职业而具有的本质特性。持这种观点的学者在考察西方律师法的基础上，把律师的性质概括为独立性、社会性、自主性、自律性、专业性等几个方面，并认为完全可以把律师称为"法律职业中的自由职业者"或"自由法律职业者"。[1]

　　（二）律师职业三性说

　　律师职业三性说，就是将律师职业的性质界定为三个方面。[2] 该观点认为律师

---

　　[1]　陈卫东主编：《中国律师学》，中国人民大学出版社 2000 年版，第 26~28 页。

　　[2]　张耕主编：《中国律师制度研究》，法律出版社 1998 年版，第 39~52 页。

的属性是一个综合的概念，是政治属性、社会属性和职业属性三者的高度统一。政治属性，是指律师执业所依据的是国家的法律，律师执行什么样的法律，就具有什么样的政治属性。该观点认为，我国是人民民主国家，我国律师的政治属性体现在四个方面，即"严格执行国家法律；严格依法维护当事人的合法权益；维护法律尊严和维护当事人合法权益的高度统一；坚持党的领导"。律师的社会属性，是指律师是一种社会性职业，面向社会为需要法律服务的人提供法律服务。这种职业是一种开放的职业，它不是仅为某一行业或某一阶层提供服务，而是面向全社会开放地、无选择地、全方位地提供法律服务。其具体体现在律师的身份、服务领域、服务对象的社会性上。律师的职业属性，是指律师以自己渊博的法律知识和高超的辩论技巧为社会提供法律服务，律师属于社会结构中的知识阶层，其独特的职业属性体现在以下四个方面：律师具有独立人格；律师是具有渊博知识的专业人员；律师的执业条件有严格的规定；律师应具有高尚的职业道德。

（三）其他几种观点

律师职业四性说认为，律师的职业属性包括专业性、有偿性、独立性和维权性四个方面。从本质上讲，律师的专业性、有偿性、独立性是为了维护当事人的合法权益。[1] 律师职业五性说将律师职业的性质界定为阶级性、民主性、社会性、独立性和商业性等五个方面。[2] 中国律师职业六性说认为，探究律师的性质，应与法官、检察官等官方法律职业相比较，其特殊性表现在业务性、服务性、有偿性、独立性、自主性和自律性。[3] 还有学者提出律师角色具有边缘性、民间性、服务性、诚信性、自律性、独立性、复合性和风险性。[4]

二、律师职业属性的应然界定

律师究竟是什么？对于律师概念的解释，比较权威的有以下几种：

《法学词典》的解释是："受当事人委托或法院指定，协助当事人进行诉讼或处理其他法律事务的专业人员。"[5]《中国大百科全书》法学卷的解释是："律师是指受国家机关、企业、团体或个人的委托，或者法院的指定，协助处理法律事务或代理当事人进行诉讼的法律专业人员。"美国《国际百科全书》的解释是："律师或称法律辩护人，是受过法律专业训练的人，他在法律上有权为其当事人于法律内外提出意见或代表当事人的利益行事。"[6] 我国律师学创始人徐静村先生曾经对律师概

---

〔1〕 王进喜、陈宜主编：《律师职业行为规则概论》，国家行政学院出版社 2002 年版，第 2~7 页。

〔2〕 谢佑平：《社会秩序与律师职业——律师角色的社会定位》，法律出版社 1998 年版，第 28~59 页。

〔3〕 陈卫东主编：《中国律师学》，中国人民大学出版社 2000 年版，第 30~31 页。

〔4〕 刘武俊：《解析中国语境的律师角色》，载《学术界》2003 年第 4 期。

〔5〕 《法学词典》编辑委员会编：《法学词典》，上海辞书出版社 1980 年版，第 519 页。

〔6〕 转引自徐静村：《关于律师学的几个基本问题》，载《政法论坛》1992 年第 5 期。

念作出了这样的界定："律师是依照法定条件和程序取得资格，并对公民、法人和国家机关提供法律帮助的专业人员。或者律师是指受过法律专业训练，依法经过考核，在法律上有资格充当当事人的辩护人或代理人以及处理其他法律事务并受法律保护的专业人员。"[1] 律师的属性"就是律师取得资格和业务范围的法定性、工作内容的非公务性、活动方式的民间性和工作目的的正义性"。[2] 对于律师的属性，不同学者的著述有着不同的描述，表明人们对律师职业性质的不同认识，表述上的细微差别是其认识差别的外在表现。其实，关于律师职业的"国家法律工作者""社会法律工作者""法律服务工作者""自由职业者"的概括，正是体现了人们在不同时期，或者基于不同的意识形态对律师职业的不同认识。而从不同的认识基点出发，对律师制度建构和律师行业发展规划就会产生不同的思考和不同的效应。我国《律师法》第 2 条则简要明确地规定："本法所称律师，是指依法取得律师执业证书，接受委托或者指定，为当事人提供法律服务的执业人员。律师应当维护当事人合法权益，维护法律正确实施，维护社会公平和正义。"由此，可以推导出律师职业具有法定性、社会性、专业性和专门性、自律性和一定的自治性等特性。

三、律师职业的法定性

律师职业只有得到一国法律的认可，才能够成为一国法律制度的组成部分，律师职业的发展才有基本的保障，所以，法定性是律师职业当然的和首要的属性。律师职业的法定性，是指律师执业资格和执业资格的获得、律师执业的范围和律师执业的权利与义务都是由法律确定的。法定性是自律师职业产生就伴随而生的属性。律师职业的法定性决定了律师职业是法律职业共同体的重要组成部分，也决定了律师职业在社会制度建构中的基本地位。

律师职业的法定性，是通过律师制度的整体运行体现出来的，主要表现在以下几个方面：

（一）律师执业资格的获得需要符合法定程序和法定条件

为了保证律师队伍的素质和专业水准，维护律师行业的信誉和形象，世界各国都对律师资格的获得规定了一定的条件和程序。授予律师资格的条件，一般都分为两个方面：①满足知识和能力方面的条件，即学历条件和执业经验方面的要求，一般通过学历和考试反映；②符合品格和人格方面的要求，都要求有良好的品德。有些国家还有年龄和国籍的要求。在授予律师资格的程序上，有很多国家把宣誓作为取得律师资格的必经程序。

（二）律师执业活动范围限于法律规定

律师执业活动范围，就是律师的业务范围，是相当广泛的。一般来说，各个国

---

〔1〕　徐静村：《律师学》，四川人民出版社 1988 年版，第 5 页。

〔2〕　徐静村：《关于律师学的几个基本问题》，载《政法论坛》1992 年第 5 期。

家都是通过法律和职业惯例确立律师的执业活动范围，同时，也通过法律规定律师不能从事的事务。

（三）律师执业权利受法律保护

对于律师的执业权利，尽管各国法律保护的范围和程度不同，但是，都对律师执业提供法律保护，它是律师开展法律服务的保障和基础条件。我国《律师法》也有对律师执业活动进行保护的法律规定，如"律师依法执业受法律保护，任何组织和个人不得侵害律师的合法权益""律师担任诉讼代理人或者辩护人的，其辩论或者辩护的权利依法受到保障""律师在执业活动中的人身权利不受侵犯。律师在法庭上发表的代理、辩护意见不受法律追究"，还规定，"委托事项违法、委托人利用律师提供的服务从事违法活动或者委托人故意隐瞒与案件有关的重要事实的，律师有权拒绝辩护或者代理"以及"律师担任辩护人的，有权持律师执业证书、律师事务所证明和委托书或者法律援助公函，依照刑事诉讼法的规定会见在押或者被监视居住的犯罪嫌疑人、被告人。辩护律师会见犯罪嫌疑人、被告人时不被监听"。并对律师的阅卷权、调查权，也作了明确规定，"律师担任辩护人的，自人民检察院对案件审查起诉之日起，有权查阅、摘抄、复制本案的案卷材料""受委托的律师根据案情的需要，可以申请人民检察院、人民法院收集、调取证据或者申请人民法院通知证人出庭作证。律师自行调查取证的，凭律师执业证书和律师事务所证明，可以向有关单位或者个人调查与承办法律事务有关的情况"。

（四）律师执业负有法定义务

各国的律师法以及律师执业行为规则都规定了律师执业过程中必须遵守的规范，这些规范构成律师执业的法定义务。各国都将不得担任或从事任何减损律师执业独立或尊严的职务或活动，作为律师的义务。如保密义务、任职回避义务、避免利益冲突义务等。

四、律师职业的社会性

律师的执业类型可以分为社会律师、公职律师和公司律师，政府律师是公职律师的一种。本章所论及的律师职业属性主要是以社会律师为研究对象的。因此，律师职业的社会性，是指律师不是国家工作人员，不隶属于任何机构和组织；其业务活动是服务性的，不是公务性的；律师执业的权利完全来自当事人的授权，律师的业务完全依赖于律师自身的知识和能力，没有任何一个组织或者机构为律师的生存和发展提供经济上的帮助；律师的执业行为也没有强制力。也就是说，主体身份的社会性、业务活动的服务性、执业权利的当事人授予性、执业行为效力的非强制性，这四个方面构成了律师职业社会属性的完整内涵。

（一）律师职业社会性的表现形式

1. 律师职业服务主体身份的社会性。服务主体身份的社会性，是指律师是以民而非以官的身份，是以社会人而非以国家人的身份向社会主体提供法律服务的，律师职业的社会性决定了律师制度的主要方面和律师职业的发展方向。

2. 律师职业服务领域和服务对象的社会性。在"社会人"身份之下的律师有着极强的生存动力，而这种动力使得律师的业务领域覆盖社会的各个层面，服务对象包括各色人等。律师职业是面向全社会开放的，是无选择地、全方位地为社会各类主体提供法律服务的职业。律师服务的领域和服务对象的社会性，要求律师对社会公共利益必须承担一定的责任。因此，律师还应当按照国家规定履行法律援助义务，为受援人提供符合标准的法律服务，维护受援人的合法权益。

（二）律师和当事人之间关系的社会性

律师和当事人之间关系的社会性表现为两者之间是合同关系，因此，相互之间平等地受合同约定的制约。律师提供法律服务，其行为方式和活动过程都表现出极大的个体化特征。

（三）律师职业法律服务方式的社会性

律师法律服务方式的社会性，表现在业务来源的社会性、服务的有偿性和服务行为无强制力等方面。律师的业务来源完全是社会需求的自然表现，是社会主体的自主选择。律师必须用自己的知识和技能赢得社会的信任，然后才可能有业务办理，才可能在社会中生存。律师职业法律服务的有偿性是律师社会性这一职业属性的必然结果。有偿性是律师职业生存的物质基础，是保证律师完成保护社会及公众利益使命的物质条件。然而，尽管律师的服务是有偿的，也可以对报酬进行协议约定，但是，律师的报酬或者收费也应该有一个客观的参照标准，以体现公平合理。

（四）律师职业的服务行为无强制力

律师对社会主体的法律服务行为，对于服务主体和与服务主体存在矛盾冲突的对方以及相关人士来讲，并不具有必须服从的效力。尤其对于服务主体来讲，律师的意见仅供参考。当然，如果服务主体欲强迫律师进行非法行为或者利用律师进行非法行为，律师可以拒绝或者终结代理关系，并且不退还已经收取的律师费用，也不存在赔偿损失问题。

（五）社会性是律师职业最主要的属性

在所有法律职业中，律师职业因其自身的社会性而成为与社会联系最广泛、最密切的法律职业。在与社会广泛而密切的联系中，律师职业的社会性属性也得以凸显。可以说，社会性是律师职业最主要和最突出的特性。此特性也成为律师职业与同属法律职业共同体的法官职业、检察官职业的重要区别。而且，由此属性决定了律师业必然存在竞争，必然会在法律允许的最大限度内进行业务领域的扩张，一国律师职业的发展与竞争以及律师职业国际的发展与竞争都成为必然，因此，为了律师行业的健康发展，必然需要鼓励正当竞争和约束不正当竞争的执业规范。此属性也要求律师业必须具有相应的专业知识和技能，以及高度的自律精神。

五、律师职业的专业性和专门性

律师职业之所以被称为一个职业，除了国家法律制度确认之外，还在于它存在着一般人或者其他职业不具有的特殊知识和特殊技能，并且这种特殊知识和技能也需要这个职业的执业人员共同认可和维持。

律师职业的专业性，是指律师的执业活动是依靠专门的知识和技能进行的。律师为当事人提供服务不是依赖国家或者政府用权力进行运作，而是用自己的法律知识和运用法律的技能为当事人提供服务。律师职业是典型的知识阶层，其专业性使得律师成为法律的专家，成为诉讼中当事人得以依赖的专家。当事人对律师专门知识的依赖程度越强，律师发挥作用的空间就越大，律师在执业活动中以其知识和技能，并利用自己的社会声威，影响当事人，并在他们之间营造一种相互尊重、相互妥协和协调的关系，这在民事或者经济法律服务方面表现得尤为突出。

律师职业的专门性，是指律师职业专门由满足一定条件的人士从事，律师的执业范围由法律专门规定。律师职业的专业性和专门性表现为：①律师资格只授予达到一定专业水准的人士；②律师业务只能由符合执业条件的人士从事；③以专业技能使专业知识发挥到极致；④从事律师业务的专业人士必须保持专业水准。

在我国，律师从事证券业务需要满足专门的条件并遵守相关管理规范。同时，2017年，最高人民法院、司法部发布《关于开展刑事案件律师辩护全覆盖试点工作的办法》（司发通〔2017〕106号）；2018年12月27日，《最高人民法院、司法部关于扩大刑事案件律师辩护全覆盖试点范围的通知》发布并实施。随着刑事案件律师辩护全覆盖工作进一步推进和深化，每一件刑事案件都将有律师辩护和提供法律帮助，这也使得律师刑事辩护业务成为我国律师职业的专门业务。

律师职业的专业性是律师职业生存的保证，也是律师赢得社会尊重、提升职业地位的资本。律师的知识和技能的高度专业性为法律服务这种职业的垄断提供了现实基础，为律师法律服务垄断在立法方面的完善提供了前提条件，同时，也为其能够与法官、检察官形成法律的共同体创造了条件，为我国从律师中选拔法官、检察官的制度改革提供了专业上的保证。

六、律师职业的自律性

法律制度形式上的公平，要求帮助社会主体实现权利的律师职业应该在制度上与国家权力和拥有权力的人员分离，与其他社会组织和人员分离，保证律师个人的职业判断和执业行为仅仅依据法律规定和律师个人的职业经验、技能。这使得律师职业整体能够在社会主体整体的稳固信任中运行和发展，为此，律师职业自身往往制定了大量的行为规范来规制律师个体的执业行为。

律师职业自律性的完整内涵至少包括以下三个方面：

（一）律师职业的行业自治和律师个体自律

律师职业的社会性决定了律师执业活动涉及面的广泛性，这是其他行业无法比拟的，同时，又使得律师职业存在一个比较大的自决空间，在这个自决的时间和空间领域，律师的活动几乎很难为他人所控制，这就要求律师职业必须具有高度的自律性。律师职业的社会性要求最大限度地减少行政权力对律师业务活动的直接干预，由此又产生了律师职业的自治要求。律师职业的自治性表现为三个方面，即律师组织形式上的自治、律师个人工作条件的自治和较大范围的政治经济上的自治。

律师业的自治必须以自律为条件，律师自治是律师职业自律性的突出表现。

（二）律师职业的执业独立

律师执业独立要求律师在执业活动中，独立地进行辩护或代理以及独立地提出意见或建议。同时，律师执业独立还有另外一层含义，就是律师执业取得的收入应该是独立地来自于执业本身，而不是依赖政府或社会团体的拨款，也不是依赖于律师的其他经营性活动收入或受律师执业影响的活动的收入。同时，律师也不得为了获得业务与非律师人员分享律师执业收入。

（三）律师职业独立于当事人

律师职业独立于当事人，就是要求律师要始终与当事人保持职业距离。律师必须谨小慎微地处理与当事人的关系。最低限度是不能以损害社会公共利益为代价来为自己的当事人谋利益。

（四）律师职业独立于法官（仲裁官）、检察官

律师进行辩护或代理，其辩护或代理意见不受承办案件的法官、检察官意见的影响。

总之，律师职业的自治性和自律性是与律师职业的社会性密切相关的。它可以抑制律师个体执业所带来的法律服务无序的负面影响，可以更有效地促进律师提高对当事人的服务质量，而且，通过律师职业自治还可以维护律师职业整体在社会体系中的特殊身份。世界各国的律师制度都极力强调和保障律师职业自治。一方面，通过立法确立律师在法律上的地位，要求律师在执业中保持职业的独立。另一方面，律师协会通过协会的各项工作，保障律师个人执业权利，保障律师队伍整体利益。

七、关于律师职业是否存在商业性的争论

如果简单地把有偿服务看成是律师职业的商业性或者经营性的证据的话，那么，就会出现用金钱购买技艺的情形。但是，简单地否定律师职业具有商业性似乎又无法使人信服，也无法对一些现象作出合理解释。对于这个问题，无论学界还是实务界的认识都是不一致的，尤其进入现代以后，律师人数增多，使得律师之间的竞争加强，律师职业本身固有的其他属性淡化，并表现出日益增强的商业性，在市场经济条件下营利活动与传统伦理规范的矛盾在律师职业中也表现得特别尖锐。在全球经济日益一体化的今天，这个问题在律师领域已经成为一个世界范围内带有共性的问题，对此进行理性的探讨是非常必要的。

关于律师职业是否存在商业性的问题，国内学界存在肯定和否定两种看法。在传统观念中，律师职业无疑是不具有商业性的，而且，"在现代西方社会中，法律家阶层甚至曾经被作为制衡庸俗的商业文明和大众政治泛滥的学识贵族而由国家彰显其地位"。[1] 许多国家的律师法都规定律师不得以营利为目的。但是，必须注意到，近30年来，情况在悄然发生着变化，无论是在律师业高度发达的美国、律师地位较低的德国，还是在律师队伍初具规模的中国，在世界范围内，律师职业都表现出越来越多的商业倾向。

法律服务是商业服务，这是一个法律界定，而且是国际公认的。乌拉圭回合《服务贸易总协定》中规定，法律服务是商业服务中的专业服务。在这个前提下，必须承认律师职业的商业性。笔者认为，有利可图的职业法律服务市场的存在，必然会造就营利的律师职业，使之成为一个商业性的职业，但是，法律在实现社会秩序等价值方面的功能又要求法律职业（指整体）必须以法律目的的实现为第一要旨，所以，自治的律师职业为了法律目的的实现，也为了职业长远的、持续的利益，必须对职业的经营性进行必要的限制。

对于律师职业的商业倾向以及由此导致的律师职业伦理减弱等问题，西方一些国家已经注意到其对律师职业生存的威胁，并开始采取措施，例如，美国"全美律师协会在1983年制定的伦理规章，在1984年设置一个专门调查委员会来研究少数律师无原则地追求利润的问题，并发动了重振'法律人文主义'（legal humanism）的职业精神运动"。[2] 而目前，国内有些学者却在强调律师的商业性和怂恿律师日益泛滥的广告行为，管理部门也没有对律师日益严重的商业倾向给予必要的干预。这是十分值得注意的问题。

八、中国律师职业属性的再构筑

今日之中国，在市场经济条件下，现代法治理念已深入人心，为律师职业的健康发展提供了社会基础，使得从文化观念及制度层面对律师职业进行符合其自身性质和规律的塑造成为可能。

（一）文化改造是关键

一国的制度建构必定会在某种程度上反映该国的文化传统和一定时期人们的意识形态状况，中国律师职业属性的状态就是中国传统文化观念和人们意识形态状况在某种程度上的现实反映。中国现实社会对律师认识的偏差，主要源于中国的传统习惯和道德意识，因此，法律教育的大众化工作很重要。我国的法律教育大众化工作主要是通过普法完成的。要强调的是，在普法中要改变只注重法律规范尤其是义务灌输的倾向，要进行现代的法律意识教育，要进行权利以及权利实现方式的教育，

---

〔1〕　季卫东：《法治秩序的建构》，中国政法大学出版社1999年版，第240页。

〔2〕　季卫东：《法治秩序的建构》，中国政法大学出版社1999年版，第251页。

培养公民的理性意识。只有全民或多数民众对律师职业的属性和价值与功能有了理性的认识和认同，才能使律师职业的生存和发展有一个广阔深厚的文化保障。一旦造就了适宜承载作为民主与法治产物的律师职业的文化载体，律师职业属性就可获得充分、正确表达的社会基础。

（二）职业的引导、示范效应

在对律师职业性质的认识和再构筑方面，不能忽视成功律师和其他资深法律职业者的引导、示范效应。目前，律师队伍中存在某些缺乏执业信念甚至违反执业行为准则的行为。一定程度上讲，这种现象是社会对律师职业认识产生认识偏差的重要原因，即律师职业自身的行为加深了社会对于律师职业的偏见。因此，在律师职业内部弘扬律师的职业精神、注重律师职业形象的维护对于重塑律师的职业属性也是至关重要的。律师行业组织和执业机构应该树立和宣传律师职业典范，引导律师对律师职业的经济成功进行正当化处理，共同塑造律师的职业形象，提高律师职业群体的地位。

第二节　公职律师和公司律师的属性

公职律师和公司律师是法治发达国家成熟的律师职业类型。我国实行律师制度改革后，将律师划分为社会律师、公职律师和公司律师三种类型，以适应不同方面、不同层次的不同需要。为了促进政府依法行政、规范公司经营，适应国际形势的需要，我国从 2002 年开始，开展公职律师和公司律师的试点工作。目前，公职律师和公司律师已经成为中国律师职业队伍的组成部分，在全面依法治国中、在促进政府依法行政和企业依法经营方面发挥着重要作用。2018 年 12 月 13 日，司法部发布了《公职律师管理办法》《公司律师管理办法》，这两个规定自 2019 年 1 月 1 日起施行。

一、公职律师的属性

（一）公职律师的概念和特点

公职律师是一个与私人律师相对应的概念。所谓公职律师，是指有公职的、为国家公共权力机关或组织提供法律服务的律师。司法部司法研究所的严军兴先生将公职律师分为国家权力机关的公职律师、国家司法机关的公职律师、国家行政机关的公职律师（政府律师）、国家军事机关的公职律师（军队律师）、法律援助律师、国有公司的律师、事业单位的律师、社团组织的律师、党组织内部的律师和民主党派内的律师 10 种。[1] 可见，政府律师只是公职律师的一种。

在我国，按照《公职律师管理办法》的规定，公职律师，仅是指任职于党政机关或者人民团体，依法取得司法行政机关颁发的公职律师证书，在本单位从事法律

---

〔1〕　严军兴：《政府律师制度研究》，群众出版社 2002 年版，第 40~48 页。

事务工作的公职人员。

（二）公职律师与社会律师的属性区别

公职律师与社会律师，因为身份不同而导致二者在诸多方面存在差别：

1. 公职律师是国家公务员或具有公务员性质的人员，不具有社会律师的社会性。公职律师是国家公务员，故享受国家公务员的一切待遇，也必须遵守国家关于公务员管理的规定。因此，公职律师与为社会提供法律服务的社会律师，在身份上是有着区别的。法律援助专职律师将逐步纳入公职律师序列。

正是因为公职律师是国家公务员，故不得办理"公务"以外的法律事务。《公职律师管理办法》第14条第2款规定，公职律师"不得从事有偿法律服务，不得在律师事务所等法律服务机构兼职，不得以律师身份办理所在单位以外的诉讼或者非诉讼法律事务"。

2. 公职律师的法定性、专业性和专门性与社会律师有着不同的内容。公职律师与社会执业律师相比，既有共同之处，又有不同的特点。二者都被称为律师，都接受过法律专业的学习和训练，而且，在有些国家，公职律师还以取得律师资格或者律师执业证书为条件，他们所从事的都是法律业务工作；公职律师作为律师，享有律师的执业权利，同时也负有律师的义务，同样要遵守律师的执业行为规范，尽管他们也要接受所在单位的管理（是否接受律师管理部门的管理，各国做法不尽相同），但是在自律性上的要求是相同的。所以，公职律师也具有法定性、专业性和专门性，而且，有的国家在专业性和法定性的要求上与社会律师是相同的，有的国家在法定性和专业性的具体内容上的要求有些差别。

在我国，公职律师的业务范围仅限于为政府部门提供法律服务。根据《公职律师管理办法》第13条的规定，公职律师的主要职责是，受所在单位委托或者指派从事下列法律事务：为所在单位讨论决定重大事项提供法律意见；参与法律法规规章草案、党内法规草案和规范性文件送审稿的起草、论证；参与合作项目洽谈、对外招标、政府采购等事务，起草、修改、审核重要的法律文书或者合同、协议；参与信访接待、矛盾调处、涉法涉诉案件化解、突发事件处置、政府信息公开、国家赔偿等工作；参与行政处罚审核、行政裁决、行政复议、行政诉讼等工作；落实"谁执法谁普法"的普法责任制，开展普法宣传教育；办理民事案件的诉讼和调解、仲裁等法律事务；所在单位委托或者指派的其他法律事务。由此可见，公职律师业务范围没有社会律师广泛。

3. 公职律师的执业独立性会受到挑战。因为公职律师也具有律师资格或法律职业资格，有些公职律师还有一定的律师执业经验，因此，理论上可以保证公职律师在业务知识和技能操作上的独立性。但是，公职律师与所在单位的隶属关系和为所在单位服务的直接目的，使得他们的执业独立性容易受到干扰。如果公职律师不能独立地从事法律工作，那么，设立公职律师以规范政府依法行政的初衷就难以实现。

4. 公职律师不具有商业性。正是因为公职律师是国家公务员，所以，公职律师的法律服务不得收费，公职律师也不得在为政府工作期间向社会提供法律服务。这与社会律师的服务有偿性是有区别的。社会律师可以向社会提供有偿服务，而且往往以提供有偿服务为主要生存和发展方式。社会律师介入法律援助，实际上还是"拿的国家的钱，做的国家的事"，因为是国家替当事人向社会律师付了钱，尽管数量很少且不能协商报酬或费用数额，但是不论多少，因为取得了报酬或费用，社会律师在履行法律援助义务时，并没有改变其社会律师的基本属性。

5. 公职律师管理的多重性。公职律师也是律师，应该遵守与社会律师同样的律师职业道德和执业规范，但是，又因为公职律师是公职人员，实践中，公职律师在自治性和自律性上区别于社会律师，存在管理的多重性。《公职律师管理办法》第4条规定："司法行政机关对公职律师业务活动进行监督、指导。公职律师所在单位对公职律师进行日常管理。律师协会对公职律师实行行业自律。"即公职律师既受所服务的部门的管理，还要接受司法行政的资质管理、业务指导和考核，也要加入律师协会，受律师协会的领导和监督，接受律师协会组织的培训和纪律教育活动。

总之，公职律师与社会执业律师相比，其区别可以归纳为身份上的特殊性、服务范围的内部性、业务报酬的确定性、管理的多重性，即存在双重身份，只为本单位服务，只能获得国家给予其确定岗位的物质待遇，不能按照业务的数量收取费用。可见，在上述几个属性上，公职律师与社会执业律师的区别主要表现在社会性方面。

二、公司律师的属性

在英美等西方发达国家，公司律师制度已经是一项发展非常成熟的制度。公司律师制度是律师制度与国际接轨的需要，也是企业与国际接轨的需要。公司律师在规范公司法律事务管理方面，发挥着越来越重要的作用。

（一）公司律师的概念和特点

公司律师，是指具有律师资格或法律职业资格，受雇于企业，专门为企业提供法律服务的执业律师。公司律师的具体业务包括：帮助公司依法制定各项制度和内部规范，就企业的各项决策提供充分的法律意见，起草审查各类合同，参与公司的各种对外项目谈判，进行必要的资信调查，代理本企业的诉讼、仲裁等争议法律事务等。

世界各国对公司律师的业务范围都作出了限制，按照《公司律师管理办法》第14条第2款的规定，公司律师不得从事有偿法律服务，不得在律师事务所等法律服务机构兼职，不得以律师身份办理所在单位以外的诉讼或者非诉讼法律事务。

（二）公司律师和社会律师的属性区别

从理论上讲，公司律师和社会律师都是执业律师，他们在资格条件和业务能力以及职业道德方面的要求都是共同的，但是，就律师的职业属性来讲，公司律师与社会律师相比，还是存在一些区别。

1. 公司律师不具有社会律师的社会性。公司律师不是国家工作人员，其业务工作也不是公务性的；律师执业的权利也来自于授权，律师的执业行为也没有强制力，似乎公司律师也具有社会性。但是，与社会律师不同的是，公司律师毕竟隶属于某个企业，其业务活动是专门服务于该企业的，不服务于其他企业、机关或社会公众；公司律师不用考虑业务来源，其报酬不直接受公司法律业务数量多少的影响，也不直接和其所办理的公司事务的标的额、难易程度发生联系，只需完成公司或多或少的法律事务，就可以获得相对于公司雇员而言较高的报酬，比社会律师的生存压力要小得多。

2. 律师公司的执业独立状况不同。因为公司律师大量参与公司诉讼业务和公司其他争议性事务，对于公司的忠诚义务和履行律师职业操守之间往往会发生冲突，按照律师职业的要求，这种情况下可以拒绝代理，这种要求对于社会律师而言是可以做到的，但是，因为公司律师是公司的雇员，其对于公司的服从和忠诚义务又常常使其履行律师的职业操守变得比较困难。也就是说，公司律师的执业独立性容易会受到折损。

3. 公司律师的职业专业性和专门性不同于社会律师。《公司律师管理办法》第13条规定，公司律师可以受所在单位委托或者指派从事下列法律事务：①为企业改制重组、并购上市、产权转让、破产重整等重大经营决策提供法律意见；②参与企业章程、董事会运行规则等企业重要规章制度的制定、修改；③参与企业对外谈判、磋商，起草、审核企业对外签署的合同、协议、法律文书；④组织开展合规管理、风险管理、知识产权管理、法治宣传教育培训、法律咨询等工作；⑤办理各类诉讼和调解、仲裁等法律事务；⑥所在单位委托或者指派的其他法律事务。可见，公司律师的业务范围受所在公司法律事务范围限制，基本上是专司公司法律事务，因此，公司律师与社会律师在专业性和专门性方面的区别，主要表现在对这种专业性和专门性的主观选择的能动性的程度上。

4. 公司律师因为只为自己所属企业服务，不具有社会律师的商业性。公司律师是为企业服务的，但是它并不直接为企业利润的最大化服务。公司律师作用的发挥，是通过公司律师所在单位的一系列制度性活动保障的。因此，《公司律师管理办法》第15条规定，公司律师所在单位应当建立健全决策合法性审查机制，将公司律师参与决策过程、提出法律意见作为依法决策的重要程序。公司律师所在单位讨论、决定企业经营管理重大事项之前，应当听取公司律师的法律意见。依照有关规定应当听取公司律师的法律意见而未听取的事项，或者公司律师认为不合法的事项，不得提交讨论、作出决定。公司律师所在单位制定、修改企业章程、董事会运行规则等规章制度，对外签署合同、协议，处理涉及本企业的诉讼、仲裁、调解等法律事务，应当安排公司律师参加或者审核。公司律师所在单位应当完善公司律师列席重要会议、查阅文件资料、出具法律意见、审签相关文书的工作流程和制度安排，提供必要的办公条件和经费支持，保障公司律师依法依规履行职责。

如果公司律师处理公司事务也把企业效益最大化作为目标的话，就可能使公司行为偏离法律轨道。公司律师在处理公司法律事务时，必须遵循法律的基本原则，尽管这样做可能会与公司的短期利益发生冲突，但是，就长远看，公司律师对企业经营行为的规范使企业获得了持续发展的力量。这也正是设立公司律师制度的初衷。尽管要求公司律师在公司利益和法律原则冲突时选择法律原则对于具有双重身份的公司律师而言比较难，但是，作为职业律师的公司律师必须清醒而深刻地铭记这种要求，必须清醒地意识到公司律师不具有商业性，这与允许社会律师具有一定的商业性是有区别的。

5. 公司律师在律师职业的自治管理方面也不同于社会律师。公司律师一方面受所属企业管理，必须服从公司的纪律和安排，另一方面还要接受律师职业管理。这是世界通例，只是因为各国律师管理体制的细微差别，在管理的具体环节上存在些许差别，但是管理的多重性是一致的。

我国《公司律师管理办法》第 4 条规定："司法行政机关对公司律师业务活动进行监督、指导。公司律师所在单位对公司律师进行日常管理。律师协会对公司律师实行行业自律。"即公司律师属于企业内部人员，在企业的领导下开展业务活动，人事关系、工资待遇等由所在企业管理；司法行政机关负责公司律师的资质管理、业务指导、业务考核；公司律师应加入所在地律师协会，参加律师协会组织的培训和职业纪律教育活动。公司律师既要接受所属公司的管理，又要接受律师协会的管理，还要接受司法行政部门的监督和指导。

总之，公司律师和社会律师都具有律师职业的法定性、专业性和专门性，只是其具体内容存在一些差别，公司律师不具有社会律师的社会性和商业性，但是，在执业独立性上与社会律师的要求是一致的，只是实践难度要大一些。

■思考题

1. 试述律师的职业属性。
2. 简述《律师法》关于律师性质的规定及其意义。
3. 如何正确处理维护委托人合法权益和维护国家法律正确实施之间的关系？
4. 如何看待律师职业的商业化趋势？

■参考书目

1. 谢佑平：《社会秩序与律师职业——律师角色的社会定位》，法律出版社 1998 年版。
2. 司莉：《律师职业属性论》，中国政法大学出版社 2006 年版。
3. 傅国涌编：《追寻律师的传统》，北京联合出版公司 2012 年版。

4. ［日］土屋公献：《律师之魂》，王希亮译，社会科学文献出版社 2015 年版。

5. ［美］罗伯特·N. 威尔金：《法律职业的精神》，王俊峰译，北京大学出版社 2019 年版。

6. 高树编著：《律师的荣耀　理想与实践》，法律出版社 2021 年版。

第三章　律师执业基本要求

■ **学习目的和要求**

　　通过本章的教学，让学生掌握律师执业基本要求，了解我国律师资格取得制度、律师执业的有关规定。

■ **重点及难点**

　　律师执业规定。

　　律师执业是指依法取得律师执业证书的执业人员，接受委托或者指定，为当事人提供法律服务的活动。律师执业须获得律师管理部门的执业许可，没有取得律师执业证书的人员，不得以律师名义从事法律服务业务。我国《律师法》和司法部制定的《律师执业管理办法》、全国律协制定的《律师执业行为规范》以及地方司法行政机关、律师协会的规章等对律师执业许可及律师执业活动进行规制，对律师执业提出了基本的要求。本章将从形式和实质两方面具体探讨律师执业的基本要求。简单地讲，律师执业的形式要求是指律师执业需要取得律师资格并申领到律师执业证书，这种要求是对律师执业主体的规范；而律师执业的实质要求是指律师执业过程中所应具有的称职性，这种要求是对律师执业过程中的行为的规范。

第一节　律师的称职性

　　律师的称职性是律师执业的一个重要问题。委托人找律师的目的就是获得有效的法律帮助，而律师作为提供法律服务的执业人员，其职业理想就是以高超的法律技能和娴熟的法律技术为委托人提供有效的服务。律师的称职性是指律师提供法律服务的适当性。具体而言，律师提供法律服务的适当性主要包括以下几个因素：

　　1. 法律知识和技能。称职的律师应当能够就法律相关事项向委托人提供足够的信息，以便有效解决法律问题。例如，英国《巴律师行为守则》第 603 条规定，如果缺少处理某事务的经验或称职性，则该巴律师不得接受任何办理案件的指示。《美国律师协会职业行为示范规则》在规则1.1［称职］中明确规定："律师应当为委托人提供称职的代理。称职的代理要求律师具备代理所必需的法律知识、技能、细心和准备工作。"在该条的评注中，美国律师协会指出，在特定的事务中，决定律师是否具有必需的法律知识和技能的相关因素包括：有关事务的相对复杂程度和专业化性质、律师的经验、律师在相关领域的训练和经历、律师能够对该事务进行的准备和研究以及把该事务介绍于、咨询于一位在相关领域已经能够提供称职代理的律师或与之合作的可行性。在许多情况下，一个综合执业者的精通程度就能符合该要求。在某些情况下，可能需要在特定法律领域的专业知识。律师不需要必须具有处理某种其不熟悉的法律问题的特殊训练和事前经验。一个新律师能够像一个有着长期经验的律师一样称职。一些重要的法律技能，分析先例、评估证据以及起草法律文书，在任何法律事务中都必须具备。可能最基本的法律技能是确定某种情况可能涉及哪种法律问题，这种必需的技能超越任何具体的专业知识。通过必要的学习，一个律师能在一个全新的领域中提供充分的代理服务。通过与在相关领域已经能够提供称职代理的律师合作，他也能够提供称职的代理。一般认为，作为一种职业，从业者在取得了律师执业证书以后，其所具有的法律知识和技能就已经外在化，达到了称职性的一般要求。换言之，只要取得了律师执业证书，一般即认为该律师已经达到了向社会提供法律服务的最低要求。我国在《律师法》和司法部发布的有关规定中也规定了严格的律师执业证书取得制度。一个人要成为律师，除了要通过国家统一法律职业资格考试取得法律职业资格以外，还要经过实习以及其他方面的必要培训和考察，从而保证律师在法律知识和技能方面具有基本的称职性。此外，我国还建立了律师继续教育制度，使得律师在法律知识和技能方面的称职性，能够处于动态的发展状态中。

2. 适当的工作条件。所谓适当的工作条件，是指律师在接受委托事务后，能够有充分的时间和便利的条件来准备该案件。例如，英国《巴律师行为守则》第603条规定，如果由于其他职业事项，不能或者缺乏足够的时间和机会来为某事务的处理进行准备工作时，巴律师不得接受办理该事务的指示。在律师没有充分时间和条件来准备该案件的情况下，法律服务的质量很难得到保障。因此，律师在办理案件时，应当根据具体情况来保持适当的工作量，在业务冲突而又无法解决的情况下，不能说该律师具有接受该案件委托的适当性。

3. 有效管理。所谓有效管理，是指律师在提供法律服务时，应当处于律师事务所的有效管理之下。这是律师向社会提供法律服务的基本要求之一。这一条件具有两个含义：首先，律师应当在律师事务所执业。我国《律师法》规定，律师事务所是律师的执业机构；律师承办业务，由律师事务所统一接受委托，与委托人签订书面委托合同，按照国家规定统一收取费用并如实入账。北京市律师协会通过的《北京市律师执业规范（试行）》（2017年修订）第20条也规定："律师的执业活动必须接受律师事务所的监督、管理……"因此，律师未经律师事务所正常手续指派，不能以律师名义对外提供法律服务。其次，律师在提供法律服务时，能够通过律师事务所的管理避免利益冲突。如果因为律师提供法律服务的活动使得委托人之间、律师和委托人之间产生了利益冲突，则不能说明该律师具有办理该案件的称职性。律师在执业时应当接受律师事务所的管理，一方面是为了保证律师法律服务的有效性，如律师事务所的重大案件集体讨论等制度能避免或减少律师执业的不称职行为；另一方面是为了保障委托人的基本权益。

总之，律师办理案件的称职性，既涉及宏观的法律知识和技能以及律师事务所管理方面的要求，也涉及个案中所需要具体考虑的利益冲突等问题。因此，在确定律师是否应当接受某案件的委托时，应当进行多方面的考察。

第二节　律师的执业条件

在我国，以律师名义执业须获得律师执业许可。律师执业证书是律师依法获准执业的有效证件。

一、法律职业资格证书的取得

获得法律职业资格证书和律师资格证是律师执业的前提条件。《律师法》第5条规定，申请律师执业，应当具备下列条件：①拥护《中华人民共和国宪法》；②通过国家统一法律职业资格考试取得法律职业资格；③在律师事务所实习满1年；④品行良好。实行国家统一法律职业资格考试前取得的国家统一司法考试合格证书、律师资格凭证，与国家统一法律职业资格证书具有同等效力。

（一）我国统一法律职业资格考试的发展历程

我国的统一法律职业资格考试经历了一个从无到有，从单一行业资格统一考试到多类法律职业资格合并的统一考试的发展历程。

1. 考核授予律师资格。从中华人民共和国成立到1978年，取得律师资格采取由律师事务所申报，地（市）司法局审核，省、自治区、直辖市司法厅（局）批准，最后报司法部备案的做法。这一规定在我国律师制度恢复初期，对发展律师队伍起到了重要作用，但随着民主法制建设的发展，该规定已不能适应律师事业的发展。据司法部有关部门统计，从1979年8月到1984年6月，全国通过考核取得律师资格的仅有1.1万人，远远不能满足社会的需求。此外，这种做法因主观随意性较大、缺乏统一的标准，不利于广泛吸收人才，使一些素质较低的人也混入了律师队伍。

2. 律师资格考试。1984年，江西省首创全省律师资格统一考试，取得了良好的社会效果。1985年，北京等地也举行了类似的考试。1986年，司法部在借鉴国外做法和总结各地律师资格考试经验的基础上，作出了实行全国范围内的律师资格统一考试的决定。

1986 年 8 月，第一次全国律师资格统一考试举行，但它基本上是一次内部考试，应考人员中的绝大部分为已在律师事务所从事律师工作的人员。考试科目为律师实务、宪法、法学基础理论、刑法、刑事诉讼法、民法、民事诉讼法、婚姻法、继承法。

1988 年 9 月，第二次全国律师资格考试举行，报考人员的范围不加限制，无论有无职业、从事何种工作都有资格报考。考试分为三类：①综合考试部分，包括宪法、法学基础理论、国际法、国际私法、国际贸易法、国外法制史、法医学、刑侦学等学科中的基本知识和律师工作的常用知识；②专业法律部分，包括刑法、刑事诉讼法、民法、民事诉讼法、婚姻法、继承法、经济法；③律师制度与律师实务。同时规定对具有大学本科以上学历者免试部分科目。

1990 年，第三次全国律师资格考试举行。此次考试在考试科目中增加了时事政治和政治理论内容，取消了外国法制史、法医学、刑侦学等学科。

1992 年的全国律师资格考试由各省、自治区、直辖市司法厅（局）公布录取人数，划定分数线。

1993 年，司法部决定将每两年举行一次的全国律师资格考试改为每年举行一次，并调整了考试科目。

1994 年的全国律师资格考试采取全国统一录取分数线的方式进行，并从 1994 年起允许港澳台居民参加全国律师资格考试。

为了规范律师资格考试制度，1996 年《律师法》对全国律师资格考试作出了相应规定，国家实行律师资格全国统一考试制度。具有高等院校法学专科以上学历或者同等专业水平，以及高等院校其他专业本科以上学历的人员，经律师资格考试合格的，由国务院司法行政部门授予律师资格。律师资格全国统一考试办法，由国务院司法行政部门制定。1996 年 12 月，司法部发布了《律师资格全国统一考试办法》，规定了律师资格考试的性质、原则、考试时间、报考条件和办法、考试组织以及违反考试纪律的处罚办法等内容。2000 年 7 月 26 日，司法部发布了《律师资格考试办法》，《律师资格全国统一考试办法》同时废止。《律师资格考试办法》是我国历史上最初对律师资格考试作出系统规范的行政规章。截至 2000 年，全国律考报名人数已突破 21 万，律师资格考试已经成为仅次于高考的国家级考试，这也反映出我国律师行业兴旺发展的良好态势。

3. 统一司法考试。2001 年 6 月 30 日，第九届全国人民代表大会常务委员会第二十二次会议通过了《全国人民代表大会常务委员会关于修改〈中华人民共和国检察官法〉的决定》和《全国人民代表大会常务委员会关于修改〈中华人民共和国法官法〉的决定》。两个决定都规定，国家对初任检察官、法官和取得律师资格实行统一的司法考试制度。国务院司法行政部门会同最高人民检察院、最高人民法院共同制定司法考试实施办法，由国务院司法行政部门负责实施。2001 年 7 月 12 日，司法部根据上述两个决定发布了《司法部关于废止〈律师资格考试办法〉的决定》，决定废止司法部于 2000 年 7 月 26 日颁布施行的《律师资格考试办法》。2001 年 7 月 15 日，最高人民法院、最高人民检察院和司法部联合发布公告，确定 2001 年度最高人民法院的初任法官考试、最高人民检察院的初任检察官考试和司法部的律师资格考试都不再单独组织，纳入 2002 年年初举办的首次国家司法考试。首次国家司法考试于 2002 年 3 月 30、31 日在全国统一举行。

最高人民法院、最高人民检察院和司法部于 2001 年联合发布的《国家司法考试实施办法（试行）》第 2 条明确规定："国家司法考试是国家统一组织的从事特定法律职业的资格考试。初任法官、初任检察官和取得律师资格必须通过国家司法考试。"司法统一考试的报名条件为：①具有中华人民共和国国籍；②拥护《中华人民共和国宪法》，享有选举权和被选举权；③具有完全民事行为能力；④符合《中华人民共和国法官法》（以下简称《法官法》）《中华人民共和国检察官法》（以下简称《检察官法》）和《律师法》规定的学历、专业条件；⑤品行良好。

2008 年，《国家司法考试实施办法（试行）》经修订，形成了《国家司法考试实施办法》，规定初任法官、初任检察官，申请律师执业和担任公证员必须通过国家司法考试，取得法律职业资格。法律、行政法规另有规定的除外。司法考试的报名条件修订为：①具有中华人民共和国国籍；②拥护《中华人民共和国宪法》，享有选举权和被选举权；③具有完全民事行为能力；④高等院校法律专业本科毕业或者高等院校非法律专业本科毕业并具有法律专业知识；⑤品行良好。

4. 统一法律职业资格考试。党的十八届四中全会通过的《中共中央关于全面推进依法治国若干重大问题的决定》（以下简称《决定》）着眼于推进法治工作队伍正规化、专业化、职业化，提出"完善法律职业准入制度，健全国家统一法律职业资格考试制度，建立法律职业人员统一职前培训制度"。

2015 年 12 月印发的《中共中央办公厅、国务院办公厅关于完善国家统一法律职业资格制度的意见》，明确提出要制定法律职业资格考试工作规章和配套规范，加强法律职业资格管理规范化、制度化建设。

2017 年 9 月，第十二届全国人大常委会第二十九次会议审议通过《全国人民代表大会常务委员会关于修改〈中华人民共和国法官法〉等八部法律的决定》，为组织实施法律职业资格考试提供了法律依据。

2018 年 4 月，司法部公布实施《国家统一法律职业资格考试实施办法》，进一步明确考试制度各项内容，并对应试人员、考试工作人员在考试过程中的违纪行为处理作出原则性规定。《国家统一法律职业资格考试实施办法》主要有以下五个方面的新规定：一是需要参加法律职业资格考试人员。明确了应当参加国家统一法律职业资格考试取得法律职业资格的人员范围，在司法考试制度确定的法官、检察官、律师、公证员四类法律职业人员基础上，将初次担任法律类仲裁员，以及行政机关中初次从事行政处罚决定审核、行政复议、行政裁决、法律顾问的公务员，纳入法律职业资格准入范围。二是考试报名的专业学历条件。《国家统一法律职业资格考试实施办法》第9条第5项对报名参加法律职业资格考试的专业学历条件作了一般性规定：①具备全日制普通高等学校法学类本科学历并获得学士及以上学位；②全日制普通高等学校非法学类本科及以上学历，并获得法律硕士、法学硕士及以上学位；③全日制普通高等学校非法学类本科及以上学历并获得相应学位且从事法律工作满3年。这样规定，提高了法律职业资格考试的报名专业和学历门槛，有利于从源头上保证法律职业人员的专业素养和专业能力。同时，遵循不动存量做好增量、确保各项举措能落实的改革思路，按照"老人老办法、新人新办法"原则，在第22条规定，该办法实施前已取得学籍（考籍）或者已取得相应学历的高等学校法学类专业本科及以上学历毕业生，或者高等学校非法学类专业本科及以上学历毕业生并具有法律专业知识的，可以报名参加国家统一法律职业资格考试。在实施办法施行前已经取得高等院校学籍（考籍）或者已经取得相应学历的人员，属于"老人"，适用第22条的规定。三是不得报名的禁止性条件。为从源头上把好法律职业的入口关，根据党的十八届四中全会《决定》关于建立终身禁止从事法律职业制度和完善违法失信行为惩戒机制，以及《律师法》《中华人民共和国公证法》等的规定，增加了被吊销法律职业资格证书、因严重失信行为被国家有关单位确定为失信联合惩戒对象并纳入国家信用信息共享平台和因其他情形被给予终身禁止从事法律职业处理的人员，不得报名参加法律职业资格考试。四是考试内容和方式方法。在考试方式上，《国家统一法律职业资格考试实施办法》将一次性考试分为客观题考试和主观题考试两阶段，只有通过客观题考试的考生才可以参加当年的第二阶段的主观题考试，客观题的合格成绩在本年度和下一个考试年度内有效。同时，明确了法律职业资格考试实行纸笔考试或者计算机化考试的方式。在考试内容上，明确考试内容和命题范围以司法部当年公布的《国家统一法律职业资格考试大纲》为准。五是对取得法律职业资格人员的管理。《国家统一法律职业资格考试实施办法》明确，取得法律职业资格人员有违反宪法法律、妨害司法公正、违背职业伦理等行为的，由司法行政机关视其情节后果给予相应处理，并将相关信息在司法部网站上公布，加强了对取得法律职业资格人员的日常和动态管理。

（二）特许律师执业

在统一法律职业资格考试实施之前，我国除了通过考试取得律师资格之外，还存在着通过考核授予律师资格的情况。考核授予律师资格，是指司法行政机关对符合条件的公民进行考察核准后，即授予其律师资格，这是考试取得律师资格的例外情况。

1. 考核授予律师资格制度回顾。在1986年以前，考核授予律师资格是我国吸收律师的主要途径，1980 年颁布的《律师暂行条例》第 8 条规定，热爱中华人民共和国，拥护社会主义制度，有选举权和被选举权的下列公民，经考核合格，可以取得律师资格，担任律师：①在高等院校法律专业毕业，并且做过 2 年以上司法工作、法学教学工作或者法学研究工作的；②受过法律专业训练，并且担任过人民法院审判员、人民检察院检察员的；③受过高等教育，做过 3 年以上经济、科技工作，熟悉本专业以及与本专业有关的法律、法令，并且经过法律专业训练，适合从事律师工作的；④其他具有该条第 1 项或第 2 项所列人员的法律水平，并且有高等学校文化水平，适合从事律师工作的。这样的规定存在着很大的局限性，例如，它规定的政治条件比较笼统，难以掌握；它对专业知识的要求过低，既未要求高等院校"毕业"，也没有规定最低学历。由于没有统一的具体标准，各地做法不太一致，甚至在操作过程出现了盲目追求数量和为照顾关系而降低条件的不正常现象。1993 年发布的《司法部关于深化律师工作改革的方案》提出建立考核授予律师资格的制度，将此作为律师考试制度的一种补充。1996 年 5 月 15 日通过的《律师法》对此给予了确认，于第 7 条规定："具有高等院校法学本科以上学历，从事法律研究、教学等专业工作并具有高级职称或者具有同等专业水平的人员，申请律师执业的，经国务院司法行政部门按照规定的条件考核批准，授予律师资格。"

1996 年 10 月 25 日，司法部发布了《律师资格考核授予办法》，对《律师法》的规定从授予对象、条件、程序等方面加以具体规范。根据《律师资格考核授予办法》，考核授予律师资格的对象是拥护《宪法》，品行良好，身体健康，年龄在 65 岁以下，具有高等院校法学本科以上学历，在被授予律师资格后能够专职从事律师工作的中华人民共和国公民。该公民必须具备以下积极条件之一：①在高等法律院校（系）或法学研究机构从事法学教育或研究工作，已取得高级职称的；②具有法学专业硕士以上学位，有 3 年以上法律工作经历或者在律师事务所工作 1 年以上的；③其他具有高级职称或者同等专业水平，可以考核授予律师资格的。同时，该公民不能具有以下任何一种情形：①受过刑事处罚的，但过失犯罪的除外；②被开除公职或被吊销律师执业证的；③无民事行为能力或者限制民事行为能力的；④伪造证明材料申请考核授予律师资格的；⑤其他不适宜从事律师职业的。

2.《律师法》有关特许律师执业制度的规定。2007 年《律师法》第 8 条规定："具有高等院校本科以上学历，在法律服务人员紧缺领域从事专业工作满十五年，具有高级职称或者同等专业水平并具有相应的专业法律知识的人员，申请专职律师执业的，经国务院司法行政部门考核合格，准予执业。具体办法由国务院规定。" 2008 年 7 月颁布的《律师执业管理办法》第 8 条规定，申请特许律师执业，应当符合《律师法》和国务院有关条例规定的条件。2012 年 3 月，国务院法制办公室发布《特许律师执业考核条例（征求意见稿）》，截至 2013 年 5 月，该条例尚未出台。2017 年修订的《律师法》依然保留了特许律师执业的规定。

二、律师执业证书的取得

律师执业证书是律师执业的有效证件。律师执业，应当依照规定领取律师执业证书。未取得律师执业证书的人员，不得以律师名义执业。

（一）申请律师执业的条件和程序

1. 有关规定。我国的《律师法》和司法部 2016 年 9 月修订的《律师执业管理办法》及 2019 年修正的《律师和律师事务所执业证书管理办法》对申请律师执业的条件和程序作出了规定。

根据《律师法》的规定，申请律师执业的条件是：①拥护《宪法》；②通过国家统一法律职业资格考试；③在律师事务所实习满 1 年；④品行良好。《律师执业管理办法》规定，实行国家统一司法考试前取得的律师资格证书，在申请律师执业时，与法律职业资格证书具有同等效力。享受国家统一司法考试有关报名条件、考试合格优惠措施，取得法律职业资格证书的，其申请律师执业的地域限制，按照有关规定办理。申请律师职业的人员，应当按照规定参加律师协会组织的实习活动，并经律师协会考核合格。申请兼职律师执业，除符合上述条件外，还应当具备下列条件：①在高等院校、科研机构中从事法学教育、研究工作；②经所在单位同意。2021 年《司法部关于申请兼职律师执业人员范围有关问题的批复》明确，根据《律师法》第 12 条规定，高等院校中从事法学研究工作的人员可以依法申请兼职律师执业，博士后流动站（工作站）的博士后不符合申请兼职律师执业的条件。该条规定的"法学"应理解为狭义上的"法学"，不包括政治学、社会学、民族学等。

2. 实习。申请律师执业还必须经过一定期间的实习，并经考核合格。《律师执业管理办法》规定，申请律师执业的人员，应当按照规定参加律师协会组织的实习活动，并经律师协会考核合格。2006 年，根据第六届全国律协第三次常务理事会决议，并经司法部审核同意，《申请律师执业人员实习管理规则（试行）》颁布，司法部决定由律师协会承担实习管理职责，律师协会对实习人员实习活动的管理，应当接受司法行政机关的指导和监督。2010 年，全国律协修订形成《申请律师执业人员实习管理规则》，2021 年第九届全国律协常务理事会第十九次会议再次进行了修订。

（1）申请实习人员的条件。申请实习人员应当符合下列条件：①拥护中国共产党领导，拥护社会主义法治，尊崇宪法；②取得法律职业资格证书或者律师资格凭证；③品行良好；④具有完全民事行为能力。有下列情形之一的，不符合上述要求中的"品行良好"条件：①因故意犯罪受过刑事处罚的；②被开除公职的；③因违法违纪行为被国家机关、事业单位辞退的；④因违犯党纪受到撤销党内职务以上处分的；⑤被吊销律师、公证员执业证书的；⑥因违法违规行为被相关行业主管机关或者行业协会撤销其他职业资格或者吊销其他执业证书的；⑦因违反治安管理行为被处以行政拘留的；⑧因严重失信行为被国家有关单位确定为失信联合惩戒对象并纳入国家信用信息共享平台的；⑨受到不得再次申请实习的处分，处分期限未满的；

⑩有其他产生严重不良社会影响行为的。前文所列第③、④、⑥、⑦、⑩项情形发生在申请实习人员 18 周岁以前或者发生在实习登记 3 年以前，且申请实习人员确已改正的，应当提交书面承诺及相关证明材料，经律师协会设立的专门委员会审核同意，可以准予实习登记。申请实习人员在移出失信联合惩戒对象名单之前，不得准予实习登记。移出失信联合惩戒对象名单后，按照上述规定提交相应书面承诺，经律师协会设立的专门委员会审核同意的，可以准予实习登记。

（2）律师事务所接收实习人员实习应当具备的条件。律师事务所接收实习人员实习应当符合下列条件：①拥护中国共产党领导，拥护社会主义法治，尊崇宪法，遵守法律法规和律师行业规范；②按照规定接受律师事务所年度检查考核，且考核结果合格；③符合当地律师协会规定的接收实习人员的其他条件。

律师事务所有下列情形之一的，不得接收实习人员实习：①无符合规定条件的实习指导律师的；②受到警告、罚款、没收违法所得的行政处罚或者训诫、警告、通报批评、公开谴责的行业处分，自被处罚或者处分之日起未满 1 年的；③受到停业整顿行政处罚或者律师协会中止会员权利的行业处分，处罚、处分期限未满或者期限届满后未满 3 年的；④受到禁止接收实习人员实习的处分，处分期限未满的；⑤律师事务所党组织因违反党章和其他党内法规，不履行或者不正确履行职责被问责后未满 1 年的；⑥发生《律师事务所管理办法》第 31 条规定的终止事由的；⑦未履行《律师事务所管理办法》第 50 条规定的管理职责的；⑧因严重失信行为被国家有关单位确定为失信联合惩戒对象并纳入相关国家信用信息共享平台的。

（3）实习指导律师应当具备的条件。实习指导律师应当符合下列条件：①具有较高的政治素质，拥护中国共产党领导，拥护社会主义法治，尊崇宪法，忠实履行中国特色社会主义法治工作者职责使命；②具有较高的职业道德素质，严格遵守律师执业行为规范，勤勉敬业，责任心强；③具有较高的业务素质和丰富的实务经验，具备 5 年以上的执业经历；④按照规定参加当年律师执业年度考核并且连续 3 年考核结果为"称职"等次；⑤5 年内未受到过司法行政机关的行政处罚或者律师协会的行业处分，且执业过程中未受到过停止执业的行政处罚或者律师协会中止会员权利的行业处分；党员律师 5 年内未受到过党纪处分；⑥5 年内未受到过禁止指导实习人员实习的处分；⑦未因严重失信行为被国家有关单位确定为失信联合惩戒对象并纳入国家信用信息共享平台的。

1 名实习指导律师同时指导的实习人员不得超过 2 名；司法部另有规定的，从其规定。

（4）实习登记。根据《申请律师执业人员实习管理规则》，律师协会承担的实习管理职责主要内容包括：①拟申请实习的人员，应当通过拟接收其实习的律师事务所向住所地设区的市级律师协会申请实习登记，并提交相关材料。②设区的市级律师协会应当自收到申请实习登记材料之日起 20 日内予以审核，对于符合规定条件的，准予实习登记，并向申请实习人员颁发《申请律师执业人员实习证》；对于不符合规定条件的，不准予实习登记，并书面告知申请实习人员和拟接收其实习的律师事务所不准予实习登记的理由，同时将不准予实习登记的决定报省、自治区、直辖市律师协会备案，抄送当地设区的市级或者直辖市区（县）司法行政机关。申请实习人员对不准予实习登记决定有异议的，可以自收到书面通知之日起 15 日内，向作出决定的律师协会或者省、自治区、直辖市律师协会书面申请复核。律师协会应当自收到复核申请之日起 15 日内进行复核，并将复核结果通知申请人。

（5）实习人员集中培训。实习分集中培训和实务训练两个阶段进行。实习期限为 1 年。实习人员的集中培训，由省、自治区、直辖市律师协会或者设区的市级律师协会组织进行。每期集中培训的时间不得少于 1 个月。集中培训包括下列内容：①习近平新时代中国特色社会主义思想，特别是习近平法治思想；②党的路线、方针、政策；③中国共产党党史、国史教育；④律师制度和律师的定位及其职责使命；⑤律师执业管理规定；⑥律师职业道德和执业纪律；⑦律师实务知识和执业技能。组织集中培训的律师协会可以根据本地实际情况增加培训内容，组织编写相关培训教材。

集中培训结束时，应当对参加培训的实习人员进行考核。实习人员经考核合格的，由组织培训的律师协会颁发《实习人员集中培训结业证书》；考核不合格的，应当再次参加集中培训，所需时间不计入实习时间。

（6）实习人员的实务训练。实习人员的实务训练，由接收其实习的律师事务所负责组织实施。律师事务所应当按照全国律协制定的实务训练指南，指派符合条件的律师指导实习人员进行实务训练，并为实习人员进行实务训练提供必要的条件和保障。

实习指导律师应当履行下列职责：①对实习人员进行律师职业道德和执业纪律教育；②指导实习人员学习掌握律师执业管理规定；③指导实习人员学习掌握律师执业业务规则；④指导实习人员进行律师执业基本技能训练；⑤监督实习人员的实习表现，定期记录并作出评估，发现问题及时纠正；⑥在实习结束时对实习人员的政治素质、道德品行、执业素养以及完成集中培训和实务训练的情况、遵守律师职业道德和实习纪律的情况出具考评意见。

律师事务所应当对实习活动履行下列管理职责：①制订实习指导计划，健全实习指导律师和实习人员管理制度；②组织实习人员参加律师事务所政治、业务学习和实践活动；③定期或者适时召开会议，通报实习人员的实习情况，研究改进实习工作的措施；④对实习指导律师履行职责的情况进行监督，发现问题及时纠正，对严重违背规定职责的，应当停止其指导实习的工作；⑤对实习人员在实习期间的表现及实习效果进行监督和考查，并在实习结束时为其出具《实习鉴定书》。

律师事务所党组织对实习人员在实习期间的政治表现进行考查；律师事务所为

实习人员出具《实习鉴定书》应当征求律师事务所党组织意见。

（7）实习人员应遵守的规则。律师事务所及实习指导律师不得指使或者放任实习人员有下列行为：①独自承办律师业务；②以律师名义在委托代理协议或者法律顾问协议上签字，对外签发法律文书；③以律师名义在法庭、仲裁庭上发表辩护或者代理意见；④以律师名义洽谈、承揽业务；⑤以律师名义印制名片及其他相关资料，或者以其他方式公开宣称自己为律师；⑥其他依法应当以律师名义从事的活动。

（8）实习考核。实习人员实习期满后，应当通过律师事务所向准予其实习登记的律师协会提出实习考核申请，并提交相应材料，律师协会应当自收到律师事务所提交的实习考核申请材料之日起 20 日内，按照全国律协制定的《申请律师执业人员实习考核规程》，对实习人员进行考核。律师协会应当设立专门委员会，具体组织实施对实习人员的考核工作。

律师协会对实习人员进行考核，应当坚持依法、合规、公平、公正的原则，对实习人员的政治素质、道德品行、执业素养以及完成实习项目的情况、遵守律师行业规范和实习纪律的情况进行全面考核，据实出具考核意见。对实习人员的考核，应当按照书面审查、面试考核、公示的程序依次进行。负责实习考核的律师协会还可以采取实地考察、与实习指导律师访谈等方式，对实习人员的实习场所、实务训练档案等进行抽查了解，检查实习人员的实习情况。

实习人员经律师协会考核合格的，律师协会应当为其出具考核合格意见，在 10 日内书面通知被考核的实习人员及接收其实习的律师事务所，同时将考核结果报省、自治区、直辖市律师协会备案，抄送当地设区的市级或者直辖市区（县）司法行政机关。经律师协会考核合格的实习人员，考核合格意见有效期为 1 年。实习人员考核不合格的，律师协会应当对其出具考核不合格的意见，并区别情况给予相应的处理。

（9）对律师事务所、实习指导律师、实习人员违反规定行为的惩戒。《申请律师执业人员实习管理规则》明确规定了对律师事务所、实习指导律师、实习人员违反规定的行为加以惩戒的情形。律师事务所、实习指导律师违反相关规定的，律师协会应当责令其改正；情节严重或者拒不改正的，停止其实习指导或者实习管理工作，并分别给予实习指导律师 5 年内禁止指导实习人员实习或者律师事务所 2 年内禁止接收实习人员实习的处分。

实习人员凭不实、虚假的《实习鉴定书》、考评意见或者其他有关证明材料，或者采取欺诈、贿赂等不正当手段通过律师协会考核的，由负责实习考核的律师协会撤销对该实习人员出具的考核合格意见，该实习人员已进行的实习无效，并视情节给予 1 到 2 年内不得再次申请实习的处分；情节严重的，给予 3 年内不得再次申请实习的处分。处理决定应当在 15 日内报省、自治区、直辖市律师协会备案，并抄送当地设区的市级或者直辖市区（县）司法行政机关。上述情形的处理发生在实习人员已获准律师执业之后的，律师协会应当同时将处理决定通报准予其执业的省、自治区、直辖市司法行政机关。

律师协会及其工作人员在实习组织、管理、考核工作中有违反相关规定，滥用职权、玩忽职守行为的，应当追究主管负责人和直接责任人员的责任。

3. 申请律师执业。律师执业许可，由设区的市级或者直辖市的区（县）司法行政机关受理执业申请并进行初审，报省、自治区、直辖市司法行政机关审核，作出是否准予执业的决定。实习人员在实习期满后申请领取律师执业证书的程序包括向司法行政机关提出申请、司法行政机关进行审核、审核通过颁发执业证书三个阶段：

（1）提交相关材料。申请律师执业，应向设区的市级或者直辖市的区（县）司法行政机关提交下列材料：①执业申请书；②法律职业资格证书或者律师资格证书；③律师协会出具的申请人实习考核合格的材料；④申请人的身份证明；⑤律师事务所出具的同意接收申请人的证明。申请兼职律师执业，还应当提交下列材料：①在高等院校、科研机构从事法学教育、研究工作的经历及证明材料；②所在单位同意申请人兼职律师执业的证明。申请执业许可时，申请人应当如实填报《律师执业申请登记表》。

（2）律师执业许可。由设区的市级或者直辖市的区（县）司法行政机关受理执业申请并进行初审，受理申请的司法行政机关应当自决定受理之日起20日内完成对申请材料的审查。经审查，应当对申请人是否符合法定条件、提交的材料是否真实齐全出具审查意见，并将审查意见和全部申请材料报送省、自治区、直辖市司法行政机关。

（3）省、自治区、直辖市司法行政机关应当自收到受理申请机关报送的审查意见和全部申请材料之日起10日内予以审核，作出是否准予执业的决定。准予执业的，应当自决定之日起10日内向申请人颁发律师执业证书。不准予执业的，应当向申请人书面说明理由。有下列情形之一的人员，不得从事律师职业：①无民事行为能力或者限制民事行为能力的；②受过刑事处罚的，但过失犯罪的除外；③被开除公职或者被吊销律师执业证书的。

（二）禁业禁止规定

2021年2月27日，经党中央批准，全国政法队伍教育整顿动员部署会议召开，这场政法队伍刀刃向内的自我革命在全国范围内正式启动，在全国政法队伍教育整顿中，"干警违规经商办企业和配偶、子女及其配偶违规从事经营活动"被列为必须彻底整治的问题。最高人民法院、最高人民检察院、公安部、司法部在梳理总结教育整顿中查处问题的基础上，找准症结，分别出台了干警亲属的禁业清单，通过建章立制确保各系统政法干警廉洁司法、廉洁用权、廉洁齐家。

1. 法院工作人员近亲属禁业清单。法院领导干部和审判执行人员的配偶、父母、子女不得担任其所任职法院辖区内律师事务所的合伙人或者设立人；法院领导干部和审判执行人员的配偶、父母、子女不得在其任职法院辖区内以律师身份担任诉讼代理人、辩护人，或为诉讼案件当事人提供其他有偿法律服务。

2. 检察人员配偶、子女及其配偶禁业清单。各级人民检察院领导干部和检察官的配偶、父母、子女不得担任其所任职检察院辖区内律师事务所的合伙人或设立人，不得在其任职检察院辖区内以律师身份担任诉讼代理人、辩护人，或为诉讼案件当事人提供其他有偿法律服务。

（三）律师执业年度考核制度

2007年，《律师法》将"对律师的执业活动进行考核"明确规定为律师协会的职责；2010年，全国律协颁布了《律师执业年度考核规则》，明确律师执业年度考核，是指律师协会在律师事务所对本所律师上一年度执业活动进行考核的基础上，对律师的执业表现作出评价，并将考核结果报司法行政机关备案，记入律师执业档案。

律师执业年度考核由设区的市级律师协会和直辖市律师协会负责组织实施；设区的市未建立律师协会的，可以由所在的省、自治区律师协会负责组织实施。省、自治区、直辖市律师协会指导、监督本区域的律师执业年度考核工作。律师事务所应当召开律师执业年度考核工作会议，听取律师个人总结，组织进行民主评议。根据考核评议情况，由律师事务所依据《律师职业年度考核规则》规定的考核内容、考评标准，对律师上一年度的执业表现出具考核意见。设区的市级律师协会和直辖市律师协会应当按照当地司法行政机关规定的时间将律师执业年度考核结果报所在地设区的市级或者直辖市区（县）司法行政机关备案；由其通过备案审查后，在律师执业证书上加盖"律师年度考核备案"专用章。

律师执业年度考核结果分为"称职""基本称职""不称职"三个等次。律师经年度考核被评定为"不称职"的，设区的市级律师协会或者直辖市律师协会应当根据其存在的问题，书面责令其改正，并安排其参加律师协会组织的培训教育。律师连续两年被评定为"不称职"的，由律师协会给予通报批评或者公开谴责的行业惩戒；情节严重的，建议司法行政机关依法给予相应的行政处罚，也可以建议律师事务所与其解除聘用关系或者经合伙人会议通过将其除名。

（四）律师执业证书的收回、注销

律师受到停止执业处罚、律师事务所受到停业整顿处罚的，由作出处罚决定的司法行政机关或者由其委托的下一级司法行政机关在宣布或者送达处罚决定时扣缴被处罚律师、律师事务所的执业证书。处罚期满予以发还。

律师被依法撤销执业许可或者被吊销执业证书的，由作出撤销或者处罚决定的司法行政机关或者由其委托的下一级司法行政机关在宣布或者送达撤销或者处罚决定时收缴该律师的执业证书，并依照规定程序予以注销。

律师因其他原因终止执业，需要注销其执业证书的，该律师、律师事务所应当将执业证书上交其所在地县（区）司法行政机关，由其按照规定程序交原发证机关予以注销。

律师被撤销执业许可、被吊销执业证书或者因其他原因终止执业，拒不上交执业证书的，由原发证机关公告注销其执业证书。

三、律师从事专业法律服务资格及律师职务

从某种意义上讲，律师专业法律服务资格和律师专业职务是我国律师制度中具有"中国特色"的内容，这两项制度是基于当时我国律师行业的发展还不够成熟的客观情况而产生的，随着我国律师行业的发展已退出历史舞台。

（一）律师专业法律服务资格

在我国律师制度刚刚起步，律师执业的水平参差不齐，很多专业化的法律服务并非仅仅具备一般的法律知识就能提供的情况下，为了加强国家对这些专业法律服务领域的监管，保证律师能够合格地提供专业法律服务，我国曾对律师从事某些专业法律服务规定了特殊的资格要求。但是随着我国律师行业的进一步发展，律师执业水平的不断提高，其向客户提供专业法律服务的合格性将由市场来控制，不能称职地依法履行职务的律师必然会被市场淘汰，因此，专业法律服务资格已被取消从而实现和国际社会接轨。

这些特殊的专业法律服务资格包括证券法律服务律师资格、集体科技企业产权界定律师资格、招标投标法律业务律师资格和企业法律顾问律师资格。

（二）律师职务制度

律师职务是根据律师的性质以及实际工作需要而设置的工作岗位，实际上就是律师职称。

1987年10月10日，司法部制定了《律师职务试行条例》，经中央职称改革工作领导小组审核，于1987年10月22日发布试行。该条例将律师职务分为一级律师、二级律师、三级律师、四级律师和律师助理五种。其中，一级律师和二级律师为高级职务，三级律师为中级职务，四级律师与律师助理为初级职务。律师职务属于我国在科学技术工作中所实行的专业技术职务的一种，这一制度是由我国律师制度初建及恢复重建时期的特点和国家的干部管理体制所决定的。

《律师职务试行条例》目前依然有效，实践中各地对律师职称的评定也一直在进行中。不少地方在新形势下，对律师职称评定制度加以完善，出台了律师系列中高级专业技术职务任职资格评审标准。

（三）律师专业水平评价体系和评定机制的试点

2017年3月，司法部印发《关于建立律师专业水平评价体系和评定机制的试点方案》。该方案经中央司法体制改革领导小组审议通过，在内蒙古、上海、安徽、陕西等省份先行试点。2019年3月，司法部发布《司法部关于扩大律师专业水平评价体系和评定机制试点的通知》，认为内蒙古、上海、安徽和陕西等4个省（自治区、

直辖市）积极探索开展试点工作，取得了良好成效。各试点地区探索完善了配套制度措施，培育了一批评审工作力量，评选出一批专业律师，为开展律师专业水平评价工作积累了一些经验，在一定程度上提高了广大律师的专业化意识和专业服务水平。为推动律师专业水平评价体系和评定机制试点工作深入开展，经研究，决定把试点范围扩大到全国 31 个省（自治区、直辖市）和新疆生产建设兵团。

试点方案的主要内容包括：律师专业水平评价采取与律师执业年度考核工作相结合的方式，划分专业评定专业律师，不与律师职称制度挂钩。

1. 专业领域。选择刑事、婚姻家庭法、公司法、金融证券保险、建筑房地产、知识产权、劳动法、涉外法律服务、行政法 9 个专业开展评定工作。评定的律师分别称为相应的专业律师。每名律师参评的专业不超过 2 个。被评为专业律师的，不影响其办理参评专业以外的其他律师业务；没有被评定为专业律师的，也可以从事该专业律师业务。

2. 参评条件。①政治表现。参评律师应当拥护中国共产党领导、拥护社会主义法治，遵守宪法和法律，恪守律师职业道德和执业纪律；②诚信状况。参评律师应当依法、规范、诚信执业，参评前 5 年没有因执业行为受到党纪处分、行政处罚、行业惩戒和信用惩戒，律师执业年度考核称职。律师在接受刑事、行政案件立案调查和未执行生效民事法律文书期间，暂缓参评专业律师。③执业年限。参评律师具有法学博士、法学（法律）硕士、法学学士学位的，应当在相关专业领域分别连续执业 3 年、5 年、7 年以上，其他参评律师应当在相关专业领域连续执业 10 年以上。曾经从事审判、检察、立法等法律业务的律师，其实际从事审判、检察、立法等法律业务的时间应计算为相关专业领域的执业时间。④执业能力。参评律师应当系统掌握法学基本理论、律师业务知识和相关专业知识，经省（自治区、直辖市）律师协会对其专业能力考核合格，在所申报的专业领域具有丰富的执业经验，办理过一定数量的在本专业领域有较大影响的法律事务，业务办理质量良好，在服务经济社会发展、全面依法治国、履行社会责任等方面做出贡献。

第三节　律师的素质与律师职业教育

法律执业者担负着正确适用法律、公正解决纷争、有效维护社会秩序的重要职责。法律执业者的职业素养决定着法律运作过程及其结果的质量与效率，一个国家法治化程度的高低与其对法律人职业素养的要求成正比，现代法治社会都要求法律执业者必须具备较高的职业素质。

一、律师的业务素质

自从有了律师，人们就开始用"好"与"差"来评论一个律师，评论律师办理的某一个案子，评论律师的能力，重要的是对律师能力的评价，然而，好与差是一个模糊的概念，对于当事人来说，一个好律师应该是百分之百地履行委托而且收费低廉的律师。不同的国度，不同的时期，人们评价一个好律师的标准不尽相同，但都离不开对律师办案能力的要求。

何谓能力？辞书上将其解释为："能胜任某项任务的本领。"要达到"有能力"这个标准，就要具备一定的素质。作为一个成功的、优秀的律师，应该在法学理论方面有高深的造诣、深入的研究，具有娴熟的办案技巧，严密的逻辑思维能力，具备演说家的口才等。但是，不可能要求每一个律师都具有优秀律师的素质。然而作为一名律师，应具备律师职业应有的基本素质，尤其是业务素质，这是不同时期、不同国度对律师的共同要求。委托人找律师的目的就是获得有效的法律帮助，而律师作为提供法律服务的执业人员，其职业理想就是以高超娴熟的法律技能为委托人提供有效服务。律师以向社会提供法律服务为职责，律师应具有对基本法学知识全面掌握并加以运用的能力。此外，为了提供优质的法律服务，学习和掌握有关的科学知识也显得尤为重要，律师服务还是一项实践性很强的业务，具有律师业务技能也是必不可少的。综述之，律师的业务素质应包括多层次的知识结构和律师业务技能。

（一）法律知识的综合运用能力

1. 掌握基本的法学知识。法学基础知识是每一位法律工作者必须熟练掌握并加以应用的，也是律师提供法律服务起码应当具备的。基本的法学知识包括宪法学、刑法学、民法学、经济法学、婚姻法学、国际法学、诉讼法学、证据法学等法学基础知识和有关的法律、法规以及立法、司法解释和党在各个时期的方针政策等。只有掌握法学基础知识，才能在法律服务中准确地认定法律事实，分析法律关系，正确地运用有关法律，解决好涉及的法律问题。法律、法规是律师进行各项业务活动必须遵循的准绳，而法律难以将现实生活中层出不穷的法律关系概括无遗，有的法律还存在滞后性，为了弥补法律的不足，国家出台了大量的补充规定和司法解释，它们与法律具有同等的效力，要求律师也必须掌握。对一些法律没有规定的问题，需要依据有关政策的精神加以解决，故了解有关政策精神也同样具有重要性。及时学习、贯彻执行立法机关颁布的新法律、新规定、新条例以及有关司法解释，显得尤为重要。律师业务涉及的法律知识非常广泛，律师不可能全部掌握，也没有必要全部掌握，随着律师业务专业化的发展，律师不再局限于为委托人提供一切法律服务，而是提供更具专业性的高层次的法律服务。要想成为处理某专业、某领域法律问题的专家，这就要求律师在掌握基本法学知识的同时，根据自己的特长，精通某个领域或某个专业的法学知识，熟悉与之相关的法律、法规和政策，并对服务对象的业务知识有所了解，以提供更高层次的法律服务。此外，随着我国对外开放政策的贯彻实施，涉外纠纷、诉讼也日益增多，律师办理涉外业务的机会也随之增多，这就要求律师不仅要熟悉我国有关法律，还应掌握我国缔结或参加的有关国际条约，了解国外的法律规定、国际惯例等。

早在 1993 年，《司法部关于深化律师工作改革的方案》就提出了要根据律师队伍的知识结构状况，有计划地组织律师向着专业型、复合型和外向型的方向发展。

2. 发展综合运用法学知识的能力。作为一名律师，重要的是运用法学知识为委托人解决法律问题，必须对法律知识加以融会贯通，发展综合运用法学知识的能力，才能更好地提供法律服务。

（二）丰富的社会知识拥有能力

律师业务涉及社会生活的各个领域，律师法律服务的对象涉及各行各业的机关、团体、企事业单位、经济组织、公民个人，律师服务的广泛性，这决定了律师要想更好地提供法律服务，履行职责，除了具有基本的法学知识外，还必须具有丰富的社会知识，对于经济、金融、会计、商务等知识都应有广泛的了解，对于当事人所从事的业务，更要进一步的学习、掌握。例如作为贪污犯罪案件被告人的辩护人参加诉讼，律师就必须对会计学的基本原理等知识有所了解，应用会计学知识分析、判断被告人的行为是否构成贪污犯罪，检察机关认定的贪污数额是否准确。不仅如此，律师还应对被告人实施贪污行为涉及的经济活动的有关知识有所了解，因为贪污行为往往同正常的经济活动交织在一起，只有对相关的经济活动的原则、环节等有所了解，才能区别什么是执行正常的经济活动，什么是贪污行为，并以此为依据加以分析判断，进行辩护，才会取得较好的效果。又如律师办理有关人身伤害的案件，就必须正确认定重伤、轻伤及伤害程度，这既涉及适用法律条款，又涉及定罪量刑。而正确地认定重伤与轻伤及伤害程度，要求律师了解有关的医学知识，否则就可能被一些专门术语困惑。拥有丰富的社会知识，律师要善于拓宽自己的知识面，并虚心求教于有关专家、工程技术人员，学习有关的科技书籍、规章制度等。

（三）律师要有一定的文学修养

律师在执行职务中，无论作为辩护人、代理人、法律顾问，还是参与非诉讼法律事务、解答法律咨询，代写法律文书等，都要同文字打交道。接案后阅卷要做阅卷笔录，在法庭审理时要发表辩护意见、代理意见等，这些事项无一不和文字相联系，这就要求律师提高文学修养，掌握语言文字基本功，确保所撰写的法律文书条理清晰、文字流畅、论点明确、论证有力。随着律师涉外业务的开展，律师对外语的掌握和运用也变得越来越重要。

（四）律师要有善辩的口才

律师执业无不需要进行语言交流，与委托人接触，解答法律咨询，进行调查访问，参加谈判，主持调解都离不开语言，法庭论辩更显示出善辩口才的重要性。早在古希腊的雅典，当事人正是觉察到法官易受善辩的影响，才不惜花钱雇佣精通法律而又口齿伶俐的人来为自己辩解。从证明方式的发展看，从神明裁判、法定证据制度到法庭论辩，只有法庭论辩才是将公正诉诸于人的理性，依靠充分说理的方法分清是非，这无疑是历史的进步。善辩的口才是一个律师必备的条件。善辩的口才，要求律师要有准确、清楚、简洁、生动的口语表达能力。当然，善辩的口才还需要充实的论辩内容的支持。

（五）律师要有一定的应变能力

世间万物处在不断的运动、变化和发展之中，静止是相对的。曾有一位律师说过：世上没有不可能发生的事，只有没有想到的事。瞬息万变的事物，有些是可以预见的，并能事先作出对策；而有些却是无法预见的，面对无法预见的情况的出现，每个人的反应各异，或惊慌失措，或镇静自若。作为律师，其业务活动涉及的范畴十分广泛，各种无法预料的事物，随时都可能发生，要面对各种情况。为当事人提供良好的法律服务，就要求律师应具备一定的应变能力。对出现的新情况，应处变不惊，对与自己掌握的材料有出入的事实，应加以分析对证，及时修正自己的意见，切忌"以不变应万变"，不顾案情的变化，按照事先准备好的方法处理。提高应变能力，除了加强心理素质的训练外，重要的是对法律、政策的理解和运用，以及对证据材料的掌握。只有"胸有成竹"，才能对突如其来的变故处之泰然。

（六）律师要有科学的思维方式

科学的思维方式，就是逻辑的思维方式。在律师的业务中，涉及的材料往往很多，但并非都是有用的，这就要求律师加以具体分析、综合、判断、推理，最后得出结论，确立自己的观点。在律师必备的诸项素质中，良好的逻辑思维能力占据极为重要的地位。律师在业务活动中，无论担任刑事辩护、民事代理、法律顾问，还是提供法律咨询、代写法律文书都离不开判断、推理、证明、反驳等逻辑思维手段，可以说逻辑知识运用的好坏，直接影响到律师工作的成败。

（七）公关和竞争能力

律师业务涉及的领域和对象非常广泛，这就要求律师处理好方方面面的关系，具有一定的公关能力。律师机构作为市场经济的中介机构，也必须置身于市场经济竞争的大潮之中。这就要求律师具有竞争意识，学会竞争，敢于竞争。

二、律师的职业教育

法律教育是从事法律职业的必经之路，从逻辑上讲，法律教育提供的系统的法学知识为法律职业技能和职业伦理铺设了专业基础。有效的法律职业教育对于保障法律执业者的称职性而言不可或缺，世界许多国家都建立了完备的法律职业教育体系，由法学院及法律行业组织共同担负起法律职业的过渡教育和继续教育的责任。

为了保持法律职业较高的职业素养，各国在规定严格的准入制度的同时，还要求具有完备的培训制度，各国普遍成立有专门的培训机构，对法律执业者进行过渡教育和继续教育，并设立强制性规章要求法律执业者在一定的期间接受不得低于一定时间的培训。这使得律师在法律知识和技能方面的称职性得以维持并能够处于动态的发展状态中。

（一）法学院教育中的职业教育

在美国，学校教育与律师事务所实践的差距被业内人士称为"代沟"。人们普遍认为法学院学生所接受的技术训练从广度和深度上都无法应付实际的律师事务。欧洲在整个中世纪时期，法律执业者的培训都是依靠学徒制来完成的。通过训练筛选新成员、进行思想灌输，培养出掌握相应执业技能并有着一致世界观的成员。学徒制一方面保障了法律执业者在法律服务市场的垄断地位，另一方面则保证了法律服务市场的"产品"质量。在美国，内战后，随着经济的发展和新的复杂法律领域的开辟，大学法学教育质量在19世纪末逐步提高，使得法学院的学习过程成为法律职业的准备过程，而不再只是一般的普通高等人文教育。尤其是兰德尔出任哈佛法学院院长期间推行的案例教学法，极大地改善了法律教育，特别是对于学生"理论联系实际"能力的培训起到了很大的帮助作用。大学法律教育越来越注重培养学生运用法律的实践能力。

由于我国近代法学是作为一种人文知识而非一种职业的科学知识被引入的，长期以来，素质教育说一直主导着法学教育，使得法学教学过于理论化，法学院与法律职业相去甚远。法学学科属于实践性、应用性很强的学科，实践教学作为培养人才模式中的重要组成部分，在实现培养人才目标尤其是在培养学生职业技能素质、激发学生创新精神等方面具有其他教学环节所不能替代的作用。因而，法学教育实践化成为世界法学教育出现的明显趋势之一。目前在实践中的做法主要有：①提倡案例教学，加大课堂讨论的方法在课堂教育中所占的比例；定期在法学院内部举行模拟法庭比赛或开设模拟法庭训练课程，以弥补传统法学教育中的不足。②开设"法律诊所课程"，"法律诊所课程"是20世纪60年代在美国法学院兴起的一种新型的法学教育方法，这种教学模式已成为当今世界法学教育改革的一种趋势。③与法院、检察院、律师事务所等实务部门合办法律教育实践基地，增加实践性课程的比重，为学生参加法律实践活动创造了更好的条件，取得了良好的效果。

（二）律师职业过渡教育

《关于律师作用的基本原则》的联合国司法文件强调，各国政府、律师专业组织和教育机构应确保律师受过适当教育和培训，具有对律师的理想和道德义务以及对国内法和国际法所公认的人权和基本自由的认识。

法律职业是理论与实践紧密联系的职业，而法律执业者在进入法律职业之前所受的法律教育往往偏重于理论，对实务的往往重视不足，为此世界多数国家都有着比较严格的、系统的过渡教育制度。

1. 境外律师职业过渡教育。

（1）在英国，《英格兰及威尔士大律师行为守则》规定，作为大律师执业，须遵守《大律师训练条例》规定的相关培训要求。源于中世纪的律师学院长期以来承担着法律职业教育的职能，形成了一种学徒制的培训方式，律师学院的课程内容主要是对于特定案例进行讨论、学习诉讼程序、法律文件撰写等，教学方式有三种：参加法庭庭审、参与读书会与模拟法庭。《英格兰及威尔士 1974 年事务律师法》明确规定了培训的内容，律师协会可以制定对申请律师执业、已经律师执业的人员进行培训的相关条例，申请律师执业、已经律师执业的人员应当接受教育与培训。

准备成为事务律师的人必须参加被称为 "Legal Practice Course"（简称 LPC）课程的学习，"LPC" 课程由事务律师协会认证的 "法学院" 等学术机构负责，学制 1 年，业余 2 年。准备成为出庭律师的人必须参加 "Bar Vocational Course"（简称 BVC）课程的学习，"BVC" 课程由出庭律师协会认证的法律机构与四大律师会馆（four inns of court）负责，合称出庭律师学校 "Bar School"，学制 1 年，业余 2 年。[1]

2007 年，英国根据《法律服务法》成立了律师监管局（Solicitors Regulation Authority，简称 SRA）来监管律师的工作，由律师协会（"英格兰及威尔士事务律师公会" The Law Society，简称 LS）代表律师，制定英格兰和威尔士的合格律师标准。SRA 对实习律师进行法律培训，制定和执行职业操守规则，确保律师提供的法律服务标准适合目的以保护消费者。LS 的作用是通过提供有关实践领域的建议和指导支持律师（成员），促进律师的平等利益和多样性发展，并确保法律职业能够全方位服务社会。

（2）美国法学院职业性教育与司法实务需求紧密结合，实现了有效衔接，法学院学生毕业获得法律博士学位，通过法律职业资格考试取得证书，便可无需经过实习期就开始执业。

（3）法国的律师培训。在法国，法律人的职业教育则主要由国家法官学院和律师学院来承担，注重对学生法律实践能力的培养。学生在大学接受基础法学教育之后，如果要从事法律领域的职业，除了法令规定的例外情况，都必须在拿到规定的法学文凭之后通过职业培训学校的考试并进一步接受职业培训，顺利毕业拿到相应的资格证书之后方可执业。1971 年 12 月 31 日 71-1130 法令的第 12 条第 1 款对法律司法职业进行了部分改革，规定了由律师职业培训学校（CRFPA）培训未来的律师。之后通过 2004 年 12 月法令，CRFPA 被律师学院（EDA）取代。

法国本土以及海外领地一共有 15 所律师学院，分别对应 1 个上诉法院辖区。律师学院的录取条件是通过大学组织的入学考试或者拥有法学博士学位。有资格参加入学考试的学员必须已经获得法学硕士第一年学位；法学或政治学博士不需要参加律师学校的入学考试，但是必须参加培训并通过结业考试才能够从事律师行业的工作。律师学院要在学员进行了 18 个月的学习之后组织学员参加执业资格证书的考

---

〔1〕　转引自郭艳利：《美、英、德、日法律职业教育的比较及启示》，载《中国法学教育研究》2013 年第 3 期。

试。律师学院（之前的律师地区职业培训中心）的培训时间共 24 个月，包括在校学习以及在律师事务所或者其他司法机构的实习，律师学员可以申请由国家律师公会发放的奖学金。培训结束后，学员必须通过毕业考试取得律师从业资格证明才能在上诉法院进行律师宣誓，并且在律师协会进行登记。[1]

（4）德国的实践培训。在德国，法学学生完成了所有规定的课程并通过各门考试后，便可报名参加第一次国家考试，通过第一次国家考试之后，大学教育便已结束，开始为期 2 年的国家统一职业培训，亦即法律实习阶段。当然，成绩优秀的学生亦可暂时不进行实习转而进修博士学位，以便在未来具备更强的竞争能力，但该实习阶段却是只能推迟而不能避免的。在实习期间，实习生们必须在相关法院、检察院、行政部门以及律师事务所，在法官、检察官、律师以及其他公务人员的指导下进行长短不一的实习。其中民事法庭实习为期 5 个月、刑事法庭或者公诉部门实习为期 3 个月、行政机构实习为期 3 个月、律师事务所实习为期 10 个月，最后 3 个月实习生们可以选择在德国国内或者国外从事任意的法律工作。这一阶段几乎为纯粹的实践学习，其中在法院实习阶段，实习生们必须同指导法官共同出庭，而在检察院实习阶段则必须至少一次作为检察官独立出庭。实习期间由国家支付工资，享受准公务员待遇。实习结束后，可申请参加第二次考试，通过第二次国家考试后，各个法律人可以迅速且并无困难地融入各自的角色，从事任何专业方向的实践工作。[2]

（5）日本的司法研修。在日本，每年通过司法资格考试者，要成为法官、检察官或律师必须强制进入司法研修所进行培训，培训时间原为 2 年，后改为 1 年半，在新司法考试的制度下只有 1 年，具体内容分为理论学习和实践培训，实践培训包括法院（民事）培训、法院（刑事）培训、检察院培训、律所培训、选择培训各 2 个月，剩下 2 个月就回司法修习所进行理论学习。司法研修生在司法研修所带薪学习，薪水标准大致相当于同学历同年龄的国家公务员水准。对于司法进修生的工资曾经也存在一些争议，导致有段时间工资制度被废止，现在这一制度又得以恢复。

2. 我国律师职业的过渡教育。我国《律师法》第 5 条第 1 款规定，申请律师执业，应当具备下列条件：①拥护《宪法》；②通过国家统一法律职业资格考试，取得法律资格；③在律师事务所实习满 1 年；④品行良好。全国律协《申请律师执业人员实习管理规则》规定，已取得法律职业资格证书或者律师资格证书者，申请成为执业律师，需要到律师事务所进行为期 1 年的实习，实习分集中培训和实务训练两个阶段进行。

2014 年 10 月 23 日，中国共产党第十八届中央委员会第四次全体会议通过的

---

〔1〕　王蔚：《法国法学教育论纲》，载《中国法学教育研究》2017 年第 2 期。
〔2〕　杜晓明：《德国法学教育简介》，载《北航法律评论》2015 年第 0 期。

《决定》提出，"完善法律职业准入制度，健全国家统一法律职业资格考试制度，建立法律职业人员统一职前培训制度"。

2022 年 2 月，中央组织部、最高人民法院、最高人民检察院、司法部印发《关于建立法律职业人员统一职前培训制度的指导意见》，意见明确要求建立实施法律职业人员统一职前培训制度。意见规定，按照"统一标准、分系统实施"和"先选后训""谁选谁训"的要求，明确统一职前培训的协调机构、责任分工和实施机构。初任法官、检察官、仲裁员（法律类）、申请律师、公证员执业，应当参加职前培训，培训合格方可准予从事相关法律职业。因地制宜、有序推进行政机关中拟初次从事行政处罚决定法制审核、行政复议、行政裁决和法律顾问的公务员（含参照公务员法管理人员）的职前培训工作。职前培训分为两个阶段，分别为：集中教学阶段，岗位实习和综合训练阶段。此外，意见还规定了培训考核，培训大纲、教材编写，师资库建设，档案管理以及培训期间待遇保障等内容。

（三）律师继续教育

1. 境外律师继续教育。在英国，1971 年，法学教育委员会公布的《欧姆罗德报告》建议将对律师的培训分为三个阶段进行，其中第三个阶段就是持续性的法学教育，即就业后的法律进修，此项教育将延续至律师的整个职业生涯。

美国律师协会《职业行为示范规则》强调，为了保持必需的知识和技能，律师应当与法律和法律服务的变化并进，参加继续学习和教育，并遵守律师应当遵循的关于继续法律教育的所有要求。

《德国联邦律师条例》明确规定"律师负有继续学习的义务"，并规定"促进律师的职业培训"是德国联邦律师协会的职责。《德国律师执业规范》要求"根据要求向执业律师提供适当的进修时间"是律师从事职业活动的合理条件之一。法国《巴黎律师公会规程》规定"职业道德培训和专业培训是律师的一项权利义务，律师事务所必须遵守"。

法国《律师法》第 21-1 条规定，全国律师公会负责确定律师培训的组织原则及培训计划。各地区职业培训中心的培训行为均受全国律师公会的监督与协调。全国律师公会还负责确定获得专业化职衔的一般条件。法国 2004 年法律改革所创设的律师继续培训制度旨在提高律师的业务能力与竞争力。依 2004 年第 2004-1386 号法令之规定，所有注册律师在执业期间都必须接受每年 20 小时以上的继续培训。培训可分散进行，形式可以是研讨会、学术会议、出版著述等。律师应于每年 1 月 31 日前向所属律师公会理事会报告其上一年度接受继续培训的情况。此外，执业不满两年的律师每年应参加 10 小时以上的职业伦理培训。[1]

日本"日律联"制定的"特别进修规则"，以律师的继续学习为目的，规定了参

---

〔1〕 施鹏鹏：《法国律师制度述评》，载《当代法学》2010 年第 6 期。

加研究会的目的及律师的研究课题，同时要求律师们在 6 个月内完成 50 学时的必修课。

2. 我国律师继续教育。1984 年司法部《关于加强和改革律师工作的意见》要求，加强律师队伍的自身建设，要采取多种形式培训律师工作人员，提高他们的政治、业务素质，特别是提高办理经济法律事务的能力。除司法部分别在上海、深圳举办办理涉外经济法律事务的律师培训班外，各省、自治区、直辖市司法厅（局）都应把对律师人员的培训列入整个司法干部的培训计划，分期分批地调送到政法干部院、校学习，委托政法院、校、系和其他有关院、校办专业培训班，以及鼓励和支持律师人员参加函授、电大、业大、夜大等多种形式的专业学习，保证培训计划落实。

1986 年，《国务院办公厅转发司法部关于加强和改革律师工作的报告的通知》中提到"切实提高律师队伍的专业水平。一是加强在职律师的培训，通过函授、电大、夜大与自学考试等多种途径，提高现有律师的政策、法律水平和工作能力。二是建立律师培训中心，重点培养办理经济法律事务的律师人才。三是对国家分配给司法系统的理工、经济、外贸、外语等大专院校毕业生再到政法院、系学习两年，以培养成合格的律师。四是定期对律师进行考试和考核，对不合格者，暂时停止其律师职务，或吊销其律师证书"。同年，全国律协成立，全国律师代表大会于 1998 年 7 月 7 日通过的《中华全国律师协会章程》明确规定，对会员进行思想政治教育和职业道德教育、组织会员学习党和国家的方针政策、国家的法律和有关专业知识是律师协会的职责之一，参加律师协会举办的学习、研究和经验交流活动是会员的权利义务。

1993 年，《司法部关于深化律师工作改革的方案》要求逐步建立以专业培训为主的律师培训制度，不断提高律师队伍的专业素质。①建立定期轮训和岗位培训制度，律师的业务培训应作为评聘、晋升专业职务和年检注册登记的必备条件。②根据律师队伍的知识结构状况，有计划地组织律师向着专业型、复合型和外向型的方向发展，逐步实现律师的专业定向。③充分利用现有的普通高等政法院校、各级政法管理干部学院、司法学校和函授中心等教学和培训场所，有计划有步骤地对律师进行专业定向培训。④进一步加强"中国高级律师高级公证员培训中心"和各地已建立的培训基地的建设，提高培训质量。"中心"主要负责律师晋升高级职称的培训任务。⑤加强与外国、境外律师的交流，委派更多的律师到外国、境外律师事务所进修学习。⑥鼓励优秀人才脱颖而出。

1995 年《中华全国律师协会章程》进一步明确律师协会负责对律师进行培训。1996 年《律师法》在立法上规定律师协会"组织律师业务培训""进行律师职业道德和执业纪律的教育"的职责。

1996 年 4 月，《中华全国律师协会执业律师继续教育试行办法》发布，规定全国律协和各省级律师协会应当成立律师继续教育委员会，具体指导继续教育工作。凡在中国注册的执业律师均有权利也有义务定期接受继续教育。执业律师的继续教育采取举办脱产或业余的短期培训班、讲习班、讲座等多种形式进行。内容包括：律师职业道德和执业纪律教育；专门法律实务培训；新颁布法律法规培训；律师执业技能培训；律师管理法规培训以及涉外进修、学历教育、专业资格教育等。已取得律师资格申请执业的，应当参加不少于 40 课时的上岗前培训。上岗前培训的内容应当包括：律师职业道德和执业纪律教育；有关律师工作的法律法规和管理规章制度；律师实务操作程序及技能等。执业律师每年应当参加全国律协或省级律协培训机构举办的不少于 30 课时的继续教育学习。没有完成规定课时学习，律师管理部门不予年度注册。各地律师协会也制定了相关的律师培训、继续教育的规则，并将完成相应的培训课时作为律师年度考核的内容。

1996 年，《司法部关于严格执行〈律师法〉进一步加强律师队伍建设的决定》发布，要求建立健全律师业务培训制度。每年度律师必须接受一定课时的业务培训，不参加者予以缓期注册或不注册。并鼓励、推动律师参加各种学历教育、进修活动。充分利用高等院校、广播函授等阵地，开展律师业务培训。广泛开展律师业务研讨、经验交流活动，提高律师的执业水平。组织律师赴海外培训，培养一批办理涉外法律事务的高层次律师人才。开展新出台法律法规的培训和新型领域业务知识的培训。要求律师事务所进一步健全重大案件研究讨论制度、业务交流制度、学帮带制度，并建立律师培训基金。

1997 年 3 月，《司法部关于进一步规范律师培训工作的通知》发布。关于律师年度继续教育培训课时和内容，各地应明确提出律师每年度应当接受不少于 40 课时的培训，包括一定课时的职业道德、执业纪律培训。培训的内容主要是：①新颁布的法律、法规（含有关司法解释）；②与律师从事业务有关的经济、科技等领域专业知识和外语知识；③司法部和全国律协颁布的有关律师工作的规章和规范性文件和律师职业道德、执业纪律方面的规章等。关于培训方式，各地可通过举办短期培训班、专题讲座等方式进行。律师参加境外培训和学历教育，亦可视为完成了本年度业务培训的课时。关于培训与注册的关系和建立律师培训登录制度问题，从 1997 年度年检注册后开始，是否按该通知的要求参加了规定课时的培训，应作为律师注册的前提条件之一。律师申请年度注册时，必须提交参加培训的证明。各省、区、市司法厅（局）律师管理部门要对律师年度接受继续教育培训的课时、培训机构和培训方式等是否符合本通知的要求，进行审查，对不符合要求的，一律予以缓期注册或不予注册。1997 年 4 月，《司法部律师司关于规范律师刑事辩护业务培训上岗问题的通知》强调律师从事刑事辩护业务必须经过培训，坚持培训上岗制度。

2001 年 3 月，《司法部关于中国加入 WTO 后加快律师业改革与发展的意见》要求采取有效措施吸引人才，强化执业培训，加速培养一批适应"入世"需要的高素质律师队伍。完善对执业律师的继续教育，加强对律师新兴经济法律知识，科技知识和外语能力的教育与培训；开辟多种培训渠道，选派优秀人才到国外接受培训，同时采取相应措施确保被选派律师回国服务。

2002 年 1 月，《司法部关于进一步推动律师工作改革的若干意见》要求认真搞好律师继续教育工作。要制定律师继续教育的中长期计划，对继续教育进行整体规划。充分利用现有的各律师学院及高校教育机构，开展律师继续教育。有条件的地方可建立律师学院。要开辟更多渠道，选派优秀律师到国外学习培训，实地考察学习国外律师的先进经验，培养一批能够熟练办理涉外法律业务的律师人才。同时，大力开展短期集中培训，充分利用互联网技术、各种专题研讨会等多种形式组织培训活动。继续开展学历教育培训，通过与有关学校联合开办专升本课程，力争到 2006 年底除个别地区外，使 45 岁以下的律师，全部达到大学本科以上的学历。

2005 年 1 月，《司法部关于进一步建立健全律师队伍建设长效机制的意见》要求加强业务培训和继续教育。健全培训管理制度，严格规定培训组织、效果考核、记录统计以及未按规定参加培训人员的处理等相关制度。充实和完善培训内容，结合律师队伍实际，强化职业道德和执业纪律教育。进一步改革培训方式，统一培训大纲和培训教材。

2006 年 4 月，《司法部关于加强律师队伍建设工作的意见》提出，制定律师业务培训纲要和规划，有计划有步骤地实施律师业务培训，2006 年重点搞好律师事务所负责人的培训工作。不断完善律师业务培训制度，丰富培训方法，科学设置培训内容，增强培训效果。鼓励律师参加学历教育，提高文化水平。加强对律师基本技能的培训，使律师在执业活动中正确理解和运用法律，排解纠纷，化解矛盾，重视法律效果、社会效果、政治效果的统一，维护社会和谐稳定。加强经济、科技、外贸等方面知识的培训，培养复合型、涉外型人才，为经济建设和改革开放服务。通过多种方式，培养一批专业带头人，推动律师业务的专业化分工。律师事务所要完善内部业务培训制度，鼓励和支持律师积极参与学习，建立定期交流、相互学习、"传帮带" 的机制，开展创建学习型律师事务所活动。

2007 年 9 月，《司法部关于加强律师培训工作的意见》发布，为进一步加强律师培训工作，培养和造就高素质律师队伍，促进律师事业的健康发展，要求加强律师培训工作的指导思想、原则和目标，加强律师培训工作的主要任务，加强律师培训工作的保障措施。要求司法行政机关、律师协会要把加强律师培训工作作为一项长期的战略任务坚持不懈地抓紧抓好，明确职责，加强组织领导。司法部负责制定全国性律师培训工作整体规划，进行监督检查和制度规范，举办全国性律师专题培训班。全国律协组织实施司法部制定的全国性律师培训工作整体规划，负责制定全国律师培训工作年度计划和行业规范，组织编写全国性律师培训大纲和教材，举办或参与举办全国性律师培训活动，在全面加强律师队伍的思想政治建设、业务建设、职业道德建设的同时，根据形势发展的需要，重点做好律师的业务培训和职业道德培训工作。省、市级司法行政机关指导、监督本地区律师培训工作，负责本地区律师培训工作的整体规划、监督检查和制度规范，举办本地区律师专题培训班。省、市级律师协会负责制定本地区律师年度培训工作计划，具体组织实施本地区律师培训工作。律师事务所负责本所律师培训工作，督促本所律师参加由司法行政机关或律师协会组织的培训。司法部和各省（区、市）司法厅（局）每年要举办培训班，对司法行政机关负责人、律师协会会长、骨干律师和党员律师进行培训。全国性的律师培训工作由司法部或全国律协举办，地方司法行政机关、律师协会、律师事务所和律师个人均不得举办全国性的、跨省（区、市）的律师培训。要加强对各类培训班的管理，司法行政机关和律师协会要对培训班的主题、内容、授课人员、参训人员进行认真审核，严格把关，确保培训活动顺利进行。

2010 年，中共中央办公厅、国务院办公厅转发《司法部关于进一步加强和改进律师工作的意见》，强调"加大律师培训投入，将司法行政机关开展律师培训工作所必需的经费纳入中央和地方财政预算，依托司法行政系统现有教育资源建立律师培训基地，将律师继续教育工作纳入专业技术人才继续教育体系"。

现行《律师执业管理办法》规定，律师应当按照规定参加司法行政机关和律师协会组织的职业培训。现行《律师执业行为规范》要求律师应当参加、完成律师协会组织的律师业务学习及考核。律师应当积极参加律师协会组织的律师业务研究活动，完成律师协会布置的业务研究任务。

实践中，各级律师协会通过论坛、讨论、沙龙、网络远程教育等多种形式，组织律师的业务学习，许多规范的律师事务所也积极开展所内的培训活动，以提高执业律师的职业素养。2011 年，由全国律协主办，北大英华科技有限公司负责日常运营和技术支持的中国律师培训网开通运行，进一步提高全国律师培训工作水平，促进律师队伍整体素质不断提升。

■ 思考题

1. 取得律师执业证的条件和程序是什么？
2. 简述律师执业证的管理。
3. 《律师法》对律师执业有哪些限制性规定？
4. 你认为律师应具备怎样的知识结构？
5. 如何看待律师的业务素质，相较于成为律师的标准而言，你认为自己还存在哪些不足？
6. 如何做党和人民满意的好律师？

■ 参考书目

1. 蒋勇：《律师的成长》，中国政法大学出版社 2019 年版。

2. 卞建林等:《法治社会与律师职业》,中国人民公安大学出版社 2010 年版。

3. [美] 科林·埃文斯:《超级律师:美国 40 位顶级律师成名案例》,马永波译,北方文艺出版社 2002 年版。

4. 君合律师事务所:《律师之道:新律师的必修课》,北京大学出版社 2016 年版。

5. [美] 艾伦·德肖微茨:《致年轻律师的信》,王楚明、汤家芳译,上海人民出版社 2004 年版。

6. [美] 约瑟夫·阿莱格雷迪:《律师的天职》,王军译,当代中国出版社 2014 年版。

7. 深圳青年律师成长研究课题组:《律师密码:精英律师是怎样炼成的》,法律出版社 2020 年版。

8. 深圳市律师协会编著:《探寻青年律师成长与发展之路——以深圳千名青年律师为调查样本》,中国政法大学出版社 2018 年版。

第四章　律师的权利和义务

■ **学习目的和要求**

通过本章的学习，掌握律师享有哪些权利并承担哪些义务。

■ **重点及难点**

律师权利的实现。

律师的权利与义务内容反映了一个国家律师制度是否完备，以及律师所处的法律地位如何。

第一节　我国律师的权利发展历程

为了保障律师执业活动的正常进行，各国法律都对律师的权利作了明确规定。我国《律师法》、《刑事诉讼法》、《中华人民共和国民事诉讼法》（以下简称《民事诉讼法》）、《中华人民共和国行政诉讼法》（以下简称《行政诉讼法》）以及有关的法规、司法解释、规章对律师的权利作了规定，律师的执业权利主要有：调查取证权、阅卷权、会见通信权、得到人民法院适当的开庭通知的权利、出席法庭、参与诉讼的权利、庭审中举证、质证、辩论的权利、获取本案各种法律文书副本的权利、代行上诉权、拒绝辩护、代理权等。长期以来，我国有关法律法规在对律师的权利加以规定的同时，也进行了一些限制，使得律师权利的行使在实践中遭遇许多困难。随着司法改革的进行，相关的试点在不断地摸索经验，有关部门也出台了相应的规定，维护律师的权利。

一、我国律师制度恢复重建时期

1979 年《刑事诉讼法》第 29 条规定，辩护律师可以查阅本案材料，了解案情，可以同在押的被告人会见和通信；其他的辩护人经过人民法院许可，也可以了解案情，同在押的被告人会见和通信。1980 年颁布的《律师暂行条例》第 7 条规定，律师参加诉讼活动，有权依照有关规定，查阅本案材料，向有关单位、个人调查。律师担任刑事辩护人时，可以同在押的被告人会见和通信。律师进行上述活动，有关单位、个人有责任给予支持。1982 年通过的《中华人民共和国民事诉讼法（试行）》［以下简称《民事诉讼法（试行）》］第 53 条规定：代理诉讼的律师，可以依照有关规定查阅本案有关材料，但是对涉及国家机密或者个人隐私的材料，必须对当事人和其他人保密。但在诉讼中，尤其是刑事诉讼中，律师往往会发现自己面临着调查取证难、阅卷难、会见难、维护自身安全难等问题，这些问题都直接影响着律师承办业务和发挥应有职能。

1986 年，《国务院办公厅转发司法部关于加强和改革律师工作的报告的通知》中提到，由于"左"的思想和旧的习惯势力的影响，有些地区和部门的同志认为律师只是为刑事案件被告人进行辩护的，与经济工作无关，或者把聘请律师当顾问看成是"自找麻烦""束缚手脚"；少数负责同志和政法干部还把律师执行辩护制度说成是"丧失立场""替坏人说话"，有的甚至刁难、辱骂、捆绑和非法监禁律师。建议各级政法部门，进一步宣传律师制度，使广大政法干警了解律师制度的必要性，为律师履行职务提供方便。建议工商行政管理、银行、税务、海关、外经贸、财政、保险、邮电等部门密切配合，为律师在参与国内和对外经济活动中办理法律事务提供方便。各级政府以及司法机关对妨碍律师履行职务和非法侮辱、打击、迫害律师事件的当事人，应当认真严肃处理，直至依法追究刑事责任。中央书记处已原则同意成立全国律协。它的任务是，加强律师的思想政治工作和职业道德教育，维护律师的合法权益，总结交流律师工作经验，为律师工作提供信息、资料和咨询服务，开展对外交往活动。1986 年 7 月全国律师代表大会通过的《中华全国律师协会章程》将支持律师依法履行职责，维护会员的合法权益规定为全国律协的职责之一。

1989 年，《司法部关于加强司法行政机关对律师工作的领导和管理的通知》发布，要求全国律协和各省、自治区、直辖市律师协会应当依法发挥自己的积极作用，维护律师的合法权益。

二、1996 年《律师法》颁布后

1996 年《律师法》第 30～32 条规定了律师的权利，明确律师参加诉讼活动，依照诉讼法律的规定，可以收集、查阅与本案有关的材料，同被限制人身自由的人会见和通信，出席法庭，参与诉讼，以及享有诉讼法律规定的其他权利。律师承办法律事务，经有关单位或者个人同意，可以向他们调查情况。律师在执业活动中的人身权利不受侵犯。第 40 条还将"保障律师依法执业，维护律师的合法权益"明确为律师协会的职责。

《中国律师事业五年（2002-2006）发展纲要》要求，强化律师协会的行业管理职能。加强律师合法权益的保护，进一步加强对律师的维权工作，从个案的协调转向推动维权制度的完善，为律师维权提供常规性、强制性保障。

2004 年 2 月最高人民检察院发布了《关于人民检察院保障律师在刑事诉讼中依法执业的规定》，对律师会见犯罪嫌疑人、听取律师意见、律师查阅案卷材料、辩护律师申请收集、调取证据、律师投诉的处理等都作了规定。

2005 年，《司法部关于进一步建立健全律师队伍建设长效机制的意见》发布，其中强调建立健全律师行业保障机制，通过修订《律师法》，进一步完善律师执业权利的规定。通过立法，保障律师调查取证权，为律师行使诉讼权利提供必要条件，消除刑事诉讼中有碍控辩双方权利平衡的现象；实行证据展示制度，保障律师的阅卷权。

2006 年，《最高人民法院关于认真贯彻律师法依法保障律师在诉讼中执业权利的通知》发布，要求进一步学习律师法和诉讼法有关规定，依法保护当事人及代理律师、辩护律师的各项诉讼权利。强调大力提高对律师在诉讼活动中职能作用的认识。并要求各级人民法院应当依照律师法和诉讼法的规定，结合本地的实际情况，制定各种行之有效的措施，创造良好的律师执业环境，维护正常的法律服务秩序。

2007 年《律师法》对律师权利的规定有所突破，规定律师担任诉讼代理人或者辩护人的，其辩论或者辩护的权利依法受到保障。律师在法庭上发表的代理、辩护意见不受法律追究。但是，发表危害国家安全、恶意诽谤他人、严重扰乱法庭秩序的言论除外。律师在参与诉讼活动中因涉嫌犯罪被依法拘留、逮捕的，拘留、逮捕机关应当在拘留、逮捕实施后的 24 小时内通知该律师的家属、所在的律师事务所以及所属的律师协会。

2008 年，最高人民法院、司法部印发《关于充分保障律师依法履行辩护职责确保死刑案件办理质量的若干规定》的通知，保障律师依法履行辩护职责，更好发挥律师辩护在死刑案件审理中的作用，从而充分保障被告人的辩护权及其他诉讼权利，对于提高死刑案件质量，确保司法公正具有重要的意义。

2010 年，中共中央办公厅、国务院办公厅转发了《司法部关于进一步加强和改进律师工作的意见》，强调加强律师执业权益保障。完善刑法、刑事诉讼法关于律师执业权利的有关规定，制定进一步保障和规范律师执业权利的意见，认真落实法律赋予的律师在会见、阅卷、调查取证等方面的执业权利，完善诉讼中听取律师意见的制度。切实保障民商事案件、行政案件审理中律师调查取证的权利，为律师执业提供良好的法制环境。

2012 年 3 月，我国《刑事诉讼法》修改并颁布，针对 1996 年《刑事诉讼法》实施以来司法实践中普遍存在的律师"会见难""阅卷难""调查取证难""权利救济难"等问题作了较大的制度调整和完善，旨在进一步加强对律师辩护权的保障，充分发挥辩护律师在防范冤假错案、实现司法公正中的作用。律师的接受委托权提前到"犯罪嫌疑人自被侦查机关第一次讯问或者采取强制措施之日起"，阅卷权得以明确，并提前到"人民检察院对案件审查起诉之日起"，会见权、调查取证权等权利进一步放开，增加庭审言论豁免权等。同年，《律师法》对与《刑事诉讼法》规定不一致的内容加以修改，其内容主要涉及律师参与刑事诉讼的权利。2012 年《刑事诉讼法》的修改和之后相关司法解释、规定、政策的制定，很大程度上解决了律师会见难、阅卷难、调查取证难等问题，但实践中有些问题仍没有完全解决。

三、十八届三中全会后律师权利的保障

2013年十八届三中全会《中共中央关于全面深化改革若干重大问题的决定》和2014年党的十八届四中全会《中共中央关于全面推进依法治国若干重大问题的决定》对深化律师体制改革作出了顶层设计，明确要求完善律师执业权利保障机制。

2013年3月，全国律协《关于进一步加强和改进维护律师执业合法权益工作的意见》出台，进一步加强和改进维护律师执业合法权益工作的指导思想、主要任务和基本原则；进一步明确全国律协和地方律师协会维护律师执业合法权益工作职责、建立健全维护律师执业合法权益工作机制。初步建立起律师协会"三级架构、整体维权"的工作机制，确保律师执业权利受到不当侵害时有渠道反映，及时得到解决。与此同时，各地司法行政部门积极探索律师执业权利保障工作。

2014年9月，最高人民检察院发布《人民监督员监督范围和监督程序改革试点工作方案》，将"阻碍律师办案"纳入监督。2014年12月，《最高人民检察院关于依法保障律师执业权利的规定》印发，对检察机关依法保障律师在刑事诉讼中的会见权、阅卷权、申请收集、调取证据权、提出意见的权利、知情权以及在民事、行政诉讼中的代理权作出明确规定，促进检察机关规范司法，维护司法公正。该规定强调，检察机关要切实履行对妨碍律师依法执业的法律监督职责。律师认为公安机关、检察院、法院及其工作人员阻碍其依法行使诉讼权利，向同级或者上一级检察机关申诉或者控告的，检察机关要在受理后10日以内进行审查并答复。该规定要求，建立完善检察机关办案部门和检察人员违法行使职权行为记录、通报和责任追究制度。

2014年7月，最高人民法院司法改革办公室主任贺小荣在回答记者关于"《最高人民法院关于全面深化人民法院改革的意见——人民法院第四个五年改革纲要（2014-2018）》在重视律师辩护、代理意见方面，将推出哪些改革举措？"时，表示"律师的辩护和代理意见是人民法院判决形成的重要依据和前提基础""完善审判环节重视律师辩护、代理意见工作机制，一是要严格落实律师在刑事辩护、民行代理中依法享有的各项权利；二是要重点落实律师在各类庭审中举证、质证、辩论的权利；三是要完善裁判文书说理机制和对律师辩护、代理意见的回应机制；四是要健全完善裁判文书公开机制，确保律师的辩护和代理意见通过裁判文书能够向全社会公开，充分彰显法律职业共同体捍卫司法公正的共同信念和职业良知。"[1] 纲要提

---

[1] 《2014年7月9日10时第三次全国人民法庭工作会议暨全国高级法院院长座谈会专场新闻发布会图文直播》，载中国法院网，https：//www.chinacourt.org/chat/chat/2014/07/id/36722.shtml，最后访问日期：2020年7月15日。

出"完善审判环节重视律师辩护、代理意见工作机制",对于实现和维护司法公正、充分发挥律师在诉讼中的作用具有十分重要的意义。

2014 年 12 月,最高人民法院印发《关于办理死刑复核案件听取辩护律师意见的办法》,规定了最高法相关审判庭在辩护律师提出有关事项时的处理办法和流程,包括查询立案信息,提交书面材料,查阅、摘抄、复制案卷材料,当面反映意见,送达裁判文书等。同月,最高人民法院院长周强在全国高级法院院长会议上明确提出,法官要着力提高庭审驾驭能力和水平,正确发挥在庭审程序运行中的指挥、控制职能,尊重和保障律师依法履职。

2015 年 2 月,最高人民法院发布《最高人民法院关于全面深化人民法院改革的意见——人民法院第四个五年改革纲要(2014—2018)》,提出完善律师执业权利保障机制,强化控辩对等诉讼理念,禁止对律师进行歧视性安检,为律师依法履职提供便利。依法保障律师履行辩护代理职责,落实律师在庭审中发问、质证、辩论等诉讼权利。

2015 年 2 月,《关于全面深化公安改革若干重大问题的框架意见》及相关改革方案经中央审议通过,框架意见提出完善侦查阶段听取辩护律师意见的工作制度。

2015 年 1 月,最高人民检察院出台《最高人民检察院关于贯彻落实〈中共中央关于全面推进依法治国若干重大问题的决定〉的意见》,要求认真落实《最高人民检察院关于保障律师执业权利的规定》,依法保障律师会见、阅卷、调查取证等权利,规范听取律师意见制度,对律师提出的不构成犯罪、罪轻或者减轻免除刑事责任、无羁押必要、侦查活动有违法情形等意见,必须及时进行审查,从工作机制上保证律师的意见被听取、合理意见被采信。

2015 年 8 月,孟建柱同志在全国律师工作会议上指出:"律师执业权利是当事人权利的延伸,律师执业权利的保障程度,关系到当事人合法权益能否得到有效维护,关系到律师作用能否得到有效发挥,关系到司法制度能否得到完善和发展。""其实我国刑事、民事、行政诉讼法和律师法等有关法律中,都明确写着律师在辩护、代理中享有知情权、申请权、阅卷权以及庭审中质证权、辩论辩护权等执业权利,但实践中还是存在执行不到位的问题。"要求"抓紧建立健全侦查、起诉、审判各环节重视律师辩护、代理意见的工作机制,把法律已规定的律师在辩护、代理中所享有的知情权、申请权、会见通信权、阅卷权、收集证据权和庭审中质证权、辩论辩护权等执业权利落实到位。"

2015 年 9 月,最高人民法院、最高人民检察院、公安部、国家安全部、司法部印发《关于依法保障律师执业权利的规定》的通知,将律师法定的执业权利按照每一个司法环节作了进一步细化,明确司法行政机关、律师协会应当建立维护律师执业权利快速处置机制和联动机制,及时安排专人负责协调处理。律师的维权申请合法有据的,司法行政机关、律师协会应当建议有关办案机关依法处理,有关办案机关应当将处理情况及时反馈司法行政机关、律师协会。司法行政机关、律师协会持有关证明调查核实律师权益保障或者违纪有关情况的，办案机关应当予以配合、协助，提供相关材料。规定第45条要求，人民法院、人民检察院、公安机关、国家安全机关、司法行政机关和律师协会应当建立联席会议制度，定期沟通保障律师执业权利工作情况，及时调查处理侵犯律师执业权利的突发事件。

2016年4月，中共中央办公厅、国务院办公厅印发了《关于深化律师制度改革的意见》，意见强调，要保障律师诉讼权利，制定保障律师执业权利的措施，健全完善侦查、起诉、审判各环节重视律师辩护代理意见的工作机制；各司法机关和有关部门要建立健全沟通协调机制、执业权利救济机制。为完善律师执业保障机制，意见提出了以下措施：一是保障律师诉讼权利。制定保障律师执业权利的措施，强化诉讼过程中律师的知情权、申请权、申诉权等各项权利的制度保障，严格依法落实相关法律赋予律师在诉讼中会见、阅卷、收集证据和发问、质证、辩论等方面的执业权利。完善律师收集证据制度，律师办理诉讼和非诉讼法律业务，可以依法向工商、公安、海关、金融和不动产登记等部门调查核实有关情况。二是完善便利律师参与诉讼机制。律师进入人民法院参与诉讼确需安全检查的，应当与出庭履行职务的检察人员同等对待。完善律师会见室、阅卷室、诉讼服务中心、专门通道等接待服务设施，规范工作流程，方便律师办理立案、会见、阅卷、参与庭审、申请执行等事务。三是完善律师执业权利救济机制。对阻碍律师依法行使诉讼权利的，有关司法机关要加强监督，依法启动相应程序予以纠正，追究相关人员责任。律师因依法执业受到侮辱、诽谤、威胁、报复、人身伤害的，有关机关应当及时制止并依法处理。

2017年3月，全国律协结合近年来维护律师执业权利工作的实践经验，制定了《律师协会维护律师执业权利规则（试行）》，将维权规则从原来的专门委员会工作规则上升到了全国性的行业规范，完善了行规体系建设，也为各律师协会有效维护律师执业权利、充分履行职能作用提供了依据。维权规则明确规定了律师在执业过程中遇有知情权、申请权、申诉权、控告权，以及会见、通信、阅卷、收集证据和发问、质证、辩论、提出法律意见等合法执业权利受到限制、阻碍、侵害、剥夺的；受到侮辱、诽谤、威胁、报复、人身伤害的；在法庭审理过程中，被违反规定打断或者制止按程序发言的；被违反规定强行带出法庭的；被非法关押、扣留、拘禁或者以其他方式限制人身自由的，以及其他妨碍其依法履行辩护、代理职责，侵犯其执业权利的情形，向所属的律师协会申请维护执业权利，律师协会应当受理。

2017年4月，最高人民法院、最高人民检察院、公安部、国家安全部、司法部和全国律协联合下发了《关于建立健全维护律师执业权利快速联动处置机制的通知》，要求各级人民法院、人民检察院、公安机关、国家安全机关、司法行政机关和各律师协会建立健全维护律师执业权利快速联动处置机制。指导各地建立快速受理、联动处理、结果反馈等工作机制，有效回应了律师权利受到侵犯后向谁投诉、谁来受理、谁来调查等问题。

2017 年 5 月，为贯彻落实中共中央办公厅、国务院办公厅《关于深化律师制度改革的意见》（中办发〔2016〕21 号）关于"建立由司法行政机关牵头，有关部门参加的联席会议制度"的要求，经中央政法委员会同意，建立律师工作联席会议制度。司法部发布关于建立律师工作联席会议制度的方案，联席会议主要承担以下职能：①沟通交流保障律师执业权利工作情况，研究解决律师执业权利保障工作中的普遍性、政策性问题，及时协调处理侵犯律师执业权利的突发事件，切实维护律师执业权利；②建立健全律师执业监管跨部门协调机制，沟通交流律师执业管理中存在的普遍性问题，及时研究处理意见；③落实深化律师制度改革的各项任务和政策措施，研究解决律师制度改革中遇到的新情况、新问题。

2017 年 6 月，最高人民检察院下发《关于进一步做好保障律师执业权利相关工作的通知》，要求各级检察机关进一步加大救济和保障力度，积极建立健全维护律师执业权利快速联动处置机制，确保律师执业权利受到侵犯后第一时间受理、调查，第一时间处理、反馈，及时有效保障律师依法执业。各级司法机关普遍在官方网站、办公场所公开了受理律师维权申请的机构名称、电话、地址。

2017 年 1 月 8 日，熊选国副部长在全国律协组织召开的关于进一步加强律师协会建设工作座谈会上指出，各律师协会应当成立维护律师执业权利中心、投诉受理查处中心，更好地保障律师执业权利、规范律师执业行为。截至 2017 年底，地市级以上律师协会全部成立了律师维权中心，明确专人负责接待受理、线索移交、调查核实等工作，律师权利受侵害后投诉不畅的问题从此得到了有效解决。同时，部级层面和各个地方普遍建立了多部门共同参与的律师工作联席会议，加强各成员单位信息共享、整体联动，形成了共同维护律师执业权利的工作格局。[1]

2018 年 4 月，《最高人民法院、司法部关于依法保障律师诉讼权利和规范律师参与庭审活动的通知》印发，通知着眼于构建法官与律师之间彼此尊重、相互支持、相互监督的良性互动关系，重点对庭审阶段的律师权利保障和执业行为规范进行了规定，使律师参与庭审活动更加有章可循。通知强调，各级人民法院及其工作人员要尊重和保障律师诉讼权利，法官应当尊重律师，不得侮辱、嘲讽律师。人民法院要严格执行法定程序，平等对待诉讼各方，合理分配各方发问、质证、陈述和辩论、辩护的时间，充分听取律师意见。对于律师在法庭上就案件事实认定和法律适用的正常发问、质证和发表的辩护代理意见，法官不随意打断或者制止。通知明确，审

---

〔1〕　蔡长春：《一系列新举措新机制新做法让律师执业权利更有保障》，载法制网，http：//www. legaldaily. com. cn/locality/content/2018-04/27/content_7531989. htm？ node＝37232，最后访问日期：2019 年 2 月 18 日。

判长或者独任审判员认为律师在法庭审理过程中违反法庭规则、法庭纪律的，应当依法给予警告、训诫等，确有必要时可以休庭处置，原则上不采取责令律师退出法庭或者强行带出法庭等措施。

2018年6月，司法部、全国律协印发《关于建立健全律师维权惩戒工作责任制的意见》，进一步明确了司法行政机关、律师协会在律师维权惩戒工作中的责任，为进一步从体制机制上加强律师维权惩戒工作，推动律师队伍建设和律师事业发展提供了重要遵循。

2019年7月至2020年1月，全国检察机关开展保障律师执业权利专项监督活动，保障律师的会见、通信权、阅卷权、调查取证权、人身权利以及其他妨碍律师依法履行辩护、代理职责的情形等五个方面的执业权利是监督重点。

2019年10月，《公安部、司法部关于进一步保障和规范看守所律师会见工作的通知》发布，进一步完善保障制度、加强硬件建设，严格依法保障律师在看守所会见在押犯罪嫌疑人、被告人的权利。

2019年12月，最高人民法院、司法部、全国律协发布《关于深入推进律师参与人民法院执行工作的意见》，意见强调各级人民法院要进一步提高对律师参与执行重要性的认识，结合工作实际，积极探索和创新保障律师执业权利、改善律师执业环境、推动律师参与执行的各项工作机制，为律师依法履行职责、发挥优势作用提供支撑和便利。

2019年12月，最高人民检察院公布修订后的《人民检察院刑事诉讼规则》，规则要求充分保障辩护律师的知情权、会见权、阅卷权和申请调查取证的权利，为律师阅卷提供专门的场所或者电子卷宗阅卷终端设备，律师复制案卷材料不收取费用。

2020年12月25日，最高人民检察院与司法部、全国律协围绕"深入学习贯彻习近平法治思想，加强检律协作；推动法律职业共同体建设，促进司法公正"召开座谈会。最高人民检察院检察长张军，司法部部长唐一军出席座谈会并讲话。司法部副部长熊选国主持座谈会。张军指出，扎实持续做好检察环节服务保障律师执业权利工作，推动检律良性互动，是贯彻落实习近平法治思想的要求，是把以人民为中心落到实处的要求，是维护司法权威、建设高水平平安中国的要求。

2021年2月，最高人民检察院发布首批保障律师执业权利典型案例，旨在进一步强化检察监督，切实保障律师执业权利。该批5件典型案例涉及面广、类型丰富，涉及公安、检察、法院等办案主体，涵盖会见权、知情权等律师执业权利，囊括侦查、起诉、审判等诉讼程序。5件案例的发布，对于各级政法机关规范行使权力，依法保障律师执业，及时开展阻权救济等工作具有较高的指导价值和规范意义。据统计，2020年1月至12月，全国检察机关共计审查办理侵犯律师执业权利控告申诉案件2000余件。

2021年，最高人民检察院印发《人民检察院办理认罪认罚案件听取意见同步录音录像规定》，明确人民检察院办理认罪认罚案件，对于检察官围绕量刑建议、程序适用等事项听取犯罪嫌疑人、被告人、辩护人或者值班律师意见、签署具结书活动，应当同步录音录像。

在中央关于深化律师体制改革的顶层设计之下，保障律师执业权利的规定不断细化，实践中，律师执业权利保障得以落实。

第二节　我国律师权利

律师的执业权利主要有：调查取证权，阅卷权，会见通信权，得到人民法院适当的开庭通知的权利，出席法庭、参与诉讼的权利，庭审中举证、质证、辩论的权利，获取本案各种法律文书副本的权利，代行上诉权，拒绝辩护、代理权等。

一、律师的调查取证权

律师的调查取证权，是律师执业的一项基本的权利，主要有两种形式：一是自行调查权，即律师在承办法律事务的过程中，自行向有关单位或个人调查收集与案件有关的事实材料的权利；二是申请调查权，即律师向法院、检察院申请收集、调取证据或者要求证人出庭作证的权利。律师承办法律事务离不开证据，尤其在诉讼案件中。我国刑事诉讼法、民事诉讼法、行政诉讼法都规定了代理诉讼的律师享有调查取证权。在实践中，律师收集、判断、运用证据的好坏，往往影响到代理活动的质量。

（一）刑事诉讼中的律师调查取证权

在刑事诉讼中，辩护律师的调查取证问题，长期以来被业界视为律师执业权利"三难"[1]之首。

我国 1996 年《律师法》第 31 条和 1996 年《刑事诉讼法》第 37 条明确了辩护律师享有调查取证权，但又给予了较多的限制，1996 年《律师法》第 31 条规定，律师承办法律事务，经有关单位或者个人同意，可以向他们调查情况。1996 年《刑事诉讼法》第 37 条规定，辩护律师经证人或者其他有关单位和个人同意，可以向他们收集与本案有关的材料，也可以申请人民检察院、人民法院收集、调取证据，或者申请人民法院通知证人出庭作证。辩护律师经人民检察院或者人民法院许可，并且经被害人或者其近亲属、被害人提供的证人同意，可以向他们收集与本案有关的材料。如此的规定使律师的调查取证权在司法实践中难以实现。有关单位和证人拒绝律师调查的事例屡见不鲜，但法律没有对这种拒绝作证的行为作出任何制裁性的规定。2012 年修订的《刑事诉讼法》第 41 条仍规定，辩护律师经证人或者其他有关单位和个人同意，可以向他们收集与本案有关的材料，也可以申请人民检察院、人民

---

〔1〕　过去，律师行业习惯将会见难、阅卷难、调查取证难称为律师执业权利"三难"。

法院收集、调取证据，或者申请人民法院通知证人出庭作证。辩护律师经人民检察院或者人民法院许可，并且经被害人或者其近亲属、被害人提供的证人同意，可以向他们收集与本案有关的材料。但在此限制之外，2012 年《刑事诉讼法》第 39 条也规定了辩护人认为在侦查、审查起诉期间公安机关、人民检察院收集的证明犯罪嫌疑人、被告人无罪或者罪轻的证据材料未提交的，有权申请人民检察院、人民法院调取。

2015 年 9 月，最高人民法院、最高人民检察院、公安部、国家安全部、司法部联合出台《关于依法保障律师执业权利的规定》，要求人民法院、人民检察院、公安机关、国家安全机关、司法行政机关应当尊重律师，健全律师执业权利保障制度，依照《刑事诉讼法》《民事诉讼法》《行政诉讼法》及《律师法》的规定，在各自职责范围内依法保障律师知情权、申请权、申诉权，以及会见、阅卷、收集证据和发问、质证、辩论等方面的执业权利，不得阻碍律师依法履行辩护、代理职责，不得侵害律师合法权利。并明确规定了在刑事诉讼审查起诉、审理期间，辩护律师书面申请调取公安机关、人民检察院在侦查、审查起诉期间收集但未提交的证明犯罪嫌疑人、被告人无罪或者罪轻的证据材料的，人民检察院、人民法院应当依法及时审查。经审查，认为辩护律师申请调取的证据材料已收集并且与案件事实有联系的，应当及时调取。相关证据材料提交后，人民检察院、人民法院应当及时通知辩护律师查阅、摘抄、复制。经审查决定不予调取的，应当书面说明理由。以及辩护律师申请向被害人或者其近亲属、被害人提供的证人收集与本案有关的材料；申请人民检察院、人民法院收集、调取证据；申请向正在服刑的罪犯收集与案件有关的材料；辩护律师当面反映意见或者提交证据材料的，办案机关应当依法办理，并制作笔录附卷。辩护律师提出的书面意见和证据材料，应当附卷；辩护律师申请排除非法证据等事宜。

学者韩旭于 2014 年 7 月开始的对 S 省 5 市的实地调研表明，律师们普遍反映 2012《刑事诉讼法》实施后，律师调查取证难问题并未得到改变，律师仍然视调查取证为畏途，不愿、不敢调查取证。有部分律师结合自己的办案实践，表达了对调查取证可能导致的刑事风险的担忧：对证人开展调查后，一旦证人推翻原来对侦查机关所作的不利于犯罪嫌疑人的证言，侦查机关便会对证人采取高压"措施"或者以伪证罪相威胁、迫使证人推翻对律师作出的有利证词，证人为了自保，不惜将翻证归责于律师的"教唆、引诱"，这无疑增加了律师调查取证的风险。在办案中，对"需要获取的辩护证据"，接受问卷的律师中，有 72% 的律师选择"申请法院、检察院代为调取"，只有 28% 的律师表示采取"自行调取"的方式。如果申请职权机关代为调查取证，有 83% 的律师表示"更希望向法院提出申请"。对于侦查阶段是否进行调查取证的问题，有近一半的受访律师表示"从不调查取证"，还有 10% 的律师认为侦查阶段律师不应该享有调查取证权。[1]

2018年《刑事诉讼法》第41条规定:"辩护人认为在侦查、审查起诉期间公安机关、人民检察院收集的证明犯罪嫌疑人、被告人无罪或者罪轻的证据材料未提交的,有权申请人民检察院、人民法院调取。"第42条规定:"辩护人收集的有关犯罪嫌疑人不在犯罪现场、未达到刑事责任年龄、属于依法不负刑事责任的精神病人的证据,应当及时告知公安机关、人民检察院。"第43条规定:"辩护律师经证人或者其他有关单位和个人同意,可以向他们收集与本案有关的材料,也可以申请人民检察院、人民法院收集、调取证据,或者申请人民法院通知证人出庭作证。辩护律师经人民检察院或者人民法院许可,并且经被害人或者其近亲属、被害人提供的证人同意,可以向他们收集与本案有关的材料。"

(二)民事、行政诉讼中律师的调查取证权

2021年修正的《民事诉讼法》第64条规定,代理诉讼的律师和其他诉讼代理人有权调查收集证据,可以查阅本案有关材料。查阅本案有关材料的范围和办法由最高人民法院规定。第67条规定,当事人对自己提出的主张,有责任提供证据。当事人及其诉讼代理人因客观原因不能自行收集的证据,或者人民法院认为审理案件需要的证据,人民法院应当调查收集。人民法院应当按照法定程序,全面地、客观地审查核实证据。并且第207条第5项将"对审理案件需要的主要证据,当事人因客观原因不能自行收集,书面申请人民法院调查收集,人民法院未调查收集的"情形规定为人民法院应当再审的情形。

我国《行政诉讼法》第32条第1款规定,代理诉讼的律师,有权按照规定查阅、复制本案有关材料,有权向有关组织和公民调查,收集与本案有关的证据。对涉及国家秘密、商业秘密和个人隐私的材料,应当依照法律规定保密。

最高人民法院于2015年发布的《关于依法保障律师执业权利的规定》第20条规定,在民事诉讼和行政诉讼过程中,律师因客观原因无法自行收集证据的,可以依法向人民法院申请调取,经审查符合规定的,人民法院应当予以调取。

为解决执行难的矛盾,充分发挥申请执行人及其代理律师的积极性,实践中,律师调查令制度也在尝试推进中。实践中,若干地方法院已经出台相应规范,各级法院(包括最高人民法院)的判决中也有涉及调查令的问题,该项制度的试点及推广对律师调查取证权的立法起到了积极的作用。

2004年北京市各级法院积极探索、试行委托调查制度。根据规定,由法院授权申请执行人的代理律师签发调查令,调查令上载明,法院授权代理律师向有关单位或个人调查被执行人的财产情况。有关单位或个人必须接受调查并如实反映情况,

---

〔1〕　韩旭:《新〈刑事诉讼法〉实施以来律师辩护难问题实证研究——以S省为例的分析》,载《法学论坛》2015年第3期。

拒不接受调查或者不如实反映情况的，按拒不协助法院执行的行为处理。代理律师持调查令可向银行、工商、房管、税务等单位或个人调查被执行人财产证据和线索。2011 年 5 月 27 日发布的《关于依法制裁规避执行行为的若干意见》第 2 条规定："……各地法院也可根据本地的实际情况，探索尝试以调查令、委托调查函等方式赋予代理律师法律规定范围内的财产调查权。"2015 年 8 月发布的《北京市第四中级人民法院关于充分保障律师执业权利共同维护司法公正的若干规定（试行）》第 13 条明确指出，"在民事诉讼中或者案件执行阶段，经当事人申请，由法院审查符合相关规定的，签发调查令，指定当事人的代理律师持调查令向有关单位或个人调查收集证据"。2016 年 5 月，《重庆市高级人民法院关于在民事诉讼中试行律师调查令的意见》发布，规定当事人举证期限届满内需要向案外人调查收集证据的，可经由诉讼代理律师向法院申请签发律师调查令，代理律师可持令收集案件相关证据。2016 年 8 月，苏州市司法局联合市公安、民政、人社、住建、卫计、工商、质监、食药监、档案等 9 部门出台《关于进一步保障律师调查取证权利的若干规定（试行）》，将律师执业权利保障落到实处。明确了相关行政部门的义务。律师持执业证、授权委托书、律所介绍信或法律援助公函调查取证的，相关单位应按规定为其提供便利，不得附加其他条件或以其他理由拒绝；律师要求确认所复制材料来源的，有关单位应盖章确认；若有关单位认为申请获取的材料不存在或与律师承办的法律事务无关，或属于正在调查、讨论、处理过程中，公开后可能直接影响案件查处的，可以不予提供，但须在 15 个工作日内告知律师并说明理由。还明确了律师权利的救济途径。若律师认为有关单位违反规定，侵犯自身调查取证权，可向该单位提出申诉，由该单位责令改正，情节严重的，依照有关法律法规追究相应人员的责任；也可向司法行政机关和律师协会反映，由其再向有关单位提出调查核实建议，该单位应及时作出书面答复。[1]

北京市、上海市、天津市、重庆市、辽宁省、湖南省、湖北省、浙江省、江苏省、广东省、陕西省、河南省、江西省、四川省、福建省等地出台了民事诉讼律师调查令的实施办法。

2021 年，全国人大代表、福建省律师协会名誉会长洪波建议，适时在全国层面统一制定民事、行政诉讼中实行律师调查令的规定，使全国律师均能平等行使调查取证权利，以便更好地服务于全国司法实践。[2]

---

〔1〕《苏州十部门联合发布〈关于进一步保障律师调查取证权利的若干规定（试行）〉》，载东方网，http：//news. eastday. com/eastday/13news/auto/news/csj/20160805/u7ai5904710. html，最后访问日期：2019 年 2 月 8 日。

〔2〕 林霞：《全国人大代表洪波建议——制定全国适用的律师调查令规范》，载福建省人民政府门户网站，http：//www. fujian. gov. cn/xwdt/fjyw/202103/t20210310_5546447. htm，最后访问日期：2022 年 4 月 13 日。

二、阅卷的权利

2017 年《行政诉讼法》第 32 条规定，代理诉讼的律师有权按照规定查阅、复制本案有关材料。2018《刑事诉讼法》第 40 条规定，辩护律师自人民检察院对案件审查起诉之日起，可以查阅、摘抄、复制本案的案卷材料。2021 年《民事诉讼法》第 64 条规定，代理诉讼的律师和其他诉讼代理人有权调查收集证据，可以查阅本案有关材料。查阅本案有关材料的范围和办法由最高人民法院规定。

2015 年 9 月，最高人民法院、最高人民检察院、公安部、国家安全部、司法部联合出台《关于依法保障律师执业权利的规定》，该规定第 14 条明确辩护律师自人民检察院对案件审查起诉之日起，可以查阅、摘抄、复制本案的案卷材料，人民检察院检察委员会的讨论记录、人民法院合议庭、审判委员会的讨论记录以及其他依法不能公开的材料除外。人民检察院、人民法院应当为辩护律师查阅、摘抄、复制案卷材料提供便利，有条件的地方可以推行电子化阅卷，允许刻录、下载材料。案件提起公诉后，人民检察院对案卷所附证据材料有调整或者补充的，应当及时告知辩护律师。辩护律师对调整或者补充的证据材料，有权查阅、摘抄、复制。辩护律师办理申诉、抗诉案件，在人民检察院、人民法院经审查决定立案后，可以持律师执业证书、律师事务所证明和委托书或者法律援助公函到案卷档案管理部门、持有案卷档案的办案部门查阅、摘抄、复制已经审理终结案件的案卷材料。辩护律师提出阅卷要求的，人民检察院、人民法院应当当时安排辩护律师阅卷，无法当时安排的，应当向辩护律师说明并安排其在 3 个工作日以内阅卷，不得限制辩护律师阅卷的次数和时间。有条件的地方可以设立阅卷预约平台。

人民检察院、人民法院应当为辩护律师阅卷提供场所和便利，配备必要的设备。因复制材料发生费用的，只收取工本费用。律师办理法律援助案件复制材料发生的费用，应当予以免收或者减收。辩护律师可以采用复印、拍照、扫描、电子数据拷贝等方式复制案卷材料，可以根据需要带律师助理协助阅卷。办案机关应当核实律师助理的身份。

辩护律师查阅、摘抄、复制的案卷材料属于国家秘密的，应当经过人民检察院、人民法院同意并遵守国家保密规定。律师不得违反规定，披露、散布案件重要信息和案卷材料，或者将其用于本案辩护、代理以外的其他用途。

在刑事诉讼审查起诉、审理期间，辩护律师书面申请调取公安机关、人民检察院在侦查、审查起诉期间收集但未提交的证明犯罪嫌疑人、被告人无罪或者罪轻的证据材料的，人民检察院、人民法院应当依法及时审查。经审查，认为辩护律师申请调取的证据材料已收集并且与案件事实有联系的，应当及时调取。相关证据材料提交后，人民检察院、人民法院应当及时通知辩护律师查阅、摘抄、复制。经审查决定不予调取的，应当书面说明理由。

2014 年 12 月，最高人民法院印发《关于办理死刑复核案件听取辩护律师意见的办法》，规定辩护律师可以到最高人民法院办公场所查阅、摘抄、复制案卷材料。但依法不公开的材料不得查阅、摘抄、复制。

最高人民检察院于 2015 年底在全国检察机关部署应用了电子卷宗系统。通过电子卷宗系统，实现律师随时申请、随时阅卷。在司法改革中，不少法院、检察院系统积极服务于律师的阅卷权，比如实行电子案卷，彻底改变了以往办案人开庭、出差等情况下律师不能阅卷的状况，给律师依法执业带来极大的便利。有的地方建立律师电子信息库，对曾到该院办理过阅卷等申请事项的律师进行信息登记入库，创建服务绿色通道，为入库律师提供电话和网上查询、预约服务。

2020 年 12 月通过的《最高人民法院关于适用〈中华人民共和国刑事诉讼法〉的解释》明确律师可以查阅作为证据使用的讯问录音录像，为律师依法履职提供充分保障。

三、同被限制人身自由的人会见和通信的权利

（一）有关国际文件的规定

联合国《关于律师作用的基本原则》规定，遭逮捕、拘留或监禁的一切个人应有充分机会、时间和便利条件，毫无迟延地、在不被窃听、不经检查和完全保密的情况下接受律师来访和与律师联系协商。这种协商可在执法人员能看得见，但听不见的范围内进行。

联合国《囚犯待遇最低限度标准规则》中关于在押或等待审讯的囚犯一节规定，受刑事指控而被逮捕或监禁，由警察拘留或监狱监禁但尚未审讯和判刑的人在会见律师时，警察或监所官员对于囚犯和律师的会谈，可以在视线范围内，但不得在可以听见谈话的距离以内。被指控犯罪的人及时与律师联系并与律师自由地交谈，被认为是犯罪嫌疑人所享有的基本权利。

（二）我国的有关规定及实践

我国 1996 年《刑事诉讼法》第 36 条规定，辩护律师自人民检察院对案件审查起诉之日起，可以同在押的犯罪嫌疑人会见和通信。但实践中，律师会见权的实现长期存在着许多阻碍。律师们普遍感到提前介入流于形式，律师为犯罪嫌疑人提供法律帮助还受到很大限制，尤其是在律师会见犯罪嫌疑人、被告人时，遇到的困难更多，公、检、法各有自己的规定、规则、解释，这使得律师们在执行中无所适从，办理刑事案件"会见难"曾是律师们的共同感受。《关于依法保障律师执业权利的规定》要求人民法院、人民检察院、公安机关、国家安全机关、司法行政机关在各自职责范围内依法保障律师会见等方面的执业权利，建立律师会见室，方便律师会见，不得阻碍律师依法履行辩护、代理职责，不得侵害律师合法权利。

2017 年 11 月，司法部发布《律师会见监狱在押罪犯规定》，扩大了代理范围，强化了安排律师会见的时效，取消了律师会见人数限制。明确了律师会见时不被监听、不派警察在场，并开辟多条投诉渠道保障律师执业权利。实践中，许多地方就

律师会见推出了许多举措，诸如开放周末律师会见、改（扩）建会见室、延时会见服务、提供良好会见环境、建立律师沟通机制等。律师会见难问题基本得到解决。

2018 年修订的《刑事诉讼法》第 39 条规定，辩护律师可以同在押的犯罪嫌疑人、被告人会见和通信。辩护律师持律师执业证书、律师事务所证明和委托书或者法律援助公函要求会见在押的犯罪嫌疑人、被告人的，看守所应当及时安排会见，至迟不得超过 48 小时。危害国家安全犯罪、恐怖活动犯罪案件，在侦查期间辩护律师会见在押的犯罪嫌疑人，应当经侦查机关许可。辩护律师会见在押的犯罪嫌疑人、被告人，可以了解案件有关情况，提供法律咨询等；自案件移送审查起诉之日起，可以向犯罪嫌疑人、被告人核实有关证据。辩护律师会见犯罪嫌疑人、被告人时不被监听。辩护律师还可以依据《刑事诉讼法》的规定同被监视居住的犯罪嫌疑人、被告人会见、通信。

北京警方于 2019 年 1 月 1 日推出律师远程视频会见，并在 2020 年 7 月 1 日实现全市各区全覆盖。在常态化疫情防控背景下，2022 年 4 月 25 日起，北京在东城、海淀、石景山、大兴公安分局之间试点推行跨区律师远程视频会见，打破行政地域限制，律师在本市内自主就近选择试点派出所，就可以跨区远程视频会见不同区域看守所的在押犯罪嫌疑人、被告人，打通律师远程视频会见"最后一公里"，有效保障律师、在押人员依法会见权利，助推刑事诉讼活动顺利进行，做到疫情防控与会见工作两不误。全国其他地方也进行了律师远程视频会见的尝试。

（三）值班律师制度

为了进一步保障犯罪嫌疑人的辩护权，20 世纪八九十年代开始，一些国家和地区开始实行值班律师制度。即由律师协会事先根据律师本人的志愿和时间制作值班表，依值班表负责当日值班的律师在事务所等待，一旦身体受到拘束的嫌疑人或其配偶、亲属等要求律师帮助，值班律师经律师协会转告后即速与嫌疑人会面。2006年，司法部与联合国开发署在河南开展"法律援助值班律师制度"项目试点，通过在公检法部门派驻值班律师的方式，在刑事诉讼各阶段为犯罪嫌疑人、被告人提供及时的法律咨询服务。并在此基础上扩大试点范围。2014 年，最高人民法院、最高人民检察院、公安部、司法部制定《关于在部分地区开展刑事案件速裁程序试点工作的办法》，就建立法律援助值班律师制度提出明确要求，明确值班律师的主要职责是提供法律咨询和建议，告知犯罪嫌疑人、被告人适用速裁程序的法律后果，帮助其进行程序选择和量刑协商。2015 年，中共中央办公厅、国务院办公厅发布《关于完善法律援助制度的意见》，提出要"建立法律援助值班律师制度，法律援助机构在法院、看守所派驻法律援助值班律师"。2016 年，最高人民法院、最高人民检察院、公安部、国家安全部、司法部先后印发《关于推进以审判为中心的刑事诉讼制度改革的意见》《关于在部分地区开展刑事案件认罪认罚从宽制度试点工作的办法》，将法律援助值班律师工作作为一项重要内容。2017 年 6 月，最高人民法院、最高人民检察院、公安部、国家安全部、司法部发布《关于办理刑事案件严格排除非法证据若干问题的规定》专门就法律援助值班律师对刑讯逼供、非法取证情形代理犯罪嫌疑人、被告人申诉、控告作出了规定。2017 年 8 月，最高人民法院、最高人民检察院、公安部、国家安全部、司法部发布《关于开展法律援助值班律师工作的意见》，对值班律师职责定位、运行机制和管理保障等作出统一规范。

2018 年修订的《刑事诉讼法》将试点成果加以固定，第 36 条规定，"法律援助机构可以在人民法院、看守所等场所派驻值班律师。犯罪嫌疑人、被告人没有委托辩护人，法律援助机构没有指派律师为其提供辩护的，由值班律师为犯罪嫌疑人、被告人提供法律咨询、程序选择建议、申请变更强制措施、对案件处理提出意见等法律帮助。人民法院、人民检察院、看守所应当告知犯罪嫌疑人、被告人有权约见值班律师，并为犯罪嫌疑人、被告人约见值班律师提供便利"。2020 年，最高人民法院、最高人民检察院、公安部、国家安全部、司法部制定《法律援助值班律师工作办法》进一步规范值班律师工作。

四、律师的有限豁免权

联合国《关于律师作用的基本原则》规定，律师对于其书面或口头辩护时所发表的有关言论或作为职责任务出现于某一法院、法庭或其他法律或行政当局之前所发表的有关言论，应享有民事和刑事豁免权。境外许多国家和地区在立法时对律师的刑事辩护豁免权作了规定，同时也规定律师不能利用这种豁免权作为不尊重法院或政府机关的理由。

1996 年《律师法》第 30 条第 2 款规定，"律师担任诉讼代理人或者辩护人的，其辩论或者辩护的权利应当依法保障"。第 32 条规定"律师在执业活动中的人身权利不受侵犯"。2007 年《律师法》在第 37 条增加了"律师在法庭上发表的代理、辩护意见不受法律追究。但是，发表危害国家安全、恶意诽谤他人、严重扰乱法庭秩序的言论除外。律师在参与诉讼活动中因涉嫌犯罪被依法拘留、逮捕的，拘留、逮捕机关应当在拘留、逮捕实施后的二十四小时内通知该律师的家属、所在的律师事务所以及所属的律师协会"。上述规定被一些学者称为律师的有限豁免权。

我国《刑法》第 306 条规定，在刑事诉讼中，辩护人、诉讼代理人毁灭、伪造证据，帮助当事人毁灭、伪造证据，威胁、利诱证人违背事实、改变证言或者作伪证的，处 3 年以下有期徒刑。现实中，证人在律师调查后因各种原因出现反复的情况是屡见不鲜的，这就有可能把律师置于十分危险的境地，导致司法机关错误追究律师的法律责任。《刑法》第 306 条被比喻为悬在辩护律师头上的"达摩克利斯之剑"，并认为它对辩护制度的发展产生极大阻碍，特别是会对律师帮助犯罪嫌疑人、被告人行使辩护权造成极大阻碍。学者罗翔认为，总体上律师伪证罪的规定并未体现对律师的立法歧视，但该罪的引诱条款明显违背平等原则。律师伪证罪中的"引诱"一词，含义过于模糊，具有很大的解释空间，容易成为司法机关打击报复律师的私器。尤其是其中的"引诱证人违背事实改变证言"的规定，在司法实践中给律师办理刑事案件带来很大的执业风险。[1] 该罪设立至今，一直是理论和实务界关注的重点。

五、拒绝辩护、代理的权利

律师拒绝辩护或代理权，是指律师接受委托后，出现法定事由而拒绝再继续辩护或代理的权利。我国现行《律师法》第 32 条第 2 款明确规定，律师接受委托后，无正当理由的，不得拒绝辩护或者代理。但是，委托事项违法、委托人利用律师提供的服务从事违法活动或者委托人故意隐瞒与案件有关的重要事实的，律师有权拒绝辩护或者代理。《律师执业行为规范》第 42 条规定："律师接受委托后，无正当理由不得拒绝辩护或者代理、或以其他方式终止委托。委托事项违法、委托人利用律师提供的服务从事违法活动或者委托人故意隐瞒与案件有关的重要事实的，律师有权告知委托人并要求其整改，有权拒绝辩护或者代理、或以其他方式终止委托，并有权就已经履行事务取得律师费。"

《律师和律师事务所违法行为处罚办法》细化了律师拒绝辩护或者代理的情形，规定律师接受委托后，除有下列情形之外，拒绝辩护或者代理，不按时出庭参加诉讼或者仲裁的，属于《律师法》第 48 条第 2 项规定的违法行为：①委托事项违法，或者委托人利用律师提供的法律服务从事违法活动的；②委托人故意隐瞒与案件有关的重要事实或者提供虚假、伪造的证据材料的；③委托人不履行委托合同约定义务的；④律师因患严重疾病或者受到停止执业以上行政处罚的；⑤其他依法可以拒绝辩护、代理的。

律师在接受委托后发生可以拒绝辩护或代理的情况，应当向委托人说明理由，促使委托人接受律师的劝告，纠正导致律师拒绝辩护或代理的事由。在解除委托关系前，律师必须采取合理可行的措施保护委托人利益，如及时通知委托人，使其有充分时间再委聘其他律师、收回文件的原件以及返还提前支付的费用等。因拒绝辩护、代理而解除委托关系的，律师可以保留与委托人有关的法律事务文件的复印件。此外，对律师接受委托后，无正当理由拒绝辩护或者代理的，律师法还规定了相应的处罚。

六、出席法庭审理相关权利

我国《刑事诉讼法》《民事诉讼法》《行政诉讼法》和有关规定都对诉讼代理人出席法庭审理的相关权利作了明确规定，2015 年《关于依法保障律师执业权利的规定》进一步明确了法院、检察院、公安机关、国家安全机关保障律师执业权利的职责。其中涉及律师出席法庭的执业权利包括：

1. 辩护律师在开庭以前提出召开庭前会议、回避、补充鉴定或者重新鉴定以及

---

[1]　罗翔：《刑法第 306 条辨正》，载《政法论坛》2013 年第 3 期。

证人、鉴定人出庭等申请的权利。

2. 人民法院确定案件开庭日期时，应当为律师出庭预留必要的准备时间并书面通知律师。律师因开庭日期冲突等正当理由申请变更开庭日期的，人民法院应当在不影响案件审理期限的情况下，予以考虑并调整日期，决定调整日期的，应当及时通知律师。律师可以根据需要，向人民法院申请带律师助理参加庭审。律师助理参加庭审仅能从事相关辅助工作，不得发表辩护、代理意见。

3. 有条件的人民法院应当建立律师参与诉讼专门通道，律师进入人民法院参与诉讼确需安全检查的，应当与出庭履行职务的检察人员同等对待。有条件的人民法院应当设置专门的律师更衣室、休息室或者休息区域，并配备必要的桌椅、饮水及上网设施等，为律师参与诉讼提供便利。

4. 法庭审理过程中，律师对审判人员、检察人员提出回避申请的权利。

5. 法庭审理过程中，经审判长准许，律师向当事人、证人、鉴定人和有专门知识的人发问的权利。

6. 法庭审理过程中，律师就证据的真实性、合法性、关联性，从证明目的、证明效果、证明标准、证明过程等方面，进行法庭质证和相关辩论的权利。

7. 法庭审理过程中，就案件事实、证据和适用法律等问题，进行法庭辩论的权利。

8. 法庭审理过程中，律师有提出证据材料，申请通知新的证人、有专门知识的人出庭，申请调取新的证据，申请重新鉴定或者勘验、检查的权利。

9. 法庭审理过程中，遇有被告人供述发生重大变化、拒绝辩护等重大情形，经审判长许可，辩护律师与被告人进行交流的权利。

10. 法庭审理过程中，遇有规定情形，向法庭申请休庭的权利。

11. 就诉讼中的重大程序信息和送达当事人的诉讼文书，有获得办案机关通知的权利。

12. 律师有权申请查阅人民法院录制的庭审过程的录音、录像。

13. 律师认为办案机关及其工作人员明显违反法律规定，阻碍律师依法履行辩护、代理职责，侵犯律师执业权利的，有权利向该办案机关或者其上一级机关投诉。

14. 在刑事诉讼中，律师认为办案机关及其工作人员违反规定阻碍律师依法行使诉讼权利的，可以向同级或者上一级人民检察院申诉、控告。

第三节　律师的义务[1]

律师的义务是指律师在依法执业活动中，所必须履行的职责。联合国《关于律师作用的基本原则》的文件中明确规定了律师的义务和责任：①律师应随时随地地保持其作为司法工作重要代理人这一职业的荣誉和尊严。②律师对其委托人负的职责应包括：其一，对委托人的法定权利和义务，以及在与此种权利和义务有关的范围内，对法律系统的运作，提出咨询意见；其二，以一切适当的方法帮助委托人，并采取法律行为保护他或她的利益；其三，在法律、法庭或行政当局面前给委托人以适当的帮助。③律师在保护其委托人的权利和促进维护正义的事业中，应努力维护受到本国法律和国际法承认的人权和基本自由，并在任何时候都根据法律和公认的准则以及律师的职业道德，自由和勤奋地采取行动。④律师应始终真诚地尊重其委托人的利益。

我国《律师法》《律师执业管理办法》《律师执业行为规范（试行）》及一些相关规范性文件、规章对律师的义务作了规定。根据其针对的对象不同，律师义务主要有以下内容：

一、律师对委托人的义务

律师—委托人关系，是指律师和委托人之间的权利义务关系。律师—委托人关系是律师执业的核心问题，它贯穿律师执业活动的始终，调整律师执业活动的方方面面。律师应当维护当事人合法权益，这是律师特殊的社会职能。

（一）律师不得私自接受委托、收取费用，不得接受委托人的财物或者其他利益

在对律师的投诉中，有关律师收费的投诉一直占较大比例。我国《律师法》规定，律师承办业务，由律师事务所统一接受委托，与委托人签订书面委托合同，按照国家规定统一收取费用并如实入账。律师事务所和律师应当依法纳税。律师事务所应建立健全并落实统一收取服务费和办案费、统一与委托人结算制度。律师不得私自收案、收费。委托人委托律师代交费用的，律师应将代交的费用及时交付律师事务所。《律师和律师事务所违法行为处罚办法》规定，私自接受委托，私自向委托人收取费用，收受委托人财物，利用提供法律服务的便利牟取当事人争议的权益，或者接受对方当事人的财物的；违反律师服务收费管理规定或者收费合同约定，擅自扩大收费范围，提高收费标准，或者索取规定、约定之外的其他费用的，由司法行政机关给予相应的行政处罚。

---

〔1〕 律师义务的内容与律师执业行为规范的内容多有交叉、重合，请结合本书第八章"律师的职业道德和执业行为规范"学习。

(二) 律师的保密义务

律师应当保守在执业活动中得知的案情秘密，这是世界各国法律对律师的普遍要求。1990 年 9 月 7 日联合国第八届预防犯罪和罪犯待遇大会通过的《关于律师作用的基本原则》第 22 条明确规定："各国政府应确认和尊重律师及其委托人之间在其专业关系内所有联络和磋商均属保密。"律师职业秘密保守义务已成为世界各国律师执业中一项基本的、重要的义务。

我国 1996 年《律师法》第 33 条规定："律师应当保守在执业活动中知悉的国家秘密和当事人的商业秘密，不得泄露当事人的隐私。"2004 年《律师执业行为规范（试行）》对律师的保密义务作了更为详尽的规定，不仅规定了律师必须保守国家机密、委托人的商业秘密及个人隐私，律师事务所、律师及其辅助人员不得泄露委托人的商业秘密、隐私，以及通过办理委托人的法律事务所了解的委托人的其他信息，还规定了保密的例外，即律师认为保密可能会导致无法及时阻止发生人身伤亡等严重犯罪及可能导致国家利益受到严重损害的除外。律师可以公开委托人授权同意披露的信息。律师在代理过程中可能无辜地被牵涉到委托人的犯罪行为时，律师可以为保护自己的合法权益而公开委托人的相关信息。

律师代理工作结束后，仍有保密义务。

2007 年，《律师法》修订，第 38 条规定："律师应当保守在执业活动中知悉的国家秘密、商业秘密，不得泄露当事人的隐私。律师对在执业活动中知悉的委托人和其他人不愿泄露的情况和信息，应当予以保密。但是，委托人或者其他人准备或者正在实施的危害国家安全、公共安全以及其他严重危害他人人身、财产安全的犯罪事实和信息除外。"该条较之前的规定，增加了律师保密义务的例外，但并没有赋予律师拒绝作证的豁免权。2009 年修订的《律师执业行为规范》则原文照搬了律师法的法条。2012 年修订的《刑事诉讼法》第 46 条规定："辩护律师对在执业活动中知悉的委托人的有关情况和信息，有权予以保密。但是，辩护律师在执业活动中知悉委托人或者其他人，准备或者正在实施危害国家安全、公共安全以及严重危害他人人身安全的犯罪的，应当及时告知司法机关。"

保守执业秘密，对于律师而言不仅仅是义务，还应是职业特权。世界上不少国家赋予了律师拒绝作证的职业特权，这样既可以从法律上保障律师保守职业秘密，又可以避免律师因拒绝作证而被治以包庇罪的后果。当然，为了国家和社会的重大利益，也须对律师的拒绝作证权作出限制：①律师对于其在执业外获知的秘密不享有拒绝作证权，此时，他们应履行作为普通公民的作证义务。②对于律师在执业中获知的被告人未被发现的犯罪事实或尚未被抓获或抓获后逃脱的犯罪嫌疑人的行踪，如果该犯罪事实危及国家安全，或该未被抓获的犯罪嫌疑人可能对国家安全或人民群众生命、财产安全构成重大威胁，则律师也不能享有拒绝作证的豁免权，以防重大损害后果的发生。

（三）利益冲突的回避义务

利益冲突是律师在执业活动中面临的一个具有普遍意义的重大问题，如何有效地识别和处理利益冲突问题，也是律师事务所日常管理的重要事项。一般认为，利益冲突规则的理论基础主要有两个，一个是律师保守职业秘密的职责的要求，另一个是律师忠诚于委托人的职责的要求。美国律师协会《职业行为示范规则》（2011年版）"规则1.7利益冲突：同时性委托人"的注释中规定："为了确定是否存在利益冲突，律师应当采用与该律师事务所及其业务的规模和类型相适应的适当程序，来确定在诉讼和非诉讼事务中涉及的人员和问题。"[1]因此，在一些大型律师事务所内部都设立专门负责检查处理本所律师代理的业务是否存在利益冲突问题的部门，并创设有专门处理这些问题的计算机程序，以避免律师出现不当执业行为。维护委托人的合法权益，是律师特殊的社会职能，从委托人的角度出发，根据法律和事实，为委托人提供全面公正的法律帮助，是对律师的起码要求。如果律师、律师事务所与委托人、准委托人之间以及律师代理的委托人之间存在利益冲突，要律师最大限度维护委托人的权益，势必使律师陷入自相矛盾的两难境地，也无法消除委托人的顾虑。因此，要求律师对委托人之间存在利益冲突的案件加以回避是十分必要的。现行《律师法》第39条明确规定："律师不得在同一案件中为双方当事人担任代理人，不得代理与本人或者其近亲属有利益冲突的法律事务。"《律师事务所管理办法》第46条第2款明确要求"律师事务所受理冲突业务，应当进行利益冲突审查，不得违反规定受理与本所承办业务及其委托人有利益冲突的业务。"此前，《律师执业行为规范（试行）》也规定了律师事务所利益查证、回避制度，要求在接受委托之前，律师及其所属律师事务所应当进行利益冲突查证。北京、上海等地律师协会还出台了律师执业冲突处理的相关规定，规定了律师执业利益冲突的定义及类型、不同类型利益冲突的表现形式、利益冲突的处理原则、律师事务所利益冲突查证制度、有关管理机关监督检查职责以及违反规则的责任。2011年修订的《律师执业行为规范》以专节规定了利益冲突相关规则，比过去更为全面、系统。在律师实践中，一些律师事务所也建立了律师执业利益冲突的查证、回避制度。2010年修订的《律师和律师事务所违法行为处罚办法》列举了《律师法》第47条第3项规定的律师"在同一案件中为双方当事人担任代理人，或者代理与本人及其近亲属有利益冲突的法律事务的"违法行为，以及属于《律师法》第50条第5项规定的律师事务所"违反规定接受有利益冲突的案件的"违法行为的情形。

此外，《律师法》还规定，律师不得利用提供法律服务的便利牟取当事人争议的权益；不得接受对方当事人的财物或者其他利益，与对方当事人或者第三人恶意串通，侵害委托人的权益。

〔1〕北京市律师协会组编：《境外律师行业规范汇编》，中国政法大学出版社2012年版，第183页。

二、律师对裁判庭的义务

在现代社会，仲裁和诉讼是解决纠纷的重要途径。审判被认为是社会公正的最后一道防线，仲裁也被普遍采用以解决民事经济纠纷。律师参与诉讼、仲裁在享有权利的同时，也承担相应的义务。2015 年 9 月，《最高人民法院、最高人民检察院、公安部、国家安全部、司法部关于进一步规范司法人员与当事人、律师、特殊关系人、中介组织接触交往行为的若干规定》印发。该规定，明令禁止了司法人员的 6 种交往行为，同时对司法人员在办案过程中与相关人员的接触作出了具体规定。包括：①不得泄露司法机关办案工作秘密或者其他依法依规不得泄露的情况；②不得为当事人推荐、介绍诉讼代理人、辩护人，或者为律师、中介组织介绍案件，要求、建议或者暗示当事人更换符合代理条件的律师；③不得接受当事人、律师、特殊关系人、中介组织请客送礼或者其他利益；④不得向当事人、律师、特殊关系人、中介组织借款、租借房屋，借用交通工具、通讯工具或者其他物品；⑤不得在委托评估、拍卖等活动中徇私舞弊，与相关中介组织和人员恶意串通、弄虚作假、违规操作等行为；⑥司法人员与当事人、律师、特殊关系人、中介组织不得有其他不正当接触交往行为。该规定旨在切实保障案件当事人的合法权益，维护国家法律统一正确实施，维护社会公平正义。

（一）律师维护裁判庭公正的义务

公正乃是司法永恒的主题，在构建司法公正的制度体系中，律师作为维护当事人合法权益、维护法律正确实施、维护社会公平和正义的法律服务专业执业人员，有着举足轻重的作用。

司法公正要求司法机关"应不偏不倚，以事实为根据并依法律规定来裁决其所受理的案件，而不应有任何约束，也不应为直接、间接不当影响、怂恿、压力、威胁、或干涉所左右，不论其来自何方或出于何种原因"。[1] 要求"法官个人应当自由地履行其职责，根据他们对事实的分析和法律的理解公正地裁决其所受理的案件，而不应有任何的约束，也不应为任何直接或间接不当影响、怂恿、压力、威胁、或干涉所左右，不论其来自何方和出自何种理由""在作出判决的过程中，法官应与其司法界的同事和上级保持独立"[2]。律师参与诉讼，不可避免地要和司法机关和司法人员发生联系。在诉讼中，律师担任辩护人、诉讼代理人，通过帮助当事人正确地行使诉讼权利，履行诉讼义务，保护他们的合法利益。对于审判机关的不当诉讼行为，及时发现并提出纠正意见，并从不同角度提出事实材料和意见，可以使审判

---

〔1〕　载于第七届联合国预防犯罪和罪犯待遇大会于 1985 年制定并经联合国大会决议核准的《关于司法机关独立的基本原则》。

〔2〕　载于第七届联合国预防犯罪和罪犯待遇大会于 1985 年制定并经联合国大会决议核准的《关于司法机关独立的基本原则》。

人员及时听到关于事实的不同评价和关于定案的不同判断，从而及时矫正不正确的认识，作出公平合理的裁判。同时代理律师还能在具体案件的诉讼中及时教育当事人"守法讲理"，不至于提出不合法、无道理的主张和要求，使诉讼活动顺利进行，案件得以公正解决。

律师在诉讼中，尊崇法律制度，尊敬司法人员，切实维护委托人的合法权益。同时，监督司法人员行为的正直性，促进司法公正，也是律师的职责。在许多国家和地区，律师在执业前，都要进行宣誓，其宣誓的誓词多是遵守宪法和法律，维护司法公正。此外，律师的职业道德也明确规定了律师在诉讼中对于实现公平正义负有责任，同时律师在诉讼中的不当行为会受到纪律惩戒并承担责任风险，还有可能会受到司法上的制裁。《律师法》规定律师不得违反规定会见法官、检察官、仲裁员以及其他有关工作人员，对于违反规定会见法官、检察官、仲裁员以及其他有关工作人员，或者以其他不正当方式影响依法办理案件的，将予以处罚。

（二）律师对裁判庭的真实义务

真实的发现——司法活动的重要目的之一，司法活动从其诞生伊始，就担负起在查明案件真实情况的基础上，准确适用法律的职责。在司法活动中，人们一直在追求真实的发现，追求事实真相的查明。这一追求跨越了时空，也超越了不同法律文化、法律制度的限制。

律师在司法活动中的参与，对于司法活动实现真实和公正的目的有着不可忽视的积极作用。在司法活动中，对真实的追求主要通过对证据的收集、审查判断以及审判方听取各方意见的基础上得以实现。而律师在司法活动中，作为一方当事人的代理人，从其委托人的角度出发，收集有利于委托人的证据材料，并对对方提出的证据材料及观点提出反驳意见，在此基础上依据自己对事实的认定、对法律的理解，提出有利于委托人的意见，从而使法官能够兼听各方的意见，并遵循一定的规则，认定事实，作出裁判。尤其在刑事诉讼中，作为被告人的辩护律师，其辩护活动对于司法活动追求真实、公正的目的起着毋庸置疑的作用。律师参与诉讼对于司法活动实现真实、公正，有着积极的意义。但这只是在理想的状态下所期望的结果。实践中，制度的运作往往会与理想的目标形成偏差。律师参与诉讼维护法律的正确实施，是通过维护其委托人的利益来实现的。如果律师在参与诉讼时一味地追求维护其委托人的利益而不择手段，并不管其委托人的利益是否合法时，律师的活动就很可能妨碍司法活动对真实的发现。

为了消除律师参与诉讼对查明真实的消极影响，各国都对律师参与诉讼对法庭的真实义务作了明确规定。《英格兰和威尔士大律师行为守则》[1] 第 302 条规定出庭律师不得欺骗或者故意、罔顾后果地误导法院。《日本律师职务基本准则》第 75 条规定律师不得教唆作伪证及虚假陈述，并不得明知虚假仍提供该证据。美国律师协会《职业行为示范规则》规定，律师应坦诚面对法庭。律师参与司法活动不仅要维护其委托人的利益，还应维护法律的正确实施。在诉讼活动中，律师应积极收集有利于委托人的证据材料，并据理反驳对方的不实证据，但绝不允许伪造证据，不得帮助委托人隐匿、毁灭、伪造证据，串供，或者威胁、利诱他人提供虚假证据。《律师法》规定律师不得故意提供虚假证据或者威胁、利诱他人提供虚假证据，妨碍对方当事人合法取得证据，对有违反的情形将给予处罚。司法部《律师和律师事务所违法行为处罚办法》第 17 条列举了属于《律师法》规定的上述违法行为的三种情形。

在一起律师审查不严提交虚假证据的案件中，法院向原告代理律师所属律师事务所发出司法建议函指出：律师作为具有法律专业知识人员，在诉讼代理中应向当事人解释法律规定，指导当事人依法依规进行举证，避免当事人为了不法利益而违法举证；律师对于当事人提供的证据来源及合法性应当进行初步审查，再行提交法院，避免出现提供虚假证据，妨碍民事诉讼的进行。[2]

（三）律师维护裁判庭廉正性的义务

诉讼作为解决纠纷的最终手段和途径，各国法律都赋予了它追求案件真实，维护社会公平正义的职责。为了实现这一目标，各国法律制订了相应的配套制度，但是徒法不足以自行，最终仍要由法官代表国家来行使审判权，法官在查明案件事实的基础上适用法律。司法公正需要一个依法设立的合格的、独立的和无偏倚的法庭来实现。但法官毕竟是人，而不是一部机器，作为人来讲，法官不可能完全把自己从作为个体而具有的一切情感、偏好和价值观中分离出来，于是不少办理诉讼业务的律师把研究法官作为"必修课"。诚然，研究法官、了解法官，避免与法官发生不必要的冲突，提出易于被法官接受的意见，这些是无可厚非的，但律师如果以法律禁止的方式对法官、陪审员或其他司法人员施加影响，与之进行有倾向性的交流，则会妨碍司法的公正。司法公正不仅要求法官作出一个公正的判决，还要求以人们看得见的方式实现公正，其中包括了法官应公正行事，公正对待诉讼当事人。美国律师协会《法官行为准则》强调法官应当尊重和遵守法律，并必须始终以加强公众

---

[1]《英格兰及威尔士出庭律师行为准则》由英格兰与威尔士大律师公会于 2004 年 9 月 18 日通过，2004 年 10 月 31 日生效。中文译本参见北京市律师协会组编：《境外律师行业规范汇编》，中国政法大学出版社 2012 年出版，第 130~159 页。

[2]《律师审查不严提交虚假证据——庐阳区人民法院发出司法建议函》，载《安徽法制报》2017 年 4 月 20 日，第 A1 版。

对法院系统的公正和公平的信心的方式来行事。并规定法官在一般情况下不能发动、履行或考虑单方面的交流以及没有当事人在场的情形下对悬而未决或即将解决的程序的其他交流。不少国家立法对不准律师与执法人员进行非正常的接触都作了规定。日本律师职务基本准则规定，律师履行职务时，不得不当利用与法官、检察官及其他审判程序的公职人员具有的亲戚或其他私人关系。[1]《韩国律师伦理典章》第2条规定，除非有特殊情况，律师不得与法官、检察官、其他公务员进行金钱交易或者共赴酒席或娱乐等可能引起误会的私下接触。[2]《英格兰和威尔士出庭律师行为准则》规定，大律师不得为有损司法的行为；或者可能贬损公众对法律职业或者司法的信任，或者其他使法律职业陷入污名的行为。

美国律师协会《职业行为示范规则》规定，律师不能通过被法律禁止的方式来试图影响法官、陪审员、预备陪审员或其他官员。

在我国当前的司法实践中，还存在着司法不公的现象，而一些律师则在其中扮演了不光彩的角色，向承办案件的法官、检察官以及其他有关工作人员请客送礼、馈赠钱物，以及以许诺、回报或提供其他便利等方式，与承办案件的司法人员进行交易，造成了很坏的影响。

律师职业从其诞生伊始，就担负起维护委托人权益的特殊社会职能。但是，律师不是也不应该是仅仅维护委托人的利益，他还必须对法律负责，对社会负责。我国1996年《律师法》明确规定，律师不得违反规定会见法官、检察官、仲裁员；不得向法官、检察官、仲裁员以及其他有关工作人员请客送礼或者行贿，或者指使、诱导当事人行贿。2007年《律师法》在此内容外，还增加了不得"以其他不正当方式影响法官、检察官、仲裁员以及其他有关工作人员依法办理案件"。《律师执业行为规范》第69条规定："律师在办案过程中，不得与所承办案件有关的司法、仲裁人员私下接触。"第70条规定："律师不得贿赂司法机关和仲裁机构人员，不得以许诺回报或者提供其他利益（包括物质利益和非物质形态的利益）等方式，与承办案件的司法、仲裁人员进行交易。律师不得介绍贿赂或者指使、诱导当事人行贿。"

《律师和律师事务所违法行为处罚办法》也明确规定，属于《律师法》第49条第1项规定的律师"违反规定会见法官、检察官、仲裁员以及其他有关工作人员，或者以其他不正当方式影响依法办理案件的"违法行为情形，及属于《律师法》第49条第2项规定的律师"向法官、检察官、仲裁员以及其他有关工作人员行贿，介

---

〔1〕《日本律师职务基本准则》。中文译本参见北京市律师协会组编：《境外律师行业规范汇编》，中国政法大学出版社2012年版，第784~793页。

〔2〕《韩国律师伦理典章》，1962年6月30日公布，经1973年5月26日、1993年5月24日、1995年2月25日修订；2000年7月4日全文修订。中文译本参见北京市律师协会组编：《境外律师行业规范汇编》，中国政法大学出版社2012年版，第853~858页。

绍贿赂或者指使、诱导当事人行贿的"违法行为的情形。在 2019 年 7 月 19 日召开的政法领域全面深化改革推进会上，会议提出在法院检察院系统内部对律师代理情况进行公开，对司法人员办理案件长期由同一名律师或者同一个律师事务所代理的建立动态监测分析机制，对涉嫌利益输送等问题的依法严肃查处，严防司法人员与律师互相"勾兑"。[1]

三、律师回避的义务

我国《律师法》第 41 条规定："曾经担任法官、检察官的律师，从人民法院、人民检察院离任后二年内，不得担任诉讼代理人或者辩护人。"律师违反此规定，由设区的市级或者直辖市的区人民政府司法行政部门给予警告，可以处 5000 元以下的罚款；有违法所得的，没收违法所得；情节严重的，给予停止执业 3 个月以下的处罚。

作为司法制度的回避，通常指司法人员对与本人有特定关系的案件回避而不承担办理该案的任务，目的是防止徇私舞弊或发生偏见，以利于诉讼的正常进行和对案件的公平、正确处理，也有利于司法人员避开嫌疑。司法制度中的回避应属执行职务的回避。对于律师的回避，我们可以将其分为任职回避和执行职务的回避。关于任职回避，也即对律师从业准入的限制，《律师法》第 11 条明确规定："公务员不得兼任执业律师。律师担任各级人民代表大会常务委员会组成人员的，任职期间不得从事诉讼代理或者辩护业务。"对律师从业准入以上方面的限制，其出发点是考虑到这些人的工作职责与律师作为向社会提供法律服务的执业人员的身份不相符合。

2010 年修订的《律师和律师事务所违法行为处罚办法》第 8 条规定，曾经担任法官、检察官的律师，从人民法院、人民检察院离任后 2 年内，担任诉讼代理人、辩护人或者以其他方式参与所在律师事务所承办的诉讼法律事务的，属于《律师法》第 47 条第 4 项规定的"从人民法院、人民检察院离任后二年内担任诉讼代理人或者辩护人的"违法行为。

现行《法官法》《检察官法》明确规定法官、检察官从人民法院、人民检察院离任后 2 年内，不得以律师身份担任诉讼代理人或者辩护人。法官、检察官从人民法院、人民检察院离任后，不得担任原任职法院、检察院办理案件的诉讼代理人或者辩护人，但是作为当事人的监护人或者近亲属代理诉讼或者进行辩护的除外。法官、检察官被开除后，不得担任诉讼代理人或者辩护人，但是作为当事人的监护人或者近亲属代理诉讼或者进行辩护的除外。

2021 年，最高人民法院、最高人民检察院、司法部联合发布《关于进一步规范法院、检察院离任人员从事律师职业的意见》，要求各级人民法院、人民检察院离任

---

〔1〕 李阳：《司法改革再深化，下一个"得分点"在哪——聚焦政法领域全面深化改革推进会传递出的新信号》，载《人民法院报》2019 年 7 月 20 日，第 4 版。

人员从事律师职业或者担任律师事务所"法律顾问"、行政人员，应当严格执行《法官法》《检察官法》《律师法》和公务员管理相关规定。各级人民法院、人民检察院离任人员在离任后 2 年内，不得以律师身份担任诉讼代理人或者辩护人。各级人民法院、人民检察院离任人员终身不得担任原任职人民法院、人民检察院办理案件的诉讼代理人或者辩护人，但是作为当事人的监护人或者近亲属代理诉讼或者进行辩护的除外。

2021 年，最高人民检察院印发《检察人员配偶、子女及其配偶禁业清单》，明确各级人民检察院领导干部和检察官的配偶、父母、子女不得担任其所任职检察院辖区内律师事务所的合伙人或设立人，不得在其任职检察院辖区内以律师身份担任诉讼代理人、辩护人，或为诉讼案件当事人提供其他有偿法律服务。最高人民法院也印发了《人民法院工作人员近亲属禁业清单》，明确法院领导干部和审判执行人员的配偶、父母、子女不得担任其所任职法院辖区内律师事务所的合伙人或者设立人。法院领导干部和审判执行人员的配偶、父母、子女不得在其任职法院辖区内以律师身份担任诉讼代理人、辩护人，或为诉讼案件当事人提供其他有偿法律服务。

四、律师的其他义务

除上述义务外，《律师法》还规定，律师、律师事务所应当按照国家规定履行法律援助义务，为受援人提供符合标准的法律服务，维护受援人的合法权益。《律师法》第 40 条规定，律师在执业活动中不得有下列行为：①私自接受委托、收取费用，接受委托人的财物或者其他利益；②利用提供法律服务的便利牟取当事人争议的权益；③接受对方当事人的财物或者其他利益，与对方当事人或者第三人恶意串通，侵害委托人的权益；④违反规定会见法官、检察官、仲裁员以及其他有关工作人员；⑤向法官、检察官、仲裁员以及其他有关工作人员行贿，介绍贿赂或者指使、诱导当事人行贿，或者以其他不正当方式影响法官、检察官、仲裁员以及其他有关工作人员依法办理案件；⑥故意提供虚假证据或者威胁、利诱他人提供虚假证据，妨碍对方当事人合法取得证据；⑦煽动、教唆当事人采取扰乱公共秩序、危害公共安全等非法手段解决争议；⑧扰乱法庭、仲裁庭秩序，干扰诉讼、仲裁活动的正常进行。

■**思考题**

1. 根据我国法律、法规的规定，律师享有哪些主要权利？
2. 律师的主要义务有哪些？
3. 简述律师利益冲突的查证与回避。
4. 简述律师的保密义务与职业特权。

■**参考书目**

1. 程滔：《辩护律师的诉讼权利研究》，中国人民公安大学出版社 2006 年版。

2. 谢佑平：《社会秩序与律师职业——律师角色的社会定位》，法律出版社 1998 年版。

3. ［美］蒙罗·H. 弗里德曼、阿贝·史密斯：《律师职业道德的底线》，王卫东译，北京大学出版社 2009 年版。

4. 吕良彪：《"我反对！"——宪政维度下律师的价值》，法律出版社 2007 年版。

5. ［美］安索尼·T. 克罗曼：《迷失的律师　法律职业理想的衰落》，周战超、石新中译，法律出版社 2002 年版。

6. 唐东楚：《诉讼诚实义务论——沉默权、真实陈述义务和诚信原则立法的伦理基础》，法律出版社 2021 年版。

第五章　律师执业机构

第一节　律师事务所概述

　　世界各国大都将律师的执业机构称为律师事务所，但也有的地方习惯将律师执业机构称为律师行、律师楼。中华人民共和国成立初期，律师制度处于初创及恢复重建时期，律师的执业机构被称为"法律顾问处"，由国家出资设立。1983年律师体制改革，1988年开始合作制律师事务所试点并推广，1994年一些合作制律师事务所转制为合伙律师事务所，一些地方个人律师事务所进行试点，1996年《律师法》明确了国家出资设立的律师事务所、合作律师事务所、合伙律师事务所三种律师执业组织形式。2007年《律师法》规定了国家出资律师事务所、合伙律师事务所、个人律师事务所三种律师执业组织形式。

　　一、中华人民共和国律师执业机构发展历程

　　中华人民共和国律师制度初创于20世纪50年代。1950年12月，司法部针对当时仍然存在的旧律师与讼棍的活动，发出了《关于取缔黑律师及讼棍事件的通报》。一些大城市开始试创新律师制度，上海市人民法院专门建立了"公设辩护人"室，重点帮助一些刑事被告人，为他们进行辩护，摸索建立律师制度的经验，那是中华人民共和国最早的律师执业机构。1954年7月，司法部发出《关于试验法院组织制度中几个问题的通知》，决定在北京、上海、天津、重庆、沈阳等大城市试行开展律师工作。随后，又有一些省、市、县成立法律顾问处，建立了律师组织。当时法律顾问处的设置与建立，由各地法院筹建，报司法厅批准。地方律师协会筹备委员会成立后，法律顾问处的设置与建立，报经省级律师协会筹备委员会批准，并受其领导。

1980 年颁布的《律师暂行条例》规定，律师执行职务的工作机构是法律顾问处。"法律顾问处"这一名称源于 20 世纪 50 年代律师制度初建时，照搬苏联的模式，《律师暂行条例》予以沿用。随着律师工作的深入开展，这一称谓已不能恰当地反映律师执业机构的性质和它所担负的任务，也与国际上通称的律师事务所叫法不同，不利于律师对外业务的开展。1983 年 7 月，蛇口律师事务所在深圳市挂牌开业，成为中华人民共和国最早称为律师事务所的律师工作机构。随后深圳等地的法律顾问处改名为律师事务所。1984 年 8 月，在全国司法行政工作会议闭幕会上，司法部领导讲话明确指出：法律顾问处改称律师事务所，大部分的律师执业机构都采用这一称谓。1996 年《律师法》颁布后，所有的律师执业机构都统一称为律师事务所。

根据《律师暂行条例》，法律顾问处是由司法行政机关以行政区划为标准，按照县、市、市辖区设立，目的在于与基层人民法院、人民检察院的设置相适应，便于办案，方便群众委托律师，也便于司法行政机关对律师工作的组织领导和业务监督。随着律师工作的迅速发展，以及社会对律师服务的需求增大，律师执业机构的设置突破了原有的规定，形成了一种多层次、多形式、多种类的格局。1996 年颁布的《律师法》明确了律师事务所的三种形式——国家出资设立的律师事务所、合作律师事务所和合伙律师事务所。根据司法部《律师事务所、社会法律咨询服务机构脱钩改制实施方案》，全国绝大部分国办律师事务所在 2000 年完成了脱钩改制工作，把原国资律师事务所改为合伙制律师事务所，小部分被改制为合作律师事务所。司法部《2004 年中国律师业发展政策报告》要求强化律师事务所基础管理，建立健全律师事务所管理的各项制度，完善自我约束机制，加强质量内控，规范业务流程，提高服务质量。司法部《2005 年中国律师业发展政策报告》提出在律师行业开展为期 1 年的合伙律师事务所规范建设年活动。

1996 年《律师法》颁布以后，司法部颁布了一系列管理办法，以规范对律师事务所的管理，如《律师事务所登记管理办法》《律师事务所分所登记管理办法》《国家出资设立的律师事务所管理办法》《合伙律师事务所管理办法》《合作律师事务所管理办法》《律师违法行为处罚办法》。全国律协常务理事会于 2004 年 3 月 20 日通过了《律师事务所内部管理规则（试行）》，第五届全国律协常务理事会第七次会议审议通过了《全国优秀律师事务所评定办法》《全国优秀律师事务所评定标准》。《律师和律师事务所违法行为处罚办法》自 2004 年 5 月 1 日起施行。个人律师事务所从 1994 年开始试点。2007 年 10 月修改后的《律师法》确定了我国律师事务所的组织形式为：国家出资的律师事务所、合伙律师事务所及个人律师事务所。2008 年 7

月18日，司法部发布了《律师事务所管理办法》，2012年、2016年、2018年进行了修订、修正。

党的十八届三中全会决定要求加强律师事务所的管理，并明确加强律师行业党的建设，扩大党的工作覆盖面，切实发挥律师事务所党组织的政治核心作用。截至2021年底，全国各地律师事务所党总支、党支部和联合党支部总数超过1.5万个。[1]

2015年，司法部印发《关于在全国律师队伍中开展全面依法治国教育的意见》，再次强调完善律师事务所决策程序、人员管理、风险控制、质量控制、收益分配等管理制度，建立健全律师事务所管理职责的落实机制，明确律师事务所负责人、合伙人的管理职责。

二、律师事务所名称

律师事务所依法使用名称，受法律保护。律师事务所名称应当由"省（自治区、直辖市）行政区划地名、字号、律师事务所"三部分内容依次组成。律师事务所对经司法行政机关依法核准的律师事务所名称享有专用权。

依据《律师事务所名称管理办法》，合伙律师事务所的名称，可以使用设立人的姓名连缀或者姓氏连缀作字号。律师事务所名称中的字号应当由两个以上汉字组成，并不得含有下列内容和文字：①有损国家利益、社会公共利益或者有损社会主义道德风尚的，不尊重民族、宗教习俗的；②政党名称、党政军机关名称、群众组织名称、社会团体名称及其简称；③国家名称，重大节日名称，县（市辖区）以上行政区划名称或者地名；④外国国家（地区）名称、国际组织名称及其简称；⑤可能对公众造成欺骗或者误解的；⑥汉语拼音字母、外文字母、阿拉伯数字、全部由中文数字组成或者带有排序性质的文字；⑦"中国""中华""全国""国家""国际""中心""集团""联盟"等字样；⑧带有"涉外""金融""证券""专利""房地产"等表明特定业务范围的文字或者与其谐音的文字；⑨与已经核准或者预核准的其他律师事务所名称中的字号相同或者近似的；⑩字号中包括已经核准或者预核准的其他律师事务所名称中的字号的；⑪与已经核准在中国内地（大陆）设立代表机构的香港、澳门、台湾地区律师事务所名称中的中文字号相同或者近似的；⑫与已经核准在中国境内设立代表机构的外国律师事务所名称中的中文译文字号相同或者近似的；⑬其他不适当的内容和文字。

律师事务所分所名称应当由"总所所在地省（自治区、直辖市）行政区划地名、总所字号、分所所在地的市（含直辖市、设区的市）或者县行政区划地名（地名加

---

〔1〕赵婕：《党建引领促发展 服务社会勇担当　律师行业为法治中国建设作出积极贡献》，载中华人民共和国司法部网，http：//www.moj.gov.cn/pub/sfbgw/zwgkztzl/xxxcgcxjpfzsx/fzsxyw/202203/t20220311_450365.html，最后访问日期：2022年5月9日。

括号）、律师事务所"四部分内容依次组成。

律师事务所使用名称，不得在核准使用的名称中或者名称后使用或者加注"律师集团""律师联盟"等文字。2021 年 10 月，司法部下发关于开展律师事务所设立和管理环节突出问题清理规范工作的文件，要求核查、组织整改律师、律所设立或参加律师联盟的行为，各地司法局和律师协会纷纷响应。

律师事务所可以根据业务需要，将本所名称译成外文。律师事务所外文名称，应当自决定使用之日起 15 日内报省、自治区、直辖市司法行政机关备案。外文名称违反译文规则的，备案机关应当责令其纠正。

三、律师事务所章程

律师事务所章程是设立律师事务所应当具备的基本条件之一，是指律师事务所依法制定的、规定律师事务所名称、住所、宗旨、组织形式、设立资产、律师事务所负责人、决策管理机构、本所律师权利义务、管理制度等重大事项的基本文件。律师事务所章程应当包括下列内容：律师事务所的名称和住所；律师事务所的宗旨；律师事务所的组织形式；设立资产的数额和来源；律师事务所负责人的职责以及产生、变更程序；律师事务所决策、管理机构的设置、职责；本所律师的权利与义务；律师事务所有关执业、收费、财务、分配等主要管理制度；律师事务所解散的事由、程序以及清算办法；律师事务所章程的解释、修改程序；律师事务所党组织的设置形式、地位作用、职责权限、参与本所决策、管理的工作机制和党建工作保障措施等；其他需要载明的事项。

设立合伙律师事务所的，其章程还应当载明合伙人的姓名、出资额及出资方式。律师事务所章程的内容不得与有关法律、法规、规章相抵触。律师事务所章程自省、自治区、直辖市司法行政机关作出准予设立律师事务所决定之日起生效。

四、律师事务所职能

《律师法》第 23 条规定，律师事务所应当建立健全执业管理、利益冲突审查、收费与财务管理、投诉查处、年度考核、档案管理等制度，对律师在执业活动中遵守职业道德、执业纪律的情况进行监督。《律师事务所管理办法》规定，律师事务所应当依法开展业务活动，加强内部管理和对律师执业行为的监督，依法承担相应的法律责任。《律师事务所管理办法》要求，律师事务所应当坚持以习近平新时代中国特色社会主义思想为指导，坚持和加强党对律师工作的全面领导，坚定维护以习近平同志为核心的党中央权威和集中统一领导，把拥护中国共产党领导、拥护社会主义法治作为从业的基本要求，增强广大律师走中国特色社会主义法治道路的自觉性和坚定性。

律师事务所是律师执业最基本的管理单元，律师事务所在整个律师制度中处于十分重要的地位。律师事务所是律师的执业机构，是律师履行职责、服务社会的组织者，是律师服务功能的承担者和体现者，加强律师事务所建设，是提高律师行业的服务能力和整体实力的基础环节。律师事务所是律师自律管理的最小单元，是律师自我教育、自我约束的实现方式，加强律师事务所建设，是强化律师管理、改善律师队伍形象的基础环节。

律师事务所是法律规定的、面向社会提供法律服务的执业主体，是组织律师开展业务活动的机构。律师事务所的业务建设，不仅关系到律师事务所自身生存发展，而且直接影响着律师职能作用的发挥。

律师事务所是律师最直接的自律管理组织，负有提高律师的思想政治素质、业务素质和职业道德素质，监督管理律师执业行为的职责，以及加强内部管理建设，发挥管理律师的作用。这是维护律师事务所的声誉，保证律师事务所长远发展的需要，更是维护律师行业的社会形象，推动律师事业健康发展的需要。律师事务所通过健全内部管理制度，加强对律师职业道德的培训教育，加强对律师事务所日常事务的管理，加强对律师执业活动的监管，切实发挥对律师的管理作用。

第二节　律师事务所的组织形式

1996 年颁布的《律师法》明确了律师事务所的三种形式——国家出资设立的律师事务所、合作律师事务所、合伙律师事务所。早在 1994 年左右，广东就进行了个人设立律师事务所试点，随后一些省市也进行了个人律师事务所的试点。2007 年修订的《律师法》规定的律师执业机构有：国家出资设立的律师事务所、合伙律师事务所、个人律师事务所。据司法部网站公布的数据，截至 2021 年底，全国共有律师事务所 3.65 万多家。其中，合伙所 2.61 万多家，占比 71.64%；国资所 740 多家，占比 2.03%；个人所 9600 多家，占比 26.33%。

目前，关于律师事务所的主要管理规范是《律师法》和《律师事务所管理办法》。

一、国家出资设立的律师事务所

（一）概念

国家出资设立的律师事务所是指由司法行政机关根据国家需要设立，并以其全部资产对债务承担有限责任的律师执业机构。

（二）特征

国资所的特征为：

1. 需要国家出资设立律师事务所的，由当地县级司法行政机关筹建，申请设立许可前须经所在地县级人民政府有关部门核拨编制、提供经费保障。

2. 国家出资设立的律师事务所，除符合《律师法》规定的一般条件外，应当至少有两名符合《律师法》规定并能够专职执业的律师。

3. 律师会议为国家出资设立的律师事务所的决策机构。

4. 国家出资设立的律师事务所应当按照规定为聘用的律师和辅助人员办理失业、养老、医疗等社会保险。

5. 国家出资设立的律师事务所的负责人，由本所律师推选，经所在地县级司法行政机关同意。

6. 国家出资设立的律师事务所以其全部资产对其债务承担责任。

7. 律师事务所律师的权利与义务、律师事务所有关执业、收费、财务、分配等主要管理制度则由律师事务所章程予以规定。

（三）国资所改革情况

2000 年，司法部发布《律师事务所、社会法律咨询服务机构脱钩改制实施方案》，已实现自收自支的国资律师事务所也在脱钩改制之列，律师事务所脱钩后，改制为合伙律师事务所或合作律师事务所。律师事务所可以整所转为合伙或合作律师事务所，也可以在自愿组合的基础上组建数个合伙或合作律师事务所。

2007 年，《律师法》修订时，曾有一种意见认为，应取消国资所这一组织形式，主要理由是，在我国律师事业已有较大发展的情况下，同时基于律师属性及职能定位，律师执业组织形式应以合伙所和个人所为主，不宜再将国资所作为一种法定的律师执业组织形式。司法部认为，当前，我国各地经济和社会发展很不平衡，在"老、少、边、穷"等欠发达地区，律师业缺乏自我发展的环境和条件，靠财政扶持才能维持生存。如果离开地方财政的扶持和保障，这类地区的律师事务所是很难维持生存的，当地社会和群众最低限度的法律服务需求也就难以得到保障。此次《律师法》修订，在保留国资所的同时，将相关规定在法条中的位置调后，以表明国资所不再是主流形式的律师事务所，而是作为国家对欠发达地区律师业发展的一种扶持性制度措施。作此规定，也并不妨碍继续贯彻国务院有关中介服务机构脱钩改制的政策，之后可在条件具备的情况下进一步推进国资所向合伙所转制。

后续，国资所的改革工作继续推进。如 2019 年贵州省启动国资所改革工作，根据本省国资所的发展现状，明确了保留、注销、改制几条路径。对律师资源极度匮乏的 11 个县的国资所予以保留，这些所达不到改制的条件，甚至其中一些还符合注销的要求，而一旦注销又不能及时成立新所，必定会影响当地律师业的发展，这样结果就与改革的初衷相悖。因此即便是空壳所，也要求当地保留，便于安排吸收社会律师到所内执业，同时为当地律师的成长起到孵化作用。但这种方式只是过渡性措施，还要督促当地采取有效措施，发展其他性质的律师事务所。[1]

---

〔1〕《〈关于做好国资律师事务所改革的意见〉相关问题的解读》，载黔东南州司法局网站，http：//sfj. qdn. gov. cn/zwgk/xxgkml/zcfg_5129106/zcjd_5129107/202101/t20210129_66611309. html，最后访问日期：2022 年 8 月 21 日。

二、合伙律师事务所

《律师法》规定合伙律师事务所可以采用普通合伙或者特殊的普通合伙形式设立。合伙律师事务所的合伙人按照合伙形式对该律师事务所的债务依法承担责任。合伙律师事务所是我国目前律师执业机构的主要形式。

（一）合伙律师事务所的形式及特征

1. 合伙律师事务所（普通合伙）是依法设立的由合伙人依照合伙协议约定，共同出资、共同管理、共享收益、共担风险的律师执业机构。合伙律师事务所的财产归合伙人所有，合伙人对律师事务所的债务承担无限连带责任。

2. 特殊的普通合伙形式律师事务所。合伙人在执业活动中非因故意或者重大过失造成的合伙律师事务所债务以及合伙律师事务所的其他债务，由全体合伙人承担无限连带责任。合伙人对在执业活动中因故意或者重大过失造成的合伙律师事务所债务，承担无限责任或无限连带责任，其他合伙人以其在合伙律师事务所财产份额为限承担责任。特殊的普通合伙即我们习惯上所称的"有限责任合伙律师事务所"。合伙制律师事务所不仅是我国现行律师事务所的重要组织形式，而且也是国际上常见的律所组建方式。随着律师事务所规模的扩大，合伙人不可能全部参与管理；另一方面，随着人员和业务的增加，律师事务所的执业风险会逐步加大，普通合伙形式下合伙人对该律师事务所的债务承担无限责任和连带责任的方式，给合伙人造成很大的心理压力，在客观上阻碍律师事务所规模的扩大。20 世纪 90 年代以来，在美国、英国等发达国家，有限责任合伙制被律师事务所广泛采用。原因在于有限责任合伙可以对合伙人起到保护的作用，不至于在律师事务所经历重大损失时其合伙人也随之破产。有限责任合伙将合伙人无条件的无限责任变为有条件的无限责任，有利于减轻律师执业的心理压力，促进执业律师拓展业务，有利于吸纳合伙人的加入，扩大律师事务所的规模。

（二）合伙人

合伙人是指加入合伙律师事务所，参与合伙律师事务所内部管理，并按照合伙协议对该律师事务所的债务依法承担责任的律师。依据《律师法》规定，合伙律师事务所合伙人应为专职执业的律师，并具有 3 年以上执业经历，但司法部另有规定的除外。受到 6 个月以上停止执业处罚的律师，处罚期满未逾 3 年的，不得担任合伙人。

合伙律师事务所的负责人，应当从本所合伙人中经全体合伙人选举产生。

（三）合伙人协议

设立合伙律师事务所应签订书面合伙协议。根据《律师事务所管理办法》，合伙协议应包括以下内容：①合伙人，包括姓名、居住地、身份证号、律师执业经历等；②合伙人的出资额及出资方式；③合伙人的权利、义务；④合伙律师事务所负责人的职责以及产生、变更程序；⑤合伙人会议的职责、议事规则等；⑥合伙人收益分配及债务承担方式；⑦合伙人入伙、退伙及除名的条件和程序；⑧合伙人之间争议的解决方法和程序，违反合伙协议承担的责任；⑨合伙协议的解释、修改程序；⑩其他需要载明的事项。合伙协议的内容不得与有关法律、法规、规章相抵触。合伙协议由全体合伙人协商一致并签名，自省、自治区、直辖市司法行政机关作出准予设立律师事务所决定之日起生效。

三、个人律师事务所

（一）概念及特征

1. 概念。个人律师事务所是指由 1 名律师开办的律师事务所。

2. 特征。个人律师事务所设立人是该所的负责人。个人律师事务所的设立人对律师事务所的债务承担无限责任。个人律师事务所聘用律师和辅助人员的，应当按照规定为聘用的律师和辅助人员办理失业、养老、医疗等社会保险。个人律师事务所的重大决策应当充分听取聘用律师的意见。

（二）个人律师事务所的发展

1996 年《律师法》并没有确定个人律师事务所这种形式，但个人律师事务所却进行了"静悄悄的试点"，早在 1994 年前后，广东就进行了个人设立律师事务所试点，当时是准备全省每一个市批准设立一家个人所进行试点，但深圳、珠海等地没人申请，因此广东最终只批准了 3 家个人所。北京等地也进行了个人所的试点，并出台了一些相应的规定。但是，这些试点在全国没有大规模进行。2007 年《律师法》修订，确定了个人律师事务所组织形式，近年来，个人律师事务所数量增长迅速。

四、中国律师事务所在境外设立分所

1993 年，司法部允许我国律师事务所到国外设立分支机构。之后，司法部于 1995 年发布《律师事务所在外国设立分支机构管理办法》。该办法规定，律师事务所在外国设立分支机构，须经省、自治区、直辖市司法厅（局）审核，报司法部批准。申请在外国设立分支机构的律师事务所，应当具备以下条件：①设立时间满 2 年；②有执业律师 10 人以上，其中能熟练运用外国语工作的不少于 3 人；③在提出申请之日前 2 年内未受过惩戒处分；④具有相应的经济实力和办公通讯设备和其他开展涉外法律服务业务的工作条件。同时规定律师事务所委派驻外分支机构的律师应当具备的条件。2004 年 5 月，《国务院关于第三批取消和调整行政审批项目的决定》取消了律师事务所设立外国分支机构审批项目。2009 年 2 月，《司法部关于废止十二件部颁规章的决定》废止了《律师事务所在外国设立分支机构管理办法》，律师事务所在境外设立分所，不再需要经过行政许可。

2011 年 12 月召开的全国司法厅（局）长会议透露，鼓励和支持有条件的律师事务所到境外设立分所。

2019 年，司法部发布《律师事务所境外分支机构备案管理规定》，要求律师事务所设立境外分支机构的，在依照驻在国和地区规定获准执业后的 30 日内，应当将该

国（地区）律师监管机构的批准（登记）文件复印件，分支机构的名称、驻在地址、机构类型、设立方式、负责人、派驻律师及行政人员、聘请当地律师及雇员、业务范围、通讯方式等情况报所在地的省、自治区、直辖市司法行政机关备案。律师事务所变更其境外分支机构设立形式、名称、负责人和其他派驻律师的，应当在驻在国和地区办结变更手续后的 30 日内，将有关变更材料报所在地的省、自治区、直辖市司法行政机关备案。律师事务所决定停办其境外分支机构的，应当在驻在国和地区办结注销手续后的 30 日内，将有关材料报所在地的省、自治区、直辖市司法行政机关备案。律师事务所境外分支机构违反我国法律、损害我国国家安全和社会公共利益，违反职业道德和执业纪律的，省、自治区、直辖市司法行政机关应当视情况责令其所属的律师事务所对其进行整顿或予以撤销。律师事务所对其境外分支机构律师疏于管理，造成重大影响的，依法对律师事务所给予处罚。

2020 年，《司法部、国家外汇管理局关于做好律师事务所在境外设立分支机构相关管理工作的通知》发布，规范律师事务所在境外设立分支机构外汇管理。

截至 2021 年底，中国律师事务所在境外设立分支机构共 160 多家。

五、港澳律师事务所与内地律师事务所联营

2003 年，司法部发布《香港特别行政区和澳门特别行政区律师事务所与内地律师事务所联营管理办法》，2012 年 11 月进行了第五次修正。根据该办法，已在内地设立代表机构的香港、澳门律师事务所可与 1~3 家内地律师事务所，按照协议约定的权利和义务，在内地进行联合经营，向委托人分别提供香港、澳门和内地法律服务。自 2003 年内地与港澳特区政府签署 CEPA 以来，每年进行一轮谈判，内地陆续出台了 26 项对港澳法律服务业的开放措施。

2018 年 5 月，国务院印发《关于做好自由贸易试验区第四批改革试点经验复制推广工作的通知》（国发〔2018〕12 号），将"扩大内地与港澳合伙型联营律师事务所设立范围"列为在全国范围内复制推广的改革事项。2018 年 12 月 14 日，商务部与香港、澳门特别行政区政府通过换文对《CEPA 服务贸易协议》进行了修订，将内地与港澳合伙型联营律师事务所的设立范围扩大到全国，自 2019 年 3 月 1 日起正式实施。

据司法部统计，截至 2021 年底，有 23 家港澳律师事务所与内地律师事务所建立了合伙型联营律师事务所，有 8 家在上海自贸区设立代表机构的外国律师事务所与中国律师事务所实行联营。

六、外国律师事务所驻华代表机构

中国按照 WTO《服务贸易总协定》对法律服务行业作出的承诺，只允许外资所对国际规约、惯例以及该律所被注册执业的其他 WTO 成员的法律，向客户提供法律意见，不得从事中国法律事务，不得雇佣中国律师。

2001 年，国务院发布《外国律师事务所驻华代表机构管理条例》，对外国律师事务所驻华代表机构（以下简称"代表机构"）在中国境内从事法律服务活动进行规制。条例规定外国律师事务所在华设立代表机构、派驻代表，应当经国务院司法行政部门许可。代表机构及其代表从事法律服务活动，应当遵守中国的法律、法规和规章，恪守中国律师职业道德和执业纪律，不得损害中国国家安全和社会公共利益。外国律师事务所、外国其他组织或者个人不得以咨询公司或者其他名义在中国境内从事法律服务活动。代表机构及其代表，只能从事不包括中国法律事务的下列活动：①向当事人提供该外国律师事务所律师已获准从事律师执业业务的国家法律的咨询，以及有关国际条约、国际惯例的咨询；②接受当事人或者中国律师事务所的委托，办理在该外国律师事务所律师已获准从事律师执业业务的国家的法律事务；③代表外国当事人，委托中国律师事务所办理中国法律事务；④通过订立合同与中国律师事务所保持长期的委托关系，办理法律事务；⑤提供有关中国法律环境影响的信息。代表机构按照与中国律师事务所达成的协议约定，可以直接向受委托的中国律师事务所的律师提出要求。代表机构及其代表不得从事上述规定以外的其他法律服务活动或者其他营利活动。

2002年7月，《司法部关于执行〈外国律师事务所驻华代表机构管理条例〉的规定》发布，规定了代表处的设立和注册、代表处的变更和注销、代表的派驻和变更、执业规则。进一步明确《外国律师事务所驻华代表机构管理条例》第15条规定的"中国法律事务"包括：①以律师身份在中国境内参与诉讼活动；②就合同、协议、章程或其他书面文件中适用中国法律的具体问题提供意见或证明；③就适用中国法律的行为或事件提供意见和证明；④在仲裁活动中，以代理人身份对中国法律的适用以及涉及中国法律的事实发表代理意见或评论；[1] ⑤代表委托人向中国政府机关或其他法律法规授权的具有行政管理职能的组织办理登记、变更、申请、备案手续以及其他手续。并要求代表处及其代表根据《外国律师事务所驻华代表机构管理条例》第15条第1款第5项的规定，提供有关中国法律环境影响的信息时，不得就中国法律的适用提供具体意见或判断。代表处进行宣传，应当遵守下列规则：①向客户表明可以在中国境内从事业务的，应当同时表明其不具有从事中国法律服务的资格、执照或能力；②向客户声明具有中国律师资格或曾经担任中国执业律师的，应当同时声明其现在不能作为中国律师执业；③在信笺、名片上进行上述宣传的，应当有第1、2项规定的声明。代表处代表及其辅助人员不得以"中国法律顾问"名义为客户提供中国法律服务。代表处及其所属的律师事务所不得实施下列行为：①直接或间接地向中国律师事务所投资；②与中国律师事务所或中国律师组成共享利润或共担风险的执业联合体；③建立联合办公室或派员入驻中国律师事务所从事法律服

---

〔1〕 2004年，司法部修正《司法部关于执行〈外国律师事务所驻华代表机构管理条例〉的规定》，将该项修改为："在仲裁活动中，以代理人身份对中国法律的适用发表代理意见。"

务活动；④管理、经营、控制或享有中国律师事务所的股权性权益。

有下列情形之一的，应当认定为聘用中国执业律师：①与中国执业律师达成雇佣或劳务协议；②与中国执业律师形成事实上的雇佣或劳务关系；③与中国执业律师达成共享利润、共担风险或参与管理的协议；④向中国执业律师个人支付报酬、费用或业务分成；⑤聘请中国执业律师以代表处所属的律师事务所或代表处的名义对外从事业务活动。

2014年，我国允许外国律师事务所驻华代表处在上海自贸区内与国内律师事务所实行联营，互派法律顾问。

七、退出历史舞台的合作制律师事务所

合作制律师事务所是指由律师自愿组合，共同参与，其财产由合作人共有，合作律师事务所以其全部资产对债务承担有限责任的律师执业机构。合作律师事务所的所有专职律师均为合作人。

1988年5月，经国务院批准的合作制律师事务所试点在河北保定拉开序幕，同年6月，司法部下发了《合作制律师事务所试点方案》，对合作所的设立、组织形式、经营管理分别作了规定。到1993年，合作制律师事务所得以推广开来。由于《合作制律师事务所试点方案》中规定合作所是由律师人员采用合作形式为国家机关、社会组织和公民提供法律服务的社会主义性质的事业法人组织。据此，人们通常的看法是合作所在经济上属于传统的集体所有制性质。一些合作所的短期行为比较严重，挣多少花多少、分光、花光、不留后路。多数合作所律师积极办案的直接动因是较高的经济收入，虽然也产生了一定的社会效果，但这并非是每个合作者追求的目的，如果只注重单纯的经济利益，便会导致仅仅忙于办案，而忽视律师素质的提高。1994年北京市的合作制律师事务所全部转为合伙律师事务所，1996年《律师法》依然规定了合作制律师事务所的形式，2007年《律师法》取消了这种律师事务所形式，至此，合作制律师事务所退出历史舞台。

第三节　律师事务所的设立、变更与终止

《律师法》《律师事务所管理办法》规定了律师事务所的设立、变更与终止。1994年，司法部发布《律师事务所审批登记管理办法》。1996年《律师法》颁布后，司法部发布《律师事务所登记管理办法》，以建立和完善律师事务所登记管理制度。2007年修订的《律师法》将律师事务所的设立由过去的审批制改为审核制，2008年司法部发布的《律师事务所管理办法》对律师事务所设立许可程序、律师事务所的变更和终止作了规定。2009年发布了《律师和律师事务所执业证书管理办法》。

目前，有关律师事务所设立、变更与终止的规范性文件是2018年修正的《律师事务所管理办法》和2019年修正的《律师和律师事务所执业证书管理办法》。

一、律师事务所的设立

（一）律师事务所设立的原则

律师事务所的设立和发展，应当根据国家和地方经济社会发展的需要，实现合理分布、均衡发展。

（二）律师事务所设立的条件

《律师法》第 14 条规定，设立律师事务所应当具备下列条件：①有自己的名称、住所和章程；②有符合《律师法》规定的律师；③设立人应当是具有一定的执业经历，且 3 年内未受过停止执业处罚的律师；④有符合国务院司法行政部门规定数额的资产。《律师事务所管理办法》还要求设立人是"能够专职执业的律师"。

1. 普通合伙律师事务所设立条件。设立普通合伙律师事务所，除应当符合《律师法》规定的一般条件外，还应当具备下列条件：①有书面合伙协议；②有 3 名以上合伙人作为设立人；③设立人应当是具有 3 年以上执业经历并能够专职执业的律师；④有人民币 30 万元以上的资产。

2. 特殊的普通合伙律师事务所设立条件。设立特殊的普通合伙律师事务所，除应当符合《律师法》规定的一般条件外，还应当具备下列条件：①有书面合伙协议；②有 20 名以上合伙人作为设立人；③设立人应当是具有 3 年以上执业经历并能够专职执业的律师；④有人民币 1000 万元以上的资产。

3. 个人律师事务所设立条件。设立个人律师事务所，除应当符合《律师法》规定的一般条件外，还应当具备下列条件：①设立人应当是具有 5 年以上执业经历并能够专职执业的律师；②有人民币 10 万元以上的资产。

4. 国家出资设立的律师事务所设立条件。国家出资设立的律师事务所，除符合《律师法》规定的一般条件外，应当至少有 2 名符合《律师法》规定并能够专职执业的律师。需要国家出资设立律师事务所的，由当地县级司法行政机关筹建，申请设立许可前须经所在地县级人民政府有关部门核拨编制、提供经费保障。

省、自治区、直辖市司法行政机关可以根据本地经济社会发展状况和律师业发展需要，适当调整《律师事务所管理办法》规定的普通合伙律师事务所、特殊的普通合伙律师事务所和个人律师事务所的设立资产数额，报司法部批准后实施。

（三）律师事务所设立许可程序

律师事务所的设立许可，由设区的市级或者直辖市的区（县）司法行政机关受理设立申请并进行初审，报省、自治区、直辖市司法行政机关进行审核，作出是否准予设立的决定。

2017 年 5 月，广东省人民政府发布《关于将一批省级行政职权事项调整由广州、深圳市实施的决定》，涉及律师事务所（分所）的设立、变更和注销许可等事项。从 2017 年 7 月 18 日起，由广州市司法局和深圳市司法局实施这些委托、下放的省级行政职权事项。

1. 申请设立律师事务所，应当提交下列材料：①设立申请书；②律师事务所的名称、章程；③设立人的名单、简历、身份证明、律师执业证书，律师事务所负责人人选；④住所证明；⑤资产证明。设立合伙律师事务所，还应当提交合伙协议。设立国家出资设立的律师事务所，应当提交所在地县级人民政府有关部门出具的核拨编制、提供经费保障的批件。

2. 设立律师事务所，应当向设区的市级或者直辖市的区（县）司法行政机关提出申请，受理申请的部门应当自受理之日起 20 日内予以审查，并将审查意见和全部申请材料报送省、自治区、直辖市人民政府司法行政部门。省、自治区、直辖市人民政府司法行政部门应当自收到报送材料之日起 10 日内予以审核，作出是否准予设立的决定。准予设立的，向申请人颁发律师事务所执业证书；不准予设立的，向申请人书面说明理由。

3. 撤销设立准予。有下列情形之一的，由作出准予设立律师事务所决定的省、自治区、直辖市司法行政机关撤销原准予设立的决定，收回并注销律师事务所执业许可证：①申请人以欺骗、贿赂等不正当手段取得准予设立决定的；②对不符合法定条件的申请或者违反法定程序作出准予设立决定的。

（四）律师事务所分所的设立

1986 年，司法部印发《关于法律服务机构若干问题的暂行规定》，明确规定法律顾问处受司法行政机关的组织领导和业务监督。各法律顾问处之间没有隶属关系，不得设立分支机构；不得跨地区、跨省、市设立联合律师工作机构。1994 年，司法部颁布《律师事务所设立分所管理办法》，规定律师事务所根据业务发展需要，可以在本所所在县、市行政区划以外的地区设立律师事务所分所。律师事务所设立分所，由分所所在地的地区（州、市）司法局批准。1996 年，司法部发布《律师事务所分所登记管理办法》，规定律师事务所设立分所由分所住所地的省、自治区、直辖市司法厅（局）审核登记。2007 年《律师法》修订后，2008 年司法部发布《律师事务所管理办法》，规定了合伙律师事务所设立分所的相关事宜。2012 年，司法部对《律师事务所管理办法》进行了修改，旨在解决对分所的行政管理和行业管理不尽完善；一些律师事务所对分所疏于指导、管理的问题。修改后的办法增加一章"律师事务所分所的设立、变更和终止"，分别规定了律师事务所设立分所应当具备的条件，分所本身应当具备的条件，律师事务所申请设立分所应当提交的材料，律师事务所申请设立分所的程序，分所律师、分所负责人和住所、名称等的变更，分所的终止。目前对律师事务所分所管理的规范性文件为 2018 年修正的《律师事务所管理办法》。

1. 律师事务所设立分所的原则。律师事务所可以在所在的市、县以外的地区设立分支机构，设在直辖市、设区的市的合伙律师事务所也可以在本所所在城区以外的区、县设立分所。律师事务所设立的分支机构称为律师事务所分所。设立分所的律师事务所对分所的业务活动和债务承担法律责任。

2. 律师事务所设立分所的条件：成立 3 年以上并具有 20 名以上执业律师的合伙律师事务所。律师事务所及其分所受到停业整顿处罚期限未满的，该所不得申请设立分所；律师事务所的分所受到吊销执业许可证处罚的，该所自分所受到处罚之日起 2 年内不得申请设立分所。

3. 设立分所，由拟设立分所所在地设区的市级或者直辖市区（县）司法行政机关受理并进行初审，报省、自治区、直辖市司法行政机关审核，决定是否准予设立分所。申请设立分所的，依照《律师事务所管理办法》规定的程序办理。分所律师除由律师事务所派驻外，可以依照《律师执业管理办法》的规定面向社会聘用律师。

4. 分所应当具备下列条件：①有符合《律师事务所名称管理办法》规定的名称；②有自己的住所；③有 3 名以上律师事务所派驻的专职律师；④有人民币 30 万元以上的资产；⑤分所负责人应当是具有 3 年以上的执业经历并能够专职执业，且在担任负责人前 3 年内未受过停止执业处罚的律师。分所律师除由律师事务所派驻外，可以依照《律师执业管理办法》的规定面向社会聘用律师。

律师事务所到经济欠发达的市、县设立分所的，上述派驻律师条件可以降至 1~2 名；资产条件可以降至人民币 10 万元。具体适用地区由省、自治区、直辖市司法行政机关确定。

5. 分所的终止。有下列情形之一的，分所应当终止：①律师事务所依法终止的；②律师事务所不能保持《律师法》和《律师事务所管理办法》规定设立分所的条件，经限期整改仍不符合条件的；③分所不能保持规定的设立条件，经限期整改仍不符合条件的；④分所在取得设立许可后 6 个月内未开业或者无正当理由停止业务活动满 1 年的；⑤律师事务所决定停办分所的；⑥分所执业许可证被依法吊销的；⑦法律、行政法规规定应当终止的其他情形。分所终止的，由分所设立许可机关注销分所执业许可证。

分所应当接受住所地司法行政机关的监督和指导。

二、律师事务所的变更

律师事务所变更名称、负责人、章程、合伙协议的，应当经所在地设区的市级或者直辖市的区（县）司法行政机关审查后报原审核机关批准。具体办法按律师事务所设立许可程序办理。律师事务所变更住所、合伙人的，应当自变更之日起 15 日内经所在地设区的市级或者直辖市的区（县）司法行政机关报原审核机关备案。

律师事务所跨县、不设区的市、市辖区变更住所，需要相应变更负责对其实施日常监督管理的司法行政机关的，应当在办理备案手续后，由其所在地设区的市级司法行政机关或者直辖市司法行政机关将有关变更情况通知律师事务所迁入地的县级司法行政机关。

律师事务所拟将住所迁移其他省、自治区、直辖市的，应当按注销原律师事务所、设立新的律师事务所的程序办理。

律师事务所变更组织形式的，应当在自行依法处理好业务衔接、人员安排、资产处置、债务承担等事务并对章程、合伙协议作出相应修改后，方可按照《律师事务所管理办法》第 26 条第 1 款的规定申请变更。

律师事务所变更合伙人，包括吸收新合伙人、合伙人退伙、合伙人因法定事由或者经合伙人会议决议被除名。

律师事务所因分立、合并，需要对原律师事务所进行变更或者注销原律师事务所、设立新的律师事务所的，应当在自行依法处理好相关律师事务所的业务衔接、人员安排、资产处置、债务承担等事务后，提交分立协议或者合并协议等申请材料，按照《律师事务所管理办法》的相关规定办理。

三、律师事务所的终止

（一）律师事务所终止的事由

律师事务所有下列情形之一的，应当终止：

1. 不能保持法定设立条件，经限期整改仍不符合条件的；

2. 律师事务所执业证书被依法吊销的；

3. 自行决定解散的；

4. 法律、行政法规规定应当终止的其他情形。

律师事务所在取得设立许可后，6 个月内未开业或者无正当理由停止业务活动满 1 年的，视为自行停办，应当终止。律师事务所在受到停业整顿处罚期限未满前，不得自行决定解散。

律师事务所在终止事由发生后，不得受理新的业务。

（二）律师事务所终止的公告及清算

律师事务所在终止事由发生后，应当向社会公告，依照有关规定进行清算，依法处置资产分割、债务清偿等事务。律师事务所应当在清算结束后 15 日内向所在地设区的市级或者直辖市的区（县）司法行政机关提交注销申请书、清算报告、本所执业许可证以及其他有关材料，由其出具审查意见后连同全部注销申请材料报原审核机关审核，办理注销手续。

律师事务所拒不履行公告、清算义务的，由设区的市级或者直辖市的区（县）司法行政机关向社会公告后，可以直接报原审核机关办理注销手续。律师事务所被注销后的债权、债务由律师事务所的设立人、合伙人承担。

（三）律师事务所注销

律师事务所应当在清算结束后 15 日内向所在地设区的市级或者直辖市的区（县）司法行政机关提交注销申请书、清算报告、本所执业许可证以及其他有关材料，由其出具审查意见后连同全部注销申请材料报原审核机关审核，办理注销手续。

律师事务所被注销的，其业务档案、财务账簿、本所印章的移管、处置，按照有关规定办理。

第四节　律师事务所的内部管理

律师事务所对本所执业律师负有教育、管理和监督的职责。律师事务所应当依照《律师法》和有关法律、法规、规章及行业规范，建立健全执业管理和其他各项内部管理制度，加强对本所律师执业行为的监督，规范本所律师执业行为，履行监管职责，对本所律师遵守法律、法规、规章及行业规范，遵守职业道德和执业纪律的情况进行监督，发现问题及时予以纠正。律师应当接受律师事务所的管理。

1996 年《律师法》颁布后，司法部颁布了《国家出资设立的律师事务所管理办法》《合伙律师事务所管理办法》《合作律师事务所管理办法》。2004 年，《合伙律师事务所管理办法》修正，经司法部部务会议审议通过，并自发布之日起施行，1996年《合伙律师事务所管理办法》同时废止。2007 年《律师法》修订，2008 年司法部《律师事务所管理办法》发布，此前司法部制定的有关律师事务所管理的规章、规范性文件与该办法相抵触的，以该办法为准。此后，《律师事务所管理办法》经 2012年 11 月 30 日司法部令第 125 号修正，2016 年 9 月 6 日司法部令第 133 号修订，2018年 12 月 5 日司法部令第 142 号修正。

2004 年，全国律协常务理事会通过了《律师事务所内部管理规则（试行）》。

一、律师事务所的内部管理组织结构

（一）决策机构

合伙人会议或者律师会议为合伙律师事务所或者国家出资设立的律师事务所的决策机构；个人律师事务所的重大决策应当充分听取聘用律师的意见。

（二）日常管理机构

律师事务所日常管理机构的职责是依照律师事务所章程及其内部管理制度，负责管理律师事务所的日常工作。律师事务所根据本所章程可以设立相关管理机构或者配备专职管理人员，协助本所负责人开展日常管理工作。

（三）律师事务所负责人

律师事务所的负责人负责对律师事务所的业务活动和内部事务进行管理，对外代表律师事务所，依法承担对律师事务所违法行为的管理责任。

合伙律师事务所的负责人，应当从本所合伙人中经全体合伙人选举产生；国家出资设立的律师事务所的负责人，由本所律师推选，经所在地县级司法行政机关同意；个人律师事务所设立人是该所的负责人。

二、律师事务所内部管理的主要内容

《律师法》第 23 条规定："律师事务所应当建立健全执业管理、利益冲突审查、收费与财务管理、投诉查处、年度考核、档案管理等制度，对律师在执业活动中遵守职业道德、执业纪律的情况进行监督。"

具体来说，律师事务所对内部事务的管理职能主要有以下几个方面：

（一）人事管理

律师事务所应当依法建立健全人员管理制度，加强对律师和其他工作人员的管理，监督律师恪守职业道德和执业纪律，不断提高律师执业水平，依法维护委托人的合法权益。

1. 人员的聘用。根据《律师事务所内部管理规则（试行）》，律师事务所不得聘用下列人员从事律师业务：①反对《宪法》的；②被开除公职或者被吊销律师执业证书的；③受过刑事处罚的，但过失犯罪的除外；④品德不良的；⑤其他因生理、精神等方面的原因不适合从事律师职业的。根据最高人民法院、最高人民检察院、司法部联合发布的《关于进一步规范法院、检察院离任人员从事律师职业的意见》规定，被开除公职的人民法院、人民检察院工作人员不得在律师事务所从事任何工作。律师事务所应当切实履行对本所律师及工作人员的监督管理责任，不得接收不符合条件的人民法院、人民检察院离任人员到本所执业或者工作。律师事务所聘用律师和其他工作人员，应当与其签订聘用合同，并应当按照规定为聘用的律师和辅助人员办理失业、养老、医疗等社会保险。

合伙人的入伙及律师晋升合伙人的制度也是人事管理的重要内容。新合伙人应当从专职执业的律师中产生，并具有 3 年以上执业经历，但司法部另有规定的除外。受到 6 个月以上停止执业处罚的律师，处罚期满未逾 3 年的，不得担任合伙人。

2. 人力资源配置。"让最合适的人做最合适的事"是人力资源的最佳配置原则，律师事务所的人力资源配置方向应与该律师事务所的最终目标相适应。实现人力资源的最佳配置，人才的引进和培养是一个关键问题，人才的引进和培养必须要有律师事务所的制度作保障。

3. 日常的管理。

（1）实习人员的管理。律师事务所应当依法接受和认真指导、管理实习人员实习，应当按照全国律协制定的实务训练指南，指派符合条件的律师指导实习人员进行实务训练，并为实习人员进行实务训练提供必要的条件和保障。如实出具实习鉴定材料或者相关证明材料。律师事务所不得指派实习人员单独办理律师业务。

（2）行政后勤人员的管理。主要是规定和落实各人员的岗位职责，服务于律师。律师事务所对受其指派办理事务的律师辅助人员出现的错误，应当采取制止或者补救措施，并承担责任。

（3）执业律师的管理。包括：①监督本所律师和辅助人员遵守宪法和法律，遵守职业道德和执业纪律，依法、诚信、规范执业。接受本所监督管理，遵守本所章程和规章制度，维护本所的形象和声誉。履行法律、法规、规章及行业规范规定的其他义务。②律师事务所建立律师执业年度考核制度，负责组织对本所律师上一年度执业活动进行考核评议，出具考核意见；③律师事务所应当建立律师表彰奖励制度，对依法、诚信、规范执业表现突出的律师予以表彰奖励。④建立投诉查处制度。通过处理投诉，查找出现当事人投诉问题的原因，提出适当的补救措施，并改正不能令人满意的程序。⑤建立违规律师辞退和除名制度，对违法违规执业、违反本所章程及管理制度或者年度考核不称职的律师，可以将其辞退或者经合伙人会议通过将其除名，有关处理结果报所在地县级司法行政机关和律师协会备案。

4. 律师离所的管理。律师变更执业机构时应当维护委托人及原律师事务所的利益；律师事务所在接受转入律师时，不得损害原律师事务所的利益。

2008 年《北京市律师协会纪律委员会规范执业指引第 4 号——关于律师转所业务交接的规范管理》，对有关律师转所事宜作了较为详细的规定。包括：①律师变更执业机构，律师与其所在的原律师事务所有义务互相配合，就业务和财务等相关事宜办理交接。②案卷属于律师事务所所有，律师在调离原所之前应当将所办结的案件卷宗全部归档，不得带离原所；在律师调离之前，原所应当向调离的律师主动索取案卷，不得允许律师将办理完结的案件的卷宗带离本所。③对于尚未办理完结的案件，原所及调转律师有义务在调离申请提出后及时以书面方式将该情况通知委托人，并就委托事项是否随律师转入新所征询委托人的意见。如委托人坚持继续委托该调离的律师承办，则该律师有义务在委托人与原所解除委托关系之前，征询拟调入的律师事务所的意见。除存在利益冲突等原因外，新所不得拒绝与委托人建立委托关系，同时原所应当与委托人签订书面的解除委托代理的协议。新所因上述原因不能与委托人建立委托关系的，除委托人明确表示另行委托律师外，原所应当指派其他律师继续办理委托人的委托事项，并与委托人签订书面的变更协议及授权委托书。④原所与新所应当以维护当事人在该案件中的合法权益为原则，协商一致，办理案件档案和费用的交接。

（二）业务管理

律师事务所应当依法建立健全业务管理制度，保证律师事务所正常开展业务活动。2016 年《律师事务所管理办法》修订，要求律师事务所应当依法履行管理职责，教育管理本所律师依法、规范承办业务，加强对本所律师执业活动的监督管理，不得放任、纵容本所律师有下列行为：①采取煽动、教唆和组织当事人或者其他人员到司法机关或者其他国家机关静坐、举牌、打横幅、喊口号、声援、围观等扰乱公共秩序、危害公共安全的非法手段，聚众滋事，制造影响，向有关部门施加压力。②对本人或者其他律师正在办理的案件进行歪曲、有误导性的宣传和评论，恶意炒作案件。③以串联组团、联署签名、发表公开信、组织网上聚集、声援等方式或者借个案研讨之名，制造舆论压力，攻击、诋毁司法机关和司法制度。④无正当理由，拒不按照人民法院通知出庭参与诉讼，或者违反法庭规则，擅自退庭。⑤聚众哄闹、冲击法庭，侮辱、诽谤、威胁、殴打司法工作人员或者诉讼参与人，否定国家认定的邪教组织的性质，或者有其他严重扰乱法庭秩序的行为。⑥发表、散布否定宪法确立的根本政治制度、基本原则和危害国家安全的言论，利用网络、媒体挑动对党和政府的不满，发起、参与危害国家安全的组织或者支持、参与、实施危害国家安全的活动；以歪曲事实真相、明显违背社会公序良俗等方式，发表恶意诽谤他人的言论，或者发表严重扰乱法庭秩序的言论。

1. 业务的拓展。在将律师事务所定位为市场经济的中介组织的前提下，律师服务的营销也相应地提上了议事日程。律师事务所应根据自己的规模、实力、专业化方向等因素确定自身的服务定位，采取多种合法的手段，进行展业宣传。诸如发布广告；建立、注册和使用网站、博客、微信公众号、抖音、领英等互联网媒介；印制和使用宣传册等具有业务推广性质的书面资料或视听资料；出版书籍、发表文章；举办、参加、资助会议、评比、评选活动等。

2. 委托合同的签订。律师事务所应当统一接受委托，统一与委托人签订书面委托代理合同。律师事务所应当建立业务登记簿，进行分类登记，编号管理。

律师事务所与委托人签订委托合同时，应当如实告知委托人收费标准、需办理的相关手续、办理委托中应当注意的事项、可能存在的风险和出现的后果。

3. 律师事务所应当加强对本所印章的管理，指派专人保管。律师事务所印章的使用，必须履行相应的批准手续，并在用印登记簿上注明，保存备查。

4. 建立利益冲突检索和回避制度，有效地识别和处理利益冲突问题，以确保律师服务质量。

5. 建立健全重大疑难案件的请示报告、集体研究和检查督导制度，规范受理程序，指导监督律师依法办理重大疑难案件。律师事务所办理重大案件以及其他社会影响较大的案件，应当及时告知律师协会和司法行政机关。后续许多地方律协出台了关于律师事务所承办重大疑难案件报告备案的相关规定。

6. 业务的质量控制及绩效考评。质量是律师服务的根本，律师事务所及其律师办理业务，应当遵守律师协会制定的业务操作规程，为委托人提供优质的法律服务。要使律师服务质量得到有效的控制，就要在律师服务形成的各个环节确定相应的策略、标准，并定期或不定期地加以检查，以确保律师服务的消费者享受符合规范的服务。在质量控制中，建立相应的制度不可或缺，主要有：①工作日志制度；②案件讨论制度；③请示汇报制度；④客户关照制度。

7. 结案及质量跟踪监督制度。律师事务所应当按照规定建立健全档案管理制度，对所承办业务的案卷和有关资料及时卷归档，妥善保管。律师事务所还应建立相应制度，对律师的服务质量进行跟踪监督。

（三）财务管理

律师事务所的财务管理大体上包括实行统一的收费制度、事务所的成本核算、分配制度等几个方面。

1. 律师事务所应当依法建立健全财务管理制度，加强财务管理。

2. 统一收案及收费制度。律师事务所应当统一收取服务费用和办案费用，并向委托人出具合法票据。案件办结后，由律师事务所统一与委托人进行结算。

3. 分配制度。律师事务所应当依照国家有关规定，按照按劳分配、兼顾效率与公平的原则，合理确定分配制度。

4. 律师事务所应依法纳税。

5. 律师事务所应当设立培训、职业责任保险等基金。律师事务所应当参加当地司法行政机关或者律师协会组织的执业责任保险。

（四）行政管理

律师事务所的行政管理主要包括三个方面：①办公秩序的管理；②会议制度；③后勤保障。

律师事务所应当保障本所律师和辅助人员享有下列权利：①获得本所提供的必要工作条件和劳动保障。办公场所可以反映出律师职业所具有的重要价值观念，同时，良好的办公条件是提供优质律师服务的物质基础，作为律师服务管理的基本单元，律师事务所应当为每一位在册的律师提供最基本的办公条件。律师事务所的办公场所所在的环境应与律师职业的性质与社会声望相称。②获得劳动报酬及享受有关福利待遇。律师事务所应当按照规定为聘用的律师和辅助人员办理失业、养老、医疗等社会保险。依据劳动合同法，律师事务所作为用工单位有义务提供与工作岗位相关的福利待遇。③向本所提出意见和建议。④法律、法规、规章及行业规范规定的其他权利。

律师事务所必须在办公场所的醒目位置张挂律师事务所执业证书、税务登记证书等与律师事务所执业资格相关的证书或许可证等。律师事务所的办公场所必须满足基本的办公功能。应分别设置律师办公区、行政办公区、接待区、图书文档区等。各区域应有比较明确的划分。事务所应保证律师能够随时得到其所提供服务领域的最新的法律参考资料。此外，律师事务所每一个人都有责任通过其着装展示一个职业化的办公室所具有的职业精神。

（五）律师事务所党建

党的十八大以来，以习近平同志为核心的党中央高度重视律师行业党的建设，并提出明确工作要求。2014 年 10 月，党的十八届四中全会通过《中共中央关于全面推进依法治国若干重大问题的决定》，对加强律师工作和律师队伍建设作出部署，提出把拥护中国共产党领导、拥护社会主义法治作为律师从业的基本要求，增强广大律师走中国特色社会主义法治道路的自觉性和坚定性。2016 年，中共中央办公厅、国务院办公厅印发《关于深化律师制度改革的意见》，明确指出深化律师制度改革，必须坚持党的领导，坚持正确的政治方向。2021 年 1 月，中共中央印发《法治中国建设规划（2020-2025 年）》统筹推进法治中国建设各项工作，明确提出，坚持和加强党对律师工作的领导，推动律师行业党的建设。

2018 年，根据《中国共产党章程》和中央有关律师行业党建工作的决策部署，司法部在总结吸收近年来律师行业党建工作经验的基础上，适应新时代、新形势、新要求，结合律师行业特点，严格依据宪法、党章等规定，对《律师事务所管理办法》进行了修正。修改的内容主要包括：①明确坚持和加强党对律师工作的全面领导。在保留律师事务所"两拥护"基本要求的同时，规定律师事务所应当坚持以习近平新时代中国特色社会主义思想为指导，坚持和加强党对律师工作的全面领导，坚定维护以习近平同志为核心的党中央权威和集中统一领导，增强广大律师走中国特色社会主义法治道路的自觉性和坚定性。②明确律师事务所党建工作的基本要求。为实现律师事务所党组织的全覆盖和党的工作的有效覆盖，在保留律师事务所应当加强党的建设，充分发挥党组织的战斗堡垒作用和党员律师的先锋模范作用等要求的同时，完善了律师事务所党组织设置形式的规定，同时对律师事务所党建工作保障措施提出更加明确的要求。规定律师事务所应当建立完善党组织参与律师事务所决策管理的运行机制，为党组织开展活动、做好工作提供场地、人员和经费支持。③明确要在律师事务所章程中增加党建工作的内容。《律师事务所管理办法》明确规定，律师事务所应当加强党的建设，充分发挥党组织的战斗堡垒作用和党员律师的先锋模范作用。律师事务所有 3 名以上正式党员的，应当根据《中国共产党章程》的规定，经上级党组织批准，成立党的基层组织，并按期进行换届。律师事务所正式党员不足 3 人的，应当通过联合成立党组织、上级党组织选派党建工作指导员等方式开展党的工作，并在条件具备时及时成立党的基层组织。律师事务所应当建立完善党组织参与律师事务所决策、管理的工作机制，为党组织开展活动、做好工作提供场地、人员和经费等支持。

■ 思考题

1. 我国律师事务所有几种组织形式？它们之间有什么区别？
2. 简述律师事务所设立的条件和程序。
3. 律师事务所的权利和义务有哪些？
4. 律师事务所内部管理的基本原则有哪些？
5. 请对《律师事务所管理办法》第 50 条进行评析。

■ 参考书目

1. 蒋勇：《律所的管理》，中国政法大学出版社 2019 年版。
2. ［美］马修·帕森斯：《律师事务所的有效知识管理》，王进喜译，中国人民大学出版社 2017 年版。
3. ［英］劳拉·恩普森：《现代律师事务所管理：新的挑战，新的视角》，王进喜译，中国人民大学出版社 2017 年版。

4. ［美］加里·A. 马内尼克:《律师事务所管理导论》，王进喜等译，中国人民大学出版社 2015 年版。

5. ［美］金·艾斯勒:《赢家：揭秘全球最具权势的律师事务所》，付瑶译，法律出版社 2013 年版。

6. 杨强:《机制的力量：律师事务所管理模式与实践》，中国法制出版社 2022 年版。

7. 北京市朝阳区律师协会主编:《大道恢弘　律师本色：朝阳律师党建工作样本》，知识产权社出版社 2019 年版。

第六章　律师管理体制

■ 学习目的和要求

　　通过本章的学习，掌握我国律师管理制度的变迁和发展，认真比较过去单一的司法行政管理体制同现在"两结合"的律师管理体制的区别与优劣，认真思考我国律师管理体制未来的发展趋势。

■ 重点及难点

　　"两结合"管理体制的深化。

　　律师管理是指对律师行业及律师群体的管理和规制，是律师制度中的重要内容。如何搞好律师的管理工作，制定好律师管理的制度规范，直接关系到各项律师具体制度的构建，对于保障律师行业健康发展有着至关重要的作用。目前在我国，广义的律师管理可以分为四个层次：司法行政机关的管理指导，律师协会行业管理，律师事务所的管理和律师的自律。狭义的律师管理仅指司法行政机关的行政管理和律师协会的行业管理。此外，合作规制已成为律师管理的趋势。

第一节　我国律师管理体制的变迁

一、我国律师制度初创和恢复时期的行政管理体制

　　我国律师制度初创于中华人民共和国成立初期，1954 年《宪法》中明确规定了被告人享有辩护权之后，随着律师辩护工作在我国司法程序中的逐渐开展，有关律师组织也相继建立和发展起来，最早的律师执业机构是在人民法院内部设立的"公设辩护人室"。1954 年 7 月，司法部发出《关于试验法院组织制度中几个问题的通知》，决定在北京、上海、天津、重庆、沈阳等大城市试行开展律师工作。随后，又有一些省、市、县成立法律顾问处，建立了律师组织。截至 1957 年 6 月，全国已有 14 个省、市、自治区开始筹建律师协会。1957 年下半年，由于极"左"思潮的影响，反右斗争扩大化，律师队伍受到严重摧残。这一时期的律师管理体制，在司法

部 1956 年 12 月 6 日对江苏省司法厅《关于律师工作中若干问题的请示的批复》中有明确的表述："在一时还不能成立法律顾问处的情况下，应该把律师办公室设在法院外面，而由县法院院长对单个律师的活动从旁加以指导、帮助和监督（司法部公证律师司按：单个律师的活动应由司法行政机关负责管理）。"

"文化大革命"结束后，党中央提出了健全社会主义法制的重大任务。1979 年党中央决定恢复和健全律师制度，全国各地陆续开始重建律师队伍。1980 年 8 月 26 日第五届全国人民代表大会常务委员会第十五次会议通过了《中华人民共和国律师暂行条例》（以下简称《律师暂行条例》），《律师暂行条例》规定，律师事务所"受国家司法行政机关的组织领导和业务监督"。《关于〈中华人民共和国律师暂行条例（草案）〉的说明》中明确指出，律师人员的调配、考核、奖惩、思想教育、专业培训，以及律师经费的管理、律师机构的设置和各项物质设施的筹措等一系列组织建设和行政管理工作，都要各级司法行政机关来抓，也只有各级司法行政机关才能办，至于律师的业务，各级司法行政机关也应进行指导。这种对律师机构实行统管的管理体制，在律师制度的恢复和重建时期对设置律师工作机构，组建律师队伍，开展律师业务曾起到积极的推动作用，但也存在各种弊端，各级司法行政机关已逐步采取了一些改革措施。

综上所述，我国律师制度初创和恢复重建时期，律师体制是单一的司法行政管理体制，这种管理体制有其历史积极意义与历史局限性。在管理体制上实行单一的司法行政机关管理，是在特殊计划经济体制下建立的律师管理制度，具有强烈的时代特点：①单一的司法行政机关管理是计划经济体制的产物。在计划经济体制下，国家对社会生产的各个环节都实行控制和管理，律师工作也不例外。当时全国并没有统一的律师协会，律师协会是在司法行政机关内部设置的并归其管理，律师协会并不具有行业自律的性质，只是隶属于司法机关。②单一的司法行政机关管理体现了当时社会状况的客观要求，与当时律师制度的总体设计相适应。我国律师制度恢复初期及以后相当一段时期，律师是作为"国家法律工作者"的身份存在的，律师工作机构也一直被定性为"国家事业单位"，由政府核拨经费和编制。在当时的历史条件下，采取单一的司法行政机关管理体制符合我国律师制度初创阶段的实际情况。

伴随着我国社会政治、经济的巨大发展，原有管理体制的不合理性和弊端日益显现出来。过去单一的司法行政机关管理体制存在很多弊端，在很大程度上束缚了律师的发展，限制了律师在社会活动中的作用，也严重阻碍了整个律师业的发展壮大。

改革律师的管理体制一直是律师工作改革的一个重要方面。

二、律师管理体制改革

《律师暂行条例》的颁布，使我国律师工作开始走入正轨。随着经济体制改革的开展，律师事业也得到了空前的发展，在新的形势下，《律师暂行条例》的许多规定，也开始表现出历史的局限性，并影响到律师事业的进一步发展，律师体制的改革势在必行。

1984 年《司法部关于加强和改革律师工作的意见》明确规定，司法行政机关对律师事务所的具体管理事项为：①及时向律师事务所的人员传达党和国家的有关方针、政策、指示，加强律师人员的政治思想工作和业务培训，督促、检查律师事务所执行政策、法律。②审查律师事务所的长远规划、年度计划和财务预决算。③审查律师事务所的重要业务活动方案，特别是重大刑事案件，与检察院、法院有严重分歧的刑事案件的辩护意见。④帮助律师事务所与有关部门疏通渠道，解决工作中遇到的困难和问题。⑤考核、管理律师事务所的干部。

1989 年《司法部关于加强司法行政机关对律师工作的领导和管理的通知》中强调，各级司法行政机关在加强对律师工作的领导和管理时，要充分考虑律师工作的特点，尊重律师事务所的自主权。在人事方面，除律师事务所主任外其他工作人员的进出，由律师事务所按有关政策和规定办理；在经费方面，律师事务所除按规定上缴管理费，重大开支报司法行政机关审批外，一般性的开支由律师事务所按照有关财务制度自理。

1993 年《司法部关于深化律师工作改革的方案》指出：要努力建设有中国特色的律师管理体制，建立司法行政机关的行政管理与律师协会的行业管理相结合的管理体制，经过一段时期的实践后，逐步向司法行政机关宏观管理下的律师协会行业管理体制过渡。司法行政机关对律师工作主要实行宏观管理，其职责是：①制定律师行业发展规划，起草和制定有关律师工作的法律草案、法规草案和规章制度；②批准律师事务所及其分支机构的设立；③负责律师资格的授予和撤销；④负责执业律师的年检注册登记；⑤加强律师机构的组织建设和思想政治工作。

1996 年《律师法》的实施为律师队伍的规范化、科学化管理提供了法律依据。加强管理，就是要根据《律师法》逐步形成新型的律师管理模式。①加强司法行政机关对律师、律师事务所和律师协会的监督和指导。司法行政机关的主要职责是对律师行业进行政策指导、机构管理、人员管理、执业活动监督和业务指导。同时协同有关部门制定适合律师行业特点的政策、法规和规章，为律师事业的发展创造良好的外部环境。②加强律师协会的行业管理。律师协会的主要职能是保障律师依法执业，维护律师的合法权益；总结交流工作经验；组织业务培训；进行律师职业道德和执业纪律的教育、检查和监督；适当组织开展对外交流；调解法律活动中发生的执业纠纷；按照章程对律师给予奖励或处分。③以律师事务所自律性管理为基础，健全民主管理机制、合理的收益分配机制、严格的监督约束机制、规范的业务管理机制。

2002 年 2 月，司法部召开的全国律师管理工作电视电话会提出，各地要充分认识加强律师管理和律师队伍建设的重要性和紧迫性，通过深化改革，不断建立完善以律师事务所为本、司法行政机关行政管理与律师协会行业管理相结合的管理模式，把律师管理工作提高到一个新的水平。时任司法部部长张福森在会上指出，我国律师制度恢复21年来，我国律师业有了很大发展，为促进经济建设，推进依法治国进程和维护社会稳定作出了重要贡献。与此同时，律师管理工作也得到了不断发展和加强，形成了以《律师法》为核心的律师工作法律、法规、规章体系框架，初步建立了"两结合"的律师管理体系。针对如何才能从制度上和体制、机制上解决律师管理中存在的突出问题，建立有中国特色的律师管理模式。张福森进一步分析指出，从实践情况看，我国律师管理模式应基本包括四个层次：一是司法行政机关的行政管理；二是律师协会的行业管理；三是律师事务所的自律性管理；四是税务、审计等政府有关部门的社会管理与监督。当前一个很重要的任务就是要完善和加强这四个层次的管理，分清职责，互相支持，确保管理到位。

2010年，中共中央办公厅、国务院办公厅下发了《关于转发〈司法部关于进一步加强和改进律师工作的意见〉的通知》，该意见就完善律师管理体制强调：司法行政机关作为律师行业行政主管部门，要依法加强对律师的管理，切实履行好对律师、律师事务所和律师协会的监督、指导职责。律师协会要发挥好党和政府联系广大律师的桥梁和纽带作用，依法、依章程履行好促进行业建设、指导业务发展、规范执业行为、维护行业权益、加强执业监督的职责，提高行业自律管理能力，依法维护律师合法权益。

2016年，中共中央办公厅、国务院办公厅印发《关于深化律师制度改革的意见》，对深化律师制度改革作出全面部署。该意见强调健全执业管理体制，坚持和完善司法行政机关行政管理和律师协会行业自律管理相结合的律师工作管理体制，司法行政机关要切实履行对律师、律师事务所和律师协会的监督、指导职责，律师协会要发挥好党和政府联系广大律师的桥梁纽带作用，依法依章程履行行业管理职责，加强律师事务所管理，完善律师事务所及其负责人责任追究制度。

现行《律师法》第4条明确规定，司法行政部门依照《律师法》对律师、律师事务所和律师协会进行监督、指导。目前我国律师管理体制为司法行政机关宏观管理下的律师协会行业管理体制。

三、我国《律师法》对律师管理体制的规定及完善

1993年，经国务院批准的《司法部关于深化律师工作改革的方案》正式确立了"两结合"的律师管理体制的基本框架。尽管理论界和业界对"两结合"管理体制都存在不同的看法，但经过二十余年的实践，总体上"两结合"的律师管理体制适合中国国情，适应我国律师行业发展的需要，有力地推进了律师行业的发展。一直以来，各级司法行政机关和律师协会也在通过体制创新和深化改革逐步完善"两结合"管理体制。

（一）"两结合"的律师管理体制

1993 年，国务院批准的《司法部关于深化律师工作改革的方案》中，明确提出了建立司法行政机关行政管理与律师协会行业管理相结合的"两结合"律师管理体制。从 1995 年 7 月第三次全国律师代表大会开始，全国律协会长、副会长全部由执业律师担任，常务理事会聘任司法部推荐的干部任律协秘书长，秘书处工作人员全部实行聘任制，全国律协的经费全部来源于律师会费，协会租房办公，与司法行政机关在机构、人员及办公场所等方面完全分开。律师行业管理开始得到体现。1996 年通过的《律师法》将这种管理体制确立了下来，便是司法行政机关的行政管理与律师协会的行业管理结合，并逐步向司法行政机关宏观管理下的律师行业管理过渡的律师管理体制。2002 年 5 月，第五次全国律师代表大会召开后，新任的第五届全国律协秘书长贾午光对"两结合"管理的内涵进行了界定，即以司法行政机关的宏观管理为核心、律师协会的行业管理为主体、律师事务所的自律性管理为基础、政府宏观调控部门的调控管理为保障的一种管理体制。

我国必须坚持和完善"两结合"的律师管理体制。有中国特色的律师管理模式，应当是在党的领导下"两结合""四层次"的管理模式。司法行政机关行政管理与律师协会行业管理"两结合"的管理体制，是被实践证明符合我国国情、富有中国特色且行之有效的做法，必须继续坚持，并在实践中不断完善。"四层次"除了上述"两结合"管理外，还包括律师事务所的自律性管理以及律师的自律。这四个层次相互关联，相辅相成，不可或缺。此外，律师业务所涉及的主管部门，如公安、国家安全、法院、检察院、税务、审计、证券、市场监管等相关部门也对律师相关的执业行为有着管理、监督的职责。我们要通过实践不断地丰富这一管理模式的内涵，改进管理方式，完善管理手段，提高管理效能。

司法行政机关在律师管理工作中肩负着重要职责，主要体现在以下四个方面：①行业准入，即通过实施资质管理，把好律师行业的入口关；②制定"游戏规则"，即通过建立健全各项规章和规范性文件，指导推动律师行业健康发展；③当好"裁判员"，对法律服务市场进行监管和对律师协会进行监督指导；④协调有关部门为律师业的发展创造良好的政策法制环境。

党的十八大以来，政治体制改革积极稳妥推进，转变政府职能，深化行政体制改革，创新行政管理方式，全面推进依法治国。强调充分发挥我国社会主义政治制度优越性，积极借鉴人类政治文明有益成果，绝不照搬西方政治制度模式。习近平总书记在十九大报告中指出，中国特色社会主义进入新时代，我国社会主要矛盾已经转化为人民日益增长的美好生活需要和不平衡不充分的发展之间的矛盾。随着经济的发展和人民生活水平的不断提高，人民不仅对物质文化生活提出了更高要求，对民主、法治、公平、正义、安全、环境等方面的要求也日益提高。党的十九大从提高保障和改善民生水平、加强和创新社会治理两个重点方面对社会建设进行了部署，努力使改革发展成果更多、更公平地惠及全体人民，不断提升人民获得感、幸福感、安全感。在新的形势下，进一步完善和深化律师管理"两结合"体制有着重要的理论意义和现实指导意义。

（二）司法行政部门对律师的管理

在"两结合"律师管理体制下，司法行政机关在律师管理体制中处于核心地位，享有对律师事务以及律师协会的监督权和指导权。司法行政机关的宏观管理职责应包括如下方面：①依法制定行业发展政策和法规。主要包括组织制定律师行业的发展规划，与相关部门协调制定律师行业的税收、收费、社会保障、执业责任保险等政策，完善律师制度。②指导性宏观管理。《律师法》第4条规定，国务院司法行政部门依照《律师法》对律师、律师事务所和律师协会进行监督和指导。③监督管理。主要是对律师协会行业的管理进行监督，保证行业管理的正确性和合法性。④准入和退出管理。在准入管理上包括两方面，一是对自然人，通过考试授予律师资格（法律职业资格），再经过一定的程序，颁发律师执业证；二是对机构，对于符合法定条件的国内律师事务所及我国港澳地区律师事务所驻华内地代表处颁发律师事务所执业许可证。在退出管理方面，主要是做好执业证照的吊销、注销工作，组织监督清算工作等。⑤协调各方面关系，改善执业环境，为律师依法执业提供支持。⑥调整法律服务供需关系，通过市场机制与政策调控手段相结合的方法解决法律服务供需矛盾的问题。

根据党的十九届三中全会审议通过的《中共中央关于深化党和国家机构改革的决定》《深化党和国家机构改革方案》和第十三届全国人民代表大会第一次会议批准的《国务院机构改革方案》，司法部指导、监督律师管理工作。其律师工作局的主要职能是指导、监督律师工作。承办特许律师执业考核工作；指导、监督党政机关、企事业单位法律顾问工作；指导公职律师、公司律师和基层法律服务工作；承办委托香港、澳门律师担任委托公证人工作。2020年，《中共司法部党组关于十九届中央第四轮巡视整改进展情况的通报》中强调，旗帜鲜明坚持党对律师工作的全面领导。加强对全国律协工作政治把关和领导监督，完善律师行业重大事项请示报告制度。认真贯彻落实《关于深化律师制度改革的意见》，推动修改《律师法》，完善中国特色社会主义律师制度，加强律师队伍政治建设，强化政治引领和教育管理，引导广大律师听党话、跟党走，充分发挥律师队伍在全面依法治国中的重要作用。制定意见，监督党员律师遵守党的纪律特别是政治纪律和政治规矩，增强党员律师做到"两个维护"的自觉性和坚定性。[1]

---

〔1〕 中华人民共和国司法部：《中共司法部党组关于十九届中央第四轮巡视整改进展情况的通报》，载中华人民司法部网，http://www.moj.gov.cn/pub/sfbgwapp/bnywapp/202105/t20210527_423099.html，最后访问日期：2022年5月15日。

（三）律师协会的行业管理

根据现行《律师法》相关规定，律师协会作为行业管理组织，具有以下主要职能：

1. 保障律师依法执业，维护律师的合法权益。律师维权是保障行业发展，提高行业凝聚力的重要方式。近年来，全国律协致力于律师维权工作，在建立律师维权机构和制度的同时，重视律师个案维权。

2. 总结、交流律师工作经验。1980年《律师暂行条例》就规定了"交流工作经验，促进律师工作的开展"是律师协会职责的重要内容。一直以来，各级律协围绕这一职责开展了大量工作，服务于广大会员，增强了律协作为行业管理组织的凝聚力。

3. 制定律师行业规范和惩戒规则。行业规范由律师代表大会或常务理事会制定。主要包括：律师执业行为规范，如《律师执业行为规范（试行）》；律师业务指引规范，如《律师办理刑事案件规范》；律师协会组织性规范，如《中华全国律师协会章程》等。

4. 组织律师业务培训和职业道德、执业纪律教育，对律师的执业活动进行考核。执业律师业务及职业道德、执业纪律教育培训是提高律师职业道德和业务水平的重要途径，也是实现行业健康发展的基本手段。对律师的执业活动进行考核，由律师协会在律师事务所对本所律师上一年度执业活动进行考核的基础上，对律师的执业表现作出评价，并将考核结果报司法行政机关备案，记入律师执业档案。律师执业年度考核，由设区的市级律师协会和直辖市律师协会负责组织实施；设区的市未建立律师协会的，可以由所在的省、自治区律师协会负责组织实施。省、自治区、直辖市律师协会指导、监督本区域的律师执业年度考核工作。

5. 组织管理申请律师执业人员的实习活动，对实习人员进行考核。2007年修订的《律师法》明确赋予了律师协会"组织管理申请律师执业人员的实习活动，对实习人员进行考核"的职责。由律师协会负责实习组织管理工作，可以充分发挥行业自律管理的优势，直接体现律师行业对实习人员各项素质的基本要求，从入门开始，严把质量关，确保律师队伍后备人才具备高素质。

6. 对律师、律师事务所实施奖励和惩戒。律师协会通过树立行业先进，弘扬行业主流，惩戒违规者等方式，保持行业健康与纯洁性，保障行业有序发展。其依据为《律师法》及《律师协会会员奖励办法》《全国优秀律师事务所评定办法》《律师协会会员违规行为处分规则（试行）》。

7. 受理对律师的投诉或者举报，调解律师执业活动中发生的纠纷，受理律师的申诉等。

8. 法律、行政法规、规章以及律师协会章程规定的其他职责。

（四）司法行政机关与律师协会的关系

"两结合"管理体制的内涵界定即对行政管理与行业管理关系的把握。根据《律师法》的规定，司法行政机关与律师协会之间是监督、指导与被监督和接受指导的关系。基于此，有学者认为律师协会虽然接受司法行政机关的监督、指导，却不隶属于司法行政机关，两者的结合更多是联合工作，共同促进律师事业的发展。[1] 也有学者认为"两结合"管理体制改革的本质是推动律师管理由行政化管理向社会化管理过渡，要求明确司法行政机关与律师协会的职能划分，真正做到二者各司其职，机构各自独立，人员彼此分离，同时强调会商机制、交流机制和信息共享机制的建立。[2] 王进喜教授则认为"两结合"在很大程度上表现为司法行政机关与律师协会的分权，从而导致惩戒权与惩戒依据不统一，在律师管理机制改革中要规范司法行政机关对律师协会的监督和指导，明晰职责。[3] 但强调司法行政机关与律师协会职能分工明确，形成合力则是大家的共识。

2016 年 11 月，司法部印发的《关于进一步加强律师协会建设的意见》强调，坚持和完善司法行政部门行政管理和律师协会行业自律管理相结合的律师工作管理体制，切实履行职责，不断提高行业自律能力。要求各级司法行政部门党委（党组）要加强对律师协会党建工作的指导。各级司法行政部门要加强指导监督，把加强律师协会建设列入重要议事日程，经常听取协会工作汇报，及时研究解决协会在工作中遇到的困难和问题。要支持律师协会依法、依章程履行职责，充分发挥协会行业自律管理和服务作用。健全完善司法行政部门律师工作管理机构和律师协会之间的重要情况沟通机制，进一步提高律师工作管理水平。同时，要积极协调有关部门，为律师协会开展工作提供必要的支持。

（五）其他监管

除了司法行政机关和律师协会对律师行业的监管外，律师执业活动还受到律师业务所涉及主管部门的监管。

为了加强对律师事务所从事证券法律业务活动的监督管理，规范律师在证券发行、上市和交易等活动中的执业行为，完善法律风险防范机制，维护证券市场秩序，保护投资者的合法权益，中国证券监督管理委员会、司法部于 2007 年制定了《律师事务所从事证券法律业务管理办法》，对律师从事证券法律业务活动中的不当及违法行为规定了处罚措施。

2017 年 11 月 3 日，中国证券投资基金业协会发布《私募基金登记备案相关问题

---

〔1〕 赵大程、李本森：《探索中国特色的律师管理体制》，载《中国律师》1997 年第 9 期。

〔2〕 周云涛：《论"两结合"律师管理体制的完善——以美、德两国为中心的考察（下）》，载《中国律师》2010 年第 7 期。

〔3〕 王进喜：《推进律师管理体制改革》，载《学习时报》2015 年 7 月 23 日，第 A4 版。

解答（十四）》，首次明确了对律师事务所的监管内容和处罚措施。其中，程度最为严苛的监管措施指出，律师事务所累计为 3 家及以上被不予登记机构提供私募基金管理人登记相关法律服务，且出具了肯定性结论意见的，出于审慎考虑，基金业协会在 3 年内将不接受该律所的法律意见书。

2018 年 3 月 27 日，《中国证券投资基金业协会关于进一步加强私募基金行业自律管理的决定》下发，基金业协会表示，将健全私募管理人登记法律意见书的责任追究机制，出具登记法律意见书 1 年内，相关私募基金管理人被公告注销的，3 年内不再接受相关律所、律师出具的登记法律意见书。

2021 年司法部、国家发展和改革委员会和国家市场监督管理总局联合发布《关于进一步规范律师服务收费的意见》，要求各级司法行政、发展改革、市场监管等部门齐抓共管、密切协作，形成工作合力。对不按规定明码标价、价格欺诈等违反价格法律法规的行为，由市场监管部门依法作出行政处罚。

第二节　律师协会

一、律师协会概述

律师协会是律师进行自我管理的行业组织。我国《律师法》第 43 条第 1 款规定，律师协会是社会团体法人，是律师的自律性组织。《律师法》第 45 条规定，律师、律师事务所应当加入所在地的地方律师协会，加入地方律师协会的律师、律师事务所，同时是全国律协的会员。律师协会会员享有章程规定的权利，履行章程规定的义务。这里明确规定了律师与律师协会的关系，即律师必须加入律师协会，也就是所有律师都是律师协会的会员，而且都要遵守律师协会的章程。《中华全国律师协会章程》规定："全国律协是由律师、律师事务所组成的社会团体法人，是全国性的律师自律组织，依法对律师行业实施管理。"由此可见，我国的律师协会不是国家行政机关，也不是司法机关，而是社会团体法人，是具有民事主体地位的社会组织，是在国家司法行政机关直接指导下进行工作的社会团体。它具有民事权利能力和民事行为能力，能够独立地享有民事权利、承担民事义务。律师协会是由律师组成的组织，负责对律师进行管理、教育、监察、监督以及惩戒。

党的十八届三中全会决定强调要发挥律师协会自律作用。司法部原副部长赵大程指出：律师协会要不断加强自身建设，切实提高自律管理能力。一是要加强思想政治建设。坚持党的领导，坚持正确的政治方向，切实增强政治意识、大局意识、核心意识和看齐意识，确保党的路线方针政策在律师行业得到全面贯彻执行；坚持和完善中国特色社会主义律师制度，不断增强中国特色社会主义道路自信、理论自信、制度自信、文化自信。二是加强组织建设。健全完善民主管理决策和执行监督机制，强化实绩考核，增强领导班子干事创业的积极性、主动性和创造性；规范和加强专门委员会、专业委员会建设，发挥专门委员会、专业委员会在促进业务交流、推进行业发展中的重要作用。三是加强制度建设。制定规范律师执业行为的行业规范和业务标准，完善律师协会会员服务管理、业务培训、对外交流、律师执业年度考核等制度，筑牢织密律师执业活动监督、激励、约束的规范体系。四是加强纪律建设。健全完善投诉受理、调查、听证处理等工作程序，做到有投诉必受理、受理必调查、违规必惩戒，进一步实现对律师执业的有效监督。五是加强党的建设。巩固党的组织和党的工作全覆盖成果，健全完善党的组织生活制度，充分发挥党员律师先锋模范作用和律师事务所党支部政治核心作用。六是加强作风建设。不断改进工作作风，增强服务意识，畅通联系服务律师的渠道，准确把握律师需求，及时回应律师关切，真正把律师协会建成"律师之家"。[1] 律师协会作为党和政府联系律师的桥梁纽带，承担着行业自律和服务管理的重要职责。

2016 年 11 月，司法部出台《关于进一步加强律师协会建设的意见》。该意见指出，新形势下进一步加强律师协会建设，是全面依法治国、建设社会主义法治国家的必然要求，是深化律师制度改革、推进律师队伍建设和律师工作发展的重要举措。各级司法行政部门和各律师协会要从全面依法治国的战略高度，充分认识进一步加强律师协会建设的重要性，切实加强律师协会工作，促进律师工作改革发展。该意见提出，进一步加强律师协会建设，一要加强思想政治建设，坚持党的领导，坚持正确的政治方向，在思想上、政治上、行动上始终同以习近平同志为核心的党中央保持高度一致；二要加强组织建设；三要加强制度建设；四要加强作风建设；五要加强纪律建设；六要加强党的建设。2017 年 1 月 9 日，全国律协在京召开学习贯彻司法部《关于进一步加强律师协会建设的意见》座谈会。司法部副部长、党组成员熊选国出席座谈会并讲话。熊选国强调，各级司法行政机关、各律师协会要全面贯彻党的十八大和十八届三中、四中、五中、六中全会精神，深入学习贯彻习近平总书记系列重要讲话精神和对律师工作的重要指示，认真学习贯彻中央关于律师工作的决策部署，进一步加强律师协会建设，发挥好律师队伍在全面依法治国中的重要作用，为深入推进全面依法治国作出积极贡献。

二、律师协会的职责

1996 年《律师法》第 40 条规定，律师协会履行下列职责：保障律师依法执业，维护律师的合法权益；总结、交流律师工作经验；组织律师业务培训；进行律师职业道德和执业纪律的教育、检查和监督；组织律师开展对外交流；调解律师执业活

---

〔1〕 2016 年 8 月 29 日，全国律协在北京举办省级律师协会秘书长培训班，司法部党组成员、副部长，全国律协党组书记赵大程出席培训班并讲话。参见《司法部副部长：认真贯彻落实两办〈意见〉精神 形成深化律师制度改革强大力量》，载中华人民共和国中央人民政府网，http：//www.gov.cn/xinwen/2016-08/31/content_5103799.htm，最后访问日期：2016 年 9 月 25 日。

动中发生的纠纷；法律规定的其他职责。2007 年《律师法》修订，关于律师协会的职责增加了制定行业规范和惩戒规则；对律师的执业活动进行考核；组织管理申请律师执业人员的实习活动，对实习人员进行考核；对律师、律师事务所实施奖励和惩戒。

2017 年 8 月，时任司法部部长张军在出席全国律协有关活动中，反复强调"讲政治、履职责、促改革、重自律"，突出表达的核心思想就是要"严管厚爱"。

现行《律师法》第 46 条对律师协会的职责规定为：①保障律师依法执业，维护律师的合法权益；②总结、交流律师工作经验；③制定行业规范和惩戒规则；④组织律师业务培训和职业道德、执业纪律教育，对律师的执业活动进行考核；⑤组织管理申请律师执业人员的实习活动，对实习人员进行考核；⑥对律师、律师事务所实施奖励和惩戒；⑦受理对律师的投诉或者举报，调解律师执业活动中发生的纠纷，受理律师的申诉；⑧法律、行政法规、规章以及律师协会章程规定的其他职责。

三、律师协会的设置

随着法律的丰富完善，律师制度也不断发展，执业律师人数越来越多。伴随着律师行业的发展，律师行业管理自治组织——律师协会，亦逐渐发展起来。1986 年 7 月第一次全国律师代表大会召开，成立了全国律协，并且通过了《中华全国律师协会章程》，标志着律师协会在中国的起步。此后，1991 年 5 月召开了第二次全国律师代表大会。1995 年 7 月，第三次全国律师代表大会召开，对《中华全国律师协会章程》作了修正，而且此次大会产生的全国律协的领导机构人员全部由执业律师组成。这不仅是律师协会自身组织建设的进步，也意味着律师协会逐步发展成为律师自己管理事务的行业协会，预示着律师协会的独立性在日益增强。1996 年《律师法》及后续修订的《律师法》都以专章规定了律师协会有关内容，对律师协会的重要事项都作了原则性的规定。

《律师法》规定，全国设立全国律协，省、自治区、直辖市设立地方律师协会，设区的市根据需要可以设立地方律师协会。上述规定明确了我国律师协会分为两个层次，即全国性的全国律协和各省、自治区、直辖市以及市辖区的地方律师协会。

四、中华全国律师协会

中华全国律师协会，简称：全国律协；英文名称：All China Lawyers Association，缩写：ACLA；住所设在北京。

现行《中华全国律师协会章程》于 1999 年 4 月 28 日第四次全国律师代表大会通过，并于 2002 年、2008 年、2011 年、2016 年、2018 年、2021 年进行了多次修订。全国律协接受中华人民共和国司法部的监督和指导；接受中华人民共和国民政部的登记管理；接受中国共产党全国律师行业委员会的领导，组织开展律师行业党的建设工作；对地方律师协会进行指导。

（一）中华全国律师协会的宗旨

全国律协的宗旨是：坚持以习近平新时代中国特色社会主义思想为指导，学习贯彻习近平法治思想，坚持中国共产党领导，团结带领会员高举中国特色社会主义伟大旗帜，增强政治意识、大局意识、核心意识、看齐意识，坚定中国特色社会主义道路自信、理论自信、制度自信、文化自信，坚决维护习近平总书记党中央的核心、全党的核心地位，坚决维护党中央权威和集中统一领导，坚持正确政治方向，忠实履行中国特色社会主义法治工作队伍的职责使命，加强律师队伍思想政治建设，把拥护中国共产党领导、拥护社会主义法治作为律师从业的基本要求，增强广大律师走中国特色社会主义法治道路的自觉性和坚定性，忠于宪法和法律，维护当事人合法权益，维护法律正确实施，维护社会公平和正义，依法依规诚信执业，认真履行社会责任，为深入推进全面依法治国、建设中国特色社会主义法治体系、建设社会主义法治国家，推进国家治理体系和治理能力现代化，把我国建设成为富强民主文明和谐美丽的社会主义现代化强国，实现中华民族伟大复兴的中国梦而奋斗。

（二）中华全国律师协会的职责

依据《律师法》《中华全国律师协会章程》，全国律协的主要职责为：①加强律师行业管理，规范律师执业行为；②保障律师依法执业，维护律师的合法权益；③总结、交流律师工作经验；④制定行业规范和惩戒规则；⑤组织律师业务培训和职业道德、执业纪律教育，对律师的执业活动进行考核；⑥组织管理申请律师执业人员的实习活动，对实习人员进行考核；⑦对律师、律师事务所实施奖励和惩戒；⑧受理对律师的投诉或者举报，调解律师执业活动中发生的纠纷；⑨法律、行政法规和规章规定的其他职责。

全国律协自成立以来，在对律师业务指导、交流工作经验、维护律师合法权益、加强与外国律师之间的民间交流等方面发挥了很大的作用，逐步完善了行业管理体制，为我国律师事业的发展作出了贡献。

（三）中华全国律师协会的组织机构

中华全国律师协会，简称全国律协。根据《中华全国律师协会章程》的规定，其组织机构主要有律师代表大会、理事会、常务理事、办事机构和专门委员会、专业委员会。

1. 全国律师代表大会是最高权力机构，全国律师代表大会每 4 年举行 1 次。因特殊情况需提前或延期换届的，须由常务理事会表决通过。全国律师代表大会必须有 2/3 以上的代表出席方能召开，其决议须经到会代表半数以上表决通过方能生效。

全国律师代表大会代表由省、自治区、直辖市律师协会从个人会员中选举或推举产生。各省、自治区、直辖市律师协会中担任会长的执业律师为全国律师代表大会的当然代表。根据需要，全国律协可以邀请有关人士作为特邀代表参加全国律师代表大会。

全国律师代表大会代表应当出席代表大会，并行使下列职权：在代表大会上行使审议权、表决权、提案权、提议权、选举权和被选举权；联系会员、反映会员呼声，维护会员权益；章程规定的其他职权。

2. 理事会是全国律师代表大会的常设机构，对全国律师代表大会负责。理事会由全体理事组成。理事由律师代表大会从具有良好的政治素质和职业道德，较高的业务水平，执业 3 年以上，具有奉献精神，热心律师行业公益活动的执业律师代表中选举产生。理事会会议每年至少举行 1 次。

理事会的职责为：执行全国律师代表大会的决议；选举和罢免会长、副会长、常务理事；筹备召开全国律师代表大会；向全国律师代表大会报告工作和财务状况；在全国律师代表大会闭会期间，讨论决定重大事项；增补或更换理事；审议、批准常务理事会的年度工作报告和财务报告；决定办事机构、分支机构、代表机构和实体机构的设立、变更和注销；根据工作需要，决定聘请名誉会长和顾问；其他应由理事会履行的职责。

全国律师代表大会选举产生理事会，理事会选举产生协会会长、副会长和常务理事。在全国律师代表大会和理事会闭会期间，常务理事会主持律师协会工作，按照理事会的决议研究、决定、部署律师协会的工作。

3. 常务理事会在理事会闭会期间主持协会工作。常务理事会一般 3 个月举行 1 次会议，按照理事会的决议研究、决定、部署协会的工作。

4. 会长。全国律协设会长 1 名，副会长若干名，每届任期 4 年。会长可以连选连任，但连续任期不得超过两届。副会长可以连选连任，但连任一般不超过两届。

全国律协实行会长办公会议制度，会长办公会议由会长、副会长组成，由会长定期召集开会。会长办公会议负责督促、落实理事会、常务理事会决议和决定。

5. 监事会。监事会是全国律师代表大会的监督机构，对全国律师代表大会负责。监事会由全国律师代表大会选举产生。监事会与理事会任期相同。监事会每年至少举行 1 次会议。

监事会职责包括：①监督理事会、常务理事会执行全国律师代表大会决议的情况；②监督理事、常务理事履行职责的情况，对严重违反本会章程或者全国律师代表大会决议的人员提出罢免建议；③检查本会财务报告，监督会费的收缴使用情况，监督预算执行及重大事项的财务收支情况；④指派监事列席理事会、常务理事会会议，并对决议事项提出质询或建议；⑤监督专门委员会、专业委员会履行职责的情况；⑥对理事、常务理事、财务管理人员损害本会利益的行为，要求其及时予以纠正；⑦全国律师代表大会授权其履行的其他监督职责。

6. 秘书处。全国律协设秘书处，负责实施全国律师代表大会、理事会、常务理事会的各项决议、决定，承担协会日常工作。秘书处设秘书长 1 人，副秘书长若干人。秘书长由常务理事会聘任，副秘书长由秘书长提名，常务理事会决定。秘书长在常务理事会的授权范围内，领导秘书处开展工作。秘书长、副秘书长列席理事会议、常务理事会议、会长办公会议。

7. 专门委员会。专门委员会是律师协会履行职责的专门工作机构。律师协会设立维护律师执业合法权益委员会、律师纪律委员会、规章制度委员会、财务委员会等。经常务理事会决定，可以设立其他专门委员会。

8. 专业委员会。协会设立若干专业委员会。各委员会设主任 1 人，副主任若干人和委员若干人。专业委员会的设置、调整和主任、副主任人选由常务理事会决定。专业委员会按照专业委员会活动规则，组织开展理论研究和业务交流活动，起草律师有关业务规范。常务理事会可以聘请专家、学者和有关领导担任专业委员会的顾问。

（四）会员

律师协会会员分为团体会员和个人会员。依照律师法取得律师执业证书的律师，为律师协会个人会员；依法批准设立的律师事务所为律师协会团体会员。个人会员应当在本人执业注册所在地的省、自治区、直辖市律师协会办理会员登记手续。个人会员是中国共产党党员的，应当履行党员义务，享有党员权利，自觉接受党组织的监督，弘扬伟大建党精神。符合设立党组织条件的团体会员应当根据《中国共产党章程》的规定，设立党的组织，开展党的活动，加强党的建设。

1. 个人会员的权利与义务。

（1）个人会员的权利包括：享有表决权、选举权和被选举权；享有依法执业保障权；参加协会组织的学习和培训；参加协会组织的专业研究和经验交流活动；享受协会举办的福利；使用律师协会的图书、资料、网络和信息资源；提出立法、司法和行政执法的意见和建议；对协会的工作进行监督，提出批评和建议；通过协会向有关部门反映意见。

（2）个人会员的义务包括：遵守协会章程，执行协会决议；遵守律师执业行为规范，遵守协会行业规则和准则；接受协会的指导、监督和管理；承担协会委托的工作；履行律师协会规定的法律援助义务；自觉维护律师职业声誉，维护会员间的团结；按规定交纳会费。

2. 团体会员的权利与义务。

（1）团体会员的权利包括：参加协会举办的会议和其他活动；使用协会的信息资源；对协会工作进行民主监督，提出意见和建议。

（2）团体会员的义务包括：遵守协会章程；遵守协会的行业规范，执行协会决议；教育律师遵守律师执业行为规范；组织律师参加协会的各项活动；制定、完善内部规章制度；为律师行使权利、履行义务提供必要条件；组织和参加律师执业责任保险；对实习律师加强管理；对律师的执业活动进行考核；按规定交纳会费；承担协会委托的工作。

五、地方律师协会

我国律师制度恢复以后，省、自治区、直辖市陆续成立了律师协会。1986 年 10 月 4 日《司法部关于同意本溪市成立律师协会的批复》认为：把本溪市律师协会作为地、市律师协会的试点单位。但地、市设置律师协会的做法并未迅速推广。1989 年《司法部关于地、市是否可以成立律师协会的批复》认为：省以下（不含省一级）一般不宜成立律师协会，沿海地区和经济发达地区的大、中城市的确需要成立律师协会的，报司法部批准。随着律师体制改革的进一步深入，为实现司法行政管理与律师协会行业管理相结合，并逐步过渡到司法行政机关宏观管理下的律师协会的行业管理，我国《律师法》明确规定，设区的市根据需要可以设立地方律师协会。这一规定，有利于进一步加强地、市律师协会的建立，为实行律师协会行业管理准备了条件。

第三节　境外律师规制机制窥探[1]

20 世纪 80 年代以来，律师职业的自律特权受到了不少质疑和限制。许多国家律师行业的管理，越来越普遍地从自我规制（self-regulation）转向合作规制（co-regu-lation）。这种消费者导向的合作规制模式兼具外部管理的优势，同时又克服了自我管理的一些明显缺陷，逐渐成为律师管理的趋势，对我国的"两结合"管理体制有着重要的借鉴意义。

一、合作规制（co-regulatory）

在澳大利亚、英国的英格兰和威尔士、苏格兰的每一个司法管辖区，监管机构都被置于一个与法律行业不同的机构中。例如，在英国，律师监管受到监管委员会的监督，这个委员会多数成员必须是非法律职业者，主席亦不得为法律执业者。澳大利亚已达成一项全国性法律职业模型，将监管机构的监管权归于国家法律服务委员会，该委员会包括非律师成员和国家法律服务专员。

1. 英国律师监管的变化。传统上，英格兰和威尔士的律师行业由他们自己的专业团体进行管理，专业团体既表现出了代表性，又具有监管职能。在广泛的批评和审查之后，2007 年议会颁布的《法律服务法案》强调律师职业组织的规制职能与代表职能的分离，弱化传统的法律职业团体自我规制，同时强化公共规制，新设立法律服务理事会作为独立规制机构，对法律职业团体的自我规制进行规制，将"保护和促进消费者的利益"作为监管的主要目标之一。2009 年成立的法律申诉办公室（The Office for Legal Complaints），作为处理有关法律服务申诉的独立机构，有权在一定条件下对法律服务的消费者提供救济，若申诉办公室成员的多数是非法律执业者，

---

〔1〕　对于本部分内容，研究生刘聪收集整理了大部分外文文献，特此鸣谢。

则主席必须是非法律执业者。[1]

2. 澳大利亚律师监管。在澳大利亚，被广泛曝光的丑闻促使州政府建立了更负责任的、以消费者为导向的监管程序。2004年，一个由司法部长常务委员会（Standing Committee of Attorneys General）创建的法律职业行为规范（Model Provisions）最终成为除一个州和地区的法律职业法案（Legal Profession Acts）。尽管这些法案在某些方面有所不同，但它们都承诺在监督过程中提高透明度和响应能力。例如，在新南威尔士，一个独立的法律服务专员（Legal Services Commissioner）会收到所有的投诉，并将其提交给以消费者为导向的调解机构或者律师协会内部的监管机构。对结果不满意的投诉者可能会寻求专员的复审，因为他有权出具新的决定。专员还监督处理投诉的过程，并可能接受一项特别调查，或建议进行更广泛的修改。昆士兰（Queensland）有一个由非律师领导的独立法律服务委员会（Legal Services Commission）。它的惩戒系统包括一个解决小纠纷的客户关系中心（Client Relations Center），以及一个由最高法院法官、一个非律师和一个从业者组成的法律实践法庭（Legal Practice Tribunal）。能力和勤勉的问题可以成为纪律的主题，所有的纪律行为都在法律服务委员会网站上公布。[2]

从2001年在新南威尔士的里程碑式的立法开始，除了一个澳大利亚州和领地外，所有的州和地区都允许"合并法律执业"（Incorporated Legal Practices，ILPs），这些合并的法律实践的监管框架为监管创新提供了模型。在新南威尔士，ILPs管理系统必须处理10个与经常引起投诉有关的目标，如能力、沟通、监督、信托基金和利益冲突等。所有的ILPs都必须进行自我审查，以评估他们对这些目标的遵守程度。那些认为自己没有完全服从的ILPs必须与法律服务专员办公室（the Office of the Legal Service Commissioner，OLSC）一起改进他们的实践管理系统。在ILPs的自我审计或客户投诉引起关注的情况下，专员可以发起一项独立审计。一项对新南威尔士新框架的全面研究发现，要求ILPs通过自我评估的过程，会导致频繁的内部改革，并将投诉的数量减少一半左右。[3]

3. 德国司法行政机关、法院和律师协会协同监管。在德国，由司法行政机关、法院和律师协会三方主体协同履行对律师的监管职责，且彼此分工明确，监管严密。德国的律师协会属于公法上的团体法人，州司法行政部门对律师协会行使国家监督职能。监督的范围限于法律和章程的遵守情况，特别是律师协会对被委托职责的履

〔1〕 李洪雷：《迈向合作规制：英国法律服务规制体制改革及其启示》，载《华东政法大学学报》2014年第2期。

〔2〕 Deborah L. Rhode、Alice Woolley，"Comparative Perspectives on Lawyer Regulation: An Agenda for Reform in the United States and Canada"，in 80 *Fordham L. Rev.* 2761, 2790 (2012).

〔3〕 Deborah L. Rhode、Alice Woolley，"Comparative Perspectives on Lawyer Regulation: An Agenda for Reform in the United States and Canada"，in 80 *Fordham L. Rev.* 2761, 2790 (2012).

行情况。律师惩戒诉讼由律师名誉法院管辖，律师法院按需要可以设立多个法庭，州行政司法部门确定法庭的数量，但要事先听取律师协会理事会的意见。律师法院的成员由州司法行政部门任命，从律师协会理事会递交的推荐名单中遴选。律师高等法院中的职业法官成员，由州司法行政部门从州高等法院的固定成员中指定，律师高等法院的律师成员，由州司法行政部门任命。联邦最高律师法院中作为陪审法官的律师由联邦司法部从联邦律师协会递交的推荐名单中遴选任命。律师协会理事会对律师执业行为进行指导、监督和约束。律师执业许可证书由律师协会颁发。律师协会理事会维护和促进律师协会的利益，其负有下列职责：对律师协会会员提供业务咨询或指导；根据申请调解会员之间的纠纷；根据申请调解会员与委托人之间的纠纷；监督会员履行义务，并有权给予训诫；推荐律师成为律师法院和律师高等法院成员；提供州司法行政机关、法院或行政机关所要求的（关于律师的）鉴定书；培训实习律师；推荐律师参加司法考试委员会。[1]

二、美国律师的自我规制（self-regulation）

美国以律师协会为主对律师进行管理，法院一直宣称有"固有的权力"来规制律师执业行为，并且在名义上，法院占有更重的分量。当然，许多具体的工作是由律师协会来进行的，其在律师的监督管理，保护律师利益，提高律师职业道德水平，促进律师之间的交流，促进律师制度的发展等方面，发挥着十分重要的作用。州一级的律师协会在律师管理体制中扮演主要角色。

美国律师行业受到规制的方式通常被称为"自我规制"（self-regulation）。[2] 事实上，美国律师行业的规制通常是政府司法部门的一项职权，律师协会参与的程度因州而异。在每个州和哥伦比亚特区（District of Columbia），律师监管的首要责任都属于州最高法院，早在13世纪，州司法机关对律师的监管权就获得了普遍接受。[3]

州最高法院的监管职权通常包括制定律师准入规则、制定职业行为规则、纪律（disciplinary）执行的规则和程序等，所有这些措施都旨在实现职业规制的首要目的——"保护公共利益"（protection of the public）。在这个过程中，律师协会可以向法院提出规则和政策供其采纳。而且，虽然州立法机关通过监督警察权（police power）的行使，可以采取行动保护公众利益，但是在法律执业层面，它只能协助法院，其行动不可取代或减损法院监管律师的权力。在不同的司法管辖区，律师惩戒功能

---

〔1〕　内容参见《德国联邦律师条例》，该条例于1959年8月1日颁布，2009年7月30日公布了相关法律最新修订。

〔2〕　Judith L. Maute，"Bar Associations，Self-Regulation and Consumer Protection：Whither Thou Goest"，in *Journal of the Professional Lawyer*，Vol. 2008，Issue 1（2008），pp. 53-86.

〔3〕　Mary M. Devlin，"The Development of Lawyer Disciplinary Procedures in the United States"，in *Georgetown Journal of Legal Ethics*，Vol. 7，Issue 4（Spring 1994），pp. 911-940.

(disciplinary function) 的定位是不同的。在"自愿律师协会"（voluntary bar）的州,[1] 法院基本上都设立了独立的惩戒机构；在"统一律师协会"（unified bar）的州,[2] 法院要么将纪律处分委托给州律师协会的一个机构,要么设立一个单独的惩戒机构。在一个州律师协会内,纪律处分的程度会强化人们的看法,即该系统纯粹是自我管理的。此外,法律专业人员的参与,无论是作为最初的裁决者还是纪律委员会成员,都强化了公众的这样的认识,即在美国,律师仅仅是由他们的专业同事来管理的。然而,如上所述,现实并非如此。

三、加拿大律师的监管授权型自我规制（authorized self-regulation）

在加拿大,省级立法机构已经将监管权力授予了律师协会,这些法律团体由律师从律师协会选出。加拿大的制度为公共问责制提供了更大的潜力,并对监管绩效进行了检查。在加拿大普通法地区,律师的自我规制生机勃勃。在加拿大的 10 个省和 3 个领地,都有一个律师协会。这些组织由律师领导,由律师选择,对其各省份和领地的法律服务规制,行使极其完整的控制权。这些律师协会是由省立法确立的。这些法律赋予律师协会充分的权力和裁量权,并且通常根据律师协会本身提出的建议进行修改。法官、立法者和政府官员,在加拿大法律服务规制中的作用相当小。[3]

2007 年,加拿大竞争局（Canadian Competition Bureau）对律师职业的自我规制进行了研究,最后提出可以尝试由加拿大联邦政府机构来接管律师规制,这一研究引发了加拿大理论界和实务界对"谁来监管律师"这一问题的热议。长期以来,就国家层面来看,加拿大联邦律师协会（Federation of Law Societies of Canada, FLSC）一直肩负着监管律师的职责。联邦律师协会在制定国家层面律师法规标准方面发挥了主导作用,该标准随后由省和地方法律协会实施。近年来,加拿大联邦律师协会在法律教育、职业准入、律师惩戒、律师职业伦理等问题上制定了国家标准。例如,2009 年,加拿大联邦律师协会制定了《职业行为示范守则》,作为加拿大各个律师协会行为守则的标杆,希望藉此能够消除加拿大各司法辖区在律师职业行为规则上的重大差异。加拿大联邦律师协会还建立了职业行为示范守则常设委员会,来监控法律的变化,并届时就该示范守则的修改和完善提出建议。[4] 尽管加拿大联邦律师协会能够制定一系列的政策,但省级法律协会仍保留对其管辖范围内的律师进行监管

---

〔1〕 "自愿律师协会"（voluntary bar）,是律师的私人组织。会员资格并不局限于注册律师。会员可以扩展到对协会目标和目的感兴趣的人。美国律师协会是会员最多的自愿律师协会。

〔2〕 "统一律师协会"（unified bar）,美国一些州要求律师必须成为律师协会的会员才能执业,这样的律师协会通常被称为"统一律师协会",这是一种政府授权垄断（government-granted monopoly）。目前只有一小部分州属于这种情况,如加利福尼亚州、弗罗里达州、阿拉巴马州等。

〔3〕 《加拿大不列颠哥伦比亚省 1998 年法律职业法》,王进喜译,中国法制出版社 2017 年版,译序。

〔4〕 《加拿大律师协会联合会职业行为示范守则》,王进喜译,中国法制出版社 2016 年版,导言。

的权力。[1]

■思考题

1. 简述我国律师管理体制的变迁及其原因。

2. 试述在"两结合"的管理体制下律师协会同司法行政机关的管理。

3. 论述我国律师管理体制的发展趋势及其展望。

4. 试述境外律师规制的借鉴意义。

■参考书目

1. 陈宜编著：《律师执业组织形式和律师管理体制研究》，中国政法大学出版社 2014 年版。

2. 王进喜：《律师管理体制比较研究》，中国法制出版社 2021 年版。

3. 王进喜：《律师法实施与再修改问题研究》，知识产权出版社 2020 年版。

4. 王进喜译：《面向新世纪的律师规制 美国律师协会惩戒执行评估委员会报告》，中国法制出版社 2016 年版。

5. ［美］德博拉·L. 罗德、小杰弗瑞·C. 海泽德：《律师职业伦理与行业管理》，许身健等译，知识产权出版社 2015 年版。

---

[1] Laurel S. Terry, "Trends in Global and Canadian Lawyer Regulation", in *Saskatchewan Law Review*, Vol. 76, Issue 1 (2013), pp. 145–184.

第七章　律师收费

第一节　律师收费制度概述

　　一般来说，律师提供的法律服务是一种有偿服务，委托人只有支付酬金才能得到律师提供的法律服务。收取律师费用，是律师行业的古老行规。

一、律师收费

　　律师收费是指律师通过运用自己的知识和技能为委托人提供法律服务，向委托人收取报酬的行为。律师通过提供法律服务向委托人收取的费用，称为律师费或者律师费用。早在公元 5 世纪古罗马时期，辩护人团体从事辩护时，就收取费用，后在发展演变过程中，收费的做法一直保持不变，并支撑着律师行业在漫长的历史隧道中发展壮大。律师收费是由律师的社会地位决定的，律师大多来自民间，在凭借知识和理想促进社会公平正义的同时，必须按照市场规则来糊口谋生。收费也是由律师独立、客观、公正的职业属性所决定的。律师只有自食其力，实现经济上的独立，不依附于任何个人或者组织，才能独立客观地运用自己掌握的专业知识和技能，依据事实和法律为当事人提供服务。律师收费是律师行业赖以生存和发展的基础。

二、律师收费制度

　　律师收费制度是由关于律师收费的法律、规范规则、习惯、文化和传统等因素构成的体系。这些因素有的以法律、法令、政府规章等形式表现出来，有的以律师协会颁发的行业规范、职业道德和纪律等形式出现，还有的是未成文但被公众普遍认可、接受的习惯做法和观念、信息，这些因素相互作用，相互影响，通过强制性规范和潜移默化引导的方式，塑造了现实社会生活中的律师收费行为，构建了律师收费的秩序。通常，律师收费制度包括以下几个方面的内容：

1. 律师收费的定价方式和原则。从世界各国的情况看，由于历史文化、风俗习惯、律师行业的传统不同，不同国家的律师收费形成机制也不同。一些国家用立法的方式规制律师收费；一些国家在法律中对律师收费不作任何规定，完全由律师与委托人自由协商确定，或者由律师协会自我管理。还有一些国家实行双轨制，部分律师收费项目由国家管制，部分项目由律师通过协商收费。

2. 律师收费的分类。由于律师收费的名目较多、性质不同，考虑到纳税的因素，在律师收费的实践中常常对这些费用进行细分。大体上分为三类：①代付费用，包括代委托人向法庭交纳的诉讼费，向公证处交纳的公证费，向婚姻、土地、工商等登记部门交纳的费用，等等。②办案费用，一般指律师办理法律事务的成本，如差旅、邮资、通讯等费用。③律师报酬，即律师提供法律服务应得的经济收入。律师报酬一般要交税，在有的国家，委托人在支付律师报酬的同时，还要替律师交纳报酬部分的所得税或者营业税。

3. 律师收费方式和标准。律师收费方式和标准指律师采用什么样的方式进行收费，以什么样的标准确定收费数额。律师行业经过长期的发展，积累沉淀，形成了一些比较成熟的做法。最常见的律师收费方式有：

（1）计件收费或者按件收费。计件收费是指根据法律事务的种类确定每一类法律事务的收费标准，然后按照办理案件的数量收取律师费。这种收费方式通常适用于较为简单、没有财产争议的案件。

（2）按标的比例收费。按标的比例收费指律师根据案件所涉及的诉讼标的额或者财产争议额，以一定的比例来收取律师费。比如，某个财产纠纷案件的争议额为100万，律师收费的比例为3%，则律师费为3万。这种收费方式适用于涉及财产关系的法律事务。

（3）计时收费。计时收费是一种比较流行的律师计费形式，具体是指律师、律师事务所根据为委托人提供法律服务所花费的时间计算和收取律师费。在计时收费中，决定收费金额的因素有两个：①工作时间，即律师办理委托人所委托的法律事务实际花费的有效工作时间。比如，律师办理法律事务过程中，实际花费在起草文件、调查取证、出庭、谈判、会见等事务上的时间，属于有效工作时间；而一些与所托事务无关的事宜，则不能计入有效工作时间。②收费标准，即每小时收取多少钱。收费标准，一般是由律师事务所根据律师的资历、经验、声望以及市场行情，为每个律师制定相应的收费标准。计时收费是律师根据花费在案件上的实际工作时间和自己每小时收费标准来确定收费数额的。这种收费方式可适用于全部法律事务。计时收费把律师的劳动与报酬紧密地连接起来，在一定程度上真实、客观地反映出律师的价值，较好地体现了律师服务的单位时间价值，具有广泛的适用空间。但是，鉴于委托人不可能了解律师的全部活动，无法知道律师到底在自己的案件上用了多少心思、花费多少精力，如何防止律师不负责地多记工作时间，如何做到取信于委托人是适用计时收费方式的关键。为此，许多国家的律师协会制定了计时收费规则，规定出律师办理各种法律事务的平均工作时间，通常为一个时间段，供律师事务所确定工作时间时参照，同时也便于委托人对照审查律师事务所提供的工作时间。大多数律师事务所也建立了严格的收费审查制度，由合伙人或者高级管理人员对律师提交的工作时间进行审查，为顾及本所的声誉，许多律师事务所、律师通常会对工作时间进行压缩。

（4）固定费用。固定费用是指律师不考虑工作时间、办理法律事务的件数，甚至不考虑支出成本，事先向委托人收取的一笔数额确定的费用。这种费用构成比较复杂，有的只含律师报酬，有的包括律师报酬、代付费用和办案费用，完全取决于律师与委托人的协商结果。这种收费方式通常用于大型项目的法律服务、包干式一揽子服务，也常用于律师担任长期的个人、企业法律顾问。律师担任个人、企业法律顾问的收费，也称为顾问费，一般按年度、月份收取固定的律师费。

（5）风险代理收费。风险代理收费是指律师与委托人事先约定，根据律师代理的结果来收取费用，结果不同，收费的数额不同。这种方法常常适用于委托人无力支付律师费用，或者委托人认为胜诉可能性不大、将风险转嫁给律师的情形。由于这种收费方式将律师收费与案件办理结果直接挂钩，许多人认为这样会损害司法活动的公正形象，容易鼓励律师为多收费而采取不正当手段争取胜诉。许多国家限制风险代理适用于特定的范围，我国也对风险代理作出严格限制。

4. 律师收费行为准则。由于律师收费直接涉及委托人利益、公众利益，一些国家的律师法对律师收费行为进行了规制，各国律师协会也以执业规范的形式对律师收费行为提出了要求。概而言之，对律师收费行为的要求主要有：①律师要诚信收费。律师要客观评估办理时间、难度、风险等因素后向委托人报价，如实告知委托人相关信息。②律师要在自愿平等的前提下与委托人签订书面的收费协议，律师不得利用优势地位在协议中订立免除律师应当承担的责任的条款。③律师要如实提供工作清单和收费细目以便委托人审查，对委托人的质疑要认真解释、及时答复。④律师收费后要及时向委托人提供正式票据。⑤发生收费争议后，律师一般不得为索要律师费用，扣留委托人提供的证据、文件等资料，干扰委托人另聘律师继续办理有关法律事务。

5. 律师收费争议的解决。律师与委托人因律师收费发生争议的，一般先由律师、律师事务所与委托人协商解决。协商不成的，可以提请律师事务所所在地的律师协会调解，也可提请仲裁或向人民法院提起诉讼。

三、律师收费制度的发展趋势

收费制度是律师行业的基础性制度。它既是律师行业生存发展的支柱，也是引导、影响律师行业发展的杠杆。这种杠杆作用，从律师行业来看，通过调整律师行业的整体收费水平，可以加快或者减缓律师行业的发展速度，通过提高或者降低某一领域律师服务收费，可以引导律师进入或者退出某一业务领域；从公共关系来看，是调节律师行业利益与公众利益的均衡器。如果律师收费的整体水平过高，势必加重委托人的经济负担，迫使许多当事人放弃委托律师进行诉讼，由此会影响到律师作用的发挥，影响到司法活动的效率。因此，除经济发展、社会进步、法制健全等因素对律师收费制度的发展产生影响外，国家、律师、公众三种力量的冲突、协调决定了律师收费制度的建构，推动着律师收费制度的发展变迁。

律师收费制度的核心是定价方式，表现为国家管制和市场定价。在律师行业发展的早期，大多数国家对律师收费实行严格管制，制定详尽的律师收费标准并加以强制执行。在市场经济诞生、发展、成熟的漫长历史进程中，律师业务也由传统的诉讼业务，向非诉讼领域拓展，产生了大量的新型律师业务，这些游离在国家的收费管制范围之外的新业务，一般是遵循市场经济原则，由律师与委托人协商确定收费，由此形成了新的定价机制。政府对律师收费的管制日趋放松，有的国家甚至不再制定律师收费标准，完全由市场定价。但是，律师利益与公众利益的紧张关系并没有消除。过去，许多国家制定律师收费标准一般采取最高价和最低价的方法，即对每一项律师收费项目都规定最高价和最低价：用最低价保护律师的利益，防止律师行业的过度恶性竞争影响律师的服务质量；用最高价保护委托人的利益，使得更多的人能够请得起律师。律师业务的迅猛发展，服务项目的日益复杂化、多样化，导致制定合理价格的难度越来越大。另外，一些新型的市场经济理念和规则，也对一些律师收费惯例造成了冲击。例如，全美律师联合会曾规定各项律师收费的"最低收费标准"，要求会员遵守执行。1975年，联邦最高法院对全美律师联合会的"最低收费标准"进行审理，认为最低收费标准违反了反托拉斯法，裁定废止。针对出现的新情况，许多国家不断调整、改进管制律师收费的方式。一方面，进一步放松管制，允许律师依据市场原则，与委托人自由协商确定收费；另一方面，把对公众利益保护的重点，转向对贫困人群的救助，如以法律援助方式提供律师服务，帮助穷人打官司。

国家对律师收费管制的放松，催生了律师收费方式方法的与时俱进。律师在与委托人协商收费中，围绕着如何更好地适应委托人的要求、更科学地体现律师的工作价值，不断创新收费方式方法。计件收费、按比例收费日渐式微，计时收费在许多国家流行起来，过去一向被禁止使用的风险代理收费，在一些国家也被允许在一些特定类型的案件中使用。一些国家的律师将多种收费形式混合运用于同一个案件的收费，也有的将商业营销方法运用于律师收费。实践中，出现了一种新的收费方法——委托人可以预先向律师事务所交纳一定费用，一旦出现争议，需要律师提供服务，律师则按约定提供一定工作时间或者工作量的服务，这部分的收费一般比平时低，超过预定工作时间或者工作量的部分则正常收费。预先交纳的费用，多余部分不予退还，不足部分则由委托人补齐。我国一些律师事务所推出的"家庭律师""一元律师"活动与此类似。律师收费方式方法的变化，是律师适应法律服务行业激烈竞争的产物。竞争使律师收费方式更加合理，使律师收费下降，律师服务质量不断提高。

许多国家在放宽对律师收费管制的同时，加强了对律师收费行为的规范。许多国家的律师协会制定了约束律师收费行为的行规，严厉查处违法违规收费行为，以维护律师行业的声誉，维护律师行业与公众的良好关系。

第二节　我国律师收费制度

一、我国律师收费制度的历史发展

我国律师收费制度随着我国社会经济的发展，适应律师工作改革发展的要求，从中华人民共和国律师制度创立以来经历了多次改革完善。中华人民共和国历史上第一个规范律师收费的文件是国务院全体会议第二十九次会议于 1956 年 5 月 25 日批准的《律师收费暂行办法》。《律师收费暂行办法》规定了律师收费的原则、收费方式、各项法律事务的收费标准。1980 年，我国恢复重建律师制度后，司法部、财政部根据改革开放的新形势，于 1981 年 12 月 9 日颁布了《律师收费试行办法》。1981年《律师收费试行办法》继承了《律师收费暂行办法》确立的原则，根据律师工作的实际情况对律师收费标准进行了调整。主要内容是：①律师收费标准由国家统一制定。②律师收费主体是法律顾问处（律师事务所），律师个人不得私自收费。③律师收取费用必须在国家确定的标准幅度内，根据律师业务的繁简程度、需时长短、诉讼标的多寡等实际情况，确定收费的具体数额。律师只有在办理复杂的民事案件、涉外案件时，才可以与委托人协商确定收费。④律师除收取律师劳动报酬外，可以收取伙食费、住宿费和交通费。⑤律师办理请求支付赡养费、抚养费、扶养费、抚恤金、救济金、工伤赔偿等案件，可以减免收费。

1990 年 2 月 15 日，司法部、财政部、国家物价局颁布了《律师业务收费管理办法及收费标准》。该文件主要对律师收费项目进行了细化，适度提高了收费标准，同时为适应合作、合伙律师事务所的发展需要，扩大了各项收费标准的浮动幅度。

1997 年 3 月 1 日，国家发展和改革委员会、司法部颁布了《律师服务收费管理暂行办法》。为适应建立社会主义市场经济体制的客观要求，该办法对原有的律师收费制度进行了较大的改革，主要表现在以下三个方面：①扩大了协商收费的范围。

为适应市场经济发展的要求，国家只制定律师办理刑事诉讼案件、民事诉讼案件、行政诉讼案件、各类诉讼案件的申诉及仲裁案件的收费标准；其他的律师收费项目，比如担任法律顾问、办理非诉讼法律事务、法律咨询等业务，由律师与委托人协商确定收费标准。②引入了计时收费制度。此前，一些从事涉外法律服务的律师事务所、律师，只在向外商、外国公民提供法律服务过程中使用计时收费。考虑到计时收费对群众来说还比较陌生，全面推开的时机还不成熟，该办法只规定律师办理非诉讼法律事务可以使用计时收费。③明确了律师费和办案费。针对办案费收取不规范，容易引起群众误解、引发纠纷的问题，明确规定鉴定费、公证费、异地（跨省）办案所需差旅费和律师代委托人支付的其他费用，不属于律师服务费，由委托人另行支付。该办法出台后，在规范律师收费行为、推动律师工作发展方面发挥了积极作用，但同时也遇到了问题。我国幅员辽阔，各地的经济发展极不平衡，国家统一制定的律师收费标准很难符合各地律师的收费实际，出现了最高收费标准在发达地区仍太低、最低收费标准在经济欠发达地区仍太高的问题。为此，2000年4月，《国家计委、司法部关于暂由各地制定律师服务收费临时标准的通知》下发，提出国家暂不出台统一的律师收费标准，由各省、自治区、直辖市根据当地的经济社会发展水平和人民群众的承受能力，制定当地的律师服务收费临时标准。

2004年3月19日，司法部颁布了《律师事务所收费程序规则》，进一步就律师事务所在律师服务收费问题上的程序性事宜进行了规定；全国律协于2004年3月20日开始实行的《律师执业行为规范（试行）》也设"律师收费规范"专章，对律师法律服务收费问题作出行业自律性的规定。

2006年4月13日，司法部、国家发展和改革委员会颁布了《律师服务收费管理办法》。该办法在1997年《律师服务收费管理暂行办法》的基础上，又迈出了较大的改革步伐：①确立了律师收费实行政府指导价和市场调节价相结合的原则。律师办理刑事诉讼案件、民事诉讼案件、行政诉讼案件、各类诉讼案件的申诉及仲裁案件，实行政府指导价，由政府制定收费标准；律师担任法律顾问、办理非诉讼法律事务、法律咨询等业务，实行市场调节价，由律师与委托人协商确定收费标准。②明确了国家不再统一制定律师收费标准。属于政府定价范围的律师收费项目，由各省、自治区、直辖市根据当地的经济社会发展水平和人民群众的承受能力制定。③引入了风险代理的收费方式。实践中，风险代理在一些地区比较普遍。由于风险代理事先不需要委托人交纳费用，受到了经济困难、暂无力支付诉讼费用群众的认可，同时也随之出现了风险代理收费不规范、收费过高等问题，引起了社会各界的关注。该办法在对风险代理收费予以认可的同时，在适用的律师业务范围、收费合同、收费比例等方面作出了严格的限制。④规范了律师收费的程序。对律师收费过程的合同签订，提供费用概算、结算，出具正式票据等环节作了明确的规定。

2013年，《中国共产党十八届三中全会公报》指出，要紧紧围绕使市场在资源配置中起决定性作用深化经济体制改革，坚持和完善基本经济制度，加快完善现代市场体系等，推动经济更有效率、更加公平、更可持续发展。2014 年 12 月，国家发展改革委印发了《关于放开部分服务价格意见的通知》[1]，放开对部分服务业的收费限制标准，包括律师行业和会计师行业等。明确缩小实行政府指导价管理的律师服务范围。为贯彻落实国家要求，随后各地出台了相应收费管理办法，大幅缩小实行政府指导价管理的律师和基层法律服务收费范围，除担任刑事案件辩护人以及刑事案件自诉人、被害人代理人，代理请求支付劳动报酬等特定民事案件、公共利益群体性诉讼案件以及国家赔偿案件外，其他法律服务收费全部放开，实行市场调节。

2016 年颁布的《中华人民共和国国民经济和社会发展第十三个五年规划纲要》指出："发挥经济体制改革牵引作用，正确处理政府和市场关系，在重点领域和关键环节改革上取得突破性进展，形成有利于引领经济发展新常态的体制机制。"明确指出："减少政府对价格形成的干预，全面放开竞争性领域商品和服务价格……"

根据党的十九大关于"加快要素价格市场化改革"和党的十八届三中全会提出的"政府定价范围主要限定在重要公用事业、公益性服务和网络型自然垄断环节"的要求，对标《中共中央、国务院关于推进价格机制改革的若干意见》（中发〔2015〕28 号）提出的"到 2017 年，竞争性领域和环节价格基本放开"的目标，为加快推进价格市场化改革，充分发挥市场在资源配置中的决定性作用，推进政府定价项目清单化，进一步从法律法规制度层面巩固改革成果，国家发展改革委于 2017 年部署各地对 2015 年地方定价目录开展评估和修订。部分省份放开了市场化程度较高的律师诉讼代理服务收费。[2] 部分地区则选择了部分放开的方式。

根据 2016 年修订的《江苏省律师服务收费管理办法》，除公益性诉讼外，大部分民事案件中律师费用放开，律师收费将由律师事务所自己说了算。增加了计时收费方式。2016 年《贵州省发展改革委、贵州省司法厅关于律师服务收费有关问题的通知》明确规定，除法律援助案件的律师服务外，律师服务收费遵循公平公开、自愿有偿、诚实信用的原则，由律师事务所与服务对象协商一致，以书面形式确定。2018 年 3 月，北京市司法局、北京市律师协会下发《关于全面放开我市律师法律服务收费的通知》，明确指出，按照中央和北京市"放管服"改革要求，经北京市人民政府批准，自 2018 年 4 月 1 日起，取消北京市律师诉讼代理服务收费政府指导价，实行市场调节价。

---

〔1〕 2014 年 12 月，国家发展改革委印发了《国家发展改革委关于放开部分服务价格意见的通知》（发改价格〔2014〕2755 号）。

〔2〕《国家发展改革委价格司有关负责人就修订地方定价目录答记者问》，载中华人民共和国国家发展和改革委员会网站，https://www.ndrc.gov.cn/xwdt/xwfb/201807/t20180717_954299.html? code=&state=123，最后访问日期：2022 年 5 月 24 日。

2021 年，司法部、国家发展改革委员会和国家市场监督管理总局发布《关于进一步规范律师服务收费的意见》。

二、律师收费原则和定价方式

我国《律师法》第 25 条第 1 款规定："律师承办业务，由律师事务所统一接受委托，与委托人签订书面委托合同，按照国家规定统一收取费用并如实入账。"第 59 条规定："律师收费办法，由国务院价格主管部门会同国务院司法行政部门制定。"根据《律师服务收费管理办法》及相关规定，律师服务收费遵循公开公平、自愿有偿、诚实信用的原则。律师收费为服务性收费，采用市场调节价和政府指导价两种定价方式。根据 2021 年《关于进一步规范律师服务收费的意见》，律师服务收费项目、收费方式、收费标准等原则上由律师事务所制定。

1. 市场调节价。市场调节价是指由律师事务所与委托人，根据案件的复杂程度、律师服务的开支及法律服务市场的需求状况等因素，协商确定律师服务的收费数额或者标准。在制定律师服务收费标准时，律师事务所应当统筹考虑律师提供服务耗费的工作时间、法律事务的难易程度、委托人的承受能力、律师可能承担的风险和责任、律师的社会信誉和工作水平等因素。协商收费具有针对性强、收费灵活、运用范围广等特点，能最大限度地满足协商双方的要求，体现律师的劳动价值，反映法律服务的供需关系，推动律师收费趋于合理。但是，由于律师事务所处于优势地位，拥有信息优势，委托人处于相对弱势，就个案而言，协商确定的收费有时会发生偏移，不能正确反映供需关系及律师服务的真实价值。

2. 政府指导价。政府指导价是指政府有关部门依法定职责和程序制定的律师办理法律事务的收费标准。政府指导价按照补偿律师服务社会平均成本，加合理利润与法定税金的原则确定。政府指导价一般由基准价和浮动幅度构成，具体内容是在基准价基础上设定浮动上限和浮动下限。每一项律师服务项目都设定一个浮动范围，以适应同一省内不同地区的经济发展状况和群众承受能力，适应不同律师事务所、不同律师的业务能力、办案质量、声誉的差异。通过设定浮动上限，避免律师收费过高，保证广大群众有经济能力聘请律师维护自己的合法权益；通过设定浮动下限，防止律师低价揽案，搞不正当竞争，维护律师行业的正常秩序，维持律师行业的整体服务水平。政府指导价由省、自治区、直辖市人民政府的价格主管部门会同同级司法行政部门，在充分考虑当地经济发展水平、社会承受能力和律师业的长远发展的基础上制定。制定过程应当公开、公正、透明，广泛听取社会各方面意见，必要时应进行听证。

从目前情况看，多数地方的律师收费已经放开，不再实行政府定价。比如，2018 年 12 月，《湖北省司法厅关于律师服务和基层法律服务收费不再实行政府定价的通知》下发（鄂司发〔2018〕108 号），确认湖北省律师服务收费和基层法律服务收费不再实行政府定价，实行市场调节价。通知第 1 条明确："自 2018 年 12 月 1 日起，全省律师服务收费和基层法律服务收费全面实行市场调节价。律师事务所和基层法律服务所提供法律服务的收费标准由律师事务所和基层法律服务所同委托人协商确定。"仅有少数地方仍实行部分律师收费政府指导价。比如，2018 年 5 月颁行的《西藏自治区律师服务收费管理办法》和《西藏自治区律师诉讼代理服务收费政府指导价标准》，要求律师服务收费实行以市场调节价为主、政府指导价为辅的价格管理方式。上海市发展和改革委员会、上海市司法局于 2017 年 1 月发布的《上海市律师服务收费管理办法》规定了四类实行政府指导价的法律服务，并将《上海市律师服务收费政府指导价标准》作为附件发布，但该办法第 28 条规定"有效期至 2022 年 3 月 31 日"。

三、律师收费方式

律师收费方式，是指律师在向委托人提供法律服务时所采用的计算、收取服务报酬的形式。2006 年《律师服务收费管理办法》规定了以下几种律师收费形式：①计件收费。计件收费是指以律师提供法律服务的件数来计算、确定收费数额的计价形式，主要适用于不涉及财产关系的法律事务。②按标的额比例收费。按标的额比例收费是指根据律师办理法律事务涉及的标的，以一定比例计算、确定律师收费数额的计价形式，适用于涉及财产关系的法律事务。③计时收费。计时收费是指律师根据办理法律事务实际花费的有效工作时间，计算、确定收费数额的计价形式，适用于全部法律事务。④风险代理收费。风险代理收费是一种将律师收费与办理法律事务的结果相挂钩，依据办理法律事务的结果来计算、确定律师费的收费形式。律师办理法律事务达到预期的效果，可以多收取律师服务费用；达不到预期效果的，少收或者不收律师服务费用。

《律师服务收费管理办法》对风险代理收费进行了限制：①风险代理的适用范围：一是实行市场调节价的法律事务。二是部分涉及财产关系的民事案件。律师事务所必须是在告知委托人政府指导价后，委托人仍要求实行风险代理的情况下，才可以实行风险代理收费。②禁止实行风险代理的案件范围：一是刑事诉讼案件。二是行政诉讼案件、国家赔偿案件以及群体性诉讼案件。三是婚姻、继承案件，请求给予社会保险待遇或者最低生活保障待遇的案件，请求给付赡养费、抚养费、扶养费、抚恤金、救济金、工伤赔偿的案件，请求支付劳动报酬的案件等民事案件。③实行风险代理收费，律师事务所必须与委托人签订风险代理收费合同，明确约定双方应承担的风险责任、收费方式、收费数额或比例。④实行风险代理收费，最高收费金额不得高于收费合同约定标的额的 30%。2015 年以后，各地陆续出台的律师服务收费办法对风险代理规定了不同的收费比例。《湖南省律师服务收费行业指导标准》规定，实行风险代理收费的，一般不低于标的额的 10%，最高收费金额一般不高于标的额的 50%。《上海市律师服务收费管理办法》第 14 条规定："律师事务所应委托人要求实行风险代理收费的，应当与委托人签订风险代理收费合同，约定双方应承担的风险责任、收费方式、收费金额或比例。禁止婚姻、继承案件、刑事诉讼案件、行政诉讼案件、国家赔偿案件以及群体性诉讼案件实行风险代理收费。"

然而，从近年情况来看，律师风险代理在执行中出现了一些问题，主要表现在：个别律师对禁止适用风险代理的案件违规适用风险代理，超出风险代理最高收费金额收费，在风险代理中滥用律师专业优势地位，以及为获取高额风险代理费向司法人员进行利益输送等。这些问题不仅损害了当事人合法权益，扰乱了法律服务秩序，也影响了司法廉洁和司法公正。针对上述问题，《关于进一步规范律师服务收费的意见》主要从三个方面对严格限制风险代理作出了规定：

第一，严格限制风险代理适用范围。禁止刑事诉讼案件、行政诉讼案件、国家赔偿案件、群体性诉讼案件、婚姻继承案件，以及请求给予社会保险待遇、最低生活保障待遇、赡养费、抚养费、扶养费、抚恤金、救济金、工伤赔偿、劳动报酬的案件实行或者变相实行风险代理。

第二，严格限制风险代理收费金额。采用分段累进的方式对风险代理收费设定了上限，按照 100 万元以下、100 万元~500 万元、500 万元~1000 万元、1000 万元~5000 万元、5000 万元以上 5 个档次，规定最高收费比例分别为 18%、15%、12%、9%、6%，相比于《律师服务收费管理办法》规定的 30% 的最高收费比例作了较大幅度的下调。

第三，严格规范风险代理约定事项。律师事务所和律师不得滥用专业优势地位，对律师事务所与当事人各自本应承担的风险责任作出明显不合理的约定，不得在风险代理合同中排除或者限制当事人上诉、撤诉、调解、和解等诉讼权利，或者对当事人行使上述权利设置惩罚性赔偿等不合理的条件。律师事务所应当与当事人签订专门的书面风险代理合同，并在风险代理合同中以醒目方式就风险代理相关事项对当事人进行提示和告知。

四、律师收费程序和基本规则

（一）律师收费程序

律师事务所收取律师服务费时，应当遵循以下程序要求：

1. 协商收费，签订收费合同。律师事务所与当事人协商收费，应当遵循公开公平、平等自愿、诚实信用的原则，不得作出违背社会公序良俗或者显失公平的约定，不得采取欺骗、诱导等方式促使当事人接受律师服务价格，不得相互串通、操纵价格。律师事务所不得在协商收费时向当事人明示或者暗示与司法机关、仲裁机构及其工作人员有特殊关系，不得以签订"阴阳合同"等方式规避律师服务收费限制性规定。律师事务所应当加强对收费合同或者委托合同中收费条款的审核把关，除律师服务费、代委托人支付的费用、异地办案差旅费外，严禁以向司法人员、仲裁员疏通关系等为由收取所谓的"办案费""顾问费"等任何其他费用。律师事务所在提供法律服务过程中代委托人支付的诉讼费、仲裁费、鉴定费、公证费、查档费、保全费、翻译费等费用，不属于律师服务费，由委托人另行支付。律师事务所应当向委托人提供律师服务收费清单，包括律师服务费、代委托人支付的费用以及异地办案差旅费，其中代委托人支付的费用及异地办案差旅费应当提供有效凭证。

律师事务所接受委托，应当与委托人签订律师服务收费合同或者在委托代理合同中载明收费条款。收费合同或收费条款应当包括：收费项目、收费标准、收费方式、收费数额、付款和结算方式、争议解决方式等内容。律师服务收费应当由财务人员统一收取、统一入账、统一结算，并及时出具合法票据，不得用内部收据等代替合法票据，不得由律师直接向当事人收取律师服务费。确因交通不便等特殊情况，当事人提出由律师代为收取律师服务费的，律师应当在代收后 3 个工作日内将代收的律师服务费转入律师事务所账户。

2. 收费合同的变更。律师事务所与委托人签订合同后，不得单方变更收费项目或者提高收费数额。确需变更的，律师事务所必须事先征得委托人的书面同意。双方协商确定后，对律师收费合同的有关内容进行更改。

3. 律师收费的结算。律师服务费应由律师事务所向委托人统一收取，律师不得私自向委托人收取费用。律师事务所向委托人收取律师服务费，应当向委托人出具合法票据。律师事务所不能提供有效凭证的部分，委托人可不予支付。

4. 律师事务所的教育管理职责。律师事务所应当加强对本所律师的教育管理，引导律师践行服务为民理念，树立正确的价值观、义利观，恪守职业道德和执业纪律，严格遵守律师服务收费各项管理规定。强化内部监督制约，确保律师服务收费全流程可控，认真办理涉及收费的投诉举报，及时纠正律师违法违规收费行为。

（二）律师收费的基本规则

律师收费应当遵循以下准则：

1. 诚实信用、合理收费。律师事务所在制定律师服务费标准时，应当统筹考虑律师提供服务耗费的工作时间、法律事务的难易程度、委托人的承受能力、律师可能承担的风险和责任、律师的社会信誉和工作水平等因素，提升律师服务收费合理化水平。律师收费应当遵循自愿有偿、诚实信用的原则。律师、律师事务所要便民利民，努力降低服务成本，减少不合理开支，为委托人提供方便优质的服务。

2. 收费公开。律师事务所应当严格执行明码标价制度，将本所在律师协会备案的律师服务费标准在其执业场所显著位置进行公示，接受社会监督。

3. 统一收案、统一收费。律师事务所统一接受委托，统一与委托人签订委托合同、收费合同，统一收取律师服务费用、代委托人支付的费用和异地办案差旅费用。律师事务所应建立律师业务统一登记编码制度，加快推进律师管理信息系统业务数据采集，按照统一规则对律师事务所受理的案件进行编号，做到案件编号与收费合同、收费票据一一对应，杜绝私自收案收费。

4. 扩大律师服务收费普惠化范围。律师事务所办理涉及农民工、残疾人等弱势群体或者与公益活动有关的法律服务事项，可以酌情减免律师服务费。对当事人符合法律援助条件的，律师事务所应当及时告知当事人可以申请法律援助。鼓励律师事务所和律师积极参与公益法律服务。

五、律师收费监管

（一）律师服务费标准备案与动态监测

律师事务所制定的律师服务费标准，应当每年向所在设区的市或者直辖市的区（县）律师协会备案，备案后1年内原则上不得变更。律师事务所不得超出该所在律师协会备案的律师服务费标准收费。各省（区、市）律师协会指导设区的市或者直辖市的区（县）律师协会对律师事务所制定的律师服务费标准实施动态监测分析。

（二）年度考核及抽查

司法行政部门、律师协会要把律师服务收费作为律师事务所年度检查考核和律师执业年度考核的重要内容并开展"双随机一公开"抽查。

（三）争议解决和违规查处

因律师服务收费发生争议的，律师事务所和当事人可以协商解决。协商不成的，双方可以提请律师事务所所在设区的市或者直辖市的区（县）律师协会进行调解。设区的市或者直辖市的区（县）律师协会应当成立律师服务收费争议调解委员会，制定律师服务收费争议调解规则，依法依规开展调解。

依法依规严肃查处违法违规收费行为，对不按规定明码标价、价格欺诈等违反价格法律法规的行为，由市场监管部门依法作出行政处罚；对私自收费、违规风险代理收费、变相乱收费以及以向司法人员、仲裁员疏通关系为由收取所谓的"办案费""顾问费"等违法违规收费行为，由司法行政部门、律师协会依据《律师法》《律师和律师事务所违法行为处罚办法》等作出行政处罚、行业处分。市场监管部门、司法行政部门对律师事务所和律师违法违规收费行为作出行政处罚的，应当及时抄送同级司法行政部门、市场监管部门。健全律师服务收费诚信信息公示机制，司法行政部门及时在律师诚信信息公示平台公示律师事务所和律师因违法违规收费被处罚处分信息，定期通报违法违规收费典型案例，强化警示教育效果。

律师事务所、律师有下列违法收费行为之一的，由司法行政机关依照《律师法》以及《律师和律师事务所违法行为处罚办法》实施行政处罚：①律师违反统一接受委托规定或者在被处以停止执业期间，私自接受委托，承办法律事务的；律师事务所违反规定不以律师事务所名义统一接受委托、统一收取律师服务费和律师异地办案差旅费，不向委托人出具有效收费凭证的。②律师违反收费管理规定，私自收取、使用、侵占律师服务费以及律师异地办案差旅费用的。③在律师事务所统一收费外又向委托人索要其他费用、财物或者获取其他利益的。④律师向法律援助受援人索要费用或者接受受援人的财物或者其他利益的。⑤律师事务所纵容或者放任本所律师有违法收费行为的。

2017 年修订的《律师协会会员违规行为处分规则（试行）》专节规定了"违规收案、收费的行为"，具有以下情形之一的，给予训诫、警告或者通报批评的纪律处分；情节严重的，给予公开谴责、中止会员权利 1 个月以上 1 年以下或者取消会员资格的纪律处分：①不按规定与委托人签订书面委托合同的；②不按规定统一接受委托、签订书面委托合同和收费合同，统一收取委托人支付的各项费用的，或者不按规定统一保管、使用律师服务专用文书、财务票据、业务档案的；③私自接受委托，私自向委托人收取费用，或者收取规定、约定之外的费用或者财物的；违反律师服务收费管理规定或者收费协议约定，擅自提高收费的；④执业期间以非律师身份从事有偿法律服务的；⑤不向委托人开具律师服务收费合法票据，或者不向委托人提交办案费用开支有效凭证的；⑥在实行政府指导价的业务领域违反规定标准收取费用，或者违反风险代理管理规定收取费用。

《关于进一步规范律师服务收费的意见》一方面要求各级司法行政、发展改革、市场监管等部门齐抓共管、密切协作，形成工作合力，另一方面要求司法行政机关、律师协会和律师事务所、律师各负其责、协调联动，确保律师服务收费管理各项政策举措落实落细、见到实效。

第三节　我国律师法律援助

一、律师法律援助概述

法律援助（legal aid）制度，是国家向社会成员提供的，保障公民平等地、真实地享有法律赋予的诉讼权利的重要措施。一般规定，无收入或低收入者以及特定案件的当事人，经审查符合法律规定条件的，可以申请法律援助。法律援助包括诉讼费、律师费的减免（有的还规定公证或其他费用的减免）。法律援助的资金来源一般以政府拨款为主，也包括社会的捐献等。法律援助制度最早产生于西方国家，被认为是实行公平审判的一项重要措施，是人类文明进步的一个标志。随着社会文明的发展和法制的不断完善，法律援助制度已成为国家为了保障公民实现法律所赋予的权利的社会保障制度，为世界多数国家所确认。到 20 世纪 50 年代，发达国家的法律援助制度已经相当完备，连非洲的许多发展中国家也于 20 世纪六七十年代纷纷建立起了法律援助制度。从法律援助的产生和发展，我们不难看出律师始终是法律援助的主力军。

（一）法律援助制度的产生和发展

法律援助从产生至今，经历了以下几个阶段：

1. 法律援助制度产生的初期。在这一阶段，法律援助行为主要是一种慈善行为。经常被表述为"法律救助""法律救济"，法律援助的实施由私人宗教组织、行政机关、公共援助机构以及律师个人进行，没有国家的参与，自愿、分散地进行，法律援助的资金主要是私人捐款。如在美国，1870年，第一个美国法律援助协会成立，当时，该协会主要是帮助德国移民。在20世纪60年代以前，法律援助主要是依靠个人的自愿为贫穷的当事人提供服务，如在刑事案件中无偿地参与诉讼活动，在民事案件中由法律援助团体为穷人提供帮助。

2. 法律援助制度被视作国家责任。这一阶段，法律援助由单纯的慈善事业向国家责任转化。在理论上，法律援助被认为是保障公民诉讼权利的重要措施。政府拨款成为法律援助基金的重要来源。国家也制定了法律援助的相应法律、法规。从原则上对法律援助进行规范和控制。

在美国，1938年，美国最高法院认为在联邦法院中为刑事被告人提供辩护是宪法赋予被告的权利；1963年，联邦最高法院又将这一解释扩展到各州法院的重罪被告，政府有责任提供法律帮助，这项工作由公共辩护制度来完成。后来美国律师协会设立了法律援助委员会，其主要工作是支持地方的法律援助机构。在法国，长期以来审判被认为是平等原则的体现，这种平等不能因为当事人没有财力而不能实现。因而在律师协会内部就逐渐形成一种律师为贫困者无偿进行法庭辩论的惯例。这种惯例在1851年由法律规定为一种制度。根据这一法律，对于所有可能判处重罪及轻罪刑罚的刑事案件，不论被告人的情况和收入如何，都必须依职权给予审判上的救助，对重罪被告应为其指定辩护；对轻罪案件，法院院长在被告人提出请求时和证明确系贫困时也应为其指定辩护。此外，关于养老金、少年犯、业务上的事故、解雇工人以及其他有关劳资纠纷等案件，在法律上也规定必须给予审判上的救助。在其他情况下，也应根据请求的情况作出相应决定。1972年法国颁布实施了《审判援助法》，该法规定，对于想实现审判上的权利但财力不足的人，可以受到全部或部分的审判援助。

3. 战后法律援助的新发展。二战以后，一些西方发达国家将法律援助纳入国家的福利制度，法律援助作为一种由国家提供的福利而面向社会。强调为实现公民之间的平等，当事人有取得律师帮助的权利，法律援助的社会化程度得到较大的提高，法律援助的国家责任原则得到充分的体现。国家制定相应的法律、法规，从原则上对法律援助进行规范和控制。国家设立专门的组织机构，雇佣专门的人员进行法律援助工作。这种将法律援助制度视为国家福利制度的体制，以瑞典、丹麦为典型。

（二）我国法律援助制度的发展

中华人民共和国律师制度初创时期，1956年司法部发布的《律师收费暂行办法》就规定"律师的设置是为了给予人民以法律上的帮助"，并规定了免收律师费的情形：①关于因生产事故致受损伤请求赔偿的案件；②关于请求赡养费或抚育费的案件；③关于请求抚恤金的案件；④关于当事人请求法律帮助给予口头解答的事件，但关于对具体涉讼案件提供口头意见的除外；⑤经证明当事人确属经济困难，无力负担的。1979年我国开始重建律师制度，律师的收费办法参照1956年颁布的《律师收费暂行办法》并根据各地区的具体情况适当调整。1980 年《律师暂行条例》也规定了律师费减免的情形。司法部于 1993 年颁布实施的《律师职业道德和执业纪律规范》规定，律师应积极履行为有经济困难的当事人提供法律援助的义务。律师不得拒绝律师事务所的指派为无能力交纳费用的当事人提供法律援助。1981 年 12 月 9 日，司法部、财政部发布了《律师收费试行办法》并附律师收费标准表，该办法也规定了律师减免收费的情形。除了律师费的减免，我国早在人民法院设立之初，就已开始实行案件无偿审理制度。据学者方流芳教授考证，在 1984 年之前，中国没有统一的诉讼费征收规则。20 世纪 50 年代初，局部地区一度试行讼费征收，不久随着接二连三的政治运动而废止。20 世纪 80 年代初，上海、重庆、福建和山东等地的法院恢复讼费征收，征收依据是地方性规章[1]。1982 年，实施《民事诉讼法（试行）》；1984 年，最高人民法院依据 1982 年《民事诉讼法（试行）》颁布了第一个全国统一适用的《民事诉讼收费办法（试行）》[2]。1982 年，山西省人大常委会通过的《山西省各级人民法院收取民事诉讼费用暂行办法》在规定民事诉讼的当事人应向人民法院交纳受理费、财产案件当事人还应交纳其他诉讼费用的同时，规定当事人交纳诉讼费用确有困难的，可以申请减交、缓交或免交，由人民法院酌情决定。《民事诉讼收费办法（试行）》规定，下列案件免交诉讼费用：①追索赡养费、扶养费、抚育费、抚恤金和劳动报酬的案件；②依照《民事诉讼法》规定的特别程序审理的选民名单案件、宣告失踪人死亡案件、认定公民无行为能力案件和认定财产无主案件；③人民法院依照审判监督程序进行再审、提审的案件；④人民法院认为应当免交诉讼费用的案件。《刑事诉讼法》规定了指定辩护制度。1995 年之前，我国的法律援助主要是通过法院对符合法律规定条件的诉讼当事人减免诉讼费以及为刑事被告人指定辩护律师、进行律师费的减免及律师的自愿行动来实施的，尚未形成制度，也没有专门的法律加以规范。

1995 年 1 月，司法部正式提出建立中国法律援助制度，并开始在一些地方试点。1996 年 3 月 17 日修正的《刑事诉讼法》和 1996 年 5 月 15 日通过的《律师法》，在中国立法史上，首次将"法律援助"明确写入法律，明确了公民获得法律援助的范围。1997 年 4 月，《最高人民法院、司法部关于刑事法律援助工作的联合通知》发布，就有关刑事审判中的法律援助程序、各级人民法院同所在地的法律援助机构的工作衔接等有关事项作出明确规定。1997 年 5 月，司法部发布《关于开展法律援助工作的通知》，明确规定了法律援助机构、法律援助的对象、法律援助的范围和形

---

〔1〕 中国社会科学院法学研究所民法研究室民诉组、北京政法学院诉讼法教研室民诉组合编：《民事诉讼法参考资料》（第四辑第二册），法律出版社 1981 年版，第 280～297 页。

〔2〕 方流芳：《民事诉讼收费考》，载 http：//www.aisixiang.com/data/43562.html，最后访问日期：2022 年 6 月 3 日。

式、法律援助的程序以及法律援助中的权利、义务和法律责任。

2003 年 9 月 1 日，《法律援助条例》施行，以行政法规的形式对法律援助工作进行了全面规范，标志着我国法律援助事业的发展进入了一个新的阶段。这是我国第一部关于法律援助的全国性立法。《法律援助条例》规定，法律援助是政府的责任，县级以上人民政府应当采取积极措施推动法律援助工作，为法律援助提供财政支持，保障法律援助事业与经济、社会协调发展。

2009 年 6 月，司法部在全国范围内部署开展了为期 1 年半的"法律援助便民服务"主题活动；2011 年，将深化法律援助便民服务确定为司法行政系统年度重点工作；2012 年，又组织开展了"法律援助为民服务创先争优年"活动，努力为困难群众提供便捷高效的法律援助。

党的十八大报告强调，要把保障和改善民生放在更加突出的位置；习近平总书记在中共中央政治局第四次集体学习时的讲话强调，要加大对困难群众维护合法权益的法律援助；《2013 年政府工作报告》要求健全法律援助制度；2013 年 4 月，司法部下发了《关于进一步推进法律援助工作的意见》，对做好新形势下法律援助工作作出了部署，从四个方面就加大对困难群众法律援助服务力度提出了具体要求：①做好为困难群众提供法律援助的工作。②扩大法律援助覆盖面。③深化法律援助便民服务。④提高法律援助服务质量。

2015 年 6 月，中共中央办公厅、国务院办公厅印发《关于完善法律援助制度的意见》，对进一步加强法律援助工作，完善中国特色社会主义法律援助制度进行部署，意见要求扩大法律援助范围。民事、行政法律援助覆盖面在《法律援助条例》规定法律援助范围的基础上，逐步将涉及劳动保障、婚姻家庭、食品药品、教育医疗等与民生紧密相关的事项纳入法律援助补充事项范围，帮助困难群众运用法律手段解决基本生产生活方面的问题；加强刑事法律援助工作。建立法律援助值班律师制度，健全法律援助参与刑事案件速裁程序试点工作机制；实现法律援助咨询服务全覆盖。意见要求提高法律援助质量，推进法律援助标准化建设，加强法律援助质量管理，完善法律援助便民服务机制。据悉，全国民事法律援助律师所提供的代理意见、刑事法律援助律师所提供的辩护意见 90% 都得到了司法机关的采纳。[1]

2006 年，联合国开发计划署在河南修武试点开展法律援助值班律师项目。2010 年，法律援助值班律师工作在河南省全面铺开。2017 年 8 月，最高人民法院、最高人民检察院、公安部、国家安全部、司法部联合印发《关于开展法律援助值班律师工作的意见》，对推进法律援助值班律师工作作出部署。开展法律援助值班律师工作，由法律援助值班律师在刑事诉讼各阶段为犯罪嫌疑人、被告人及时提供法律咨

---

〔1〕《民事刑事法援律师意见 90% 获采纳》，载国务院新闻办公室网站，http://www.scio.gov.cn/37236/37262/Document/1601801/1601801.htm，最后访问日期：2023 年 7 月 11 日。

询等法律帮助，是中央深化司法体制改革的一项重要任务，是推进法律援助参与以审判为中心的刑事诉讼制度改革的重要内容。

2017 年 2 月，司法部、财政部印发《关于律师开展法律援助工作的意见》，要求充分发挥律师在法律援助工作中的作用，更好地满足人民群众法律援助需求。意见的出台对于推进律师开展法律援助工作，组织引导广大律师依法履行法定职责，牢固树立执业为民理念，自觉承担社会责任，切实增强开展法律援助工作的责任感和荣誉感，充分发挥律师在法律援助工作中的作用，更好地满足人民群众法律援助需求具有重要意义。

2017 年 10 月起，最高人民法院、司法部部署在北京等 8 个省（市）开展刑事案件律师辩护全覆盖试点。刑事案件除了当事人自己聘请律师辩护和《刑事诉讼法》规定的未成年人、盲聋哑人等五类应当通知辩护的情形，将审判阶段通知辩护案件范围扩大至适用普通程序审理的一审案件、二审案件，按照审判监督程序审理的案件；同时，对适用简易程序、速裁程序审理的案件，被告人没有辩护人的，安排值班律师为其提供法律帮助，保证了犯罪嫌疑人、被告人百分之百获得法律帮助、律师辩护。2018 年，司法部部署将试点范围扩大至 31 个省（区、市）和新疆生产建设兵团，不断提高刑事案件辩护率，更好保障犯罪嫌疑人、被告人的合法权益，进一步提升司法人权保障水平。

2019 年 2 月，司法部发布《全国刑事法律援助服务规范》，要求各地自标准发布之日起组织实施，为受援人提供符合标准的刑事法律援助服务，不断提高刑事法律援助案件受援人满意度，这是司法部出台的首个全国刑事法律援助服务行业标准。

2019 年 11 月，司法部发布《全国民事行政法律援助服务规范》，要求各地自标准发布之日起组织实施，为受援人提供符合标准的民事行政法律援助服务，不断提高人民群众在法治领域的获得感。

2021 年 8 月 20 日，十三届全国人大常委会第三十次会议表决通过了《中华人民共和国法律援助法》（以下简称《法律援助法》），该法于 2022 年 1 月 1 日起施行。《法律援助法》进一步拓宽法律援助方式、扩大法律援助范围、提高保障水平、加强质量管理、提供便捷化措施等，从而更好满足人民群众日益增长的需求，在更大范围通过更多形式，为人民群众获得及时便利、优质高效的法律援助服务提供法治保障。

党的二十大报告强调，要"坚持以人民为中心的发展思想""推动人权事业全面发展""努力让人民群众在每一个司法案件中感受到公平正义"。2022 年 10 月，最高人民法院、最高人民检察院、公安部、司法部联合发布了新修订的《关于进一步深化刑事案件律师辩护全覆盖试点工作的意见》，对深化试点工作作出进一步部署。这是政法系统贯彻落实党的二十大精神的一项具体举措。

二、律师法律援助是法律援助制度的重要组成部分

律师的法律援助一直是法律援助实践的重要组成部分。法律援助很大一部分内容是律师的法律服务。律师是实施法律援助的主要力量。联合国文件《关于律师作用的基本原则》明确规定：各国政府应确保拨出向穷人并在必要时向其他处境不利的人提供法律服务所需的资金和其他资源。律师专业组织应在安排和提供服务、便利和其他资源方面进行合作。任何没有律师的人在司法需要情况下均有权获得按犯罪性质指派给他的一名有经验和能力的律师以便得到有效的法律协助，如果他无足够力量为此种服务支付费用，可不交费。

1996 年，我国《刑事诉讼法》修正，明确规定对于符合指定辩护情形的案件，由人民法院指定承担法律援助义务的律师为被告人提供辩护。1996《律师法》专章规定了法律援助，第 41、42 条明确"公民在赡养、工伤、刑事诉讼、请求国家赔偿和请求依法发给抚恤金等方面需要获得律师帮助，但是无力支付律师费用的，可以按照国家规定获得法律援助""律师必须按照国家规定承担法律援助义务，尽职尽责，为受援人提供法律服务"。1997 年《律师违法行为处罚办法》规定，不履行法律援助义务的，由住所地的省、自治区、直辖市司法厅（局）或设区的市司法局给予警告；情节严重的，给予停止执业 3 个月以上 1 年以下的处罚；有违法所得的，没收违法所得。现行《律师法》规定，律师、律师事务所应当按照国家规定履行法律援助义务，为受援人提供符合标准的法律服务，维护受援人的合法权益。并且规定律师拒绝履行法律援助义务的，可以处 5000 元以下的罚款；有违法所得的，没收违法所得；情节严重的，给予停止执业 3 个月以下的处罚。律师事务所拒绝履行法律援助义务的，由设区的市级或者直辖市的区人民政府司法行政部门视其情节给予警告、停业整顿 1 个月以上 6 个月以下的处罚，可以处 10 万元以下的罚款；有违法所得的，没收违法所得；情节特别严重的，由省、自治区、直辖市人民政府司法行政部门吊销律师事务所执业证书。

2003 年 7 月，《法律援助条例》发布，规定律师应当依照《律师法》和《法律援助条例》的规定履行法律援助义务，为受援人提供符合标准的法律服务，依法维护受援人的合法权益，接受律师协会和司法行政部门的监督。法律援助机构可以指派律师事务所安排律师办理法律援助案件。

2004 年 9 月，司法部发布《律师和基层法律服务工作者开展法律援助工作暂行管理办法》，规定律师应当根据《律师法》《法律援助条例》的有关规定履行法律援助义务，为受援人提供符合标准的法律援助，维护受援人的合法权益。律师和基层法律服务工作者每年应当接受法律援助机构的指派，办理一定数量的法律援助案件。承办法律援助案件的年度工作量，由省、自治区、直辖市司法行政机关根据当地法律援助的需求量、律师和基层法律服务工作者的数量及分布等实际情况确定。承办法律援助案件的律师和基层法律服务工作者，应当根据承办案件的需要，依照司法部、律师协会有关律师和基层法律服务工作者执业规范的要求，尽职尽责地履行法律服务职责，遵守职业道德和执业纪律。对重大、复杂、疑难的法律援助案件，律师事务所、基层法律服务所应当组织集体研究，确定承办方案，确保办案的质量和效果。律师事务所、基层法律服务所应当对本所律师、基层法律服务工作者办理法律援助案件的质量进行监督，发现问题的，应当及时纠正。

2005 年 12 月 1 日，为了更好地开展法律援助工作，全国律协在五届六次常务理事会上决定成立法律援助委员会（后改名为法律援助与公益事务委员会）。

2007 年 4 月，司法部在全国范围内开展为期 1 年的"法律服务和法律援助工作为构建社会主义和谐社会服务"主题实践活动。

2009 年，中国法律援助基金会会同司法部律师公证工作指导司、司法部法律援助工作司、团中央青年志愿者工作部、司法部法律援助中心、全国律协联合下发了《关于组织开展"1+1"中国法律援助志愿者行动的通知》，决定自 2009 年起，在全国范围内实施"1+1"法律援助志愿者行动。即通过宣传、组织、动员，在全国招募律师志愿者、法学应届大学生志愿者，为每个无律师县派遣 1 名志愿律师、1 名大学生志愿者，为当地困难群众提供法律援助服务。

于 2016 年 10 月召开的完善法律援助制度推进会提出，改进案件指派工作，综合案件类型、法律援助人员专业特长、受援人意愿等因素，合理指派承办机构和人员，严格办理死刑、未成年人等案件的人员资质条件，提高案件办理专业化水平。为提高法律援助质量，会议要求，推进法律援助标准化建设，加快制定法律援助各项业务规程和服务标准，规范接待、受理、审查等行为，区分案件类型制定细化质量标准和办理指南，为受援人提供符合标准的法律援助服务。

为深入贯彻落实党的十八大和十八届三中、四中、五中、六中全会精神，贯彻落实中办、国办印发的《关于完善法律援助制度的意见》文件精神，充分发挥律师在法律援助工作中的作用，更好地满足人民群众法律援助需求，司法部、财政部于 2017 年 2 月 17 日印发并实施《关于律师开展法律援助工作的意见》，强调律师队伍是落实依法治国基本方略、建设社会主义法治国家的重要力量，是我国法律援助事业的主体力量。近年来，广大律师积极投身法律援助事业，认真办理法律援助案件，依法履责，无私奉献，为保障困难群众合法权益、维护社会公平正义作出了积极贡献。推进律师开展法律援助工作，是贯彻全面依法治国、有效发挥律师在建设社会主义法治国家中作用的必然要求，是加大法律援助服务群众力度、提供优质高效法律援助服务的客观需要，是广大律师忠诚履行社会主义法律工作者职责使命、树立行业良好形象的重要体现。就组织律师积极开展法律援助工作，意见提出如下几点要求：①做好刑事法律援助指派工作。②加大民生领域法律援助力度。组织律师围绕劳动保障、婚姻家庭、食品药品、教育医疗等民生事项，及时为符合条件的困难群众提供诉讼和非诉讼代理，促进解决基本生产生活方面的问题。③广泛开展咨询服务。优先安排律师在法律援助便民服务窗口和"12348"法律服务热线值班。④开展申诉案件代理工作。逐步将不服司法机关生效裁判、决定，聘不起律师的申诉人纳入法律援助范围，引导律师为经济困难申诉人通过法律援助代理申诉。⑤建立法律援助值班律师制度。法律援助机构通过在人民法院、看守所派驻值班律师，依法为犯罪嫌疑人、被告人等提供法律咨询等法律帮助。⑥推进法律援助参与刑事案件速裁程序、认罪认罚从宽等诉讼制度改革工作。⑦积极参与刑事和解案件办理。⑧发挥辩护律师在死刑复核程序中的作用。组织律师办理死刑复核法律援助案件，依法为死刑复核案件被告人提供辩护服务。⑨办理跨行政区划法律援助案件。适应建立与行政区划适当分离的司法管辖制度改革，组织律师开展跨行政区划法院、检察院受理、审理案件法律援助工作。⑩推动律师广泛参与法律援助工作。省级司法行政机关根据当地法律援助需求量、律师数量及分布情况，明确律师承办一定数量法律援助案件，努力使律师通过多种形式普遍公平承担法律援助义务。司法行政机关、律师协会应当在律师事务所检查考核及律师执业年度考核中将律师履行法律援助义务情况作为重要考核依据。鼓励有行业影响力的优秀律师参与法律援助工作。⑪推动律师提供公益法律服务。倡导每名律师每年提供不少于24小时的公益服务。对不符合法律援助条件、经济确有困难的群众提供减免收费，发展公益法律服务机构和公益律师队伍，专门对老年人、妇女、未成年人、残疾人、外来务工人员、军人军属等提供免费的法律服务。意见还对切实提高律师法律援助服务质量、创新律师开展法律援助工作机制、加强律师开展法律援助工作的保障等进行部署。

从2017年开始，司法部与最高人民法院部署开展了刑事案件律师辩护全覆盖的试点工作。截至2021年9月，全国共有2300多个县（市、区）开展了试点工作，占县级行政区域总数的80%以上，全国刑事案件律师辩护率达到了66%。[1]

三、拒不履行或者怠于履行法律援助义务的法律责任

《法律援助法》第7条规定："律师协会应当指导和支持律师事务所、律师参与法律援助工作。"律师事务所、律师负有依法提供法律援助的义务。律师事务所应当支持和保障本所律师履行法律援助义务。第60条规定，律师协会应当将律师事务所、律师履行法律援助义务的情况纳入年度考核内容，对拒不履行或者怠于履行法律援助义务的律师事务所、律师，依照有关规定进行惩戒。

《律师法》第47条规定，律师拒绝履行法律援助义务的，由设区的市级或者直辖市的区人民政府司法行政部门给予警告，可以处5000元以下的罚款；有违法所得的，没收违法所得；情节严重的，给予停止执业3个月以下的处罚。第50条　规定，律师事务所拒绝履行法律援助义务的，由设区的市级或者直辖市的区人民政府司法

---

〔1〕《司法部：目前全国刑事案件律师辩护率达到66%》，载百度网，https：//baijiahao.baidu.com/s？id=1711752880058998037&wfr=spider&for=pc，最后访问日期：2022年1月28日。

行政部门视其情节给予警告、停业整顿 1 个月以上 6 个月以下的处罚，可以处 10 万元以下的罚款；有违法所得的，没收违法所得；情节特别严重的，由省、自治区、直辖市人民政府司法行政部门吊销律师事务所执业证书。律师事务所因拒绝履行法律援助义务受到处罚的，对其负责人视情节轻重，给予警告或者处 2 万元以下的罚款。

《律师和律师事务所违法行为处罚办法》第 9 条明确规定，无正当理由拒绝接受律师事务所或者法律援助机构指派的法律援助案件的；接受指派后，懈怠履行或者擅自停止履行法律援助职责的，属于《律师法》第 47 条第 5 项规定的律师"拒绝履行法律援助义务的"违法行为。第 28 条明确规定，律师事务所无正当理由拒绝接受法律援助机构指派的法律援助案件的；接受指派后，不按规定及时安排本所律师承办法律援助案件或者拒绝为法律援助案件的办理提供条件和便利的；纵容或者放任本所律师有该办法第 9 条规定的违法行为的，属于《律师法》第 50 条第 6 项规定的律师事务所"拒绝履行法律援助义务的"违法行为。

《律师协会会员违规行为处分规则（试行）》第 22 条规定，律师提供法律服务不尽责，无正当理由拒绝接受律师事务所或者法律援助机构指派的法律援助案件的，或者接受指派后，拖延、懈怠履行或者擅自停止履行法律援助职责的，或者接受指派后，未经律师事务所或者法律援助机构同意，擅自将法律援助案件转交其他人员办理的，给予训诫、警告或者通报批评的纪律处分；情节严重的，给予公开谴责、中止会员权利 3 个月以上 1 年以下或者取消会员资格的纪律处分。第 39 条规定，律师事务所疏于管理，无正当理由拒绝接受法律援助机构指派的法律援助案件；或者接受指派后，不按规定及时安排本所律师承办法律援助案件或者拒绝为法律援助案件的办理提供条件和便利的，给予警告、通报批评或者公开谴责的纪律处分；情节严重的，给予中止会员权利 1 个月以上 6 个月以下的纪律处分；情节特别严重的，给予取消会员资格的纪律处分。

第四节　公共法律服务体系的建立

律师是当事人利益的可靠守护者，是社会公平正义的坚定追求者，是社会主义法治国家的重要建设者。公共服务作为法律职业的核心特点，同样是律师引以为豪的群体特征。中华人民共和国律师制度建立伊始，律师立足人民律师定位，站稳人民律师立场，践行"人民律师为人民"的服务理念，积极承担社会责任，着力满足人民群众日益增长的法律服务需求，维护当事人合法权益，维护法律正确实施，维护社会公平和正义，发挥律师在社会主义法治建设中的作用。律师投身公益活动，履行社会责任，是律师职业的重要精神内核和文化内涵，既是律师职业发展的需要，也是社会发展的需要。因此，律师履行社会责任不仅是一种律师个人的付出，也是行业整体获得进一步发展的必由之路。[1]

近年来，律师行业认真贯彻落实党中央部署要求，引导、支持律师积极参与公益法律服务，律师队伍公益法律服务意识不断增强，服务领域逐步扩大，服务网络不断健全，在推进全面依法治国、服务经济社会发展、维护社会公平正义、保障和改善民生中发挥着越来越重要的作用。律师、法律工作者参与公益法律服务是主体社会责任感的体现，但许多的公益服务都以律师、法律工作者的无偿奉献为基础，而律师、法律工作者必须自己养活自己，过多的无偿劳动势必影响律师自身的生存和发展。

2012 年前后，我国不少地方围绕政府购买律师服务进行了探索，广东省在《2013 年政府集中采购目录及限额标准》中已明确把"法律服务"列入政府集中采购目录，上海、浙江、湖南、安徽等地也相继对政府购买律师服务作出规定。北京市昌平区律师协会"和谐之声——以法律服务促和谐项目"被评为 2011 年度全市政府购买社会组织服务活动优秀项目。北京律协公益法律咨询中心申报了政府购买社会组织服务项目，并获得政府支持性专项拨款 40 万元。2011 年，"公益律师进基层"项目被评为首届北京市社会组织公益服务十大品牌之一。2012 年，北京市西城区律协根据西城区区域特点，结合政府购买法律服务的契机，向区社工委成功申报"法律服务进楼宇"项目。政府采购网公布的部分省级行政区域人民政府 2013 年的政府集中采购目录显示，广东、上海、山东、湖南、宁夏、重庆等省市已经明确将法律服务列入政府集中采购目录。[2]

习近平总书记强调，要紧紧围绕经济社会发展的实际需要，努力做好公共法律服务体系建设。公共法律服务是政府公共职能的重要组成部分，是保障和改善民生的重要举措。党的十八大以来，党中央、国务院高度重视公共法律服务体系建设，随着全面依法治国深入推进和中国特色社会主义法治体系日益完善，我国公共法律服务体系建设深入推进。律师成为提供公共法律服务的重要力量。

2014 年 1 月，司法部印发《关于推进公共法律服务体系建设的意见》，就推进公共法律服务体系建设作出部署。

2016 年，中共中央办公厅、国务院办公厅印发《关于深化律师制度改革的意见》，提出要建立健全政府购买法律服务机制，将律师担任党政机关和人民团体法律顾问、参与信访接待和处理、参与调解等事项统筹列入政府购买服务目录。

2019 年，中共中央办公厅、国务院办公厅印发《关于加快推进公共法律服务体

---

〔1〕　王进喜：《〈关于促进律师参与公益法律服务的意见〉解读》，载《中国律师》2019 年第 11 期。

〔2〕　邢益强、关嘉文、张文智：《政府购买律师法律服务的现状和前景》，载民主与法制网，http://www.mzyfz.com/cms/benwangzhuanti/fazhizhongguo/lvshishuofa/html/1668/2013 - 04 - 11/content - 718570. html，最后访问日期：2023 年 7 月 11 日。

系建设的意见》，提出要完善政府购买公共法律服务制度，将基本公共法律服务事项纳入政府购买服务指导性目录。建立并推行政府购买法律服务机制，对于促进政府依法行政和职能转变，提高公共法律服务供给能力和服务质量、服务效率，激发法律服务业发展活力，更好满足人民群众法律服务需求具有重要意义。

2020年，中共中央印发《法治社会建设实施纲要（2020-2025年）》，提出到2022年基本形成覆盖城乡、便捷高效、均等普惠的现代公共法律服务体系，保证人民群众获得及时有效的法律帮助。

2020年，司法部、财政部印发《关于建立健全政府购买法律服务机制的意见》，为各地区各部门依法实施政府购买法律服务提供指导。意见明确，各级国家机关是政府购买法律服务的购买主体，党的机关、政协机关、民主党派机关等使用财政性资金购买法律服务的，参照国家机关执行。承接政府购买法律服务的主体应具备法律服务能力，并符合有关法律、行政法规、规章规定的资格条件。根据意见，政府购买法律服务主要包括两类。第一类是政府为保障和改善民生，委托律师等社会力量提供的带有普惠性的公共法律服务事项，包括法律援助服务、值班律师服务、村（居）法律顾问服务、法治宣传教育服务等。第二类是政府履职所需法律服务事项，主要是聘请律师等专业人员提供的法律顾问服务。政府购买法律服务的具体内容实行指导性目录管理。

近年来，我国公共法律服务各项工作加快推进，公共法律服务制度日趋完善，全国各省（区、市）均已建成"12348"公共法律服务热线平台，覆盖全国的公共法律服务网络初步建成，覆盖城乡的公共法律服务体系已经初步形成，公共法律服务能力逐步提升，为保障人民群众的合法权益，也服务于全面依法治国，包括促进整个社会经济发展作出了积极的贡献。

■思考题

1. 请谈谈我国律师收费定价方式的改革。
2. 律师收费有哪些方式？
3. 什么是风险代理？它的适用范围有哪些？
4. 由败诉方承担胜诉方律师费用的做法有哪些利弊？
5. 请简述我国公共法律服务体系的建立。

■参考书目

1. 樊崇义编著：《法律援助制度研究》，中国人民公安大学出版社2020年版。
2. 郭烁、符尔加：《法律援助的故事》，中国法制出版社2016年版。
3. 骆伟雄：《律师收费谈判技能》，法律出版社2019年版。
4. 北京市朝阳区律师协会：《关于推进律师费转付制度的调研报告》，中国法制出版社

2020 年版。

5. 上海市法律援助中心编著：《民事法律援助服务标准》，法律出版社 2018 年版。

6. 樊崇义、施汉生主编：《中国法律援助蓝皮书"中国法律援助制度发展报告"No. 1（2019）》，社会科学文献出版社 2020 年版。

7. 杨凯等：《公共法律服务体系建构新视野》，中国社会科学出版社 2020 年版。

第八章　律师的职业道德和执业行为规范

■ **学习目的和要求**

　　通过本章的教学让学生掌握律师职业道德的概念、特征、效力和渊源等基本知识；熟悉我国律师职业道德的具体内容；理解律师职业道德建设的功能和作用；了解律师职业道德建设的历史发展以及律师职业道德规范体系的完善趋势。

■ **重点及难点**

　　律师职业道德的概念、特征和效力；律师职业道德的具体要求。

　　律师制度是司法制度的重要组成部分，律师职业是典型的法律职业之一。律师职业队伍的职业道德水平反映着一国法治的总体状况。关于律师职业道德规范的重要性，法国著名律师色何勒-皮埃尔·拉格特和英国著名律师帕特里克·拉登在其合著的《西欧国家的律师制度》一书中写道："要介绍管理律师职业的法律而不说明它所必须遵守的职业行为规则，就像要塑造一个没有灵魂的躯体一样空洞和荒唐，因为那些规则是影响律师职业的最重要的规则，它们反映了律师职业的精髓和实质。"[1] 正因为如此，律师的职业道德不仅被律师行业管理组织规定在章程和行业规范中，而且，许多内容还被明确规定在国家立法机关的法律中。

第一节　律师职业道德概述

　　为了便于掌握律师职业道德的基本内容，先就律师职业道德的概念、特征、效力、渊源和功能等一般范畴进行梳理是很有必要的。

---

　　〔1〕〔法〕色何勒-皮埃尔·拉格特、〔英〕帕特里克·拉登：《西欧国家的律师制度》，陈赓生等译，吉林人民出版社1991年版，第154页。

一、律师职业道德的概念和特征

所谓职业，就是人们由于社会分工和生产内部的劳动分工，而长期从事的具有专门业务和特定职责，并以此作为主要生活来源的社会活动。[1] 从事相同工作的人之所以成为一个职业，通常是因为他们具有以下四个共同的特点：①该职业所需的知识和技能需要经过长期的教育和训练；②该职业之外的相对人无法评价这种高度复杂的活动，而全凭对职业人士的信任而接受其服务；③职业人士会把相对人的利益置于其个人利益之上，这已经为社会公众所认可；④这个群体以自律作为基本的管理方式。所谓职业道德，就是同人们的职业活动紧密联系的，具有自身职业特征的道德准则、规范的总和。职业道德就是一定的社会道德原则和规范在职业行为和职业关系中的特殊表现，是从业人员在职业活动中应该遵循的道德规范及应当具备的道德观念、道德情操和道德品质。职业道德集中、全面反映了职业的特性，律师职业道德亦是如此。

律师职业道德是指从事律师职业和相关工作的人的内心所应该信奉的和执行职务时以及执行职务以外以律师身份存在时必须遵守的道德准则和行为规范。

律师职业所具有的独特属性已经使律师职业的社会形象直接地传递着法律的价值和法律职业的价值，甚至影响到人们对于法治的理解和认识。律师职业道德因律师职业的特殊属性具有如下特征：

1. 从内容上讲，律师职业道德是社会公德在律师职业内的补充，它以律师的职业性质和执业活动特点为依据，以律师的执业行为为主要调整对象，以律师这一职业所特有的道德传统、道德心理、道德习惯和道德准则为主要内容，鲜明地表达了律师这一职业的责任和义务以及在律师职业行为上的道德准则。由于律师职业的特殊性，律师职业道德在某些方面又表现出与一般社会道德不同的要求。

2. 从调整对象上讲，律师职业道德主要是对律师职业内部从业人员的执业行为进行调整，但是，又不限于律师，也不限于律师执业行为本身。无论是在执行职务以内，还是在执行职务以外，只要一个律师是以律师的身份出现在社会公众面前，就应该用律师的职业道德来约束自己的言行。

3. 从律师职业道德的形成看，律师职业道德产生于绝大多数律师的意愿。广大律师为了共同的利益，必须自觉地维护行业利益，这是律师职业道德产生和得以遵守的基础。律师职业道德是以律师的自律为基础的。当然，律师协会作为律师的自律性组织也具有对从业人员进行教育、监督和管理的职能。

4. 从律师职业道德的表现形式看，比较具体、灵活和多样。比如，在法律、法规、规章以及律师协会的章程、律师事务所的规章或者守则当中，都可以有律师职业道德规范的内容。只要律师行业内部成员可以接受，形式上可以不拘泥于某种

---

〔1〕　罗国杰主编：《伦理学》，人民出版社 1989 年版，第 244 页。

程式。

5. 从违反律师职业道德的后果看，违反律师职业道德不仅要受到社会舆论的谴责，还要受到律师行业组织的惩戒，甚至要承担民事法律责任或刑事法律责任。与违反社会公众道德的后果不同，律师职业道德是一种有约束力的行为规范。

二、律师职业道德的效力问题

律师职业道德规范的实行，主要依赖广大律师的遵守。但是，如果违背律师职业道德规范的要求，也会受到惩戒，程度严重的，还会受到刑事处罚。在这一点上，律师职业道德完全不同于一般的道德规范，它具有一定的强制执行的效力。律师职业道德的效力范围，指律师职业道德规范所适用的时间、空间和对象范围。

1. 律师职业道德规范所约束的对象不仅限于律师，还包括没有取得律师执业资格的实习学生以及律师事务所的事务管理人员。

2. 律师职业道德规范所适用的时间和空间范围较为宽泛。只要是以律师的身份出现，只要其他人知道了所处环境中有律师身份的人，那么，这时，律师职业道德规范的约束力就开始了，而不论时间和空间。

三、律师职业道德的渊源

律师职业道德规范产生于绝大多数律师的意愿，但是，律师职业道德的表现形式是多种多样的，律师协会制定的律师职业道德规范仅仅是律师职业道德的表现形式之一。在我国，律师职业道德的渊源包括：

1. 法律是律师职业道德的渊源之一。在《律师法》中，关于律师职业道德的条款是以律师义务的形式表现出来的。此外，《刑法》《刑事诉讼法》《民事诉讼法》和《行政诉讼法》中都有一些关于律师的行为规范，它们也属于律师职业道德的范畴。

2. 法规也可以成为律师职业道德的渊源。例如，2021 年颁布的《法律援助法》中关于律师法律援助义务的规定，亦是律师职业道德的规范。

3. 部门规章以及行政规范性文件也可以成为律师职业道德的渊源。在这方面，司法部颁布了一系列的规章，如《关于反对律师行业不正当竞争行为的若干规定》《律师和律师事务所违法行为处罚办法》《律师会见监狱在押罪犯暂行规定》等。行政规范性文件就更多了，不再列举。

4. 最高人民法院的司法解释也会成为律师职业道德的渊源。例如，最高人民法院、司法部 2018 年联合印发的《最高人民法院、司法部关于依法保障律师诉讼权利和规范律师参与庭审活动的通知》；2002 年，由最高人民法院通过，2020 年 12 月修正的《最高人民法院关于诉讼代理人查阅民事案件材料的规定》；2021 年，最高人民法院、最高人民检察院、司法部联合印发的《关于建立健全禁止法官、检察官与律师不正当接触交往制度机制的意见》；最高人民检察院 2011 年发布的《最高人民检察院关于规范检察人员与律师交往行为的暂行规定》等，都有一些律师职业道德的规范。

5. 律师协会的自律性规范。这是律师职业道德最主要的渊源。1996 年 10 月 6 日，全国律协常务理事会第五次会议通过了《律师职业道德和执业纪律规范》，并且在 2001 年对之进行了修订，在内容上进行了进一步完善。2004 年 3 月 20 日，第五届中华全国律师第九次常务理事会在此基础上通过了新的律师职业道德规范，名称为《律师执业行为规范（试行）》，此后多次修订。目前，我国律师职业的技术性规范和道德规范之间的界限还不十分清晰，因此，在一些技术性规范中，也有道德规范的内容。例如，《律师办理刑事案件规范》《律师办理民事诉讼案件规范》《律师会见监狱在押罪犯暂行规定》《中华全国律师协会律师业务推广行为规则（试行）》等规范，在规定办理程序、步骤和方法以及技巧的同时，也有一些道德规范的内容。

6. 律师事务所的管理规章。律师事务所作为律师的执业机构和最基础的管理单位，它可以制定技术性的和道德性的管理规定。这些也可以认为是律师职业道德规范的渊源，可以成为律师承担民事责任的依据。

总体上看，我国已经形成了多层次的道德规范体系框架，但是，如何构筑和完善符合律师职业属性要求和社会发展要求的律师职业道德规范体系，是需要深入研究的。

四、律师职业道德规范的功能和作用

（一）律师职业道德规范的功能

鉴于律师职业道德的性质和特征，律师职业道德具有多方面的功能。

1. 规范和保护功能。律师职业道德的规范功能，在于律师据此可以十分清楚自己应该在执业过程中保持什么样的行为规则。而律师职业道德的保护功能是基于律师职业的特点体现出来的，因为律师总是处于矛盾纠葛中，律师职业的风险很大，而按照律师职业道德规范的要求执业就可以化解很多风险。

2. 指引和教育功能。律师职业道德的内容融合了全体律师对律师职业的价值判断，构成了律师执业的理想境界，引导律师采取正确的执业行为。

3. 评价和校正功能。依照律师执业行为的价值判断标准对律师的执业行为进行评价，包括自我评价和同行以及社会的评价，对于确立律师个体在律师职业内部的地位和确立律师职业在社会中的地位，都具有重要的作用。当律师个体将自己的行为与职业道德规范相比较，发现自己的行为偏离规范的要求，重新按照规范要求调整自己的行为时，规范本身的要求就起到了校正作用。

4. 约束和强制功能。通过教育使律师个体获得对律师职业价值的认同，将道德规范的外在要求变成律师个体的主动道德选择，实现律师个体主动的道德判断与道德规范要求相一致的目标，也就是说，将律师职业道德规范的外在约束力和外在的引导功能变成律师个体的内在约束和内在价值（价值观）。

律师职业道德的上述功能不是单独发生作用，而是共同发挥作用的。

（二）律师职业道德规范的作用

法律科学和律师职业的特点以及职业道德的功能决定了律师职业道德在法律实践、社会风尚方面的重要作用。这种重要作用，可以从职业内部和外部两个方面来看。

对于律师职业内部而言，律师职业道德集中体现了律师职业的理想信念、行为规范、精神风貌，它对于律师职业的作用，表现在以下五个方面：①律师职业道德有效地保证了职业活动的有序进行；②律师职业道德有助于保障律师职业的自治和自律；③律师职业道德有助于维护司法秩序、维护司法的权威和实现司法公正；④遵守律师职业道德可以避免职业风险；⑤律师职业道德规范可以使社会公众正确地认识律师职业的性质、独特的活动方式和基本作用，有助于树立律师的职业形象，提高律师的社会地位。

对于律师职业外部而言，律师职业道德不仅维系了律师职业的整体性和自治性，而且，对其他职业、社会其他成员的思想和行为也有着重要的影响。由于律师职业活动的广泛性和特殊性，广大律师能否遵循律师行业的职业道德、能否自觉抵制各种诱惑和抵制行业不正之风，对于整个社会环境状况的良莠都有着至关重要的影响。这种影响是通过律师执业活动传播的。律师在执业活动中，如何阐释法律、适用法律，如何处理与当事人的关系，如何处理同其他法律职业的关系，如何处理同行间的关系等，都在向所有接触律师的人们诠释着律师这个职业的道德。通过这种传播，既可以使人们通过律师的执业活动感受到法律的价值和功能，也可以通过律师的执业活动提升人们的道德认识，消除许多社会不安定因素。

五、我国律师职业道德建设的历史发展

我国在律师制度恢复的初期就开始了律师队伍的职业道德建设。1980年颁布的《律师暂行条例》就包含有一些体现律师职业道德建设的规定。但是，由于历史条件的限制，《律师暂行条例》没有对律师的职业道德作出具体的规定。经过几十年的发展，律师行政管理部门、行业管理组织以及律师执业管理机构在律师道德建设方面做了大量的工作，使律师职业道德建设有了很大的发展。这些进步可以总结为以下五个方面：

（一）进行了道德和纪律规范的立法

1990年11月12日，司法部制定了"律师十要十不准"；1992年，司法部颁布了《律师惩戒规则》。这在当时对于维护律师与当事人之间的诚信关系、当事人的合法权益，起到了促进作用。但是，由于其内容过于原则，有着历史的局限性，矛盾日益暴露出来。

1993年12月，司法部颁布了《律师职业道德和执业纪律规范》。就内容来讲，这是我国历史上第一部比较完整和具体的律师职业道德规范，在我国律师职业道德建设过程中发挥了重要的作用。1995年，司法部以第37号令的形式颁布了《关于反对律师行业不正当竞争行为的若干规定》，其中，有很多内容是律师职业道德规范。

1996 年 5 月，第八届全国人大常委会第十九次会议审议通过了《律师法》，《律师法》基本确立了司法行政机关监督指导与律师行业协会管理相结合的管理体制。根据新的管理体制，全国律协常务理事会第五次会议于 1996 年 10 月通过了律师自律性组织——律师协会制定的《律师职业道德和执业纪律规范》。这个规范与 1993 年 12 月 27 日司法部颁布的《律师职业道德和执业纪律规范》相比，在内容方面有了一些进步。之后，《律师法》多次修改，不断完善。

《律师法》颁布后，司法部及时制定了十几个配套规章或规范性文件，其中，1996 年 11 月 25 日发布的《律师执业证管理办法》、1995 年发布的《关于反对律师行业不正当竞争行为的若干规定》、2010 年发布的《律师和律师事务所违法行为处罚办法》、2017 年发布的《律师会见监狱在押罪犯规定》等规范中，有部分内容是律师职业道德的规范；1997 年，司法部又颁布了《律师违法行为处罚办法》。同时，中华律师协会 1999 年修订了《律师办理刑事案件规范》、2003 年制定了《律师办理民事诉讼案件规范》，其中除了对律师办理刑事和民事案件的程序进行规定外，还有很多是律师在办理刑事案件中必须遵守的职业道德规范。

2001 年，中华律师协会对其制定的《律师职业道德和执业纪律规范》进行了修订。2004 年 3 月 20 日，第五届中华律师协会第九次常务理事会通过了《律师执业行为规范（试行）》，共计 190 条。与其先前制定的《律师职业道德和执业纪律规范》相比，该规范的内容丰富了很多。之后，该规范多次修订，不断完善。2018 年 12 月 13 日，全国律协以律发通〔2018〕58 号发布了《关于印发加入修正案内容的〈律师执业行为规范（试行）〉的通知》，结合当前形势，对《律师执业行为规范（试行）》进行了再次修订。与此同时，北京、上海等地方律师协会也制定了律师执业行为规范，规制律师、律师事务所的执业行为。

从总体看，我国律师职业道德的规范建设已经基本完成，但是，还存在体系不科学、内容不完整等问题，需要进一步完善。

（二）成立了相关组织

1993 年，司法行政部门在部、省两级设立律师惩戒委员会，负责对违反律师职业道德的行为进行调查和惩戒。由此，各地律师协会逐步建立了纪律委员会，负责对违反律师职业道德的执业机构和律师个人进行惩戒。2017 年 3 月 24 日，全国律协投诉受理查处中心揭牌成立。截至 2017 年 5 月份，各省（区、市）律师协会和设区的市律师协会均成立了投诉中心。

（三）进行文明所和优秀律师的评比活动

1995 年，司法部发出了《关于表彰第一届全国十佳律师、十佳公证员、十佳基层法律工作者的决定》[1]，并在人民大会堂举行了隆重的颁奖仪式。1997 年，司法部发布了《关于创建司法部部级文明律师事务所实施办法》，在全国的律师事务所中进行了部级文明律师事务所的评选。该办法规定了部级文明律师事务所的 8 个标准，分别是职业道德好、服务质量优、人员素质高、社会形象好、组织规模大、管理规范化、业务实力强、设备较先进。可见，在这 8 个标准中，司法部把职业道德作为首要标准。自此，在随后进行的评选活动中，各地都进行了部级文明律师事务所和省级文明事务所的评选，纷纷制定了省级文明事务所的评选和考核办法，对省级文明事务所制定了具体的量化指标，而且，对其实行动态考核，每两年进行一次。通过动态考核，每次都要将一些情况变化后不符合省级文明要求的事务所淘汰。文明所和优秀律师的评选活动极大地促进了律师职业道德意识的提高。

在大力表彰先进的同时，司法行政机关和律师协会进行了一系列的维护律师合法权益的活动。在维权的过程中，对外呼吁尊重律师的权利，对内也在不断总结和教育律师遵守律师职业道德。现在，已经有很多律师认识到，违反律师职业道德是律师职业风险的最主要原因，遵守律师职业道德是防范律师执业风险的最为有效的措施。

（四）进行职业道德和执业纪律执行情况的监督与评查

自 1995 年起，司法部决定在全国律师队伍中开展律师职业道德和执业纪律的评查和教育活动开始，每年的 3 月份被确定为"律师职业道德和执业纪律评查月"。一年一度的评查活动提高了广大律师对遵守律师职业道德和执业纪律重要性的认识。一些律师事务所还通过评查建立健全了相关制度，强化了管理工作。

2004 年，司法部经过认真部署和安排，在全国范围内开展了为期 1 年的律师集中教育整顿工作。通过教育整顿，使律师队伍中的突出问题得到了解决，很多律师执业机构建立健全了各项管理制度，行业管理得到加强，行政管理的权威更强。

2010 年 3 月，司法部在全国律师队伍中开展警示教育活动，要求广大律师要始终坚持严格依法执业，带头严格守法，努力做"法律之师"。广大律师要严格遵守职业道德和执业纪律，在执业活动中要经得起名利、金钱的考验，树立正确的世界观、人生观、价值观和社会主义荣辱观，切实增强职业道德和执业纪律观念，严格遵守职业道德规范和行为准则，努力成为社会的道德楷模和表率，努力成为"道德之师"。

2010 年，司法部和全国律协发布《律师事务所年度检查考核办法》《律师执业年度考核规则》，将"组织律师开展思想政治教育和律师职业道德、执业纪律教育的情况""在开展业务活动中遵守法律、法规、规章和行业规范的情况""律师在执业

---

〔1〕　金木：《首届"全国十佳律师"评选揭晓中央领导出席颁奖大会》，载《中国律师》1996 年第 2 期。

活动中遵守法律、法规和规章,遵守职业道德、执业纪律和执业行为规范的情况"作为律师事务所年度检查考核的内容;将"律师在执业活动中遵守宪法、法律、法规和规章,遵守职业道德、执业纪律和行业规范,履行法定职责的情况"作为律师年度检查考核的内容。

从此,对律师、律师事务所职业道德、执业纪律执行情况的监督与评查工作趋于制度化、常态化。

(五)对违纪律师执业机构和律师进行惩处

尽管对于律师的道德问题重在教育,但是,对于严重违反律师职业道德的事件,司法行政部门绝不袒护,绝不姑息养奸。近年来,各地都查处了一些违纪律师,对于构成刑事犯罪的律师也移送司法部门处理,使其受到了应有的处罚。2010 年,司法部发布《律师和律师事务所违法行为处罚办法》,2013 年,全国律协研究制定了《全国律协关于进一步加强和改进律师行业惩戒工作的意见》,加强和改进律师行业惩戒工作,完善律师行业惩戒工作机制,着力完善投诉的受理、立案、调查、听证、处分等工作程序,建立投诉督办制度、惩戒通报制度、统计报告制度,依法依规严肃查处违规违纪行为。之后,律师惩戒工作步入规范化的轨道。

第二节　律师职业道德规范的主要内容

尽管律师职业道德的渊源包括法律、法规、规章和司法解释以及律师协会的自律性规范和律师执业机构的规章制度,但是,就内容的完整性和集中性看,律师职业道德的内容集中反映在律师执业行为规范中。因此,本节根据《律师法》和《律师执业行为规范(试行)》,将律师职业道德的内容总结为八大方面:忠实于宪法、法律;诚实守信;在委托权限内尽力维护委托人的利益;服从管理;尊重同行;保守职业秘密;维护职业形象;合理收费。

为了更好地学习律师职业道德规范的内容,理解规范的基本要求,进而深刻理解和掌握律师职业乃至法律职业的精神要义,本节不是按照中华律师协会制定的《律师执业行为规范(试行)》的体系顺序介绍,而是将综合律师职业道德各个渊源的内容进行总结概括、分类阐释。

一、忠实于宪法、法律

忠实于宪法、法律,是所有法律职业人的最基本的要求,对于经常处于矛盾冲突中并为一方利益服务的律师也不例外。

2018 年 12 月 13 日,全国律协以律发通〔2018〕58 号发布了关于印发加入修正案内容的《律师执业行为规范(试行)》的通知,结合当前形势要求,对《律师执业行为规范(试行)》进行了再次修订,在原第 2 条之后,增加规定了第 3 条:律师应当把拥护中国共产党领导、拥护社会主义法治作为从业的基本要求。必须强调律师对于宪法和法律的忠实表现在律师执业活动的各个方面，体现在具体的行动中。

（一）拥护中国共产党领导、拥护社会主义法治

拥护中国共产党领导、拥护社会主义法治，是律师从业的基本要求。律师是党领导下的社会主义法治建设的重要力量，广大律师要自觉拥护中国共产党的领导、拥护社会主义法治，带头尊崇宪法、学习宪法、遵守宪法，忠诚履行宪法和法律赋予的职责使命，努力做全面推进依法治国的奋斗者。律师制度是中国特色社会主义法律制度的重要组成部分，是法治文明进步的重要标志。要坚持党对律师工作的绝对领导，提高政治站位。党的领导是律师制度之魂。

律师最重要的就是做好学习、宣传宪法的带头人，发挥好自身职业优势，带动社会各界学习好宪法。要带头全面贯彻实施宪法，不能纸上谈兵，切实把宪法的规定、原则和精神落到实处，使人民群众共享全面依法治国成果。律师要把学习、宣传和贯彻实施宪法作为当前一项重要政治任务，深入开展宪法宣传，在学习、宣传、贯彻宪法中发挥示范带头作用。要旗帜鲜明坚持党对律师工作的领导，坚定维护宪法法律权威。要履行好宪法和法律赋予的职责，依法开展辩护代理等法律服务，维护和促进社会公平正义。[1]

（二）尊重法庭、尊重法官

律师对于法律的尊重，首先表现在律师在执业活动中对于其他法律职业者及其执业活动的态度，这种尊重又集中表现在对于法庭和法官的尊重。具体体现在：

1. 遵守出庭时间、举证时限、提交法律文书期限及其他程序性规定。

2. 庭审中服从审判长、首席仲裁员主持。

3. 与案件承办人在司法机关指定场所内接触和交换意见，不得以不正当的动机与司法人员、仲裁人员接触。

4. 不得向司法人员、仲裁机关和工作人员馈赠财物、许诺回报、提供便利。

（三）规范取证

律师在办理诉讼案件和非诉讼案件的过程中，在对事实查证的过程中，往往需要进行证据的收集、分析、整理。在诉讼中，因为案件的客观事实无法重演，只能依赖证据再现，所以，双方律师都会十分重视证据的搜集和出示工作。在这样的过程中，律师能否规范自己的行为，对于树立律师的职业形象是至关重要的。

根据我国《律师法》第3条、第32条、第40条和第49条规定的精神，我们可以清晰地作出这样的判断：在我国，律师执业必须以事实为根据，以法律为准绳。如若遇到委托人故意隐瞒与案件有关的重要事实的情形，律师有权拒绝辩护或者代理。而且，律师在执业活动中不得故意提供虚假证据或者威胁、利诱他人提供虚假

---

[1] 引自2018年3月29日司法部部长在司法部召开律师学习宣传贯彻宪法座谈会上的讲话"律师要自觉拥护党的领导拥护社会主义法治 做全面推进依法治国的奋斗者"。

证据，不得妨碍对方当事人合法取得证据；否则，将依法据实承担相应的法律责任。

我国《刑法》第306条第1款规定，在刑事诉讼中，辩护人、诉讼代理人毁灭证据、伪造证据，帮助当事人毁灭、伪造证据，威胁、引诱证人违背事实改变证言或者作伪证的，应定罪处罚。可见，律师执业必须严格遵守调查取证的法律规范，坚决杜绝伪证，这是一条刚性的强制性规范，也是律师忠诚于法庭的具体体现。我国《律师执业行为规范（试行）》第63、64条也规定，律师应当依法调查取证。律师不得向司法机关和仲裁机构提交明知是虚假的证据。律师应该以自己的行为表现出对法律的尊重。具体要求是：

1. 不得伪造证据。

2. 不得威胁、利诱他人提供证据。

3. 明知是虚假证据的不得提交。

4. 不得暗示委托人或有关人员出具无事实依据的证据。律师对于事实的尊重，在某种意义上讲，也是对于法律的尊重。

5. 不得与证人身份混同。《律师执业行为规范（试行）》第65条规定："律师作为证人出庭作证的，不得再接受委托担任该案的辩护人或者代理人出庭。"

（四）规范仪表、语态、体态

仪表是一个人展现给人们的外在形象，从某种程度上反映着一个人的内在修养和内心活动。仪表是一种辅助语言，律师的仪表是律师语言的组成部分。严格讲，律师在任何以律师身份出现的场合都应该注意通过仪表装束传达自己的素养和对法律的尊重，整体要求是整洁、端庄，出席法庭的要求更严格。因此，《律师执业行为规范（试行）》第71条对律师出席法庭的仪表专门作出了规定："律师担任辩护人、代理人参加法庭、仲裁庭审理，应当按照规定穿着律师出庭服装，佩戴律师出庭徽章，注重律师职业形象。"

从某种意义上讲，律师是靠语言影响他人进行工作的，所以，对律师的语言能力有更高的要求，不仅要有很好的书面语言表达能力，也要有非常好的口头语言表达能力。律师可以有意识地结合具体语言环境使用态势语言：一是态势语言要与话语主题相吻合；二是要符合个人情况。对于律师语态、体态的基本要求是文明、得体、规范、使用普通话。因此，《律师执业行为规范（试行）》第72条规定："律师在法庭或仲裁庭发言时应当举止庄重、大方，用词文明、得体。"

（五）谨慎评论司法

尊重法律，尊重证据，尊重依法确认的法律事实，不感情用事，以平和的心态接受由此而产生的裁决，这是对一个合格律师起码的要求，也是一个具有良好法律教育背景的律师应当具备的职业修养。因此，律师在执业过程中宜谨慎评论司法。

2018年12月13日，全国律协以律发通〔2018〕58号发布了关于印发加入修正案内容的《律师执业行为规范（试行）》的通知，结合当前形势，对《律师执业行为规范（试行）》进行了再次修订，在第 6 条 "律师应当忠于宪法、法律，恪守律师职业道德和执业纪律" 的基础上增加规定："律师不得利用律师身份和以律师事务所名义炒作个案，攻击社会主义制度，从事危害国家安全活动，不得利用律师身份煽动、教唆、组织有关利益群体，干扰、破坏正常社会秩序，不得利用律师身份教唆、指使当事人串供、伪造证据，干扰正常司法活动。"

无论业内业外，律师都应当谨慎评论司法，不宜公开发表有损司法公正的言论，不要利用媒体非法干预法官的独立审判，更不能当庭发表批评或颂扬法官的言论。

当然，对于庭审中存在的问题，律师可以在休庭后向审判长个人或法官个人乃至其主管部门口头或书面提出，但不宜在公共场合或向传媒散布、提供与司法人员的任职资格和品行有关的轻率言论。总之，承办律师在诉讼案件终审前，不宜通过传媒或在公共场合发布可能被合理地认为损害司法公正的言论。律师利用合法的手段追求案件的胜诉结果无可非议，但不能与媒体串通，不恰当地宣传和报道案件情况以干扰法官独立审判案件。这种利用媒体干预司法的做法，超出了律师正常的法律服务活动范围。

二、诚实守信

诚实守信，不仅是民事法律的基本原则，也是做人的基本规范。这种做人的基本规范，也是律师执业行为的基本准则。可以说，基于诚实守信而产生的律师职业道德的内容是最为丰富的，也是律师职业道德最为核心的内容。它不仅反映在律师职业道德规范的各种渊源之中，也反映在律师职业道德的各方面要求中。

（一）客观承诺

"客观承诺" 看似是很简单的要求，但如果注意不好，往往成为律师与委托人之间纠纷的隐患。一般来讲，当事人在委托律师时都希望律师就拟委托事项作出某些或者某种程度的承诺，对此，律师应该保持客观理性，对于当事人的任何承诺都应该非常谨慎。《律师执业行为规范（试行）》对于律师的承诺有以下要求：

1. 不得就判决结果作出虚假承诺。实践中，有些律师为了承揽案件，急于承诺能够满足当事人的要求，有的律师甚至做出违背法律和事实的承诺。律师虚假承诺的危害很大，不仅误导了当事人，耽误了当事人的事情，而且也严重损害了律师的职业形象。《律师执业行为规范（试行）》第 44 条明确规定："律师根据委托人提供的事实和证据，依据法律规定进行分析，向委托人提出分析性意见。" 律师不得 "就法律服务结果或者诉讼结果作出虚假承诺"，但律师的辩护、代理意见未被采纳，不属于虚假承诺。

这样做，并不仅仅是出于律师的自我保护，更是因为法律事项的结果往往受多种因素影响。律师在接受委托前对于事实的了解往往是有限的甚至是虚假的，这时所做的法律分析也是初步的。如果在此时给委托人做出某种承诺很可能对委托人是一种误导，不利于事情的解决。

2. 谨慎、诚实、客观告知风险。无论是诉讼业务，还是非诉讼业务，律师对于拟委托事项，对可能发生一切不利于当事人的后果或者法律风险应该有所预见，并且应该在接受委托之前或接受委托之时，谨慎、诚实、客观地向当事人解释，使当事人了解并理解可能发生的风险。这样做，不仅使当事人对于自己的要求保有客观清醒的态度，也能够对律师的工作给予更多的理解和支持。

3. 拒绝不当要求。在实践中，经常会遇到委托人对律师提出不当要求的情形，这种时候律师要谨记律师执业行为规范的要求，明白哪些行为可以为，哪些行为不可以为，拒绝的时候，要直接、明确，说明原因和利害关系。《律师执业行为规范（试行）》规定，律师接受委托后，无正当理由不得拒绝辩护或者代理，或以其他方式终止委托。委托事项违法、委托人利用律师提供的服务从事违法活动或者委托人故意隐瞒与案件有关的重要事实的，律师有权告知委托人并要求其整改，有权拒绝辩护或者代理，或以其他方式终止委托，并有权就已经履行事务取得律师费。

（二）不非法牟取委托人的利益

律师与委托人是委托代理关系，代理人的工作是以实现委托人利益为目标的，如果律师在代理委托人的过程中谋取自己的利益，则有可能使委托人的利益受到损失，所以，《律师执业行为规范（试行）》对律师谋取委托人利益的情况进行严格禁止，其目的就是要使律师与委托人之间建立和保持诚实守信的关系，而委托人与律师的信任关系是律师职业健康发展的基础，也是律师职业生存的基础。《律师执业行为规范（试行）》规定，律师和律师事务所不得利用提供法律服务的便利，牟取当事人争议的权益。律师和律师事务所不得违法与委托人就争议的权益产生经济上的联系，不得与委托人约定将争议标的物出售给自己；不得委托他人为自己或为自己的近亲属收购、租赁委托人与他人发生争议的标的物。律师事务所可以依法与当事人或委托人签订以回收款项或标的物为前提按照一定比例收取货币或实物作为律师费用的协议。

（三）避免利益冲突

由于律师与委托人的关系，或者由于律师事务所的规模或管理结构以及由于律师的流动等问题，常常会在律师和委托人之间产生利益冲突。利益冲突问题是律师在执业活动中经常会遇到的情形，无法完全避免，律师要做的应该是在事前做到公开，给予当事人判断和选择的机会，使委托人免于受到来自自己委托的律师的可能性侵害。因为利益冲突问题是律师职业道德中最重要的问题，是最能够反映律师职业乃至法律职业特性的问题，所以，这里加以详细阐释。

1. 利益冲突的概念。利益冲突是指同一律师事务所代理的委托事项与该所其他委托事项的委托人之间有利益上的冲突，继续代理会直接影响到相关委托人的利益的情形。因此，在这种情况下，律师应该回避，避免继续代理给委托人的利益造成损害，或者避免被认为有可能造成的损害。2009 年修订后的《律师执业行为规范

（试行）》以及之后的修订版都没有对利益冲突加以定义，而是采取列举的方式规定律师及律师事务所不得与当事人建立或维持委托关系的情形和律师在告知委托人并主动提出回避，但委托人同意其代理或者继续承办的情形。

2. 避免利益冲突的理论依据。[1] 律师的利益冲突规则由两个部分组成：一部分是利益冲突规则的本体，一部分是利益冲突规则的例外或者豁免。

利益冲突规则本体要求律师要避免利益冲突。利益冲突规则本体的理论基础包括以下几个方面：①保证律师对委托人的忠诚。为了在委托人和律师的关系中维护委托人对律师的信任，需要通过利益冲突规则来保证律师对委托人持有不可分割的忠诚。②保守委托人的秘密。利益冲突规则规定了相应的原则，从而减少了律师向他人披露委托人秘密的机会和动机，有利于减少律师利用该信息为自己的利益或者为他人的利益滥用该信息的行为。③保证司法制度的有效运作。例如，律师不能在诉讼中同时代理双方当事人，这将有利于保证双方都能够充分提出自己的意见，避免同一律师因同时代理双方当事人而削弱辩论的力度，从而有利于保证司法裁决活动的质量。④防止律师侵犯委托人的利益。律师在代理委托人的过程中因其地位而具有诸多优势，如果不设定特定的利益冲突规则，则有可能利用这种优势地位来侵犯委托人的利益。⑤保证代理的有效性。通过利益冲突规则保证律师职业判断的独立性，否则委托人得到有效代理的期待就会遇到挫折。

然而，利益冲突在律师的执业活动中是不可避免的，而利益冲突的回避可能给委托人和律师带来很高的成本。因此，对利益冲突的禁止应当限制在具体情况所必需的范围内。

3. 利益冲突的情形。律师在执业过程中可能遇到各种情况的利益冲突，但是，归纳起来可以分为三种情况：同时性利益冲突；连续性利益冲突；以及因为律师与委托人进行商业交易而产生的利益冲突。

同时性利益冲突，就是指某律师代理的委托人与该律师或者该律师事务所其他律师代理的委托人之间存在利益冲突。最典型的情况就是，同一律师或者同一个律师事务所的律师同时代理同一法律事务的双方，或者共同代理存在利益冲突的被告。这种冲突挑战的是律师对委托人的忠诚，因为即使律师认为自己会在"这个事务中代理这个委托人"，但是，仍然会使人对律师的忠诚度感到怀疑。

连续性利益冲突，是指同一律师或者同一律师事务所先后代理的事务的委托人之间存在利益冲突。这种情况往往比较复杂，需要律师和律师事务所花费比较多的精力和时间才能够及时识别。最为典型的例子是，同一律师或者同一律师事务所的律师在一审中代理原告，在二审中又代理被告。在连续性利益冲突的情况下，律师

---

[1]　美国是律师职业最发达的国家，也是律师职业准则最完备的国家之一，该部分理论依据的内容参见王进喜：《美国律师职业行为规则理论与实践》，中国人民公安大学出版社 2005 年版，第 85~87 页。

能否为委托人的信息保密的问题受到挑战。

　　还有一种是因为律师与委托人进行商业交易而产生的利益冲突，这其实是一种特殊的同时性利益冲突。由于律师和委托人在代理活动中形成的私人友谊，以及律师在代理活动中的专业精神和专业技能，或者仅仅因为律师这一职业本身所拥有的信任资源，在律师和委托人之间比较容易形成商业关系。但是，一旦律师和委托人之间形成商业关系，就使得委托人和律师同时存在两种关系：交易关系和委托人和律师关系。委托人和律师的关系是一种信托关系。委托人将依靠律师来保护其利益，而律师可能了解了委托人的秘密信息，处于优势地位。在这种情况下，律师同委托人的商业交易是不是会影响律师的独立职业判断？美国采取的方法是，要求律师对交易事项进行全面公开，以解除委托人关于信任的误解。如何进行这种全面的公开具有重要的操作意义。美国律师协会《职业行为示范规则》1.8（a）对于律师的全面公开义务提出了技术性要求。根据该项规定，律师不得同委托人进行商业交易或者在明知的情况下取得不利于委托人的所有权、占有权、担保利益或者其他财产利益，除非上述交易和律师获得上述利益的条件，对于委托人而言是公平的、合理的，并且是以委托人能够合理理解的书面形式向其全面公开和传达的；在该交易中，要以书面形式告知委托人最好是就该交易寻求独立法律顾问的建议，并且委托人就该交易有寻求建议的合理机会；并且委托人就该交易的重大条款和律师在该交易中的作用，包括律师是否正在该交易中代理该委托人，以其签字的书面形式作出了明智同意。根据美国律师协会《职业行为示范规则》1.0 的定义，"书面材料（的）"（Writing or Written）表示对某个交流或者说明的有形或者电子记录，包括手写记录、打字记录、印刷记录、复印记录、照片、音频或者视频记录以及电子信函。"签字（的）"（Signed）书面材料包括由有签写该书面材料意图的某人签发或者批准的、附于书面材料的或者与其有逻辑联系的电子声音、符号或者程序。这一程序是非常严格的，在违反该要求的情况下，委托人并不需要证明律师从事了欺诈或者不当影响行为。美国的法院曾指出，在这种情况下，并不需要委托人证明这种协议是因为律师的欺诈或者不当影响而形成，尽管存在这种情形的时候这种协议当然不具有可执行性。即使律师不存在这样的不当行为，如果律师在交易中获得了更多的好处，则这种协议也可能是无效的，除非律师能够证明委托人对其后果有全面的认识，并且律师没有利用委托人对律师的信任。[1]

　　4. 利益冲突的解决。美国《职业行为示范规则》对各种情况的利益冲突以及冲突的解决方法作了比较详细的规定，[2] 对我们很有借鉴意义。我国《律师执业行为

　　　〔1〕　参见王进喜：《美国律师职业行为规则理论与实践》，中国人民公安大学出版社 2005 年版，第93～94 页。
　　　〔2〕　王进喜译：《美国律师协会职业行为示范规则（2004）》，中国人民公安大学出版社 2005 年版。

规范（试行）》也对利益冲突问题进行了规范，该规范第 49 条规定："律师事务所应当建立利益冲突审查制度。律师事务所在接受委托之前，应当进行利益冲突审查并作出是否接受委托决定。"第 50 条规定："办理委托事务的律师与委托人之间存在利害关系或利益冲突的，不得承办该业务并应当主动提出回避。"第 51 条规定："有下列情形之一的，律师及律师事务所不得与当事人建立或维持委托关系：（一）律师在同一案件中为双方当事人担任代理人，或代理与本人或者其近亲属有利益冲突的法律事务的；（二）律师办理诉讼或者非诉讼业务，其近亲属是对方当事人的法定代表人或者代理人的；（三）曾经亲自处理或者审理过某一事项或者案件的行政机关工作人员、审判人员、检察人员、仲裁员，成为律师后又办理该事项或者案件的；（四）同一律师事务所的不同律师同时担任同一刑事案件的被害人的代理人和犯罪嫌疑人、被告人的辩护人，但在该县区域内只有一家律师事务所且事先征得当事人同意的除外；（五）在民事诉讼、行政诉讼、仲裁案件中，同一律师事务所的不同律师同时担任争议双方当事人的代理人，或者本所或其工作人员为一方当事人，本所其他律师担任对方当事人的代理人的；（六）在非诉讼业务中，除各方当事人共同委托外，同一律师事务所的律师同时担任彼此有利害关系的各方当事人的代理人的；（七）在委托关系终止后，同一律师事务所或同一律师在同一案件后续审理或者处理中又接受对方当事人委托的；（八）其他与本条第（一）至（七）项情形相似，且依据律师执业经验和行业常识能够判断为应当主动回避且不得办理的利益冲突情形。"第 52 条规定："有下列情形之一的，律师应当告知委托人并主动提出回避，但委托人同意其代理或者继续承办的除外：（一）接受民事诉讼、仲裁案件一方当事人的委托，而同所的其他律师是该案件中对方当事人的近亲属的；（二）担任刑事案件犯罪嫌疑人、被告人的辩护人，而同所的其他律师是该案件被害人的近亲属的；（三）同一律师事务所接受正在代理的诉讼案件或者非诉讼业务当事人的对方当事人所委托的其他法律业务的；（四）律师事务所与委托人存在法律服务关系，在某一诉讼或仲裁案件中该委托人未要求该律师事务所律师担任其代理人，而该律师事务所律师担任该委托人对方当事人的代理人的；（五）在委托关系终止后一年内，律师又就同一法律事务接受与原委托人有利害关系的对方当事人的委托的；（六）其他与本条第（一）至（五）项情况相似，且依据律师执业经验和行业常识能够判断的其他情形。律师和律师事务所发现存在上述情形的，应当告知委托人利益冲突的事实和可能产生的后果，由委托人决定是否建立或维持委托关系。委托人决定建立或维持委托关系的，应当签署知情同意书，表明当事人已经知悉存在利益冲突的基本事实和可能产生的法律后果，以及当事人明确同意与律师事务所及律师建立或维持委托关系。"委托人知情并签署知情同意书以示豁免的，承办律师在办理案件的过程中应对各自委托人的案件信息予以保密，不得将与案件有关的信息披露给相对人的承办律师。

（四）妥善保管委托人的财产

《律师执业行为规范（试行）》就妥善保管委托人财产的规定较之试行的规范简约了许多，只规定了律师事务所可以与委托人签订书面保管协议，妥善保管委托人财产，严格履行保管协议。律师事务所受委托保管委托人财产时，应当将委托人财产与律师事务所的财产、律师个人财产严格分离。

1. 签订书面保管协议。

2. 妥善保管与委托事项有关的财物，不得挪用或侵占。

3. 严格履行保管协议。

4. 与所、与己财产分离保管。律师事务所受委托保管委托人财物时，应将委托人财产与律师事务所的财产严格分离。委托人的资金应保存在律师事务所所在地信用良好的金融机构的独立账号内，或保存在委托人指定的独立开设的银行账号内。委托人其他财物的保管方法应当经其书面认可。

（五）终止代理及其善后处理

之所以将律师终止代理及其善后处理作为诚实守信的内容之一，是因为律师与委托人关系的特殊性。服务是一种无形的产品，与有形产品不同，无法在合同结束时以物的交接或者价款的换算的方式结束彼此的关系。如果不要求律师在结束代理关系时将相关事宜作出合理安排，就可能使委托人因为代理关系的结束而遭受损失。

1. 终止代理的情形。我国《律师执业行为规范（试行）》第59条规定："有下列情形之一的，律师事务所应当终止委托关系：（一）委托人提出终止委托协议的；（二）律师受到吊销执业证书或者停止执业处罚的，经过协商，委托人不同意更换律师的；（三）当发现有本规范第50条规定的利益冲突情形的；（四）受委托律师因健康状况不适合继续履行委托协议的，经过协商，委托人不同意更换律师的；（五）继续履行委托协议违反法律、法规、规章或者本规范的。"在这些情况下，律师要考虑到终止代理关系后，可能给委托人利益造成的影响，及时作出妥善安排。第60条规定："有下列情形之一，经提示委托人不纠正的，律师事务所可以解除委托协议：（一）委托人利用律师提供的法律服务从事违法犯罪活动的；（二）委托人要求律师完成无法实现或者不合理的目标的；（三）委托人没有履行委托合同义务的；（四）在事先无法预见的前提下，律师向委托人提供法律服务将会给律师带来不合理的费用负担，或给律师造成难以承受的、不合理的困难的；（五）其他合法的理由的。"

2. 终止代理的善后处理。终止代理，律师事务所应当尽量不使委托人的合法利益受到影响。因此，终止代理时，律师应当尽可能提前向委托人发出通知。律师事务所在征得委托人同意后，可另行指定律师继续承办委托事项，否则应终止委托代理协议。在解除委托关系前，律师必须采取合理可行的措施保护委托人利益，例如，及时通知委托人，使其有充分的时间再委托其他律师、收回文件的原件以及返还提前支付的费用等。但是，如果是因拒绝辩护、代理而解除委托关系的，律师可以保留与委托人有关的法律事务文件的复印件。

（六）转委托

未经委托人同意，律师事务所不得将委托人委托的法律事务转委托其他律师事务所办理。但在紧急情况下，为维护委托人的利益可以转委托，但应当及时告知委托人。

受委托律师遇有突患疾病、工作调动等紧急情况不能履行委托协议时，应当及时报告律师事务所，由律师事务所另行指定其他律师继续承办，并及时告知委托人。

非经委托人的同意，不能因转委托而增加委托人的费用支出。

（七）公平竞争

在市场经济的体制之下，竞争是不可避免的，而且竞争是行业发展的动力，但是，如果恶意竞争、无序竞争，则会损害律师职业的形象，给行业的发展带来危害。因此，公平竞争就成为律师职业道德的一个重要内容。同时，公平竞争也体现出对同行的尊重，以及行业的素养和风貌。我国《律师执业行为规范（试行）》第 10 条规定："律师应当尊重同行，公平竞争，同业互助。"也就是说，公平竞争是律师执业竞争的原则。第 16 条规定："律师和律师事务所推广律师业务，应当遵守平等、诚信原则，遵守律师职业道德和执业纪律，遵守律师行业公认的行业准则，公平竞争。"

律师之间的竞争应提倡以提高自身素质和能力、提高服务质量为核心，辅之以适当方式的业务推广手段。律师和律师事务所推广律师业务，应当遵守平等、诚信原则，遵守律师职业道德和执业纪律，遵守律师行业公认的行业准则，公平竞争。我国《律师执业行为规范（试行）》允许采取的推介手段有：①律师和律师事务所可以依法以广告方式宣传律师和律师事务所以及自己的业务领域和专业特长；②律师和律师事务所可以发表学术论文，进行案例分析、专题解答、授课、普及法律等活动，宣传自己的专业领域；③律师和律师事务所可以举办或者参加各种形式的专题、专业研讨会，宣传自己的专业特长；④律师可以以自己或者其任职律师事务所的名义参加各种社会公益活动。

我国《律师执业行为规范（试行）》第 79 条规定的禁止的六种竞争行为是：①诋毁、诽谤其他律师或者律师事务所信誉、声誉；②无正当理由，以低于同地区同行业收费标准为条件争揽业务，或者采用承诺给予客户、中介人、推荐人回扣、馈赠金钱、财物或者其他利益等方式争揽业务；③故意在委托人与其代理律师之间制造纠纷；④向委托人明示或者暗示自己或者其所属的律师事务所与司法机关、政府机关、社会团体及其工作人员具有特殊关系；⑤就法律服务结果或者诉讼结果作出虚假承诺；⑥明示或者暗示可以帮助委托人达到不正当目的，或者以不正当的方式、手段达到委托人的目的。

我国《律师执业行为规范》对于律师执业宣传和广告的基本态度是，允许宣传和广告，但有限制。这也是目前国际社会对于律师执业宣传和广告行为的基本态度。这种限制体现在内容和形式方面：

1. 宣传和广告的内容限制。包括：①广告内容限于身份要素。②广告内容不得对律师个人、律师事务所作出容易引人误解或者虚假的宣传；不得进行律师之间或者律师事务所之间的比较宣传；不得出现违反所属律师协会有关律师执业广告管理规定的行为。③在宣传内容上，律师和律师事务所可以宣传所从事的某一专业法律服务领域，但不能自我声明或暗示其被公认或证明为某一专业领域的专家；不能进行歪曲事实或法律，或可能会使公众产生对律师不合理的期望的宣传；不得伪造或者冒用法律服务荣誉称号，使用已获得的律师以及律师事务所法律服务荣誉称号的应当注明获得时间和期限。④在宣传内容上，律师和律师事务所不得擅自或非法使用社会专有名称或知名度较高的名称以及代表其名称的标志、图形文字、代号以混淆、误导委托人。这里所称的社会特有名称或知名度较高的名称是指：有关政党、国家行政机关、行业协会名称；具有较高社会知名度的高等法学院校或者科研机构的名称；为社会公众共知、具有较高知名度的非律师公众人物名称；知名律师以及律师事务所名称。律师和律师事务所不得变造已获得的荣誉称号用于广告宣传。律师事务所已撤销的，其原取得的荣誉称号不得继续使用。

2. 宣传和广告的方式限制。包括：①律师和律师事务所不能以有悖于律师使命、有失律师形象的方式制作广告，不能采用一般商业广告的艺术夸张手段制作广告。②律师发布广告应当具有可识别性，能够使社会公众辨明是律师广告。③律师和律师事务所不能进行律师之间或律师事务所之间的比较宣传。④律师和律师事务所可以通过发表学术论文，进行案例分析、专题解答、授课、普法等活动，宣传自己的专业领域。⑤律师和律师事务所可以通过举办或者参加各种形式的专题、专业研讨会，宣传自己的专业特长。⑥律师可以以自己或者其任职的律师事务所名义参加各种社会公益活动。此外，我国《律师执业行为规范（试行）》第27条规定，下列情况下，律师和律师事务所不得发布律师广告：①没有通过年度考核的；②处于停止执业或停业整顿处罚期间的；③受到通报批评、公开谴责未满1年的。

三、在委托权限内尽力维护委托人的利益

在委托权限内尽力维护委托人的利益，是律师作为代理人的基本职责，也是一项要求很细致的职业道德内容。根据《律师执业行为规范（试行）》第35~43条和第56、57条等的相关规定，总结如下：

（一）律师代理的基本要求

律师作为代理人，除了要按照民法一般代理要求行事外，还因律师职业的特殊性，应满足更高的要求：

1. 独立思考和判断。律师提供法律服务时，应当进行独立的职业思考与判断，认真负责。独立思考和判断是法律职业的共同要求。

2. 以适当方式提供服务。律师提供法律服务时，不仅应当考虑法律，还可以以适当方式考虑道德、经济、社会、政治以及其他与委托人的状况相关的因素。律师有权根据法律规定、公平正义及律师职业道德标准，选择实现委托人或者当事人目的的方案。

3. 充分运用专业知识。律师应当充分运用自己的专业知识，根据法律的规定完成委托事项，维护委托人的利益。

4. 严格按照期间、时效与约定办理。律师应当严格按照法律规定的期间、时效以及与委托人约定的时间办理委托事项。

5. 建立档案、保存工作记录。律师应当建立律师业务档案，保存完整的业务工作记录。这不仅是为了维护委托人的利益，在律师与委托人发生服务分歧时，还可以起到保护律师的作用。

6. 谨慎保管证据和其他法律文件。律师应当谨慎保管委托人提供的证据原件、原物、音像资料底版以及其他材料，保证其不遭灭失。

7. 及时答复委托人询问的事项。律师对委托人了解委托事项情况的要求，应当及时给予答复。

8. 明确代理权限，特别授权需要书面确认。律师接受委托后，只能在委托权限内开展执业活动，不得擅自超越委托权限。如需特别授权，应事先取得委托人的书面确认。律师在处理受托的法律事务时，如发现委托人所授权限不能适应需要时，应及时告知委托人，在未经委托人同意或办理有关的授权委托手续之前，律师只能在授权范围内办理法律事务。

9. 转委托应该规范进行。未经委托人同意，律师不得将委托人委托的法律事务转委托其他律师事务所办理。在紧急情况下，为维护委托人的利益可以转委托，但应当及时告知委托人。

受委托律师遇有突患疾病、工作调动等紧急情况不能履行委托协议时，应当及时报告律师事务所，由律师事务所另行指定其他律师继续承办，并及时告知委托人。非经委托人同意，不能因转委托而增加委托人的费用支出。

（二）谨慎使用拒绝辩护或代理的权利

对于律师来讲，拒绝辩护或代理，既是权利，又是义务。这种权利的行使会给委托人的利益带来重大影响，因此，即使是一种权利，在行使时也要非常谨慎，必须满足一定的条件才可以行使，即此权利的行使有严格的限制。

1. 律师接受委托后，无正当理由不得拒绝履行协议约定的职责，不得无故拒绝辩护或代理。我国《律师法》第 32 条规定："委托人可以拒绝已委托的律师为其继续辩护或者代理，同时可以另行委托律师担任辩护人或者代理人。律师接受委托后，无正当理由的，不得拒绝辩护或者代理。但是，委托事项违法、委托人利用律师提供的服务从事违法活动或者委托人故意隐瞒与案件有关的重要事实的，律师有权拒绝辩护或者代理。"也就是说，接受委托后，只有在委托事项违法的情况下，律师才可以拒绝辩护或代理。

2. 可以拒绝辩护或代理的情形。我国《律师执业行为规范（试行）》第 42 条规定，律师接受委托后，无正当理由不得拒绝辩护或者代理，或以其他方式终止委托。委托事项违法、委托人利用律师提供的服务从事违法活动或者委托人故意隐瞒与案件有关的重要事实的，律师有权告知委托人并要求其整改，有权拒绝辩护或者代理，或以其他方式终止委托，并有权就已经履行事务取得律师费。

四、服从管理

根据《律师法》第 4 条关于"司法行政部门依照本法对律师、律师事务所和律师协会进行监督、指导"以及第 45 条和第 52 条的规定，参照《律师执业行为规范（试行）》第七章"律师与所任职的律师事务所关系规范"和第八章"律师与律师协会关系规范"的相关规定，将服从管理的内容总结为如下几个方面：

（一）服从执业机构的管理

1. 统一接受委托，由律师执业机构对外统一承担责任。律师承接业务由律师事务所统一接受委托，律师不得私自接受委托承办法律事务，不得私自向委托人收取费用、额外报酬、财物或可能产生的其他利益。律师在承办受托业务时，对已经出现的和可能出现的不可克服的困难、风险，应当及时通知委托人，并向律师事务所报告。并且，律师因执业过错给律师事务所造成损失的，律师事务所有权向律师追究。也就是说，委托人可以将律师事务所作为被告，要求律师事务所承担因律师的过错造成的损失，律师事务所承担责任后再向过错律师追究责任。

2. 律师必须在一个执业机构执业。同时在一个律师事务所和一个其他法律服务机构执业的视同在两个律师事务所执业。如果是因涉及专业领域问题而邀请另一律师事务所参与办理，且该律师所在的律师事务所与被邀请的律师事务所之间以书面形式约定法律后果由前者承担并告知委托人的，不违背上述规定。

律师变更执业机构的，应当按规定办理转所手续，维护委托人及原律师事务所的利益；律师事务所在接受转入律师时，不得损害原律师事务所的利益。

3. 不得拒绝法律援助等公益服务。按照《律师法》和《法律援助法》的规定，律师具有法律援助的义务，因此，律师进行法律援助，不仅是一种职业道德，而且是一种法定义务。同时，作为更高的要求，我国《律师执业行为规范（试行）》规定，律师和律师事务所应当按照国家规定履行法律援助义务，为受援人提供法律服务，维护受援人的合法权益。

（二）遵守行政管理规定和行业管理规范

律师和律师事务所应当遵守司法行政管理机构制定的有关律师管理的规定、律师协会制定的律师行业规范、规则和章程。

1. 在取得法律职业资格证书以后，要按照《律师法》的规定，依程序向律师行政管理部门申请律师执业许可。这是律师执业的前提，也是接受律师行政管理的开始。我国《律师执业管理办法》第 18 条第 1 款规定："律师执业证书是律师依法获准执业的有效证件。"

2. 律师在执业期间不得以非律师身份从事法律服务。律师只能在一个律师事务所执业。

3. 律师和律师事务所享有律师协会章程规定的权利，承担律师协会章程规定的义务。

4. 律师和律师事务所应当遵守律师协会制定的律师行业规范和规则。

5. 参加律师协会组织的活动。律师和律师事务所应当参加、完成律师协会组织的律师业务学习及考核。律师应当积极参加律师协会组织的律师业务研究活动，完成律师协会布置的业务研究任务，参加律师协会组织的公益活动。

6. 律师参加国际性律师组织并成为其会员的，以及以中国律师身份参加境外会议等活动的，应当报律师协会备案。

7. 接受律师协会的监督管理。律师和律师事务所因执业行为成为刑、民事被告，或者受到行政机关调查、处罚的，应当向律师协会书面报告。律师应当妥善处理律师执业中发生的纠纷，履行经律师协会调解达成的调解协议。律师应当执行律师协会就律师执业纠纷作出的处理决定。律师应当履行律师协会依照法律、法规、规章及律师协会章程、规则作出的处分决定。

8. 按时交纳会费。律师和律师事务所应当按时交纳会费。律师协会是律师行业自治组织，其运行依赖会员的支持，按时交纳会费是一个律师作为行业一员最起码的职业道德义务。

五、尊重同行

尊重同行是维护律师职业形象的重要方面。同行既包括不同的律师执业机构之间的律师，也包括同一个律师执业机构的律师；既包括律师与律师之间，也包括律师与律师助理人员之间；既包括代理同一方委托人的律师，也包括代表不同利益当事人的律师。也就说，把律师和所有法定的从事律师辅助工作的所有人看成一个职业整体，每一个律师都有义务维护这个职业整体共同的利益。律师能否在执业过程中给予同行应有的尊重，反映了律师行业的精神风貌，是社会对律师职业进行评价的重要依据。有些律师为了获得案源，在展业活动和宣传材料中贬低同行甚至贬损同行、压低价格，或者在业务活动中不尊重对方律师，这都是破坏律师职业形象的行为，造成了很坏的影响。这些行为不仅破坏了律师职业内部的团结，还破坏了律师行业的公平竞争秩序，同时也降低了律师职业的社会评价，损害了律师行业的整体利益，因此，各国律师职业道德都有关于律师相互尊重甚至相互帮助的规定。[1]

我国《律师执业行为规范（试行）》也用大量篇幅对律师之间的关系进行了规范。其基本要求可以概括为以下几个方面：

1. 共同服务，分工合作。在律师执业活动中，经常出现委托人就同一事项委托多个律师的情况，有时律师自身为了合作的方便，也会在不增加委托人经济负担的情况下，建议委托人接受两个以上律师针对同一事项提供法律服务。在这种情况下，提供法律服务的律师之间应明确分工、相互协作，如果出现律师之间意见不一致的情况，应当及时通报委托人决定，而不是按照律师内部的工作关系或工作制度确定。

2. 律师与其他律师之间应当相互帮助、相互尊重。律师在执业活动中，往往与对方律师处于对立的立场，如果不能够清醒地认识到律师之间相互尊重的意义，就会出现感情用事的情况，把工作立场的对立延展到个人感情上，这种情况最容易出现在法庭上。因此，我国《律师执业行为规范（试行）》在广泛规定律师相互尊重的同时，第74~76条规定："在庭审或者谈判过程中各方律师应互相尊重，不得使用挖苦、讽刺或者侮辱性的语言。""律师或律师事务所不得在公众场合及媒体上发表恶意贬低、诋毁、损害同行声誉的言论。""律师变更执业机构时应当维护委托人及原律师事务所的利益；律师事务所在接受转入律师时，不得损害原律师事务所的利益。"

3. 不得阻挠委托人就同一事务再委托其他律师参与。

4. 公平竞争。对于公平竞争，在前面诚实守信的职业道德中已经做了要求。这里从尊重同行的角度，做出如下要求：

（1）与委托人的行为禁止。律师和律师事务所在与委托人及其他人员接触中，不得采用下列不正当手段与同行进行业务竞争：①以误导、利诱、威胁或者作虚假承诺等方式承揽业务；②无正当理由，以低于同地区同行业收费标准为条件争揽业务，或者采用承诺给予客户、中介人、推荐人回扣，馈赠金钱、财物或者其他利益等方式争揽业务；③以对本人及所在律师事务所进行不真实、不适当宣传或者诋毁其他律师、律师事务所声誉等方式承揽业务的；④故意在委托人与其代理律师之间制造纠纷；⑤向委托人明示或者暗示自己或者其所属的律师事务所与司法机关、政府机关、社会团体及其工作人员具有特殊关系；⑥就法律服务结果或者诉讼结果作出虚假承诺；⑦明示或者暗示可以帮助委托人达到不正当目的，或者以不正当的方式、手段达到委托人的目的。

（2）不得利用行政权力进行竞争。律师或律师事务所在与行政机关或行业管理部门以及企业的接触中，不得采用下列不正当手段与同行进行业务竞争：①通过与

---

[1] 王进喜译：《美国律师协会职业行为示范规则（2004）》，中国人民公安大学出版社2005年版；许世芬主编：《香港律师执业行为规范》，法律出版社1999年版。

某机关、某部门、某行业对某一类的法律服务事务进行垄断的方式争揽业务；②限定委托人接受其指定的律师或律师事务所提供的法律服务，限制其他律师或律师事务所正当的业务竞争。

（3）不得利用司法权威误导公众。律师和律师事务所在与司法机关及司法人员接触中，不得利用律师兼有的其他身份影响所承办业务的正常处理和审理的手段进行业务竞争。

（4）不得利用特殊技能损害委托人的利益。依照有关规定取得从事特定范围法律服务的执业律师和律师事务所不得采取下列不正当竞争的行为：①限制委托人接受经过法定机构认可的其他律师或律师事务所提供法律服务；②强制委托人接受其提供的或者由其指定的其他律师提供的法律服务；③对抵制上述行为的委托人拒绝、中断、拖延、削减必要的法律服务或者滥收费用。

（5）不得抬价或压价。律师和律师事务所相互之间不得采用下列手段排挤竞争对手的公平竞争，损害委托人的利益或者社会公共利益：①串通抬高或者压低收费；②为争揽业务，不正当获取其他律师和律师事务所收费报价或者其他提供法律服务的条件；③非法泄露收费报价或者其他提供法律服务的条件等暂未公开的信息，损害相关律师事务所合法权益。

（6）不得贬低、毁损同行。这是一个广泛性的规定，要求律师和律师事务所不得在公众场合及传媒上发表贬低、诋毁、损害同行声誉的言论。

六、保守职业秘密

关于律师职业保密责任，我国《律师执业行为规范（试行）》中规定的内容过于简单，不能对律师的执业行为进行有效引导，也不能对律师职业群体形成应有的保护。

（一）保密对象

保密对象就是向谁保密的问题。保密就是对所有的人保密。但是，在律师执业中有两种人是需要特别注意的：一是委托人，二是同一律师事务所的其他律师。对这两类人的保密问题，往往容易被忽略。

1. 对委托人的保密问题。对委托人的保密问题，在民事案件中，委托人往往就是案件的亲历者，或者事件与委托人本人有着密切的关系，律师需要把自己阅卷或调查了解到的情况与委托人核实，所以，在民事案件中基本不存在对委托人的保密问题。《律师办理民事诉讼案件规范》对此也没有作出规范。而在刑事案件中，律师对于查阅的案卷材料、调查取证的情况能否向委托人透露，曾经在学界有过争议，但是，2017 年 9 月 20 日，全国律协以律发通（2017）51 号发布《律师办理刑事案件规范》，统一了此问题的认识。《律师办理刑事案件规范》第 37 条规定："律师参与刑事诉讼获取的案卷材料，不得向犯罪嫌疑人、被告人的亲友以及其他单位和个人提供，不得擅自向媒体或社会公众披露。辩护律师查阅、摘抄、复制的案卷材料属于国家秘密的，应当经过人民检察院、人民法院同意并遵守国家保密规定。律师不得违反规定，披露、散布案件重要信息和案卷材料，或者将其用于本案辩护、代理以外的其他用途。"

2. 对同一事务所的律师的保密问题。一般情况下，案件承办律师没有必要将案情透露给其他律师，但是，出于业务探讨、请示领导、寻求帮助或指导实习律师的需要，可以向同所律师介绍案情，但应注意两点：①合伙律师有义务要求参与研讨的律师保密；②合伙律师、承办律师有义务要求实习律师、律师助理、法律实习生、行政等辅助人员保守秘密。

（二）保密期间

保密期间，就是律师对自己在执业过程中知悉的国家秘密、当事人的商业秘密和当事人的隐私在一个什么样的期间内负有保密义务的问题。对此，应该掌握三个原则：

1. 律师在辩护或代理期间及其工作结束后都负有保密义务。

2. 国家秘密和当事人的商业秘密都有很强的时效性，当其已经成为公开信息后，律师也不再负有保密义务。

3. 对于当事人的隐私，不论当事人自己是否向自己的亲友公开，律师无论在辩护或代理期间，还是辩护或代理工作结束后，都负有保密的义务。这是基于当事人对律师的信任和维护律师的职业形象所必需的。

（三）保密措施

要想较好地履行保密义务，关键还在于采取比较完备的保密措施。保密措施很多，可以概括为五项基本措施：①律师自己保管好正在承办中的案卷材料。②律师不得向亲友、社会传播负有保密义务的案件信息。③合伙律师、律师要经常对实习律师、律师助理、法律实习生、行政人员进行保密知识和道德纪律的指导和监督。④律师对办理完结的案件要及时归档。⑤律师事务所对案卷材料要进行妥善保管。律师将案卷材料归档以后由律师事务所负责保管材料，承担保密的责任。

（四）律师履行保守职务秘密义务的例外情形

我国《律师法》规定，律师对在执业活动中知悉的委托人和其他人不愿泄露的有关情况和信息，应当予以保密。但是，委托人或者其他人准备或者正在实施危害国家安全、公共安全以及严重危害他人人身安全的犯罪事实和信息除外。

七、维护职业形象

律师职业的社会性决定了维系律师业务来源的根本在于律师自身优良的服务。律师业务活动的开展必须取得委托人的信任，律师职业的整体发展必须赢得社会的认可，因此，律师在执业中维护律师自身和律师职业整体的形象就至关重要。这包括公平竞争、遵守执业推广的各种限制、尊重同行、业务水平的维持和提高、规范仪表和语态及体态等。

我国《律师执业行为规范（试行）》第 15 条明确规定：律师不得为以下行为：①产生不良社会影响，有损律师行业声誉的行为；②妨碍国家司法、行政机关依法行使职权的行为；③参加法律所禁止的机构、组织或者社会团体；④其他违反法律、法规、律师协会行业规范及职业道德的行为；⑤其他违反社会公德，严重损害律师职业形象的行为。其目的除了维护委托人的利益外，就是为了维护律师的职业形象。这条只是从禁止的方面进行了简单列举，如果从应然的角度也可以列举很多，可以说，上述所有要求都有助于律师树立良好的职业形象。

八、合理收费

遵守《律师服务收费管理办法》、2021 年司法部、国家发展和改革委员会和国家市场监督管理总局发布的《关于进一步规范律师服务收费的意见》的规定进行服务收费，是律师职业道德的一项内容。

总之，律师职业道德规范的主要内容反映了该行业的主要精神旨趣，反映了该行业所有从业人员维护行业发展的共同要求，即满足这些规范要求是保证每个律师每次服务的服务质量和服务水准的基本要求，同时，也能够向社会传达该行业的执业理念和要求。司法实践的情形是复杂的、多变的，虽然《律师执业行为规范（试行）》已对律师应具备的职业道德进行了比较全面的概括，近年我国律师行业管理部门在律师职业道德规范建设方面做了很多工作，但是仍然存在不足，需要不断地发展完善，而且，再完善的律师职业道德规范也不可能穷尽律师执业中遇到的所有情形，它只能为律师提供职业道德行为实践方面的指导，因此，对于律师执业实践中遇到的很多问题，还需要律师依赖职业道德意识自己做出谨慎的判断和审慎的行为。教育和训练的目的就是培养形成良好的律师职业素质和职业道德素养，建立时刻维护律师职业形象和荣誉的职业道德意识，这样才能对执业中出现的各种道德问题进行善意的理解、准确的判断和理性的处理。

■思考题

1. 简述律师职业道德的概念和特征。

2. 律师职业道德包括哪些具体内容？

3. 在刑事辩护业务中，应告知当事人的风险有哪些？尝试列举。如果你是律师，如何给委托人讲解这些风险？又如何帮助委托人避免这些风险？

■参考书目

1. 司莉等：《律师职业操守》，北京大学出版社 2013 年版。

2.［美］蒙罗·H.弗里德曼、阿贝·史密斯：《律师职业道德的底线》，王卫东译，北京大学出版社 2009 年版。

3.［美］安索尼·T.克罗曼：《迷失的律师：法律职业理想的衰落》，周战超、石新中译，法律出版社 2002 年版。

　　4. 王进喜：《美国律师职业行为规则理论与实践》，中国人民公安大学出版社 2005 年版。

　　5. 许身健、刘晓兵编著：《电影中的律师职业伦理》，知识产权出版社 2009 年版。

　　6. ［美］威廉·H. 西蒙：《践行正义：一种关于律师职业道德的理论》，王进喜译，中国人民大学出版社 2015 年版。

　　7. 王进喜译：《美国律师协会职业行为示范规则（2004）》，中国人民公安大学出版社 2005 年版。

第九章   律师的职业责任

第一节   律师的职业责任概述

一、法律责任

法律责任，是指行为人因违反法律的规定而应当承担的后果。设立法律责任的目的是为了保证法律规定能够得以实现。根据我国现行法律的规定，法律责任一般分为刑事责任、民事责任和行政责任。

二、律师的职业责任

律师的职业责任，是指律师在执业过程中，因故意或者过失违反法律法规、执业纪律的规定而必须承担的责任。从外延上看，可以按照不同的标准对律师的职业责任作出不同的分类。根据责任主体的不同，律师的职业责任可以分为律师法律责任和律师事务所法律责任。

律师是为社会提供有偿法律服务的专业人员，为了能使律师更充分地发挥其在社会生活中的重要作用，法律、法规作出了相应的规定。律师在享有法律、法规给予的权利的同时，也要承担相应的义务。律师的职业责任是一种特定的行为责任，是对律师执业的一种特殊要求。

律师职业责任的主体是取得律师执业资格或司法人员从业资格的由司法行政部门颁发律师执业证书的执业律师。律师职业责任的客体是执业律师在故意或过失的主观意识支配下所从事的违反国家法律、法规，违背律师职业道德和执业纪律的行为。律师职业责任的承担必须在客观上具有损害当事人合法权益，以及扰乱正常司法秩序的客观行为。律师职业责任的内容包括刑事责任、民事责任、行政责任、纪律处分。

三、我国律师职业责任制度的发展历程

自 1979 年律师制度恢复以来，我国律师业迅速发展，律师队伍不断壮大，律师事务所日益增加，律师业务逐步拓展，律师为社会提供了大量优质的法律服务，有力地促进了我国社会主义法治建设的发展，并在社会公众中树立起了良好的职业形象。同时，我们也不难看到，律师在执业过程中出现了各种违法违纪行为。因此，从法律上对律师的执业行为加以规制是十分必要的。律师职业道德规范从律师内部对律师执业行为进行了约束，而律师的职业责任则从外部有效地约束了律师的执业行为。1993 年《司法部关于深化律师工作改革的方案》明确提出加紧建立律师的责任赔偿制度。1996 年《律师法》明确规定了律师的法律责任。经过数次修改的《律师法》第六章更是作了更为完善的规定。2012 年 11 月，全国律协成立全国律师行业行风监督委员会，强调要对律师违法违规失信行为"亮红灯、出重拳"。

2013 年 4 月，全国律协发布《中华全国律师协会关于进一步加强以诚信建设为重点的律师行风建设的意见》，强调加大行业违规行为处分力度。要求各地律师协会、律师事务所要从保护律师队伍整体利益出发，克服对违规行为不敢管、不愿管的消极思想，纠正"家丑不外扬"等片面认识，树立律师行业不护短的形象。要加强律师协会行业惩戒委员会建设，加大惩戒工作人员培训力度，进一步提高律师协会惩戒工作水平和质量。要充实惩戒委员会工作力量，吸收司法机关、社会公众参与惩戒工作。树立"有案必查、违规必惩"的意识。要进一步完善惩戒工作程序，规范投诉受理、立案、调查、听证和作出处分每一环节，严肃查处违法违规行为。建立健全重大案件通报制度，加强与司法行政机关、纪检监察、公安、司法、审计等部门的协作配合，完善情况通报、案件线索移送、案件协查、信息共享机制，形成工作合力；加强与司法行政机关行政处罚工作的衔接与配合。2013 年 3 月，全国律协发布《全国律协关于进一步加强和改进律师行业惩戒工作的意见》，该意见指出，进一步加强和改进律师行业惩戒工作，就是要深入贯彻党的十八大精神，教育和引领广大律师进一步增强做中国特色社会主义法律工作者的自觉性和坚定性，确保做中国特色社会主义事业的建设者和捍卫者，维护正常的法治秩序和司法秩序，使律师在诉讼和非诉讼活动中能够充分、严格、依法有效地行使职责，维护当事人合法权益，维护法律的正确实施，维护社会公平和正义。各地律师协会一定要从全面推进依法治国、从律师事业发展大局出发，进一步提高思想认识，加强和改进律师行业惩戒工作，完善律师行业惩戒工作机制，着力完善投诉的受理、立案、调查、听证、处分等工作程序，建立投诉督办制度、惩戒通报制度、统计报告制度，依法依规严肃查处违规违纪行为。要综合施策，坚持惩戒工作与奖励、维权、考核、预警、社会监督工作相结合，不断提高律师行业惩戒工作水平。要切实加强律师行业惩戒工作的监督指导，认真研究解决当前律师行业惩戒工作中存在的突出问题。要加强组织领导和工作指导，努力提高行业自律管理水平，进一步树立律师行业依法、诚信、规范的良好形象。

2013 年 11 月，十八届三中全会通过的《中共中央关于全面深化改革若干重大问题的决定》明确，完善律师执业权利保障机制和违法违规执业惩戒制度，加强职业道德建设，发挥律师在依法维护公民和法人合法权益方面的重要作用。

2014 年，《中共中央关于全面推进依法治国若干重大问题的决定》再次强调规范律师执业行为，监督律师严格遵守职业道德和职业操守，强化准入、退出管理，严格执行违法违规执业惩戒制度。"对因违法违纪被开除公职的司法人员、吊销执业证书的律师和公证员，终身禁止从事法律职业，构成犯罪的要依法追究刑事责任。"

从 2017 年 5 月 1 日开始，凡是受到行政处罚或者行业惩戒的律师，其相关信息于第一时间在司法部官网上进行公开。司法部还会同法院、检察院、公安等部门，建立了律师执业行为的通报和提出司法建议等制度。及时了解、掌握律师在执业过程中的违法违规行为，依法作出处理。

2017 年 8 月，司法部长张军在讲话中指出：惩戒工作重在依法依规依章程，重在律师协会健全完善自律管理各项举措，建立对律师的违法违规行为，原则上先由律师协会作出行业处分，再由行政机关跟进作出行政处罚的工作衔接机制；要充分发挥律师协会会长作用，律师协会要"挺"在前面，勇于举旗、切实履职，真正做到行业自律。[1]

2017 年 1 月，《律师协会会员违规行为处分规则（试行）》修订。

2021 年 10 月 14 日，第十次全国律师代表大会对《中华全国律师协会章程》进行了修订，有关律师惩戒的内容有了新的变化。

第二节　律师的行政法律责任

一、律师行政法律责任的概念和特征

行政法律责任包括广义和狭义两个方面的含义。广义的行政法律责任是指行政法律关系主体由于违反行政法律规范或者不履行行政法律义务，而依法应当承担的法律后果。其主体包括行政主体及其公务人员和行政相对人。狭义的行政法律责任是指行政主体因违反行政法律规范而依法必须承担的法律后果。本节内容是从广义上对行政法律责任加以界定的，律师的行政法律责任是指律师和律师事务所在执业

---

〔1〕 张军：《律师协会要"挺"在前面 勇于举旗》，载 https：//pf. rednet. cn/c/2017/08/31/44106 02. htm，最后访问日期：2019 年 2 月 20 日。

过程中，因违反《律师法》和其他法律法规、规章规定的义务，由司法行政机关依照法律规定对律师和律师事务所实施的行政处罚。从理论上看，司法行政机关实施的行政处罚针对的是律师及律师事务所在执业中的违法行为，这种责任的承担主体是律师或者律师事务所。

律师的行政法律责任具有如下特征：

1. 律师行政法律责任的主体是特定的，即律师和律师事务所。非特定主体不构成特定的责任，即使其违反《律师法》的有关规定，也只能构成一般主体的行政责任。

2. 律师客观上实施了违反《律师法》的行政违法行为。律师的行政法律责任有其特定的范围，如果违反的是《治安管理处罚法》，则承担的是治安行政责任，不能包括在本节所指律师行政法律责任的范围之内。

3. 律师的行政法律责任体现了社会对律师行政违法行为的否定。正因为社会对律师行政违法行为持否定性评价，才由法律法规规定律师承担相应的义务。

4. 律师行政法律责任的直接后果是承担行政处罚。行政处罚不同于律师职业道德的约束，其具有强制性，是行政机关单方面对行政管理相对人的制裁。

5. 律师行政法律责任的惩戒机关是司法行政机关。

二、律师承担行政法律责任的违法行为

《律师法》第一章总则第4条规定："司法行政部门依照本法对律师、律师事务所和律师协会进行监督、指导。"律师在执业过程中，不仅和委托人之间形成一种平等的横向民事关系，而且还同主管司法行政机关及律师协会之间形成了一种管理与被管理、指导与被指导、监督与被监督的纵向关系。后者从本质上说就是一种行政管理关系，因此，司法行政机关在对律师和律师事务所行使行政处罚权时，应当严格依据《律师法》的规定进行。律师和律师事务所承担行政法律责任的前提是在执业过程中做出了违反《律师法》的行政违法行为。

1.《律师法》第47条规定，律师有下列行为之一的，由设区的市级或者直辖市的区人民政府司法行政部门给予警告，可以处5000元以下的罚款；有违法所得的，没收违法所得；情节严重的，给予停止执业3个月以下的处罚：

（1）同时在2个以上律师事务所执业的。《律师法》第10条第1款规定："律师只能在一个律师事务所执业。律师变更执业机构的，应当申请换发律师执业证书。"这样的规定首先有利于律师开展工作，因为如果律师同时在几个律师事务所接受委托，将无法确保其认真尽职地完成任务。其次，有利于律师事务所对律师进行管理，有效监督其完成工作和遵守职业道德的情况。跨所执业必然带来多头领导的局面，从而导致领导不力。再次，有利于确定律师责任赔偿的主体，防止互相推诿，可以有效地维护委托人的合法权益。最后，有利于防止发生不正当竞争，规范律师服务市场的秩序。违反法律规定必然损害律师业的健康发展，有必要对违反者进行行政处罚。

（2）以不正当手段承揽业务的。《律师和律师事务所违法行为处罚办法》第 6 条规定，有下列情形之一的，属于《律师法》第 47 条第 2 项规定的律师"以不正当手段承揽业务的"违法行为：①以误导、利诱、威胁或者作虚假承诺等方式承揽业务的；②以支付介绍费、给予回扣、许诺提供利益等方式承揽业务的；③以对本人及所在律师事务所进行不真实、不适当宣传或者诋毁其他律师、律师事务所声誉等方式承揽业务的；④在律师事务所住所以外设立办公室、接待室承揽业务的。律师事务所从事或者纵容、放任本所律师从事以上违法行为的，属于《律师法》第 50 条第 4 项规定的律师事务所"以诋毁其他律师事务所、律师或者支付介绍费等不正当手段承揽业务的"违法行为。

（3）在同一案件中为双方当事人担任代理人，或者代理与本人及其近亲属有利益冲突的法律事务的。《律师法》第 39 条规定："律师不得在同一案件中为双方当事人担任代理人，不得代理与本人或者其近亲属有利益冲突的法律事务。"在诉讼业务中，双方当事人在权利义务和利益上存在矛盾和冲突，如果律师身兼二职，在维护一方当事人利益时，就有可能损害另一方当事人的利益，使自身处于自相矛盾的境况，从而无法正常履行职责。此外，《律师执业行为规范（试行）》专节规定了"利益冲突审查"，并以列举的形式规定了律师及律师事务所不得与当事人建立或维持委托关系的情形和经告知但委托人同意其代理或者继续承办的情形。

（4）从人民法院、人民检察院离任后 2 年内担任诉讼代理人或者辩护人的。《律师法》第 41 条规定："曾经担任法官、检察官的律师，从人民法院、人民检察院离任后二年内，不得担任诉讼代理人或者辩护人。"《法官法》第 36 条第 1 款规定："法官从人民法院离任后两年内，不得以律师身份担任诉讼代理人或者辩护人。"《检察官法》第 37 条第 1 款规定："检察官从人民检察院离任后两年内，不得以律师身份担任诉讼代理人或者辩护人。"

（5）拒绝履行法律援助义务的。《律师法》第 42 条规定："律师、律师事务所应当按照国家规定履行法律援助义务，为受援人提供符合标准的法律服务，维护受援人的合法权益。"法律援助是律师应当履行的法定义务，是指为经济困难的公民或者特殊案件的当事人提供免费的法律帮助与服务的一项法律保障制度。律师履行法律援助的义务，是法律服务向基层、社区和贫弱群体的延伸，是律师职业追求公平正义的根本要求。

2.《律师法》第 48 条规定，律师有下列行为之一的，由设区的市级或者直辖市的区人民政府司法行政部门给予警告，可以处 1 万元以下的罚款；有违法所得的，没收违法所得；情节严重的，给予停止执业 3 个月以上 6 个月以下的处罚：

（1）私自接受委托、收取费用，接受委托人财物或者其他利益的。在执业中秉持职业操守，不收受贿赂、不私自收费、不以职谋私，是世界各国的传统法律服务道德准则，也是律师最基本的职业道德。美国律师入行时的宣誓词中写道："我将在作出影响委托人的决定时确保他们知悉。"在我国的社会主义法治环境下，同样要求律师在执业中应当保护当事人合法权益，获取劳动报酬必须合法合理，违反执业规定和职业道德谋取不义之财的行为是与我国律师的基本性质不相容的。

（2）接受委托后，无正当理由，拒绝辩护或者代理，不按时出庭参加诉讼或者仲裁的。出庭参加诉讼或者仲裁，是律师履行职责的基本方式，不按时出席法庭或者仲裁庭，就无从举证、质证，无从发表代理或者辩护意见，无从与对方当事人展开辩论，势必严重损害当事人的合法权益，还会延误诉讼或者仲裁活动，影响法律的正确实施。因此，对律师不履行正当职责的行为应当给予行政处罚。

（3）利用提供法律服务的便利牟取当事人争议的权益的。如果律师在提供法律服务时以获取私利为前提，不仅会腐蚀自己的心灵，而且真理、公平、正义必然会遭到严重践踏。当事人委托律师为自己提供法律服务，表明他在某一方面或某一事项上存在困难，需要得到法律服务。当事人按照与律师事务所签订的法律服务合同，付出的不仅是金钱，更多的是对律师事务所和律师的信任。对律师来说，信用就是一种向当事人信守承诺的责任感；信用就是对自己提供的法律服务之后果负责的道德感。

（4）泄露商业秘密或者个人隐私的。在执业活动中为当事人保守商业秘密和个人隐私，是律师职业道德的基本要求之一。保守秘密的义务一方面充分保护了当事人的合法权益不受非法侵害，另一方面，也有助于打消当事人的疑虑，增强其对律师的信赖，保障律师顺利履行职务，并提高律师职业在公众中的社会信誉。

3.《律师法》第49条规定，律师有下列行为之一的，由设区的市级或者直辖市的区人民政府司法行政部门给予停止执业6个月以上1年以下的处罚，可以处5万元以下的罚款；有违法所得的，没收违法所得；情节严重的，由省、自治区、直辖市人民政府司法行政部门吊销其律师执业证书；构成犯罪的，依法追究刑事责任：

（1）违反规定会见法官、检察官、仲裁员以及其他有关工作人员，或者以其他不正当方式影响依法办理案件的。"违反规定会见"，是指律师在承办案件期间，在非工作时间、非工作场所，私自会见承办案件的法官、检察官、仲裁员以及其他有关工作人员。如果律师单方面私下接触法官、检察官、仲裁员或者其他有利害关系的工作人员，或者请客送礼，搞"感情投资"，靠人际关系等不正当手段办案，势必影响案件的依法办理，影响司法、仲裁活动的中立，干扰正常的诉讼秩序和仲裁秩序。从大局的角度来看，"办人情案"等不正当方式最终会践踏社会的公平正义，影响公众对司法和仲裁制度的信任，势必破坏律师业的社会形象。

（2）向法官、检察官、仲裁员以及其他有关工作人员行贿，介绍贿赂或者指使、诱导当事人行贿的。

（3）向司法行政部门提供虚假材料或者有其他弄虚作假行为的。

（4）故意提供虚假证据或者威胁、利诱他人提供虚假证据，妨碍对方当事人合法取得证据的。

（5）接受对方当事人财物或者其他利益，与对方当事人或者第三人恶意串通，侵害委托人权益的。

（6）扰乱法庭、仲裁庭秩序，干扰诉讼、仲裁活动的正常进行的。

（7）煽动、教唆当事人采取扰乱公共秩序、危害公共安全等非法手段解决争议的。

（8）发表危害国家安全、恶意诽谤他人、严重扰乱法庭秩序的言论的。

（9）泄露国家秘密的。

律师因故意犯罪受到刑事处罚的，由省、自治区、直辖市人民政府司法行政部门吊销其律师执业证书。

三、律师承担行政法律责任的方式

2007 年 10 月 28 日修订的《律师法》的重大变化之一是深化了律师执业管理改革，将司法行政部门对律师的行政处罚权部分下放。修订前的《律师法》规定，主要由省、自治区、直辖市的人民政府司法行政部门行使处罚权；而 2007 年《律师法》则规定，主要由设区的市级或者直辖市的区级人民政府司法行政部门来行使处罚权，省、自治区、直辖市一级的司法行政部门仅负责"吊销执业证书"这一项行政处罚。这一改革措施，不是单纯的行政处罚权的下放，而是有其深层的立法背景。原《律师法》实施以来，随着我国市场经济的不断发展，社会生活中发生的案件日渐增多，律师业也随之蓬勃发展，在律师执业过程中出现的问题也日益纷繁复杂。原《律师法》中由省级司法行政部门主导行政处罚权的规定已经不符合实践的需求，因为该规定将导致对律师违法、违纪行为处罚的滞后，不能及时处理律师行政法律责任带来的后果，是律师管理缺乏效率的表现，并影响律师业的发展。

综合《律师法》和司法部 2010 年颁布的《律师和律师事务所违法行为处罚办法》的规定，律师承担行政法律责任的方式主要有如下几种：警告、罚款、没收违法所得、停止执业和吊销执业证书。

1. 警告。警告是指司法行政机关对有违法行为的律师进行的谴责和警戒。它是各种行政处罚中程度最轻的一种处罚形式，主要适用于那些比较轻微、对社会危害不大的违法行为。警告以精神惩戒为特点，通过对当事人名誉、荣誉、信誉等施加影响，引起其精神上的警惕，使其今后不再违法。

2. 罚款。罚款是 2007 年修订后的《律师法》增加的行政处罚方式，根据律师违法程度的不同分为三个档次：5000 元以下、1 万元以下和 5 万元以下，处罚权均由设区的市级或者直辖市的区人民政府司法行政部门行使。根据《律师法》第 47~49 条的规定，罚款为一种附加适用的惩戒措施，即在对律师处以警告或者停止执业处罚的同时，可以附加一定数额的罚款。

3. 没收违法所得。没收违法所得是指由行政机关实施的将违法当事人的违法收入收归国有的处罚方式。对于律师而言，是指司法行政部门对律师的违法所得予以没收的一种行政处罚，是一种经济性的行政处罚。具体来说，罚款与没收违法所得的区别是：罚款是对当事人合法财产的剥夺；而没收违法所得则是对当事人非法占有的财产的剥夺。

4. 停止执业。《律师法》第 53 条第 1 款规定："受到六个月以上停止执业处罚的律师，处罚期满未逾三年的，不得担任合伙人。"

5. 吊销执业证书。根据《律师法》的规定，对律师行政处罚的主体，主要是设区的市级或者直辖市的区级人民政府司法行政部门，省、自治区、直辖市一级的司法行政部门仅负责"吊销执业证书"这一项行政处罚。该项处罚方式是律师承担行政法律责任的方式中最为严重的一种。

四、律师事务所承担行政法律责任的违法行为

《律师法》第 50 条规定，律师事务所有下列行为之一的，由设区的市级或者直辖市的区人民政府司法行政部门视其情节给予警告、停业整顿 1 个月以上 6 个月以下的处罚，可以处 10 万元以下的罚款；有违法所得的，没收违法所得；情节特别严重的，由省、自治区、直辖市人民政府司法行政部门吊销律师事务所执业证书：

1. 违反规定接受委托、收取费用的。根据《律师法》的规定，律师在执业活动中不得私自接受委托、收取费用，接受委托人的财物或者其他利益；律师承办业务，应当由律师事务所统一接受委托，与委托人签订书面委托合同，按照国家规定统一收取费用并如实入账。

2. 违反法定程序办理变更名称、负责人、章程、合伙协议、住所、合伙人等重大事项的。《律师法》第 21 条规定，律师事务所变更名称、负责人、章程、合伙协议的，应当报原审核部门批准。律师事务所变更住所、合伙人的，应当自变更之日起 15 日内报原审核部门备案。因此，以上事项非经法定程序不得随意变更。

3. 从事法律服务以外的经营活动的。律师事务所设立的目的是提供法律服务，其经营内容也应当仅限于法律服务。因此，《律师法》第 27 条规定，律师事务所不得从事法律服务以外的经营活动。违反者将受到相应处罚。

4. 以诋毁其他律师事务所、律师或者支付介绍费等不正当手段承揽业务的。不正当手段包括诋毁其他律师事务所、律师或者支付介绍费、佣金、回扣、分成等不正当竞争的手段。律师事务所之间的不正当竞争不仅危害当事人利益，也同时破坏法律服务的市场平衡，最终给律师行业带来极大危害。

5. 违反规定接受有利益冲突的案件的。法律服务过程当中存在利益冲突必将伤及法律服务的职业精神和社会公信力。因此，无论是立法还是职业道德规范均要求律师、律师事务所有义务采取有效措施避免出现利益冲突。通常的做法是，在接受一项委托前有义务进行利益冲突查证，若在接受委托后发现存在利益冲突的，律师、律师事务所必须向委托人说明情况并主动辞去委托。在某些情形下，经过委托人的同意（通常要求书面形式），律师、律师事务所可以豁免此项义务，例如，利益冲突并不显著的情形；律师、律师事务所就与委托人有利益冲突的前委托人提供的服务已经超过了一定的年限等。

6. 拒绝履行法律援助义务的。法律援助义务是各国律师行业通行的职业义务，我国《律师法》第42条规定，律师、律师事务所应当按照国家规定履行法律援助义务，为受援人提供符合标准的法律服务，维护受援人的合法权益。

7. 向司法行政部门提供虚假材料或者有其他弄虚作假行为的。

8. 对本所律师疏于管理，造成严重后果的。律师事务所对本所律师的管理不仅仅体现为义务，其规章管理制度也是事务所发展的重要动力源泉。只有建立完善、切合实际、相互协调的事务所管理制度体系，并加以落实，才能提升事务所的管理层次，充分发挥律师的积极性，促进事务所的全面发展。因此，《律师法》第50条第2款规定，对律师事务所因第1款违法行为受到处罚的，对其负责人视情节轻重，给予警告或者处2万元以下的罚款。

五、律师事务所承担行政法律责任的方式

律师事务所承担行政法律责任的方式和律师类似，主要包括：警告、罚款、没收违法所得、停业整顿和吊销律师事务所执业证书。在此不再详细介绍。

第三节　律师的民事法律责任

律师事务所作为市场经济下的中介机构，以向社会提供法律服务为其业务，律师事务所统一受案，以律师事务所的名义与委托人签订合同，统一收取费用，指派律师具体履行合同。律师事务所和委托人之间是提供法律服务与支付相应报酬的关系，双方在法律地位上处于平等的状态，都是平等的民事权利主体。双方之间因委托合同产生的法律关系应当受民法的调整。由于委托合同具体由律师来履行，因此，如果律师在履行合同时给委托人造成了损失的，根据民法原理，应当负赔偿责任。我国《律师法》第54条规定，律师违法执业或者因过错给当事人造成损失的，由其所在的律师事务所承担赔偿责任。律师事务所赔偿后，可以向有故意或者重大过失行为的律师追偿。律师和律师事务所不得免除或者限制因违法执业或者因过错给当事人造成损失所应当承担的民事责任。这是我国律师承担民事责任的法律依据，也是进一步健全我国律师民事赔偿制度的基本法律保障。

一、律师民事法律责任的概念和构成要件

律师的民事法律责任，是指律师违法执业或者因过错给当事人造成损失，其所在的律师事务所承担民事责任后，因该律师有故意或者重大过失行为而被律师事务所追偿的一种法律责任。因此，律师承担民事责任应当具备以下条件：

1. 律师在主观上必须有过错。所谓主观上的过错，就是指律师对行为的实施主观上存在故意或者过失。如果对行为和结果的发生，律师既没有主观过错，也没有出现工作上的失误，即使给当事人带来经济损失，律师也不应当承担责任。因此，律师承担赔偿责任，不适用《民法典》的无过错责任、客观归责原则，而适用过错责任原则。在实践中，因律师的过错给委托人造成损害的，除少数是由于律师职业道德品质败坏，故意损害委托人的合法权益外，大多数是由于律师主观上的过失造成的，表现为工作不负责任、粗心大意等，这些过失都是可以避免的。

2. 律师的行为必须是已经给当事人造成了经济损失，行为和损失结果之间具有直接的因果关系。这是构成过错行为承担责任的首要条件。如果律师的行为虽有过错，但是并未在实际上给当事人造成任何经济上的损失，律师就只能受到惩戒，而不应当承担赔偿责任。同样地，如果律师的行为与当事人合法权益受损害之间无因果关系，律师当然也不可能承担任何责任。

3. 律师的行为违法或有过错是承担赔偿责任的两大原则。这种违法行为可能是作为的违法行为，例如，与对方当事人恶意串通，泄露当事人的秘密，或者与第三人恶意串通实施危害当事人合法权益的行为；也可能是不作为的违法行为，也就是不履行法定义务或者约定义务的行为。

4. 律师的行为必须是发生在律师的执业过程中。如果律师的行为不是发生在执行职务过程中，那就不是我们所要讨论的律师过错行为，而是非职务的个人行为。因为律师与委托人之间的委托关系的表现形式是委托合同，律师执业是根据律师事务所的指派，履行律师事务所与当事人订立的委托或者聘请合同，只有在这个过程中发生的行为才可能是律师过错行为，才可能出现律师民事赔偿问题。而实践中出现的个别律师瞒着律师事务所私自收案收费的行为，导致当事人合法权益受损的情况，与律师事务所无关，不属于律师职务行为中的责任赔偿范围，只能是公民个人民事侵权赔偿问题。

二、律师承担民事法律责任的范围

在确定律师的赔偿范围时，应当以律师承担民事法律责任的四个要件为准，律师的行为只要符合这四个要件，无论是诉讼事务还是非诉讼事务，都应当承担赔偿责任。具体来看，律师承担民事法律责任的范围包括以下几种情况：

1. 律师已经决定不接受委托，而不及时告知委托人，给委托人造成损失的。许多国家的法律都把该情形作为律师责任赔偿的范围之一。例如，日本《律师法》规定：律师在不承诺事件的委托时，应当迅速将其意旨通知委托人。如果律师没有及时通知委托人的，则要对其损失承担赔偿责任。这样规定的意义在于，律师必须在拒绝委托的情况下，及时将不接受委托的决定及原因告知委托人，以便委托人另行委托他人。

2. 律师对委托授权代理的法律事务无故拖延，导致超过时效，给委托人造成损失的。为了案件的顺利解决，无论诉讼、仲裁都规定了一定的时效，当事人只有在规定时效期间内才能行使法定程序权利，从而使得实体权利有实现的可能。如果在法定时效期间内，当事人没有行使程序上的权利，也就失去了实现实体权利的机会。因此，律师对委托人授权代理的法律事务无故拖延，导致超过时效并给当事人造成损失的，律师应当负赔偿责任。

3. 案件已经决定开庭，律师无故未按照通知日期出庭，给委托人造成损失的。出庭参加诉讼或者仲裁，是律师代理或者辩护的主要环节，对维护当事人的合法权益至关重要。律师不能按时出庭，就不能在案件审理时维护委托人的合法权益，由此而造成的损失，应当由律师来承担民事赔偿责任。

4. 泄露委托人的隐私、秘密和委托人不愿意公开的其他事实，给委托人造成损害的。律师接受委托后，为了根据事实和法律提出有利于委托人的证据和意见，需要了解与案件有关的情况，包括委托人的隐私、秘密和委托人不愿意公开的一些事实。而委托人出于对律师的信赖，愿意告知律师。律师对此应负有保密义务，如果律师泄露当事人的上述信息，违反了律师职业道德和执业纪律，应当受到相关惩戒，同时由此给委托人造成损失的，还应当负民事赔偿责任。

5. 超越委托权限或者在委托关系终止后继续代理，给委托人造成损失的。律师接受委托后，是以被代理人的名义进行活动，其活动必须在委托人委托权限内进行，代理律师在授权范围内活动而产生的法律后果由被代理人来承担。律师超越代理权进行的活动，事后未能得到委托人的追认，或者代理关系已经终止，律师仍然以被代理人的名义进行活动，都是滥用代理权的行为，由此给委托人造成的损失，律师应当负赔偿责任。

6. 与对方当事人恶意串通或者唆使当事人规避法律，导致当事人遭受损失的。律师以向社会提供法律服务为职业，应当具备基本的法律专业素养并加以综合运用。当事人委托律师的目的就在于借助律师的法律知识来维护自己的合法权益。律师接受委托后也有义务为委托人提供正确的法律意见和法律帮助，严格遵守法律，不规避法律也不应唆使当事人规避法律，否则因此给当事人造成损失的，应当负赔偿责任。

7. 丢失委托人证据材料，导致当事人败诉的。无论诉讼或者非诉讼法律事务，其案情的认定都必须以事实为根据，以法律为准绳。这里的事实有别于客观真实，而是有充分证据加以证明的法律意义上的事实。在民事诉讼或者仲裁中，都强调当事人谁主张谁举证，如果律师丢失了当事人掌握的具有决定性证明作用的原始证据，或者在明知证据可能灭失的情况下，没有及时申请证据保全或者主动采取其他保全措施，使得当事人不能对自己的主张进行举证，因此造成当事人败诉的后果的，律师对此应当承担民事赔偿责任。

8. 其他不尽职行为。例如，在起草合同中遗漏重要条款、审查合同时没有进行必要调查，导致当事人遭受损失的，律师也应负赔偿责任。

三、律师承担民事法律责任的方式和标准

律师在执业过程中，因违法执业或者过错给当事人造成损失的，应当承担赔偿责任。律师赔偿责任可以看作一般合同违约责任，即律师没有提供合格的法律服务而产生的责任。律师承担责任的方式应当是赔偿损失和支付违约金。

关于赔偿数额，从各国立法来看，大多数国家是根据实际造成的损失进行赔偿的。我国律师民事赔偿的标准也应当以弥补当事人的实际损失为限，同时支付违约金。因此，当赔偿的情况发生后，无论当事人有无损失，首先应当退回全部的收费。其次，对造成当事人损失的，根据律师过错大小来确定赔偿的数额，即律师赔偿数额应当与律师的过错给委托人造成的实际损失相一致。因为我国律师责任赔偿实行的是过错责任原则，即根据过错的大小和有无来确定赔偿责任的大小和有无。赔偿责任的分担，除了要分清律师与当事人之间的过错有无和大小之外，在对受害的当事人给予赔偿之后，还应当考虑律师与律师事务所之间责任分担的问题。这是由于我国目前律师收费实行的是由律师事务所统一受案收费，然后指派律师承办的方式，故律师在执业中给当事人造成损失的，受害当事人都是向律师事务所请求赔偿。律师事务所赔偿后，有权要求负有责任的律师承担部分或者全部赔偿费用。我国《律师法》规定，律师因违反执业纪律给当事人造成损失的，由其所在律师事务所实行责任赔偿的，该律师事务所可视损失大小及情节轻重责成该律师承担部分或者全部费用。总之，律师赔偿数额的大小应当与律师过错大小、给当事人造成的损失大小相一致。

四、律师赔偿资金的来源

律师赔偿责任的落实关键要看律师赔偿资金的来源。国外立法一般有两种做法：一是律师向律师协会每年上缴一定数额的赔偿基金，以此作为律师赔偿资金，如英国的规定；二是建立律师责任保险制度，由律师向保险公司投保，一旦律师在执业活动中，由于失误造成当事人损失需要赔偿的，经当事人提出索赔要求，由律师事务所申请保险公司代为赔偿。保险公司查明当事人受到的损失是由律师负赔偿责任之后，即根据投保数额的大小向当事人支付一定的赔偿金。目前在我国，律师赔偿资金的来源没有统一。有的是由律师直接向受损害的委托人支付赔偿金，其资金来源是律师事务所从本所的福利基金中按照专职律师每年业务量的多少发给律师的风险补助金；有的是在律师事务所的业务收入中提取一部分作为赔偿基金；还有的是由律师事务所向保险公司投保的律师责任保险。

五、律师执业责任保险

2002年3月，《司法部关于加快建立律师诚信制度的通知》要求各地要在年内强制推行责任赔偿和保险制度，使由于律师违法执业或因过错给当事人造成的损失都能够得到赔偿，以有效保护当事人的合法权益，强化律师行业的社会信用。2002年，

许多地方将律师赔偿责任制作为律师业诚信制度的一项重要内容。目前，许多地方律师协会都积极探索律师执业责任保险的实践，与保险公司签署律师执业责任保险协议，以降低律师执业风险。

第四节　律师的刑事法律责任

律师的刑事法律责任，是指律师在执业过程中，利用职务之便实施犯罪行为，依照《刑法》应当承担的法律责任。它是律师三种法律责任中最为严厉的一种。规定律师的刑事法律责任有利于规范律师执业行为，维护委托人的合法权益。世界各国都有关于律师刑事责任的立法。例如，英国法律规定，律师可因为藐视法庭或者违抗法院的命令而被监禁；在欧洲大陆国家，律师违反保守职务秘密的强制义务即属于犯罪；在日本，也有关于律师必须保守职务秘密的法律条款。

在我国，《律师法》第 49 条第 1 款规定了律师可能承担刑事责任的 9 种情形，包括：①违反规定会见法官、检察官、仲裁员以及其他有关工作人员，或者以其他不正当方式影响依法办理案件的；②向法官、检察官、仲裁员以及其他有关工作人员行贿，介绍贿赂或者指使、诱导当事人行贿的；③向司法行政部门提供虚假材料或者有其他弄虚作假行为的；④故意提供虚假证据或者威胁、利诱他人提供虚假证据，妨碍对方当事人合法取得证据的；⑤接受对方当事人财物或者其他利益，与对方当事人或者第三人恶意串通，侵害委托人权益的；⑥扰乱法庭、仲裁庭秩序，干扰诉讼、仲裁活动的正常进行的；⑦煽动、教唆当事人采取扰乱公共秩序、危害公共安全等非法手段解决争议的；⑧发表危害国家安全、恶意诽谤他人、严重扰乱法庭秩序的言论的；⑨泄露国家秘密的。

律师执业中的刑事法律责任具有以下几个特点：首先，其产生于律师的执业过程之中；其次，其实质在于违反了律师执业要求的法律规范；最后，必须依照《刑法》中的具体规定追究律师执业中的刑事法律责任。从实践情形来看，律师可能承担的刑事法律责任主要包括以下几种罪名：

一、泄露国家秘密罪

《刑法》第 398 条规定，国家机关工作人员违反《保守国家秘密法》的规定，故意或者过失泄露国家秘密，情节严重的，处 3 年以下有期徒刑或者拘役；情节特别严重的，处 3 年以上 7 年以下有期徒刑。非国家机关工作人员犯前款罪的，依照前款的规定酌情处罚。以故意泄露国家秘密罪为例，故意泄露国家秘密罪，是指国家机关工作人员违反《保守国家保密法》的规定，故意泄露国家秘密，情节严重的行为。

二、行贿罪

《刑法》第 389 条规定，为谋取不正当利益，给予国家工作人员以财物的，是行贿罪。在经济往来中，违反国家规定，给予国家工作人员以财物，数额较大的，或者违反国家规定，给予国家工作人员以各种名义的回扣、手续费的，以行贿论处。因被勒索给予国家工作人员以财物，没有获得不正当利益的，不是行贿。

三、辩护人、诉讼代理人毁灭证据、伪造证据、妨害作证罪

《刑法》第 306 条规定，在刑事诉讼中，辩护人、诉讼代理人毁灭、伪造证据，帮助当事人毁灭、伪造证据，威胁、引诱证人违背事实改变证言或者作伪证的，处 3 年以下有期徒刑或者拘役；情节严重的，处 3 年以上 7 年以下有期徒刑。辩护人、诉讼代理人提供、出示、引用的证人证言或者其他证据失实，不是有意伪造的，不属于伪造证据。该条罪名针对刑事诉讼中的辩护人、诉讼代理人而设立，在理论界存在较大争议，一度被人称为悬在律师头上的"306 大棒"。辩护人、诉讼代理人毁灭证据、伪造证据、妨害作证罪的主要特征包括：

1. 辩护人、诉讼代理人毁灭证据、伪造证据、妨害作证罪侵犯的客体是公民的人身权利与司法机关的正常活动，是复杂客体。辩护人、诉讼代理人毁灭证据、伪造证据、妨害作证妨碍司法机关的正常活动，是指司法机关的刑事诉讼活动。司法机关的民事诉讼活动、行政诉讼活动不能成为辩护人、诉讼代理人毁灭证据、伪造证据、妨害作证罪的客体要件。《民事诉讼法》第 114 条第 1 款规定，诉讼参与人或者其他人有下列行为之一的，人民法院可以根据情节轻重予以罚款、拘留；构成犯罪的，依法追究刑事责任。《行政诉讼法》第 59 条第 1 款规定："诉讼参与人或者其他人有下列行为之一的，人民法院可以根据情节轻重，予以训诫、责令具结悔过或者处一万元以下的罚款、十五日以下的拘留；构成犯罪的，依法追究刑事责任……（二）伪造、隐藏、毁灭证据或者提供虚假证明材料，妨碍人民法院审理案件的；（三）指使、贿买、胁迫他人作伪证或者威胁、阻止证人作证的……"因为刑事诉讼与民事、行政诉讼性质不同，同是妨害证据行为，妨碍诉讼所造成的社会危害大小也有不同，故妨碍民事诉讼或行政诉讼活动的，不能直接以辩护人、诉讼代理人毁灭证据、伪造证据、妨害作证罪论处。

2. 辩护人、诉讼代理人毁灭证据、伪造证据、妨害作证罪在客观方面表现为在刑事诉讼中，毁灭、伪造证据，帮助当事人毁灭、伪造证据，威胁、引诱证人违反事实改变证言或者作伪证的行为。所谓证据，是指《刑事诉讼法》第 50 条所称的证据，即可以用于证明案件事实的材料。当事人，是指《刑事诉讼法》第 108 条第 2 项所称之当事人，即被害、自诉人、犯罪嫌疑人、被告人、附带民事诉讼的原告人和被告人。在本条中，主要是指犯罪嫌疑人和刑事被告人。所谓毁灭证据，是指湮灭、消灭证据，既包括使现存证据从形态上完全予以消失，如将证据烧毁、撕坏、浸烂、丢弃等，又包括虽保存证据形态但使得其丧失或部分丧失证明力，如玷污、涂划证据使其无法反映其证明的事实等。所谓伪造证据，是指编造、制造实际上根本不存在的证据或者将现存证据加以篡改、歪曲、加工、整理，使其违背事实真相。上述行为既可以自己单独实施，也可以指使当事人或者与当事人共同实施，但必须

是有意实施。倘若不是有意伪造，即使在辩护、代理活动中提供出示、引用了失实的证人证言或者其他证据，也不能构成辩护人、诉讼代理人毁灭证据、伪造证据、妨害作证罪。所谓帮助当事人毁灭、伪造证据，是指为当事人就如何毁灭、伪造证据进行出谋划策，提供物资条件、精神资助等行为。但当事人没有毁灭、伪造的犯意，而由辩护人、诉讼代理人教唆、指使毁灭、伪造证据的，则不能视为帮助行为，对之，应直接以毁灭、伪造证据论。所谓威胁，是指以杀害、伤害、毁坏财产、破坏名誉、揭露隐私等方法要挟、恐吓证人，使其提供虚假证言或改变自己已经提供的真实证言。所谓引诱，是指利用金钱、财物、女色等物质利益或精神利益诱惑、勾引证人提供虚假证言或者违背事实改变证言。所谓违背事实改变证言，是指证人变更、否认已向司法机关提供符合客观情况的实事求是的证言内容。所谓提供伪证，是指向司法机关提供虚假的、不真实的、不符合事实真相的证言，如威胁、引诱知道案件真实情况的人作虚假证明；或者让不知道案件真实情况的人作有利于委托人、被代理人的证言等。辩护人、诉讼代理人的上述行为还必须发生在刑事诉讼中，才能构成辩护人、诉讼代理人毁灭证据、伪造证据、妨害作证罪。如果不是发生在刑事诉讼中，而是在刑事诉讼前或后，则即使有上述行为也不能以辩护人、诉讼代理人毁灭证据、伪造证据、妨害作证罪论处。所谓在刑事诉讼中，是指在刑事诉讼的整体过程中，包括立案、侦查、起诉、审判（含一审、二审）、再审以及执行等各个阶段。

3. 辩护人、诉讼代理人毁灭证据、伪造证据、妨害作证罪的主体只能是刑事案件中的辩护人和诉讼代理人。其他刑事诉讼参与人，以及刑事案件的侦查人员、检察人员、审判人员，不能成为辩护人、诉讼代理人毁灭证据、伪造证据、妨害作证罪的主体。所谓辩护人，是指接受犯罪嫌疑人、被告人的委托依法为其行使辩护权的人，即律师，人民团体或者犯罪嫌疑人、被告人所在单位推荐的人，犯罪嫌疑人、被告人的监护人、亲友。所谓诉讼代理人，是指公诉案件的被害人及其法定代理人或者近亲属，自诉案件的自诉人及其法定代理人委托代为参加诉讼的人和附带民事诉讼的当事人及其法定代理人委托代为参加诉讼的人。

4. 辩护人、诉讼代理人毁灭证据、伪造证据、妨害作证罪在主观方面是直接故意。行为人的犯罪动机可能是袒护亲友、挟私报复、贪利图财等，但是不同的动机不影响辩护人、诉讼代理人毁灭证据、伪造证据、妨害作证罪的成立。律师犯辩护人、诉讼代理人毁灭证据、伪造证据、妨害作证罪的，处 3 年以下有期徒刑或者拘役；情节严重的，处 3 年以上 7 年以下有期徒刑。

四、妨害作证罪

《刑法》第 307 条第 1 款规定，以暴力、威胁、贿买等方法阻止证人作证或者指使他人作伪证的，处 3 年以下有期徒刑或者拘役；情节严重的，处 3 年以上 7 年以下有期徒刑。律师在执业实践中也可以构成妨害作证罪，妨害作证罪的主要特征有：

1. 妨害作证罪侵犯的客体是国家司法机关的正常诉讼活动和公民依法作证的权利。采用暴力或威胁手段妨害证人作证的行为，还侵害了公民的人身权利，侵害的是复杂客体。证人证言是最普遍使用的证据，对司法机关及时查明案件事实、正确适用法律有着非同一般的意义和作用。依法作证是证人的一项法定义务。既然法律规定证人有作证的义务，那么就应该依法规定证人相应的权利，其中之一便是证人应该享有能够顺利、及时、依法作证的环境和条件，也即证人作证享有不受外界非法干扰的权利，享受人身不受侵犯的权利和依法自由作证的权利。

关于妨害作证行为的社会危害性，我国立法机关也有所认识，也认为对于妨害作证行为，构成犯罪的，应该依法追究刑事责任。例如，我国《民事诉讼法》第114条第1款规定："诉讼参与人或者其他人有下列行为之一……构成犯罪的，依法追究刑事责任……"该条第2项所列的行为之一便是"以暴力、威胁、贿买方法阻止证人作证或者指使、贿买、胁迫他人作伪证的"。我国《行政诉讼法》第59条也作了相同的规定。可见，根据目前我国法律的规定，妨害证人作证的行为，只要达到相当的社会危害性，就构成犯罪，就应该追究刑事责任。

2. 妨害作证罪在客观方面表现为行为人实施了采用暴力、威胁、贿买等方法阻止证人依法作证或者指使他人作伪证的妨害作证行为。行为人非法劝止、阻止证人依法作证，具体可采用暴力方式如绑架等方法使证人人身自由受到严重限制甚至丧失自由而无法作证；或者以暴力作后盾对证人进行威胁使证人不敢作证；或者采用金钱、财物或其他利益，或许诺钱财或其他利益使证人不愿作证；或者采用引诱、唆使、劝说等方式来说服证人不要作证；还有利用职务等身份迫使从属部下不要作证，等等。无论采用何种方式，只要主观上具有故意，客观上实施了妨害证人依法作证的行为，妨害了司法机关的正常诉讼活动，就构成妨害作证罪。证人是否被劝止或被阻止而没有作证，或者证人是否接受贿买的金钱、财物，对行为人构成犯罪没有影响。

行为人实施希望他人作伪证的行为，可用胁迫的手段来实施，可以采用贿买的办法，也可以采用唆使、引诱的方法，还可以采用其他手段如利用职务迫使下属作伪证等。不管采用何种办法、手段，其实质都是一样的，即都是行为人希望他人作伪证，在客观上侵害了司法机关的诉讼活动，因此，都是妨害作证的行为，行为人依法构成犯罪。在刑事案件侦查或审判过程中，辩护人、诉讼代理人以各种手段使证人作伪证，如果构成犯罪的，应以辩护人、诉讼代理人妨害作证罪论处。

妨害作证罪是举动犯，只要实施了妨害作证的行为，均构成犯罪。情节严重是妨害作证罪的加重情节。所谓情节严重，主要是指行为人实施的妨害作证行为严重侵害了司法机关正常的诉讼活动，甚至使之无法进行；或者采取的手段极其恶劣；或者产生严重的后果，如造成冤、假、错案；或者行为人经批评教育后，仍继续实施妨害作证行为，等等。对于那些妨害作证行为情节显著轻微，危害不大的，不能认定构成妨害作证罪。

3. 妨害作证罪的主体为一般主体，凡是年满 16 周岁、具有刑事责任能力的自然人都可以成为妨害作证罪的主体。根据规定，律师犯妨害作证罪的，从重处罚。

4. 妨害作证罪在主观方面表现为故意，且为直接故意，即行为人明知自己妨害证人作证的行为会妨害国家司法机关正常的诉讼活动和他人的作证权利或人身权利，仍决意实施妨害作证行为，希望这种社会危害的发生。

妨害作证罪可以发生在刑事诉讼活动中，也可以发生在民事诉讼或行政诉讼中，范围较广。但是如果行为人在刑事侦查或审判过程中，采用强迫、威胁、唆使或贿买等方法使证人作伪证，而且证人构成伪证罪的，行为人构成伪证罪的共同犯罪；证人没有构成伪证罪，行为人如果是辩护人、诉讼代理人则构成辩护人、诉讼代理人妨害作证罪。如果证人是不具备刑事责任能力的人，则行为人单独构成伪证罪或辩护人、诉讼代理人妨害作证罪。

犯妨害作证罪的，处 3 年以下有期徒刑或者拘役；情节严重的，处 3 年以上 7 年以下有期徒刑。

第五节　律师执业处分

世界各国都对律师违反法律、法规、职业道德、执业纪律的行为规定了专门的惩戒制度。其目的在于：①对违反法律、法规、职业道德、执业纪律的律师予以惩戒；②通过惩戒，对广大的律师和律师事务所起到教育作用；③通过惩戒，维护律师的良好形象。世界各国对律师惩戒的种类不尽相同，一般都包括警告、一定期限的停止执业、罚款、取消律师资格。此外，还有暂停执业、训诫（又称谴责）、留用察看、命令退会或从律师协会的名录中除名、责令支付惩戒程序所需要的费用、责令退还所获酬金、放弃应该获得的报酬等。

一、我国律师执业处分的历史回顾

中华人民共和国成立初期，律师制度初创，按照司法部的文件，以省、自治区、直辖市为单位，凡已建立 3 个以上法律顾问处的，可以筹设律师协会筹备会，条件成熟后成立律师协会。到 1957 年 6 月第二次全国律师座谈会召开时，全国共成立了 19 个律师协会筹备会。[1] 不过，由于历史的原因，1957 年下半年有关律师的工作都停止了。1979 年，党中央决定恢复和健全律师制度，全国各地陆续开始重建律师队伍。1980 年，《律师暂行条例》颁布。《律师暂行条例》规定，律师事务所"受国家司法行政机关的组织领导和业务监督""为维护律师的合法权益，交流工作经验，促进律师工作的开展，增进国内外法律工作者的联系，建立律师协会"。《关于〈中

---

〔1〕　转引自刘夕海：《试论新中国建立初期的律师制度》，载《北方工业大学学报》2005 年第 4 期。

华人民共和国律师暂行条例（草案）〉的说明》中明确指出："……律师人员的调配、考核、奖惩、思想教育、专业培训，以及律师经费的管理、律师机构的设置和各项物质设施的筹措等一系列组织建设和行政管理工作，都要各级司法行政机关来抓，也只有各级司法行政机关才能办……"那时，律师协会并无行业处分的职能。

1992 年，司法部发布《律师惩戒规则》，明确司法行政机关对有违反法律、法规、律师职业纪律行为的律师或律师事务所，均应当根据本规则给予惩戒。司法部和省、自治区、直辖市司法厅（局），地、市、州司法局（处）设立律师惩戒委员会。律师惩戒委员会由执业律师、律师协会（已成立律师协会的地方）和司法行政机关的人员组成。

1995 年修正后的《中华全国律师协会章程》首次将负责会员的惩戒工作规定为全国律协的职责。

1995 年 10 月，在第八届全国人民代表大会常委会第十六次会议上，司法部部长肖扬作了《关于〈中华人民共和国律师法（草案）〉的说明》。关于律师惩戒委员会，为了加强对律师的监督管理，促使律师恪守职业道德和执业纪律，草案借鉴许多国家好的做法，规定："律师协会设立律师惩戒委员会。律师惩戒委员会由执业律师和律师协会聘请的人民法院、人民检察院、司法行政等部门的人员组成，对律师违反职业道德和执业纪律的行为予以惩戒。"规定聘请法院、检察院和司法行政等部门的人员参加律师惩戒委员会，主要考虑是这些单位对律师活动有直接了解，也熟悉法律，有他们参与对律师的监督管理，比单纯由律师组成的委员会对违反职业道德和执业纪律的律师实施惩戒，更为切实有效。不过，草案中的相关条文并没有得以通过。1996 年的《律师法》第 40 条第 2 款规定："律师协会按照章程对律师给予奖励或者给予处分。"

1999 年，全国律协发布《律师协会会员违规行为处分规则（试行）》，2004 年第一次修订，2017 年第二次修订。

2006 年，全国律协颁布了《关于加强律师行业自律的意见》。2013 年，《全国律协关于进一步加强和改进律师行业惩戒工作的意见》要求，各地律师协会一定要从全面推进依法治国、从律师事业发展大局出发，进一步提高思想认识，加强和改进律师行业惩戒工作，完善律师行业惩戒工作机制，着力完善投诉的受理、立案、调查、听证、处分等工作程序，建立投诉督办制度、惩戒通报制度、统计报告制度，依法依规严肃查处违规违纪行为。要综合施策，坚持惩戒工作与奖励、维权、考核、预警、社会监督工作相结合，不断提高律师行业惩戒工作水平。要切实加强律师行业惩戒工作的监督指导，认真研究解决当前律师行业惩戒工作中存在的突出问题。要加强组织领导和工作指导，努力提高行业自律管理水平，进一步树立律师行业依法、诚信、规范的良好形象。2014 年，司法部印发《司法部关于进一步加强律师职业道德建设的意见》，对进一步加强律师职业道德建设作出全面部署，为贯彻落实司法部工作部署，进一步加强律师职业道德建设，全国律协制订下发了《律师职业道德基本准则》，建立健全律师和律师事务所不良执业记录披露和查询制度，主动接受社会监督。为深入贯彻落实党中央关于深化律师制度改革部署要求，引导督促律师和律师事务所依法依规诚信执业，2021年，司法部会同全国律协开发建设了全国律师诚信信息公示平台，为人民群众及时准确获取律师行业诚信信息提供便利。

二、我国律师执业处分制度

我国《律师法》明确规定，律师协会对律师、律师事务所实施奖励和惩戒。受理对律师的投诉或者举报，调解律师执业活动中发生的纠纷，受理律师的申诉。《律师协会会员违规行为处分规则（试行）》[1]（以下简称《处分规则》）具体规定了律师执业处分的有关事项。

（一）惩戒委员会

全国律协设立惩戒委员会，负责律师行业处分相关规则的制定及对地方律师协会处分工作的指导与监督。各省、自治区、直辖市律师协会及设区的市律师协会设立惩戒委员会，负责对违规会员进行处分。

对会员涉嫌违规案件的调查和纪律处分，由涉嫌违规行为发生时该会员所属律师协会管辖；被调查的会员执业所在的行政区域未设立律师协会的，由该区域所属省、自治区、直辖市律师协会管辖。被调查的会员在涉嫌违规行为发生后，加入其他地方律师协会的，该地方律师协会应当协助其原属律师协会进行调查。违规行为持续期间，被调查的会员先后加入两个以上地方律师协会的，所涉及律师协会均有调查和纪律处分的管辖权，由最先立案的律师协会行使管辖权。

地方律师协会之间因管辖权发生争议的，由争议双方协商解决；协商不成的，报请共同的上一级律师协会指定管辖。有管辖权的律师协会作出的纪律处分决定生效时，被处分的会员已加入其他地方律师协会的，纪律处分由现执业所在地的律师协会执行。

惩戒委员会由具有8年以上执业经历和相关工作经验，或者具有律师行业管理经验，熟悉律师行业情况的人员组成。根据工作需要，可以聘请相关领域专家担任顾问。

惩戒委员会日常工作机构为设在律师协会秘书处的投诉受理查处中心，其职责是：①参与起草投诉受理查处相关规则和制度；②接待投诉举报；③对投诉举报进行初审，对于符合规定的投诉提交惩戒委员会受理；④负责向惩戒委员会转交上一级律师协会交办、督办的案件；⑤负责向下一级律师协会转办、督办案件；⑥负责与相关办案机关、司法行政机关和律师协会间的组织协调有关工作，参与投诉案件

---

〔1〕　1999年12月18日第四届全国律协常务理事会第五次会议审议通过；2004年3月20日第五届全国律协常务理事会第九次会议修订；2017年1月8日第九届全国律协常务理事会第二次会议修订。

调查、处置、反馈工作；⑦定期开展对投诉工作的汇总、归档、通报、信息披露和回访；⑧研究起草惩戒工作报告；⑨其他应当由投诉中心办理的工作。

（二）纪律处分的种类、适用

律师协会对会员的违规行为实施纪律处分的种类有：①训诫；②警告；③通报批评；④公开谴责；⑤中止会员权利 1 个月以上 1 年以下；⑥取消会员资格。律师协会决定给予警告及以上处分的，可以同时责令违规会员接受专门培训或者限期整改。

训诫、警告、通报批评、公开谴责、中止会员权利 1 个月以上 1 年以下的纪律处分由省、自治区、直辖市律师协会或者设区的市律师协会作出；取消会员资格的纪律处分由省、自治区、直辖市律师协会作出；设区的市律师协会可以建议省、自治区、直辖市律师协会依《处分规则》给予会员取消会员资格的纪律处分。地方律师协会在对律师和律师事务所的行业处分生效后，应当报送同级司法行政机关备案。

省、自治区、直辖市律师协会或者设区的市律师协会拟对违规会员作出中止会员权利 1 个月以上 1 年以下的纪律处分决定时，可以事先或者同时建议同级司法行政机关依法对该会员给予相应期限的停业整顿或者停止执业的行政处罚；会员被司法行政机关依法给予相应期限的停业整顿或者停止执业行政处罚的，该会员所在的律师协会应当直接对其作出中止会员权利相应期限的纪律处分决定；

省、自治区、直辖市律师协会拟对违规会员作出取消会员资格的纪律处分决定时，应当事先建议同级司法行政机关依法吊销该会员的执业证书；会员被司法行政机关依法吊销执业证书的，该会员所在的省、自治区、直辖市律师协会应当直接对其作出取消会员资格的纪律处分决定。

《处分规则》还规定了从轻、减轻或免予处分及从重处分的情形。

（三）违规行为与处分的适用

1. 利益冲突行为。具有以下利益冲突行为之一的，给予训诫，警告或者通报批评的纪律处分；情节严重的，给予公开谴责、中止会员权利 3 个月以下的纪律处分：

（1）律师在同一案件中为双方当事人担任代理人，或代理与本人或者其近亲属有利益冲突的法律事务的；

（2）律师办理诉讼或者非诉讼业务，其近亲属是对方当事人的法定代表人或者代理人的；

（3）曾经亲自处理或者审理过某一事项或者案件的行政机关工作人员、审判人员、检察人员、仲裁员，成为律师后又办理该事项或者案件的；

（4）同一律师事务所的不同律师同时担任同一刑事案件的被害人的代理人和犯罪嫌疑人、被告人的辩护人，但在该县区域内只有一家律师事务所且事先征得当事人同意的除外；

（5）在民事诉讼、行政诉讼、仲裁案件中，同一律师事务所的不同律师同时担任争议双方当事人的代理人，或者本所或其工作人员为一方当事人，本所其他律师担任对方当事人的代理人的；

（6）在非诉讼业务中，除各方当事人共同委托外，同一律师事务所的律师同时担任彼此有利害关系的各方当事人的代理人的；

（7）在委托关系终止后，同一律师事务所或同一律师在同一案件后续审理或者处理中又接受对方当事人委托的；

（8）担任法律顾问期间，为顾问单位的对方当事人或者有利益冲突的当事人代理、辩护的；

（9）曾经担任法官、检察官的律师从人民法院、人民检察院离任后，2年内以律师身份担任诉讼代理人或者辩护人的；

（10）担任所在律师事务所其他律师任仲裁员的仲裁案件代理人的；

（11）其他依据律师执业经验和行业常识能够判断为应当主动回避且不得办理的利益冲突情形。

未征得各方委托人的同意而从事以下代理行为之一的，给予训诫、警告或者通报批评的纪律处分：

（1）接受民事诉讼、仲裁案件一方当事人的委托，而同所的其他律师是该案件中对方当事人的近亲属的；

（2）担任刑事案件犯罪嫌疑人、被告人的辩护人，而同所的其他律师是该案件被害人的近亲属的；

（3）同一律师事务所接受正在代理的诉讼案件或者非诉讼业务当事人的对方当事人所委托的其他法律业务的；

（4）律师事务所与委托人存在法律服务关系，在某一诉讼或仲裁案件中该委托人未要求该律师事务所律师担任其代理人，而该律师事务所律师担任该委托人对方当事人的代理人的；

（5）在委托关系终止后1年内，律师又就同一法律事务接受与原委托人有利害关系的对方当事人的委托的；

（6）其他与以上第（1）至第（5）项情况相似，且依据律师执业经验和行业常识能够判断的其他情形。

2.代理不尽责行为。提供法律服务不尽责，具有以下情形之一的，给予训诫、警告或者通报批评的纪律处分；情节严重的，给予公开谴责、中止会员权利3个月以上1年以下或者取消会员资格的纪律处分：

（1）超越委托权限，从事代理活动的；

（2）接受委托后，无正当理由，不向委托人提供约定的法律服务的，拒绝辩护或者代理的，包括：不及时调查了解案情，不及时收集、申请保全证据材料，或者无故延误参与诉讼、申请执行，逾期行使撤销权、异议权等权利，或者逾期申请办理批准、登记、变更、披露、备案、公告等手续，给委托人造成损失的；

（3）无正当理由拒绝接受律师事务所或者法律援助机构指派的法律援助案件的，或者接受指派后，拖延、懈怠履行或者擅自停止履行法律援助职责的，或者接受指派后，未经律师事务所或者法律援助机构同意，擅自将法律援助案件转交其他人员办理的；

（4）因过错导致出具的法律意见书存在重大遗漏或者错误，给当事人或者第三人造成重大损失的，或者对社会公共利益造成危害的。

利用提供法律服务的便利，具有以下情形之一的，给予训诫、警告或者通报批评的纪律处分，情节严重的，给予公开谴责、中止会员权利3个月以上1年以下或者取消会员资格的纪律处分：

（1）利用提供法律服务的便利牟取当事人利益；接受委托后，故意损害委托人利益的；

（2）接受对方当事人的财物及其他利益，与对方当事人、第三人恶意串通，向对方当事人、第三人提供不利于委托人的信息、证据材料，侵害委托人的权益，

（3）为阻挠当事人解除委托关系，威胁、恐吓当事人或者扣留当事人提供的材料的。

3. 泄露秘密或者隐私的行为。泄露当事人的商业秘密或者个人隐私的，给予警告、通报批评或者公开谴责的纪律处分；情节严重的，给予中止会员权利3个月以上6个月以下的纪律处分。

违反规定披露、散布不公开审理案件的信息、材料，或者本人、其他律师在办案过程中获悉的有关案件重要信息、证据材料的，给予通报批评、公开谴责或者中止会员权利6个月以上1年以下的纪律处分；情节严重的，给予取消会员资格的纪律处分。

泄漏国家秘密的，给予公开谴责、中止会员权利6个月以上1年以下的纪律处分，情节严重的，给予取消会员资格的纪律处分。

4. 违规收案、收费的行为。违规收案、收费具有以下情形之一的，给予训诫、警告或者通报批评的纪律处分；情节严重的，给予公开谴责、中止会员权利1个月以上1年以下或者取消会员资格的纪律处分：

（1）不按规定与委托人签订书面委托合同的；

（2）不按规定统一接受委托、签订书面委托合同和收费合同，统一收取委托人支付的各项费用的，或者不按规定统一保管、使用律师服务专用文书、财务票据、业务档案的；

（3）私自接受委托，私自向委托人收取费用，或者收取规定、约定之外的费用或者财物的；违反律师服务收费管理规定或者收费协议约定，擅自提高收费的；

（4）执业期间以非律师身份从事有偿法律服务的；

（5）不向委托人开具律师服务收费合法票据，或者不向委托人提交办案费用开

支有效凭证的；

（6）在实行政府指导价的业务领域违反规定标准收取费用，或者违反风险代理管理规定收取费用。

假借法官、检察官、仲裁员以及其他工作人员的名义或者以联络、酬谢法官、检察官、仲裁员以及其他工作人员为由，向当事人索取财物或者其他利益的，给予公开谴责或者中止会员权利3个月以上6个月以下的纪律处分。

5. 不正当竞争行为。具有下列以不正当手段争揽业务的行为之一的，给予训诫、警告或者通报批评的纪律处分，情节严重的，给予公开谴责、中止会员权利1个月以上1年以下或者取消会员资格的纪律处分：

（1）为争揽业务，向委托人作虚假承诺的；

（2）向当事人明示或者暗示与办案机关、政府部门及其工作人员有特殊关系的；

（3）利用媒体、广告或者其他方式进行不真实或者不适当宣传的；

（4）以支付介绍费等不正当手段争揽业务的；

（5）在事前和事后为承办案件的法官、检察官、仲裁员牟取物质的或非物质的利益，为了争揽案件事前和事后给予有关人员物质的或非物质利益的；

（6）在司法机关、监管场所周边违规设立办公场所、散发广告、举牌等不正当手段争揽业务的。

具有下列不正当竞争行为之一的，给予通报批评、公开谴责或者中止会员权利1个月以上1年以下的纪律处分；情节严重的，给予取消会员资格的纪律处分：

（1）捏造、散布虚假事实，损害、诋毁其他律师、律师事务所声誉的；

（2）哄骗、唆使当事人提起诉讼，制造、扩大矛盾，影响社会稳定的；

（3）利用与司法机关、行政机关或其他具有社会管理职能组织的关系，进行不正当竞争的。

6. 妨碍司法公正的行为。承办案件期间，为了不正当目的，在非工作期间、非工作场所，会见承办法官、检察官、仲裁员或者其他有关工作人员，或者违反规定单方面会见法官、检察官、仲裁员的，给予中止会员权利6个月以上1年以下的纪律处分；情节严重的给予取消会员资格的纪律处分。

利用与法官、检察官、仲裁员以及其他有关工作人员的特殊关系，打探办案机关内部对案件的办理意见，承办其介绍的案件，影响依法办理案件的，给予中止会员权利6个月以上1年以下的纪律处分；情节严重的给予取消会员资格的纪律处分。

向法官、检察官、仲裁员及其他有关工作人员行贿，许诺提供利益、介绍贿赂或者指使、诱导当事人行贿的，给予中止会员权利6个月以上1年以下的纪律处分；情节严重的给予取消会员资格的纪律处分。

7. 以不正当方式影响依法办理案件的行为。影响司法机关依法办理案件，具有以下情形之一的，给予中止会员权利6个月以上1年以下的纪律处分，情节严重的给予取消会员资格的纪律处分：

（1）未经当事人委托或者法律援助机构指派，以律师名义为当事人提供法律服务、介入案件，干扰依法办理案件的；

（2）对本人或者其他律师正在办理的案件进行歪曲、有误导性的宣传和评论，恶意炒作案件的；

（3）以串联组团、联署签名、发表公开信、组织网上聚集、声援等方式或者借个案研讨之名，制造舆论压力，攻击、诋毁司法机关和司法制度的；

（4）煽动、教唆和组织当事人或者其他人员到司法机关或者其他国家机关静坐、举牌，打横幅、喊口号、声援、围观等扰乱公共秩序、危害公共安全的非法手段，聚众滋事，制造影响，向有关机关施加压力的；

（5）发表、散布否定宪法确立的根本政治制度、基本原则和危害国家安全的言论，利用网络、媒体挑动对党和政府的不满，发起、参与危害国家安全的组织或者支持、参与、实施危害国家安全的活动的；

（6）以歪曲事实真相、明显违背社会公序良俗等方式，发表恶意诽谤他人的言论，或者发表严重扰乱法庭秩序的言论的。

不遵守法庭、仲裁庭纪律和监管场所规定，行政处理规则，具有以下情形之一的，给予中止会员权利6个月以上1年以下的纪律处分；情节严重的给予取消会员资格的纪律处分：

（1）会见在押犯罪嫌疑人、被告人时，违反有关规定，携带犯罪嫌疑人、被告人的近亲属或者其他利害关系人会见，将通信工具提供给在押犯罪嫌疑人、被告人使用，或者传递物品、文件；

（2）无正当理由，拒不按照人民法院通知出庭参与诉讼，或者违反法庭规则，擅自退庭；

（3）聚众哄闹、冲击法庭，侮辱，诽谤、威胁、殴打司法工作人员或者诉讼参与人，否定国家认定的邪教组织的性质，或者有其他严重扰乱法庭秩序的行为。

故意向司法机关、仲裁机构或者行政机关提供虚假证据或者威胁、利诱他人提供虚假证据，妨碍对方当事人合法取得证据的，给予中止会员权利6个月以上1年以下的纪律处分；情节严重的给予取消会员资格的纪律处分。

8. 违反司法行政管理或者行业管理的行为。同时在两个律师事务所以上执业的或同时在律师事务所和其他法律服务机构执业的，给予警告、通报批评或者公开谴责的纪律处分；情节严重的，给予中止会员权利1个月以上3个月以下的纪律处分。

不服从司法行政管理或者行业管理，具有以下情形之一的，给予中止会员权利6个月以上1年以下的纪律处分；情节严重的给予取消会员资格的纪律处分：

（1）向司法行政机关或者律师协会提供虚假材料、隐瞒重要事实或者有其他弄虚作假行为的；

（2）在受到停止执业处罚期间，或者在律师事务所被停业整顿、注销后继续执业的；

（3）因违纪行为受到行业处分后在规定的期限内拒不改正的。

律师事务所疏于管理，具有下列情形之一的，给予警告、通报批评或者公开谴责的纪律处分；情节严重的，给予中止会员权利 1 个月以上 6 个月以下的纪律处分；情节特别严重的，给予取消会员资格的纪律处分：

（1）不按规定建立健全执业管理和其他各项内部管理制度，规范本所律师执业行为，履行监管职责，对本所律师遵守法律、法规、规章及行业规范，遵守职业道德和执业纪律的情况不予监督，发现问题未及时纠正的；

（2）聘用律师或者其他工作人员，不按规定与应聘者签订聘周合同，不为其办理社会统筹保险的；

（3）不依法纳税的；

（4）受到停业整顿处罚后拒不改正，或者在停业整顿期间继续执业的；

（5）允许或者默许受到停止执业处罚的本所律师继续执业的；

（6）未经批准，擅自在住所以外的地方设立办公点、接待室，或者擅自设立分支机构的；

（7）恶意逃避律师事务所及其分支机构债务的；

（8）律师事务所无正当理由拒绝接受法律援助机构指派的法律援助案件；或者接受指派后，不按规定及时安排本所律师承办法律援助案件或者拒绝为法律援助案件的办理提供条件和便利的；

（9）允许或者默许本所律师为承办案件的法官、检察官、仲裁员牟取物质的或非物质的利益的；允许或者默许给予有关人员物质的或非物质利益的。

律师事务所具有下列情形之一的，给予警告、通报批评或者公开谴责的纪律处分；情节严重的，给予中止会员权利 1 个月以上 6 个月以下的纪律处分；情节特别严重的，给予取消会员资格的纪律处分：

（1）使用未经核定的律师事务所名称从事活动，或者擅自改变、出借律师事务所名称的；

（2）变更名称、章程、负责人、合伙人，住所、合伙人协议等事项，未在规定的时间内办理变更登记的；

（3）采取不正当手段阻挠合伙人、合作人、律师退所的；

（4）将不符合规定条件的人员发展为合伙人或者推选为律师事务所负责人的；

（5）以独资、与他人合资或者委托持股方式兴办企业，并委派律师担任企业法定代表人、总经理职务，或者从事与法律服务无关的中介服务和其他经营性活动的；

（6）采用出具或者提供律师事务所介绍信、律师服务专用文书、收费票据等方式，为尚未取得律师执业证书的人员或者其他律师事务所的律师违法执业提供便

利的，

（7）为未取得律师执业证的人员印制律师名片、标志或者出具其他有关律师身份证明，或者已知本所人员有上述行为而不制止的。

9. 其他应处分的违规行为。有其他违反法律、法规、规章和行业规范的行为，依据《处分规则》给予相应的纪律处分。

律师事务所放任、怂恿或者指使律师从事违法违规行为的，与违法违规律师一并予以相应的处分。

（四）纪律处分程序

1. 受理、立案。投诉人可以采用信函、邮件和直接来访等方式投诉，也可以委托他人代为投诉。对于没有投诉人投诉的会员涉嫌违规行为，律师协会有权主动调查并作出处分决定。

惩戒委员会应当在接到投诉之日起 10 个工作日内对案件作出是否立案的决定。具有下列情形之一的不予立案：①不属于本协会受理范围的；②不能提供相关证据材料或者证据材料不足的；③证据材料与投诉事实没有直接或者必然联系的；④匿名投诉或者投诉人身份无法核实，导致相关事实无法查清的；⑤超过处分时效的；⑥投诉人就被投诉会员的违规行为已提起诉讼、仲裁等司法程序案件的；⑦对律师协会已经处理过的违规行为，没有新的事由和证据而重复投诉的；⑧其他不应立案的情形。

对不予立案的，律师协会应当在惩戒委员会决定作出之日起 7 个工作日内向投诉人书面说明不予立案的理由，但匿名投诉的除外。需由司法行政机关或者其他律师协会处理的投诉案件，律师协会应当制作转移处理书，随投诉资料移送有管辖权的部门，并告知投诉人。

律师协会惩戒委员会应当自立案之日起 10 个工作日内向投诉人、被调查会员发出书面立案通知。立案通知中应当载明立案的主要内容，有投诉人的，应当列明投诉人名称、投诉内容等事项；投诉人递交了书面投诉文件的，可以将投诉文件的副本与通知一并送达被调查会员；该通知应当要求被调查会员在 20 个工作日内作出书面申辩，并有义务在同一期限内提交业务档案等书面材料。

送达立案通知时，同时告知本案调查组组成人员和日常工作机构工作人员名单，告知被调查会员有申请回避的权利。

2. 回避。惩戒委员会委员有下列情形之一的，应当自行回避，投诉人、被调查会员也有权向律师协会申请其回避：①本人与本案投诉人或者被调查的会员有近亲属关系的；②与本案被调查会员在同一律师事务所执业的；③被调查会员为本人所在的律师事务所；④其他可能影响案件公正处理的情形。前款规定，也适用于惩戒委员会日常工作机构工作人员。律师协会、惩戒委员会、日常工作机构等机构不属于被申请回避的主体，不适用回避。

惩戒委员会主任的回避由所在律师协会会长或者主管惩戒工作的副会长决定；副主任的回避由惩戒委员会主任决定。惩戒委员会委员的回避，由惩戒委员会主任或者副主任决定。

被调查会员提出回避申请的，应当说明理由，并在申辩期限内提出。对提出的回避申请，律师协会或者惩戒委员会应当在申请提出的3个工作日内，以口头或者书面形式作出决定，并记录在案，此决定为终局决定。

3. 调查。惩戒委员会对决定立案调查的案件应当委派两名以上委员组成调查组进行调查，并出具调查函。重大、疑难、复杂案件可以成立由惩戒委员会委员和律师协会邀请的相关部门人员组成联合调查组进行共同调查。

调查人员应当全面、客观、公正的调查案情。调查范围不受投诉内容的限制。调查发现投诉以外的其他违纪违规行为的，应当一并调查，无需另行立案。发现其他会员涉嫌有与本案关联的涉嫌违规行为的，律师协会可以依职权进行调查。

调查人员可以询问被调查会员，出示相关材料，并制作笔录。被调查会员拒绝提交业务档案、拒绝回答询问或者拒绝申辩的，视为逃避、抵制和阻挠调查，应当从重处分。调查人员可以通过电话、电子邮件或者直接与投诉人面对面调查等调查方式进行，要求投诉人提供相关证据材料。

调查人员应当按照所在省、自治区、直辖市律师协会规定的期限完成调查工作，并在调查、收集、整理、归纳、分析全部案卷调查材料的基础上，形成本案的调查终结报告，报告应当载明会员行为是否构成违规，是否建议给予相应的纪律处分。与案件有直接关联的事实或者争议进入诉讼、仲裁程序或者发生其他导致调查无法进行的情形的，经惩戒委员会主任及主管会长批准可以中止调查，待相关程序结束后或者相关情形消失后，再行决定是否恢复调查，中止期间不计入调查时限。

（五）纪律处分的决定程序

1. 听证。惩戒委员会在作出处分决定前，应当告知被调查会员有要求听证的权利。被调查会员要求听证的，应当在惩戒委员会告知后的7个工作日内提出书面听证申请；惩戒委员会认为有必要举行听证的，可以组成听证庭进行。

决定举行听证的案件，律师协会应当在召开听证庭7个工作日前向被调查的会员送达《听证通知书》，告知其听证庭的时间、地点、听证庭组成人员名单及可以申请回避等事项，并通知案件相关人员。《听证通知书》除直接送达外，可以委托被调查会员所在律师事务所送达，也可以邮寄送达。被调查会员应当按期参加听证，有正当理由要求延期的，经批准可以延1次，未申请延期并且未按期参加听证，视为放弃听证权利。

被调查会员不陈述、不申辩，或者不参加听证的视为放弃，不影响惩戒委员会作出决定。

听证庭成员由惩戒委员会3~5名委员担任，调查人员不得担任听证庭成员。听证庭依照以下程序进行：①询问被调查会员是否申请听证庭组成人员回避；②投诉人陈述投诉的事实、理由和投诉请求，投诉人未到庭的，不影响听证程序进行，由调查人员宣读投诉书，被调查会员有权进行申辩；调查人员陈述调查的事实，被调查会员、投诉人对调查的事实发表意见；③听证庭组成人员可以就案件有关事实向各方进行询问；④听证应当制作笔录，笔录应当交被调查会员、投诉人审核无误后签字或者盖章。

2. 作出决定并送达。听证庭根据查明的事实，在充分考虑各方意见基础上，拟定评议报告交惩戒委员会集体作出决定。惩戒委员会会议作出决定后，应当制作书面决定书。决定书经惩戒委员会主任审核后，由律师协会会长或者主管副会长签发。处分决定书应当在签发后的 15 个工作日内，由律师协会送达被调查会员，同时将决定书报上一级律师协会备案。

惩戒委员会作出撤销案件、不予处分的决定书应当在签发后 10 个工作日内律师协会日常工作机构人员送达投诉人、被调查会员。决定书可以直接送达，也可以通过邮寄方式送达。受送达人是个人会员的，可以由其所在律师事务所主任，或者行政主管，或者其他合伙人签收，受送达人是团体会员的，可以交其律师事务所主任，或者行政主管，或者合伙人签收。

会员对惩戒委员会作出的处分决定未在规定的期限内申请复查的，或者申请复查后由复查委员会作出维持或者变更原处分决定的，为生效的处分决定。生效的处分决定由该决定书生效时直接管理被处分会员的律师协会执行。

惩戒委员会认为会员的违规行为依法应当给予行政处罚的，应当及时移送有管辖权的司法行政机关，并向其提出处罚建议。同一个违法行为已被行政处罚的不再建议行政处罚。

训诫、警告处分决定应当由作出决定的律师协会告知所属律师事务所。重大典型律师违法违规案件和律师受到通报批评处分头定生效的，应当在本地区律师行业内进行通报。公开谴责及以上处分决定生效的，应当向社会公开披露。因严重违法违规行为受到吊销执业证书、取消会员资格等行政处罚、行业处分决定生效的和社会关注度较高的违法违规案件，可以通过官方网站、微博、微信、报刊、新闻发布会等形式向社会披露。

（六）复查

条各省、自治区、直辖市律师协会应设立会员处分复查委员会，负责受理复查申请和作出复查决定。复查委员会应当由业内和业外人士组成。业内人士包括：执业律师、律师协会及司法行政机关工作人员；业外人士包括：法学界专家、教授；司法机关或者其他机关、组织的有关人员。

复查委员会应当履行下列职责：①受理复查申请；②审查申请复查事项；③作出复查决定；④其他职责。

被调查会员对省、自治区、直辖市律师协会或者设区的市律师协会惩戒委员会作出的处分决定不服的，可以在决定书送达之次日起的 15 个工作日内向所在省、自治区、直辖市律师协会复查委员会申请复查。省、自治区、直辖市律师协会秘书长办公会议或者复查委员会主任、副主任集体认为本地区各律师协会惩戒委员会所做出的处分决定可能存在事实认定不清，或者适用法律、法规，规范错误，或调查、做出决定的程序不当的，有权在该处分决定做出后 1 年内提请复查委员会启动复查程序。复查申请应当以书面形式提出。复查委员会自收到申请复查书之日起 10 个工作日内应当作出受理决定或不予复查处理。《处分规则》对复查程序作了较为详细的规定。

（七）调解

在调查、听证、处分等各个阶段均可进行调解，调解期间不计入调查时限。调解应当坚持合法、自愿的原则。

经济争议达成和解，或者违规行为受到投诉人谅解的，可以作为从轻，减轻或者免除处分的依据。调解、和解或者撤回投诉不必然构成纪律处分程序的终结，仍需予以纪律处分的，应当转为惩戒委员会的调查程序。复查程序中，复查庭不进行调解，但投诉人谅解违规会员的违规行为的，复查庭可以予以认可，并作为变更原处分决定，从轻、减轻或者免除处分的依据。

（八）时效

会员违规行为自发生之日起 2 年内未被发现的，不再予以立案。《处分规则》规定的期限，从违规行为发生之日起计算，违规行为有连续或者继续状态的，从行为实施终了之日起计算。违规行为情节或者后果严重的，超过上述规定期限仍需给予纪律处分，由惩戒委员会全体委员 2/3 以上多数决定。

■思考题

1. 简述吊销执业证书的事由。
2. 简述行政处罚的种类及处罚机关。
3. 简述律师责任赔偿制度的法律规定及意义。
4. 简述律师刑事法律责任。
5. 简述律师执业处分及救济。

■参考书目

1. 姜世明：《律师民事责任论》，元照出版有限公司 2004 年版。
2. ［美］詹姆斯·E. 莫利泰尔诺：《律师职业责任》，中信出版社 2003 年版。
3. ［美］内森·M. 克里斯特尔：《律师职业责任概论》，中信出版社 2003 年版。
4. 王丽：《律师刑事责任比较研究》，法律出版社 2002 年版。

5. ［美］黛博拉·L. 罗德等：《律师的职业责任与规制》，王进喜等译，中国人民大学出版社 2013 年版。

6. 北京市律师协会组编：《境外律师行业规范汇编》，中国政法大学出版社 2012 年版。

第十章　刑事诉中的律师辩护与代理

■ 学习目的和要求

　　通过本章学习，重点掌握律师辩护制度的内容，明确辩护律师的诉讼地位、诉讼权利和法律责任，理解律师辩护的性质和意义，了解律师参与刑事辩护的规范。

■ 重点及难点

　　律师办理刑事案件的规范与技巧。

第一节　辩护制度及律师辩护

一、辩护制度及律师辩护的历史发展

　　刑事辩护是律师业务中开展最早、最广泛的一项，被认为是律师业务的精髓。公元前 5 世纪至公元前 4 世纪的古希腊雅典"雄辩家"的活动表明了刑事辩护的出现。此后，随着社会经济、政治、法律条件的变化，律师辩护制度经历了一场"兴起——衰落——发展"的曲折历程。在欧洲封建制时期，辩护制度虽然得以保留，但是担任辩护人的只能是僧侣，并且他们只参与教会迫害异端和反抗封建统治的少数案件。后来，僧侣被禁止在世俗法院担任辩护人，代之以受过封建法律教育的律师，但律师权限受到很大限制，律师辩护制度未能得到发展。十七、十八世纪，资产阶级启蒙思想家无情地抨击了野蛮落后的封建司法制度，提出"天赋人权""主权在民""平等、自由、博爱"等新思想，主张实行公开的、辩论的诉讼程序，并提出被告人应享有辩护权等一系列民主原则。资产阶级革命成功后，资本主义各国都以法律的形式确认了辩护制度和辩论原则。律师辩护制度成为资产阶级司法制度中不可缺少的组成部分，刑事辩护成为资产阶级律师的一项重要业务。在刑事诉讼中，辩护律师起着重要的作用，尤其在实行当事人主义的英美法系国家的刑事诉讼程序

中，辩护律师十分活跃，律师的辩论对判决影响极大。[1]

二、我国的辩护制度及律师辩护

辩护制度是我国司法制度的一项重要内容。我国在革命战争时期就曾根据具体情况实行过辩护制度。1954 年《宪法》第 76 条规定："……被告人有权获得辩护。"该条把被告人的辩护权利作为宪法原则予以确定，在确定辩护制度的基础上，建立起律师辩护制度。

（一）我国的辩护制度

1. 法律规定。我国《宪法》第 130 条规定："……被告人有权获得辩护。"《刑事诉讼法》第 11 条规定："……被告人有权获得辩护，人民法院有义务保证被告人获得辩护。"第 14 条第 1 款规定："人民法院、人民检察院和公安机关应当保障犯罪嫌疑人、被告人和其他诉讼参与人依法享有的辩护权和其他诉讼权利。"第 33 条第 1 款还规定，犯罪嫌疑人、被告人除自己行使辩护权以外，还可以委托律师，人民团体或者犯罪嫌疑人、被告人所在单位推荐的人，犯罪嫌疑人、被告人的监护人、亲友 1~2 人作为辩护人。此外，《刑事诉讼法》还对被告人、犯罪嫌疑人辩护权的享有、行使，以及辩护人何时介入诉讼、辩护人的职责、辩护人的权利义务等作了详尽规定。

2. 辩护制度的内容。《刑事诉讼法》第 11 条规定："……被告人有权获得辩护，人民法院有义务保证被告人获得辩护。"我国的辩护制度包括两个方面的内容：①从被告人、犯罪嫌疑人的角度规定被告人、犯罪嫌疑人享有的辩护权及其行使的方式；②从司法机关的角度规定为保障被告人辩护权的实现，司法机关负有的义务。这两方面的内容互相联系、互相依存，共同构成辩护制度的完整内容。

辩护权是辩护制度的中心内容，辩护权行使的方式一般有：自行辩护、委托辩护和指定辩护。自行辩护是辩护权行使最原始、最直接、最普遍的方式。委托辩护是指由犯罪嫌疑人、被告人或者其法定代理人与可以充任辩护人的人签订委托协议，使其作为犯罪嫌疑人、被告人的辩护人参加诉讼。委托辩护是辩护权行使的方式之一，被告人有权自行决定是否委托他人辩护，若被告人是未成年人或生理上、精神上有缺陷不能正常进行诉讼活动的人，其法定代理人有权独立决定是否委托辩护人。能够担任辩护人的人有：①律师；②人民团体或者犯罪嫌疑人、被告人所在单位推荐的人；③犯罪嫌疑人、被告人的监护人、亲友。《刑事诉讼法》同时规定，正在被执行刑罚或者依法被剥夺、限制人身自由的人，不得担任辩护人。被开除公职和被吊销律师、公证员执业证书的人，不得担任辩护人，但系犯罪嫌疑人、被告人的监护人、近亲属的除外。1979 年《刑事诉讼法》规定了指定辩护制度，人民法院对某些应有辩护人参加的案件，在被告人没有委托辩护人的情况下，为被告人指定承担

---

〔1〕　庄庆生：《律师制度的历史发展》，载《法律科学（西北政法学院学报）》1992 年第 1 期。

法律援助义务的律师担任辩护人。2012 年修订后的《刑事诉讼法》的第 34 条第 3 款，在表述上已经改为"人民法院、人民检察院和公安机关应当通知法律援助机构指派律师为其提供辩护"。此外，犯罪嫌疑人、被告人因经济困难或者其他原因没有委托辩护人的，本人及其近亲属可以向法律援助机构提出申请。对符合法律援助条件的，法律援助机构应当指派律师为其提供辩护。

辩护人的职责是根据事实和法律，提出犯罪嫌疑人、被告人无罪、罪轻或者减轻、免除其刑事责任的材料和意见，维护犯罪嫌疑人、被告人的诉讼权利和其他合法权益。

3. 十八届三中全会后的辩护制度。党的十八届三中全会决议强调"深化司法体制改革，加快建设公正高效权威的社会主义司法制度，维护人民权益，让人民群众在每一个司法案件中都感受到公平正义"。十八届四中全会《中共中央关于全面推进依法治国若干重大问题的决定》对司法体制的改革作出顶层设计，2014 年新一轮的司法体制改革启动，其中一些内容与辩护制度、律师的执业活动密切相关。以审判为中心的诉讼制度改革，强调庭审实质化，重申法院庭审阶段在保证审判者查明事实、认定证据、保护诉权、公正裁判中的决定性作用，对律师业务素质和律师工作效率、质量等提出了新的更高要求。

2014 年，中央深化体制改革领导小组正式将"在法院、看守所设置法律援助值班律师办公室"列为司法体制改革的重要内容。随后，全国人大常委会首次授权最高人民法院、最高人民检察院在 18 个大中城市进行"刑事速裁程序"的试点工作，并在试点过程中全面推行了值班律师制度。

2015 年 2 月，最高人民检察院印发的《最高人民检察院关于深化检察改革的意见（2013-2017 年工作规划）》（2015 年修订版），要求各级检察机关配合有关部门，探索建立以律师为主体的社会第三方参与机制，对不服司法机关生效裁判、决定的申诉，逐步实行律师代理制度。

2016 年，随着刑事案件认罪认罚从宽制度试点工作的启动，值班律师制度更是在那些被告人可能被判处 3 年有期徒刑以下刑罚的案件中得以推行。根据这一制度，法律援助值班律师主要是为犯罪嫌疑人、被告人提供法律咨询、程序选择、申请变更强制措施等法律帮助。

2017 年 8 月，最高人民法院、最高人民检察院、公安部、国家安全部、司法部联合发布《关于开展法律援助值班律师工作的意见》，对推进法律援助值班律师工作作出部署。

2017 年 10 月，最高人民法院、司法部发布《关于开展刑事案件律师辩护全覆盖试点工作的办法》，规定律师刑事辩护全覆盖工作在北京、上海、浙江、安徽、河南、广东、四川、陕西 8 个省（直辖市）进行试点，试点省（直辖市）可以在全省（直辖市）或者选择部分地区开展试点工作。2018 年底，最高人民法院和司法部联合召开刑事案件律师辩护全覆盖和律师调解两项试点工作推进会，部署在全国扩大两项试点工作；并要求到 2019 年底，刑事案件律师辩护全覆盖要在第一批试点的 8 个省市和天津、江苏、福建、山东等发达省市基本实现，其他省份要在省会城市和一半以上的县、市、区基本实现全覆盖。

2018 年，《刑事诉讼法》修正，确立了认罪认罚从宽的诉讼原则，确立了认罪认罚从宽的适用程序，并对刑事速裁程序作出了具体规定。与辩护制度密切相关的是，值班律师制度得到《刑事诉讼法》的正式确立，律师参与认罪认罚从宽程序的方式在法律上建立起来。

（二）我国的律师辩护

1. 我国律师辩护的法律规定。我国《刑事诉讼法》第 34 条第 1 款明确规定："犯罪嫌疑人自被侦查机关第一次讯问或者采取强制措施之日起，有权委托辩护人；在侦查期间，只能委托律师作为辩护人。被告人有权随时委托辩护人。"从而在立法上确定了律师在侦查阶段介入诉讼辩护人的身份和地位。辩护律师在侦查期间可以为犯罪嫌疑人提供法律帮助；代理申诉、控告；申请变更强制措施；向侦查机关了解犯罪嫌疑人涉嫌的罪名和案件有关情况，提出意见。辩护律师可以同在押的犯罪嫌疑人、被告人会见和通信。辩护律师会见在押的犯罪嫌疑人、被告人，可以了解案件有关情况，提供法律咨询等。

自案件移送审查起诉之日起，辩护律师可以向犯罪嫌疑人、被告人核实有关证据。辩护律师会见犯罪嫌疑人、被告人时不被监听。辩护律师自人民检察院对案件审查起诉之日起，可以查阅、摘抄、复制本案的案卷材料。

辩护人认为在侦查、审查起诉期间，公安机关、人民检察院收集的证明犯罪嫌疑人、被告人无罪或者罪轻的证据材料未提交的，有权申请人民检察院、人民法院调取。辩护律师经证人或者其他有关单位和个人同意，可以向他们收集与本案有关的材料，也可以申请人民检察院、人民法院收集、调取证据，或者申请人民法院通知证人出庭作证。辩护律师经人民检察院或者人民法院许可，并且经被害人或者其近亲属、被害人提供的证人同意，可以向他们收集与本案有关的材料。辩护人或者其他任何人，不得帮助犯罪嫌疑人、被告人隐匿、毁灭、伪造证据或者串供，不得威胁、引诱证人作伪证以及进行其他干扰司法机关诉讼活动的行为。违反前款规定的，应当依法追究法律责任，辩护人涉嫌犯罪的，应当由办理辩护人所承办案件的侦查机关以外的侦查机关办理。辩护人是律师的，应当及时通知其所在的律师事务所或者所属的律师协会。

辩护律师对在执业活动中知悉的委托人的有关情况和信息，有权予以保密。但是，辩护律师在执业活动中知悉委托人或者其他人准备或者正在实施危害国家安全、公共安全以及严重危害他人人身安全的犯罪的，应当及时告知司法机关。辩护人、诉讼代理人认为公安机关、人民检察院、人民法院及其工作人员阻碍其依法行使诉讼权利的，有权向同级或者上一级人民检察院申诉或者控告。人民检察院对申诉或者控告应当及时进行审查，情况属实的，通知有关机关予以纠正。

我国《律师法》规定了律师担任刑事辩护人的职责，并规定依法接受法律援助机构的指派，担任辩护人是律师的业务之一，律师、律师事务所应当按照国家规定履行法律援助义务，为受援人提供符合标准的法律服务，维护受援人的合法权益。律师、律师事务所拒绝履行法律援助义务的，将受到行政处罚。

2. 律师辩护的优越性。

（1）律师为犯罪嫌疑人、被告人辩护，是依法执行职务，受国家法律保护。辩护律师能够在法律允许的范围内，通过一切合法的途径，最大限度地维护被告人的合法权益，充分发挥辩护的作用。

（2）律师是具有法律职业资格或律师资格、取得律师执业证书、向社会提供法律服务的专业人员，具有较丰富的法学专门知识和办案经验，能够较全面地分析案情，对事实是否清楚、证据是否充分以及罪与非罪、此罪与彼罪、情节轻重、罪责的大小等有关定性量刑的问题作出准确判断，并且在辩护中能够抓住问题的实质，把握辩护的方向，根据案件的具体情况采取相应的辩护方法和技巧。遇有重大、复杂、疑难的案件，承办律师还可以提交律师事务所集体讨论，一般案件也可以随时与其他律师交流看法，做到集思广益，取长补短，避免错辩、漏辩，保证办案质量。

（3）法律赋予辩护律师较一般辩护人更为广泛的诉讼权利。辩护律师有权阅卷，有权同在押的犯罪嫌疑人、被告人会见和通信，经证人或者其他有关单位和个人同意，可以向他们收集与本案有关的材料，也可以申请人民检察院、人民法院收集、调取证据，或者申请人民法院通知证人出庭作证。辩护律师还可以会同异地律师协助调查、收集证据和会见，经当事人同意可以为协同工作的律师办理授权委托手续。从而能够全面了解案件事实，提出论点正确、论证充分、令人信服的辩护意见，维护犯罪嫌疑人、被告人的合法权益。同时，律师执行辩护职能旨在维护国家法律的正确实施，从而能够正确处理好犯罪嫌疑人、被告人利益同国家利益、人民利益的关系，避免了其他辩护人可能产生的片面和偏激的辩护观点。

（4）律师的辩护活动受到行业管理、指导与监督。《律师法》《律师执业管理办法》《律师执业行为规范（试行）》都对律师的执业行为进行规制，《律师和律师事务所违法行为处罚办法》《律师协会会员违规行为处分规则（试行）》对律师的违法违规行为进行惩戒。各地律师协会设立的"维护律师执业权利中心"和"投诉受理查处中心"能够及时有效地维护律师执业权利，同时让律师执业中的违规行为得到及时的处理，维护委托人的合法权益及社会公共利益。

3. 律师辩护的作用。律师辩护对于刑事辩护制度的正确实施，切实维护被告人的合法权益，保障刑事诉讼的顺利进行，起着重要作用。具体体现在：

（1）律师辩护有助于法律的正确实施。准确、及时地惩罚犯罪分子和保障无罪的人不受刑事追究，是刑事诉讼法任务的两个方面。罪刑相适应则是我国刑法的一项重要原则。辩护律师依据事实和法律，提出被告人无罪、罪轻、减轻或免除刑事责任的材料和意见，使人民法院能够听取公诉人和辩护律师两方面的意见，全面了解案件情况，作出正确的判决，使无罪的人不受刑事追究，有罪的人罚当其罪，从而维护法律的正确实施。

（2）律师辩护有利于促使犯罪嫌疑人、被告人认罪服法。以案释法宣传法律知识，提高全民法律意识是律师的任务之一，律师在辩护活动中也要针对被告人的不同心态，有的放矢地进行法制宣传。一般来说，犯罪嫌疑人、被告人对于自己委托的律师比较依赖，能够对律师讲出自己的真实想法，也容易接受律师的意见和规劝。

4. 辩护律师的诉讼地位。在我国，律师接受犯罪嫌疑人、被告人的委托或人民法院指定，作为辩护人参加刑事诉讼，在诉讼地位上，具有双重的性质，即独立性和对被告人一定的依附性。在诉讼中，辩护律师依法执行职务，依据事实和法律，独立提出自己的辩护意见，不受其他机关、团体和个人的非法干涉，也不为犯罪嫌疑人、被告人的意见所左右。犯罪嫌疑人、被告人隐瞒事实的，辩护律师有权拒绝辩护。辩护律师既不是犯罪嫌疑人、被告人的"代言人"，也不是司法机关的陪衬；对犯罪嫌疑人、被告人一定的依附性表现在：①律师参加刑事诉讼，履行辩护职责，是基于犯罪嫌疑人、被告人的委托，犯罪嫌疑人、被告人的近亲属、其他亲友或其所在单位代为委托的，须经犯罪嫌疑人、被告人确认。律师与当事人或者委托人就辩护或代理方案产生严重分歧，不能达成一致的，可以代表律师事务所与委托人协商解除委托关系。即使是接受法律援助机构指派的辩护律师，其参与刑事诉讼，也需要得到犯罪嫌疑人、被告人的确认。受援人拒绝承办律师为其提供辩护而需要另行通知辩护的，法律援助机构应变更指派。②犯罪嫌疑人、被告人有权拒绝律师继续为其辩护。③上诉权是被告人的一项专属权，律师只能帮助被告人行使上诉权，而无权独立上诉。

5. 辩护律师的职责。《律师法》第 31 条明确规定，律师担任刑事辩护人的，应当根据事实和法律，提出犯罪嫌疑人、被告人无罪、罪轻或者减轻、免除其刑事责任的材料和意见，维护犯罪嫌疑人、被告人的诉讼权利和其他合法权益。

6. 刑事法律援助服务规范。2019 年 2 月，司法部发布《全国刑事法律援助服务规范》，要求各地自标准发布之日起组织实施，为受援人提供符合标准的刑事法律援助服务，不断提高刑事法律援助案件受援人满意度。这是司法部出台的首个全国刑事法律援助服务行业标准。

该规范明确了全国刑事法律援助服务行业标准的适用范围和主要内容。该行业标准共 9 章，对刑事法律援助服务原则、服务类型、法律咨询、值班律师法律帮助、刑事法律援助和服务质量控制等提出具体要求，并给出了承办阶段归档材料目录。该规范细化了刑事诉讼程序中法律援助的服务要求。根据该规范规定，律师在办理法律援助案件中应注意以下要求：一是充分会见。承办律师应及时会见受援人，且确保每个诉讼阶段至少会见受援人一次。二是有效辩护。承办律师应当参加庭审，发表辩护意见并提交书面辩护意见。三是及时报告。承办律师接受指派后，遇有可能导致终止法律援助的情形时，应向法律援助机构报告；承办律师遇到重大疑难复杂刑事案件时，应向律师事务所报告，提请集体讨论研究辩护意见，并及时向法律援助机构报告承办情况。四是遵规守纪。承办律师不得向受援人收取任何钱物或者利用承办案件的便利谋取其他不正当利益；办理法律援助案件过程中，应接受法律援助机构和受援人监督。

第二节　律师介入刑事诉讼的基本规范

2017 年 8 月，全国律协发布了《律师办理刑事案件规范》，规范律师办理刑事案件行为，指导律师正确办理刑事案件。

一、律师参与刑事诉讼，可以从事的业务

1. 接受犯罪嫌疑人、被告人的委托，担任辩护人。犯罪嫌疑人、被告人的近亲属、其他亲友或其所在单位代为委托的，须经犯罪嫌疑人、被告人确认；

2. 接受涉嫌犯罪的未成年人或精神病人的监护人、近亲属的委托，担任辩护人；

3. 接受公诉案件的被害人、其法定代理人或者近亲属的委托，接受自诉案件的自诉人、其法定代理人的委托，接受刑事附带民事诉讼的当事人、其法定代理人的委托，担任诉讼代理人；

4. 接受刑事案件当事人、其法定代理人、近亲属的委托，接受被刑事判决或裁定侵犯合法权益的案外人的委托，担任申诉案件的代理人；

5. 接受被不起诉人、其法定代理人、近亲属的委托，代为申诉、控告；

6. 在公安机关、人民检察院作出不立案或撤销案件或不起诉的决定后，接受被害人、其法定代理人、近亲属的委托，代为申请复议或起诉；

7. 在违法所得没收程序中，接受犯罪嫌疑人、被告人、其近亲属或其他利害关系人的委托，担任诉讼代理人；

8. 在强制医疗程序中，接受被申请人或被告人的委托，担任诉讼代理人；在复议程序中，接受被决定强制医疗的人、被害人、其法定代理人、近亲属的委托，担任诉讼代理人；

9. 其他刑事诉讼活动中的相关业务。

二、律师事务所收案和结案

接受委托或法律援助机构的指派是律师参与刑事诉讼活动的基础。

（一）律师事务所与委托人签署《委托协议》

对刑事诉讼案件的受理，由律师事务所统一决定并统一收费。律师事务所应审查该委托是否经被告人、犯罪嫌疑人的同意。如果被告人、犯罪嫌疑人的意见与其近亲属的意见不一致时，律师应尊重被告人、犯罪嫌疑人的意见。被告人、犯罪嫌疑人可以委托 2 名辩护人为自己辩护。若委托了 2 名辩护律师，应让委托人确定谁是主要的辩护人，谁是辅助的辩护人，以便明确责任。律师事务所应当尽可能满足委托人指名委托的要求。

律师接受委托办理刑事案件，可以在侦查、审查起诉、一审、二审、死刑复核、申诉、再审等各诉讼阶段由律师事务所分别办理委托手续，也可以一次性办理。

（二）委托人签署委托书

委托书是委托代理人取得诉讼代理资格，为被代理人进行诉讼的证明文书。律师事务所与委托人签署委托协议后，委托人应向律师事务所指派的承办律师签署委托书。

（三）律师事务所开具办案所需的相关诉讼文书

律师事务所与委托人签署委托协议后，应办理有关的法律手续，作为律师参加诉讼的合法依据。

（四）律师向办案机关出示相关材料

律师接受委托或者指派后，应当及时与办案机关联系，出示律师执业证书，提交委托书和律师事务所证明或者法律援助公函。

（五）归档保存

律师办理刑事案件结案后，应当撰写办案总结，与辩护词或代理词、法律文书以及摘抄、复制的案卷材料等一并归档保存。

三、会见和通信应遵守的规范

辩护律师可以会见在押、被监视居住和取保候审的犯罪嫌疑人、被告人。辩护律师会见在押的犯罪嫌疑人、被告人，可以了解案件有关情况，提供法律咨询等；自案件移送审查起诉之日起，可以向犯罪嫌疑人、被告人核实有关证据。辩护律师会见犯罪嫌疑人、被告人时不被监听。

（一）辩护律师会见时，应出示相应法律文件

辩护律师会见在押犯罪嫌疑人、被告人，应当向看守所出示律师执业证书、委托书和律师事务所证明或者法律援助公函。律师助理随同辩护律师参加会见的，应当出示律师事务所证明和律师执业证书或申请律师执业人员实习证。辩护律师会见犯罪嫌疑人、被告人需要翻译人员协助的，可以携经办案机关许可的翻译人员参加会见。翻译人员应当持办案机关许可决定文书和本人身份证明，随同辩护律师参加会见。

辩护律师办理危害国家安全犯罪、恐怖活动犯罪、特别重大的贿赂犯罪案件，犯罪嫌疑人在押或者被监视居住的，在侦查阶段会见时应当向侦查机关提出申请，必要时应当采用书面形式申请。侦查机关不许可会见的，辩护律师可以要求其出具

书面决定，并说明理由。

（二）准备会见提纲，了解案件情况

辩护律师会见犯罪嫌疑人、被告人时，应当事先准备会见提纲，认真听取犯罪嫌疑人、被告人的陈述和辩解，发现、核实案件事实和证据材料中的矛盾和疑点。

辩护律师会见犯罪嫌疑人、被告人时应当重点向其了解下列情况：①犯罪嫌疑人、被告人的个人信息等基本情况；②犯罪嫌疑人、被告人是否实施或参与所涉嫌的犯罪；③犯罪嫌疑人、被告人对侦查机关侦查的事实和罪名是否有异议，对起诉意见书、起诉书认定其涉嫌或指控的事实和罪名是否有异议；④犯罪嫌疑人、被告人无罪、罪轻的辩解；⑤犯罪嫌疑人、被告人有无自首、立功、退赃、赔偿等从轻、减轻或免予处罚的量刑情节；⑥犯罪嫌疑人、被告人有无犯罪预备、犯罪中止、犯罪未遂等犯罪形态；⑦立案、管辖是否符合法律规定；⑧采取强制措施的法律手续是否完备、程序是否合法；⑨是否存在刑讯逼供等非法取证的情况，以及其他侵犯人身权利和诉讼权利的情况；⑩犯罪嫌疑人、被告人及其亲属的财物被查封、扣押、冻结的情况；⑪侦查机关收集的供述和辩解与律师会见时的陈述是否一致，有无反复以及出现反复的原因；⑫其他需要了解的与案件有关的情况。

（三）告知权利、沟通辩护方案

辩护律师会见时，应当向犯罪嫌疑人、被告人介绍刑事诉讼程序；告知其在刑事诉讼程序中的权利、义务以及权利行使方式，放弃权利和违反法定义务可能产生的后果。

辩护律师会见时，应当与犯罪嫌疑人、被告人就相应阶段的辩护方案、辩护意见进行沟通。自案件移送审查起诉之日起，辩护律师可以向犯罪嫌疑人、被告人核实有关证据。

辩护律师会见犯罪嫌疑人、被告人制作会见笔录的，应当交其签字确认。

（四）遵守会见相关规定

辩护律师会见在押犯罪嫌疑人、被告人应当遵守看守所依法作出的有关规定。未经允许，不得直接向犯罪嫌疑人、被告人传递药品、财物、食物等物品，不得将通信工具提供给犯罪嫌疑人、被告人使用，不得携犯罪嫌疑人、被告人亲友会见。

辩护律师可以接受犯罪嫌疑人、被告人提交的与辩护有关的书面材料，也可以向犯罪嫌疑人、被告人提供与辩护有关的文件与材料。

辩护律师会见结束后应当及时告知看守所的监管人员或执行监视居住的监管人员。

（五）通信之规范

辩护律师与犯罪嫌疑人、被告人通信应当注明律师身份、通信地址，并应当保留信函副本及犯罪嫌疑人、被告人的来信原件并附卷备查。

四、查阅、摘抄、复制案卷材料及规范

自案件移送审查起诉之日起，辩护律师、代理律师应当及时与人民检察院、人民法院联系，办理查阅、摘抄、复制案卷材料等事宜。

（一）案件材料的范围

案卷材料包括案件的诉讼文书和证据材料。根据相关法律的规定，对讯问过程应当进行同步录音录像的，辩护律师、代理律师可以根据案件需要依法要求查阅、复制。

（二）复制的方式

复制案卷材料可以采用复印、拍照、扫描、电子数据拷贝等方式。摘抄、复制时，应当保证其准确性、完整性。

（三）应查阅、复制的案件材料

对于以下案卷材料，辩护律师、代理律师应当及时查阅、复制：①侦查机关、检察机关补充侦查的证据材料；②人民检察院、人民法院根据犯罪嫌疑人、被告人、辩护律师的申请向侦查机关、公诉机关调取在侦查、审查起诉期间已收集的有关犯罪嫌疑人、被告人无罪、罪轻的证据材料；③人民法院根据被告人、辩护律师的申请调取的检察机关未移送的证据材料以及有关被告人自首、坦白、立功等量刑情节的材料。

（四）阅卷时应当重点了解的事项

辩护律师应当认真研读全部案卷材料，根据案情需要制作阅卷笔录或案卷摘要。阅卷时，应当重点了解以下事项：①犯罪嫌疑人、被告人的个人信息等基本情况；②犯罪嫌疑人、被告人被认定涉嫌或被指控犯罪的时间、地点、动机、目的、手段、后果及其他可能影响定罪量刑的法定、酌定情节等；③犯罪嫌疑人、被告人无罪、罪轻的事实和材料；④证人、鉴定人、勘验检查笔录制作人的身份、资质或资格等相关情况；⑤被害人的个人信息等基本情况；⑥侦查、审查起诉期间的法律手续和诉讼文书是否合法、齐备；⑦鉴定材料的来源、鉴定意见及理由、鉴定机构是否具有鉴定资格等；⑧同案犯罪嫌疑人、被告人的有关情况；⑨证据的真实性、合法性和关联性，证据之间的矛盾与疑点；⑩证据能否证明起诉意见书、起诉书所认定涉嫌或指控的犯罪事实；⑪是否存在非法取证的情况；⑫未成年人刑事案件，在被讯问时法定代理人或合适成年人是否在场；⑬涉案财物查封、扣押、冻结和移送的情况；⑭其他与案件有关的情况。

（五）遵守保密义务

律师参与刑事诉讼获取的案卷材料，不得向犯罪嫌疑人、被告人的亲友以及其他单位和个人提供，不得擅自向媒体或社会公众披露。

辩护律师查阅、摘抄、复制的案卷材料属于国家秘密的，应当经过人民检察院、人民法院同意并遵守国家保密规定。律师不得违反规定，披露、散布案件重要信息

和案卷材料，或者将其用于本案辩护、代理以外的其他用途。

五、调查取证及规范

（一）辩护律师调查取证的法律规定

辩护律师经证人或者其他有关单位和个人同意，可以向他们收集与本案有关的材料，也可以申请人民检察院、人民法院收集、调取证据，或者申请人民法院通知证人出庭作证。辩护律师经人民检察院或者人民法院许可，并且经被害人或者其近亲属、被害人提供的证人同意，可以向他们收集与本案有关的材料。

辩护人认为在侦查、审查起诉期间，公安机关、人民检察院收集的证明犯罪嫌疑人、被告人无罪或者罪轻的证据材料未提交的，有权申请人民检察院、人民法院调取。

辩护人收集的有关犯罪嫌疑人不在犯罪现场、未达到刑事责任年龄、属于依法不负刑事责任的精神病人的证据，应当及时告知公安机关、人民检察院。

（二）辩护律师调查取证应注意的问题

1. 辩护律师调查取证的方式。辩护律师收集物证、书证和视听资料时，应当尽可能提取原件；无法提取原件的，可以复制、拍照或者录像，并记录原件存放地点和持有人的信息。

辩护律师调查、收集与案件有关的证据材料，应当持律师事务所证明，出示律师执业证书，一般由 2 人进行。

辩护律师调查、收集证据材料时，为保证证据材料的真实性，可以根据案情需要邀请与案件无关的人员在场见证。

辩护律师在调查、收集证据材料时，可以录音、录像。

2. 制作调查笔录。辩护律师对证人进行调查，应当制作调查笔录。调查笔录应当载明调查人、被调查人、记录人的姓名，调查的时间、地点，被调查人的身份信息，证人如实作证的要求，作伪证或隐匿罪证应当负法律责任的说明以及被调查事项等。辩护律师制作调查笔录，应当客观、准确地记录调查内容，并经被调查人核对。被调查人如有修改、补充，应当由其在修改处签字、盖章或者捺指印确认。调查笔录经被调查人核对后，应当由其在笔录上逐页签名并在末页签署记录无误的意见。

辩护律师制作调查笔录不得误导、引诱证人；不得事先书写笔录内容；不得先行向证人宣读犯罪嫌疑人、被告人或其他证人的笔录；不得替证人代书证言；不得擅自更改、添加笔录内容；向不同的证人调查取证时应当分别进行；调查取证时犯罪嫌疑人、被告人的亲友不得在场。

辩护律师根据案件需要向已经在侦查机关、检察机关做过证的证人了解案件情况、调查取证、核实证据，一般应当通过申请人民法院通知该证人到庭，以当庭接受询问的方式进行。如证人不能出庭作证的，辩护律师直接向证人调查取证时，应当严格依法进行，并可以对取证过程进行录音或录像，也可以调取证人自书证言。

3. 电子证据的收集。辩护律师可以申请人民检察院、人民法院收集、调取案件有关的电子证据。辩护律师可以采取复制、打印、截屏、拍照或者录像等方式收集、固定电子邮件、电子数据交换、网上聊天记录、博客、微博客、微信、手机短信、电子签名、域名等电子数据，并记录复制、打印、截屏、拍照、录像的时间、地点、原始储存介质存放地点、电子数据来源、持有人等信息，必要时可以委托公证机构对上述过程进行公证。

对于存在于存储介质中的电子数据，应当尽可能收集原始存储介质。对于存在于网络空间中的电子数据，可以通过有权方提取或通过公证形式予以固定。

4. 申请收集、调取证据。辩护律师认为在侦查、审查起诉期间，公安机关、人民检察院收集的证明犯罪嫌疑人、被告人无罪或者罪轻的证据材料未提交的，应当书面申请人民检察院、人民法院调取。人民检察院、人民法院根据申请收集、调取证据时，辩护律师可以在场。

辩护律师收集的有关犯罪嫌疑人、被告人不在犯罪现场、未达到刑事责任年龄、属于依法不负刑事责任的精神病人的证据，应当及时告知办案机关。辩护律师可以要求收取证据的办案机关出具回执。

六、申请变更、解除强制措施

辩护律师认为被羁押的犯罪嫌疑人、被告人符合《刑事诉讼法》规定的取保候审条件的，应当为其申请取保候审：

犯罪嫌疑人、被告人符合逮捕条件，但具备下列条件之一，辩护律师可以为其申请监视居住：①患有严重疾病、生活不能自理的；②怀孕或者正在哺乳自己婴儿的妇女；③系生活不能自理的人的唯一抚养人；④因为案件的特殊情况或者办理案件的需要，采取监视居住措施更为适宜的；⑤羁押期限届满，案件尚未办结，需要采取监视居住措施的。

犯罪嫌疑人、被告人符合取保候审条件，但不能提出保证人也不缴纳保证金的，辩护律师可以为其申请监视居住。犯罪嫌疑人、被告人被羁押的案件，办案机关在《刑事诉讼法》规定的羁押期限内未能办结的，辩护律师可以要求释放犯罪嫌疑人、被告人，或者要求变更强制措施。对被采取取保候审、监视居住措施的犯罪嫌疑人、被告人，办案机关在《刑事诉讼法》规定的强制措施期限内未能办结的，辩护律师可以要求解除强制措施。

犯罪嫌疑人因涉嫌危害国家安全犯罪、恐怖活动犯罪、特别重大贿赂犯罪在侦查期间被指定居所监视居住的，在有碍侦查的情形消失后，辩护律师可以为其申请在居所监视居住或者取保候审。

犯罪嫌疑人、被告人及其法定代理人、近亲属要求辩护律师申请变更、解除强制措施或释放犯罪嫌疑人、被告人，辩护律师认为符合条件的，可以自行申请，也可以协助其向办案机关申请。

辩护律师向办案机关书面申请变更、解除强制措施或者释放犯罪嫌疑人、被告人的，应当写明律师事务所名称、律师姓名、通信地址及联系方式、犯罪嫌疑人、被告人姓名和所涉嫌或指控的罪名、申请事实及理由、保证方式等。

辩护律师不宜为犯罪嫌疑人、被告人担任保证人。

辩护律师申请变更、解除强制措施或释放犯罪嫌疑人、被告人的，可以要求办案机关在 3 日内作出同意或者不同意的答复。对于不同意的，辩护律师可以要求其说明不同意的理由。

犯罪嫌疑人被逮捕后，辩护律师可以向检察机关提出羁押必要性审查的意见。

《律师办理刑事案件规范》还对侦查期间的辩护工作、审查起诉期间的辩护工作、公诉一审案件的辩护工作、公诉二审案件的辩护工作、公诉案件的诉讼代理工作、自诉案件的代理和辩护工作、刑事附带民事诉讼的代理工作、简易程序中的辩护工作、认罪认罚从宽制度中的辩护工作、死刑复核案件的辩护工作、未成年人案件的辩护和代理工作、当事人和解的公诉案件的辩护和代理工作、违法所得没收程序中的代理工作、强制医疗程序中的代理工作、申诉案件的代理工作以及权利救济与执业纪律作了规定。因为篇幅的原因，在此不做阐述。

■思考题

1. 我国律师辩护制度的主要内容是什么？
2. 试述辩护权的主要特征。
3. 如何理解辩护律师的诉讼地位？
4. 试述辩护律师的主要权利。
5. 辩护律师如何应对庭审实质化改革？

■参考书目

1. 王伟：《法庭上的正义：王伟律师辩护与代理诉讼实录》，武汉大学出版社 2017 年版。
2. 林正编著：《法庭之王：如何成为力挽狂澜的雄奇辩才》，中国法制出版社 2016 年版。
3. 林正编著：《最佳辩护-大律师丹诺最精彩的法庭较量》，中国法制出版社 2016 年版。
4. ［英］亚历克斯·麦克布赖德：《律师为什么替坏人辩护？刑事审判中的真相与谎言》，何远、汪雪译，北京大学出版社 2017 年版。
5. 陈瑞华：《刑事辩护的艺术》，北京大学出版社 2018 年版。
6. 徐昕：《无罪辩护：为自由和正义呐喊》，清华大学出版社 2019 年版。
7. 郭彦卫：《刑事辩护全流程实务指引与文书模板》，法律出版社 2021 年版。
8. 万欣、李超峰主编：《刑事律师执业权益保障指南》，台海出版社 2021 年版。

第十一章　民事诉讼中的律师代理

■ 学习目的和要求

　　通过本章学习，重点掌握民事诉讼中律师代理的内容，明确代理律师的诉讼地位、诉讼的权利和义务，理解民事诉讼中律师代理的规范，了解民事诉讼律师代理的意义。

■ 重点及难点

　　民事诉讼中律师代理的步骤和方法。

第一节　民事诉讼中的律师代理概述

一、民事诉讼中律师代理的概念和特征

　　民事诉讼中的律师代理是指根据《民事诉讼法》的规定，律师接受民事诉讼当事人或法定代理人的委托，受律师事务所或者法律援助机构的指派，为维护被代理人的合法权益，以被代理人的名义，在代理权限范围内代理被代理人进行民事诉讼的行为。根据我国《律师法》《民事诉讼法》的有关规定，接受当事人的委托，参与民事和经济案件的代理活动是律师的重要业务之一。律师接受当事人的委托，参与民事案件的代理，具有以下特征：

　　（一）代理律师必须以被代理人的名义进行诉讼活动

　　律师参加诉讼活动，根本上是接受当事人及其法定代理人的授权，诉讼案件归根到底是当事人之间的权利义务之争，律师不是案件的当事人，所以律师必须以被代理人的名义开展诉讼活动，才能产生应有的法律效力。

　　（二）代理律师必须在被授权范围内进行诉讼活动

　　所谓民事诉讼中的律师代理权，是指代理人基于法律规定或被代理人的授权而取得的实施诉讼行为的资格。代理律师实施诉讼行为必须以代理权为根据，并且只能在代理权限范围内进行，没有代理权、超越代理权或者代理权终止后实施的诉讼行为，被代理人都不承担责任。

（三）代理行为所产生的法律后果由被代理人承担

由于代理人是在代理权限内以被代理人名义实施诉讼行为，因此在法律上，代理人的行为被拟制为被代理人自己的行为，由此产生的法律后果也就应由被代理人承担。但是，如果是因为代理人不履行职责给被代理人造成损害的，则应由代理人承担责任。

（四）代理人为律师

在民事诉讼中，当事人及其法定代理人既可以委托律师参加民事诉讼，又可以委托基层法律服务工作者、当事人的近亲属或者工作人员、当事人所在社区、单位，以及有关社会团体推荐的公民参加民事诉讼。但是，其他人的代理不属于律师代理，不是执业律师的人也不能以律师名义代理诉讼。

（五）民事诉讼中的律师代理具有专业性、非个人性及规范性

律师是为社会提供法律服务的专业人员，有丰富的法律专业知识和实践经验，可以在民事诉讼中利用自己掌握的法律知识更好地维护当事人的合法权益。当事人和律师之间的委托关系是通过当事人和律师事务所签订委托合同、由律师事务所指派或者由法律援助机构指派确立的，而非当事人的直接委托。律师进行民事诉讼活动要受法律、法规的规范，还要受律师职业道德和事务所的规章制度的约束，这些规范的约束为律师完成当事人委托的事务提供了有力保障。

二、民事诉讼中律师代理的种类

民事诉讼中的律师代理是一项复杂的法律制度，为了便于司法机关对之进行把握和理论界的深入研究，可以根据一定的标准对其进行科学的分类。

（一）一般代理和特别授权代理

这种分类的标准是委托人的授权是否涉及实体权利。

所谓一般代理，是指当事人将普通的诉讼权利委托给律师行使，也就是说，当事人是把那些不直接涉及实体权利的一般诉讼权利授权代理律师去行使。在这种代理关系中，律师无权行使当事人重要的诉讼权利和实体权利，只能行使如代为陈述事实、申请回避、提出管辖权异议等不涉及当事人实体权利的一般诉讼权利。

特别授权代理，是指当事人不仅将一般的诉讼权利，而且将重要的诉讼权利和实体权利的处分权利一并交由律师行使。根据我国《民事诉讼法》的有关规定，需特别授权的、涉及当事人实体权利的范围包括：代为承认、放弃、变更诉讼请求，代为上诉、撤诉，进行和解，提起反诉或上诉等。

《民事诉讼法》第62条第1款、第2款规定，委托他人代为诉讼，必须向人民法院提交由委托人签名或者盖章的授权委托书。授权委托书必须记明委托事项和权限。诉讼代理人代为承认、放弃、变更诉讼请求，进行和解，提起反诉或者上诉，必须有委托人的特别授权。

（二）一审程序、二审程序、审判监督程序和执行程序的律师代理

这种分类的标准是代理工作所处的诉讼程序。

一审程序、二审程序、审判监督程序和执行程序是人民法院处理民事案件的四个阶段，它们都有各自特定的任务以及不同的要求和特点。与此相适应，在上述四种程序中，律师作为代理人应有不同的工作方式、方法和步骤，也应有不同的工作重点。代理律师在第一审程序中，应当通过调查、阅卷等方式帮助当事人举证，向法院提出有利于委托人的事实根据和法律意见，要求法院作出有利于委托方当事人的判决、裁定。代理律师在二审程序中，首先要了解一审判决、裁定认定的事实是否清楚，证据是否确实充分，适用的法律是否正确，然后听取委托人对一审裁判的意见以及在二审程序中的诉讼请求，提出代理意见。代理意见应包括对一审裁判的评价等内容。审判监督程序中，代理律师应当就生效判决、裁定存在的错误，对委托人造成的危害以及如何纠正等问题发表代理意见。在执行程序中，代理律师应当帮助当事人实现生效判决所确定的其应享有的权利或应得的利益。

此外，根据当事人委托的代理律师的人数，可将律师代理划分为单独律师代理和共同律师代理。以代理的案件有无涉外因素，划分为涉外民事诉讼律师代理和非涉外民事诉讼律师代理。以诉讼标的为标准，划分为一般民事案件律师代理和经济、商事案件律师代理，等等。

三、民事诉讼中律师代理的范围

民事诉讼中律师代理的范围是指律师作为民事诉讼代理人参加诉讼活动的案件范围。

（一）民事诉讼中律师代理的案件范围

我国《民事诉讼法》第 3 条规定："人民法院受理公民之间、法人之间、其他组织之间以及他们相互之间因财产关系和人身关系提起的民事诉讼，适用本法的规定。"据此，凡是人民法院依据《民事诉讼法》受理和审判的案件，律师均可接受委托进行代理。具体有以下几方面：①民法所调整的财产关系、人身关系、知识产权关系案件；②婚姻法所调整的婚姻家庭关系案件；③继承法所调整的继承关系案件；④经济法所调整的经济纠纷案件；⑤收养法所调整的收养关系案件；⑥劳动法所调整的劳动纠纷案件；⑦其他与财产关系和人身关系有关的案件。

上述案件，当事人都可以委托律师进行民事诉讼代理，但以下情况则不属于律师代理民事诉讼的范围：

1. 争议或纠纷不属于人民法院的主管范围，即不能通过司法程序加以解决而只能由法院以外的其他部门进行处理。

2. 必须先经其他机关处理，法院才能受理的案件。

3. 依法在一定时期内不得向法院提起诉讼的案件。女方在怀孕期间、分娩后 1 年内或终止妊娠 6 个月内，男方不得提出离婚。女方提出离婚的，或人民法院认为

有必要受理男方离婚请求的，不在此限。

（二）民事诉讼中律师代理的程序范围

根据《民事诉讼法》的规定，民事诉讼程序分为审判程序和执行程序两类。其中，审判程序包括第一审普通程序、简易程序、第二审程序、特别程序、审判监督程序、督促程序和公示催告程序。在以上各类和各种程序中，律师均可接受当事人的委托，作为代理人参加诉讼。

（三）民事诉讼中律师代理的对象范围

《民事诉讼法》第 61 条第 1 款规定："当事人、法定代理人可以委托一至二人作为诉讼代理人。"可知，当事人、法定代理人可以委托律师作为诉讼代理人参加诉讼。民事诉讼当事人有广义和狭义之分，广义当事人包括原告、被告、共同诉讼人、诉讼代表人和第三人，狭义当事人就是我们通常所说的原告和被告。这里是指广义的当事人。

四、民事诉讼中律师代理的意义

接受民事案件当事人的委托，担任代理人参加诉讼，是律师的一项基本业务。律师代理在我国社会生活中具有重要的作用。主要表现在：

（一）有利于当事人进行诉讼，更好地维护他们的合法权益

在现实社会生活中，民事案件纷繁多样，极为复杂，涉及社会主体生产、经营、生活的各个方面。在民事诉讼中，根据现行法律规定和司法实践，主要由当事人提出诉讼请求、提供证据以及其他诉讼理由，并由当事人承担举证责任。法律在赋予当事人广泛的诉讼权利的同时也规定了当事人需要承担的诉讼义务。所以，当事人实际进行诉讼的能力，对于保护自己的合法民事权益显得极为重要。而在实际生活中，当事人的实际诉讼能力千差万别，有的当事人在合法权益受到侵犯时不知道或不敢运用法律手段保护自己的权益；有的当事人由于诉讼行为能力的限制，如未成年、有精神病或生理缺陷等无法亲自进行诉讼；有的当事人虽然有诉讼能力，但由于年龄过高、生病、外出或其他原因不能亲自到庭参加诉讼；有的当事人因缺乏法律知识或不善于行使自己的权利，因而难以充分保护自己的合法权益。而律师有丰富的法律知识和办案经验，能够正确灵活地理解和应用法律，收集有利的证据，有效地展开辩论，提出有利于当事人的代理意见和证明材料。因此，当事人聘请律师担任代理人代理诉讼比聘请其他人可以更好地维护自己的合法权益，实现自己的诉讼目的。同时，与律师接触亦有助于增强当事人的法律意识，预防违法行为的发生，提高运用法律手段保护自己合法权益的自觉性。

（二）有利于人民法院正确处理民事案件，提高审判质量

律师凭借自己特有的权利、地位和身份，能够比较透彻地调查案情，及时掌握案件的事实真相，通过法庭辩论的渠道，协助审判人员准确地判断案情。律师的代理活动亦可从不同的角度提出问题和意见，便于法院全面了解案情，分清是非，从

而正确适用法律，对案件作出公正判决。律师代理民事诉讼，不仅能够从正面协助人民法院公正判决，而且也从反面制约着人民法院的审判活动。对于错误的判决和裁定，律师还可以帮助当事人提起上诉，通过第二审程序予以纠正。因此，律师代理民事诉讼，有助于增强审判人员的工作责任感，提高审判质量，同时矫正审判的失误和偏差，防止错案发生，从而有效地维护国家法律的正确实施。

（三）有利于经济体制改革

随着经济体制改革的深入和经济发展速度的加快，对于处理头绪复杂的民事诉讼活动，无论是公民个人还是法人组织都是不能胜任的。为了保护国家、集体和个人的合法权益，就需要依靠律师代理诉讼。同时，社会经济生活的复杂性和保证诉讼有效率进行的需求，也决定了不可能要求当事人事事亲力亲为，允许律师代理民事诉讼也充分满足了社会经济发展的需要。

（四）有利于维护国家主权和促进对外开放

律师通过担任涉外民事诉讼当事人的代理人，可以有效地维护国家的主权和利益，保护我国公民、法人或其他组织的合法权益。同时，通过向外商及外国投资者提供法律服务，维护其合法权益，也有利于促进我国对外开放政策的进一步贯彻落实。

五、代理律师在民事诉讼中的法律地位

代理律师接受民事案件当事人的委托，担任代理人，参加诉讼，其目的在于维护当事人的合法权益，维护法律的正确实施，也由此决定了代理律师的诉讼地位。

（一）代理律师不是诉讼主体，不具有独立的诉讼地位

根据《民事诉讼法》第62条及有关规定，律师在民事诉讼中的代理权直接来自于委托人的授权，律师只有在委托人的授权范围内实施的诉讼行为才能对被代理人产生法律效力。所以，代理律师不是独立的诉讼主体，其所进行的诉讼行为受当事人意志的约束，其代理意见不能违背当事人的意愿。根据《民事诉讼法》的规定，律师必须在代理人授权范围内进行活动，代为和解、变更、承认、放弃诉讼请求应该征得当事人的特别授权。而且，在代理过程中，当事人对代理律师不满意的，有权拒绝代理律师继续为其代理，也可以另行委托代理人。因此，律师在民事诉讼中不具有独立的诉讼地位，只是从属于一方当事人的诉讼参与人。

（二）代理律师在民事诉讼中具有相对的独立性

尽管代理律师在民事诉讼活动中，既要受到代理权限范围的严格限制，又要受到被代理人意志的约束。但是，为了有效地维护当事人的合法权益，代理律师在当事人授权的范围内，就实施诉讼行为的方式和步骤拥有自主决定的权利，可以作出独立的意思表示，而不受当事人意志的约束。因为只有这样，代理律师才能采取有效措施收集证据、查明事实，也才能根据自己对法律的理解作出判断，最大限度地维护当事人的合法权益。并且，根据《律师法》的规定，委托事项违法、委托人利

用律师提供的服务从事违法活动或者委托人故意隐瞒与案件有关的重要事实的，律师有权拒绝辩护或代理。因此，代理律师在民事诉讼中具有一定的独立性，并不需要处处听命于委托人。在委托人的要求与法律相冲突时，律师应为捍卫法律的尊严而拒绝代理。

六、代理律师在民事诉讼中的权利和义务

（一）代理律师在民事诉讼中的权利

根据《律师法》和《民事诉讼法》，代理律师的诉讼权利主要包括两个部分：①依法直接享有的诉讼权利；②依代理关系取得的诉讼权利。前者是律师的法定权利，后者为律师的继受权利。

律师的法定权利，是指律师在代理民事诉讼中，按照有关法律规定直接享有的权利。根据《律师法》和《民事诉讼法》的有关规定，律师代理民事诉讼主要享有以下几项权利：①依法执业受法律保护。任何组织和个人不得侵害律师的合法权益。②拒绝代理的权利。如果委托事项违法、委托人利用律师提供的服务从事违法活动或者委托人故意隐瞒与案件有关的重要事实的，律师有权拒绝代理。③查阅、摘抄和复制与案件有关的所有材料。受委托的律师自案件被人民法院受理之日起，有权查阅、摘抄和复制与案件有关的所有材料。④调查收集证据的权利。律师承办法律事务，可以向有关单位或者个人调查与承办法律事务有关的情况。根据案情的需要，可以申请人民法院收集、调取证据或者申请人民法院通知证人出庭作证。⑤辩论权利依法受到保障。律师担任民事诉讼代理人的，其辩论的权利依法受到保障。⑥人身权利不受侵犯。律师在执业活动中的人身权利不受侵犯。

律师的继受权利，是指律师因被代理人的委托授权而取得的权利。代理律师只能在被代理人授权范围内行使诉讼权利。代理权限的具体内容都必须在委托代理合同中明确表明。

（二）代理律师在民事诉讼中的义务

代理律师的诉讼义务，按照《律师法》和《民事诉讼法》中的规定，主要包括以下内容：①律师应当在受委托权限内，维护委托人的合法权益；②接受当事人的委托后，无正当理由，不得拒绝代理；③律师应当保守在执业活动中知悉的国家秘密和当事人的商业秘密，不得泄露当事人的隐私；④律师不得在同一案件中为双方当事人担任代理人，不得代理与本人或者其近亲属有利益冲突的法律事务；⑤忠实于法律和事实真相，不得提供虚假证据、隐瞒事实或者威胁、引诱他人提供虚假证据，隐瞒事实以及妨碍对方当事人合法提出证据；⑥认真履行职责，遵守职业道德和执业纪律，不得从事有损律师名誉的活动；⑦遵守法庭纪律和秩序，不得扰乱法庭秩序、干扰诉讼活动的正常进行。

第二节　民事诉讼中的律师代理关系

民事诉讼中的律师代理关系，是指根据法律的规定，律师接受当事人或者他的法定代理人的委托，代理其进行民事诉讼活动所形成的权利义务关系。

律师代理关系的产生，通常基于当事人或者他的法定代理人的委托。此外，确立律师代理关系后，在代理过程中，因为法定或者约定事由的出现，代理关系也能发生变更或者消灭。

一、民事诉讼中的律师代理关系的成立

律师代理关系的成立，是指在民事诉讼中，根据法定事由，律师与被代理人之间形成代理关系，律师成为被代理人的代理人。根据《民事诉讼法》和《律师法》的规定，成立代理关系，主要是基于当事人及其法定代理人的委托。具体如下：

（一）当事人及其法定代理人提出委托

《民事诉讼法》第 61 条第 1 款规定："当事人、法定代理人可以委托一至二人作为诉讼代理人。"由此可知，有权委托律师参加民事诉讼的是当事人及其法定代理人。对于自然人来说，其可以自行委托代理律师，当其是无民事行为能力人或者是限制民事行为能力人时，应当由其法定代理人为其委托代理律师；对于法人或其他组织来说，委托律师由其议事机关进行，一般是法人的法定代表人或者其他组织的负责人，以及法人或者其他组织授权的人。

当事人及其法定代理人委托律师参加诉讼没有时间限制，既可以在起诉之前也可以在诉讼进行中。这样，当事人及其法定代理人委托律师代理民事诉讼往往有两种情况：①当事人尚未向法院起诉，希望委托律师代为提起诉讼；②当事人已经向法院提起诉讼并由法院立案受理，或者已经由法院通知参加诉讼，再委托律师代理诉讼。前者可以称为诉前委托，后者可以称为诉后委托，它们是律师代理民事诉讼的两种方式。但二者之间还是存在明显的区别：①当事人授予律师代理权的时间不同；②当事人授予律师代理权的内容不同。诉前代理的代理权在起诉以前就授予律师了，包括诉前的调查了解案情、收集运用证据、代为起诉以及进入诉讼以后的一般诉讼代理或特别诉讼代理。

（二）律师事务所统一接受委托

根据有关法律规定，律师不能私自接受委托，当事人及其法定代理人提出委托的，由律师事务所统一接受委托。在接受委托前，应当先对当事人提出的委托事项进行审查。对于诉前委托，审查的内容主要包括以下几个方面：

1. 审查该民事纠纷是否具备法定的起诉条件。起诉是法律赋予当事人的一项重要的诉讼权利，但起诉必须具备一定的条件，否则起诉是不会被法院受理的。根据《民事诉讼法》的规定，起诉必须符合下列条件：①原告是与本案有直接利害关系的

公民、法人和其他组织。对污染环境、侵害众多消费者合法权益等损害社会公共利益的行为，法律规定的机关和有关组织可以向人民法院提起诉讼。②有明确的被告。③有具体的诉讼请求和事实、理由。④属于人民法院受理民事诉讼的范围和受诉人民法院管辖。如果该民事纠纷不符合上述条件，法院就会裁定驳回，民事诉讼程序不能启动。由此，律师对上述事项进行审查后，认为符合上述条件的，才可以接受委托；如果认为不符合起诉的法定条件，则应尽快告知当事人。

2. 审查委托人的诉讼请求是否违背法律、政策和社会公德。律师应当向当事人阐明律师在代理民事诉讼时，是从"以事实为根据，以法律为准绳"的原则出发来维护委托人的合法权益的。如果委托人将要提起的诉讼请求违背法律、法规、行政规章、有关的国家政策和社会公德，律师应当向委托人讲明这种诉讼请求不会受到司法保护，并应该说服当事人放弃或者改变其诉讼请求。如果当事人不愿改变或无法将诉讼请求改变为符合法律、政策和社会公德的诉讼请求，那么律师可以拒绝接受委托。

3. 审查委托人的诉讼请求有无事实根据，有无相应的证据予以证明。民事诉讼程序奉行严格的"谁主张，谁举证"原则，如果委托人将要提起的诉讼请求既没有事实根据，也无证据材料予以证明，律师应当根据具体案情分析能否通过调查取证收集到有关的证据材料。经分析，如果认为能够收集到证据材料的，可以接受委托；如果认为不可能收集到证据材料，或者对能否收集到证据材料把握不大时，应当向委托人说明原因，不接受委托。

4. 审查是否超过诉讼时效期限。对于符合起诉条件的民事案件，律师应认真审查其有无超过诉讼时效，有无诉讼时效中止、中断或延长的法定事由。对于已经超过诉讼时效的案件，委托人的诉讼权益不再受法律保护，起诉会被法院驳回。此时，律师代理诉讼没有什么意义，因而不应接受委托。

诉后委托也应当对当事人提供的诉讼文书、事实依据进行审查，律师应当根据当事人对于案件的陈述作出初步判断，并向律师事务所表明是否接受委托。诉后委托，除非当事人的委托事项违法，一般情况下应当接受委托。

（三）签订委托协议

经过审查，律师认为民事纠纷、民事案件符合上述条件，可以接受委托的，应当进行利益冲突审查并作出是否接受委托决定。决定接受委托的，要由律师事务所与委托人签订委托协议。这种协议是以代理诉讼的法律行为为标的的有偿服务合同，是规定委托人与代理律师在诉讼中各自的权利和义务的法律文书。律师应当与委托人就委托事项范围、内容、权限、费用、期限等进行协商，经协商达成一致后，由律师事务所与委托人签署委托协议。其具体内容包括：①委托人的状况（包括姓名、性别、年龄、单位名称、法定代理人、其他组织的主要负责人等基本情况）及案件。②律师事务所指派参加诉讼的代理律师的状况。对于委托人指明律师的委托，应根据实际情况尽可能满足，对于委托人未指明的委托，由律师事务所主任指派具体的承办律师。③委托代理事项及权限必须以委托人真实意思为准。关于委托代理权限的确定，应该明确地界定为是一般诉讼代理还是特殊诉讼代理，以免产生歧义。④代理关系的有效期限。代理期限一般是从接受委托、起诉或应诉开始，至审理终结作出判决或达成调解协议为止。很多律师在跟当事人签订委托代理协议时，经常会写上"一审终止"的字样。而什么时候算是一审终止可能产生歧义。有时候当事人因为案件和解、撤诉等，没有经过审理，而拒绝支付律师费。为了避免歧义，可以在一审后面注明"一审终止包括下列情形：案件的撤销、和解、调解、裁定、裁决和判决"。这样不论出现哪种情况都算是律师做了代理工作，从而可以最大限度地保护律师自身的利益。至于上诉或申请再审，则应当另行签订委托协议，不应有无限期的代理。⑤委托双方的权利和义务。⑥双方商定的委托代理费用。委托代理合同中还应对律师费的退还作出详细的规定。所以，在委托协议中就可以明白地写：如果因当事人原因中途终止或中止代理，则已收律师费不退还，同时停止代理。同样，如果因律师原因中途更换律师，则全额退还律师费。

委托协议签订后，代理关系即行成立。收到律师费后，一定要出具发票。

（四）当事人或者法定代理人授权

委托人除了与律师事务所签订委托协议外，还应当根据有关法律规定提交授权委托书。授权委托书是委托人根据委托协议向代理律师授权，说明代理律师代理权限，并向人民法院提交的法律文书。它是委托人单方授权的一种法律行为，其法律意义是代理律师向对方当事人、第三人和审判机关证明其有代理资格。授权委托书要一式三份，一份送交人民法院，一份由律师事务所存档，一份由代理律师保留以作为参加诉讼活动的根据。

根据《民事诉讼法》的规定，当事人、法定代理人可以委托 1~2 名律师作为诉讼代理人。但是，当委托 2 名律师共同充当诉讼代理人时，应在授权委托书中载明每个律师的委托代理事项以及权限范围。如果律师接案以后，发现本案已事先委托 1 名诉讼代理人的，应与该代理人交换意见，明确分工，密切协作。如果先后受托的诉讼代理人的意见不一致，应当及时通报委托人决定，并由其分别授予不同权限。

二、民事诉讼中的律师代理关系的变更或者终止

在律师代理民事诉讼的过程中，代理关系可能因法定或者约定的事由而发生变更或者终止。例如，被代理人要求更换代理律师、变更代理权限等代理关系发生变更的情况；被代理人要求解除代理协议、代理事项办理完毕等使代理关系终止的情况。不过，在诉讼进行之中，当事人或者他的法定代理人更换代理律师的，应当及时通知受理案件的人民法院。

通常情形下，代理关系成立后，律师不应拒绝代理，但是，如果律师发现委托事项违法、委托人利用律师提供的服务从事违法活动或者委托人故意隐瞒与案件有关的重要事实的，可以拒绝代理。律师拒绝代理的，代理关系即时终止。

第三节　第一审程序中的律师代理

律师既可以接受原告方的委托，也可以接受被告方的委托。律师接受当事人的委托后，就成为当事人的代理律师。律师应当充分运用专业知识，依照法律和委托协议完成委托事项，维护委托人或者当事人的合法权益。律师应当严格按照法律规定的期间、时效以及与委托人约定的时间办理委托事项。

一、代理起诉或应诉

（一）律师代理原告起诉

律师在起诉前接受原告委托的，受托后应进行以下代理工作：①根据案件事实和法律规定，代写起诉状，并确定受诉法院，然后代为起诉或者告知委托人向法院递交起诉状。如果法院裁定驳回起诉或不予受理，律师则应当协助当事人提起上诉，请求上一级人民法院裁定受理。②考虑是否需要申请人民法院采取诉前保全措施。根据《民事诉讼法》第104条的规定，利害关系人因情况紧急，不立即申请保全将会使其合法权益受到难以弥补的损害的，可以在提起诉讼或者申请仲裁前向被保全财产所在地、被申请人住所地或者对案件有管辖权的人民法院申请采取保全措施。申请人应当提供担保，不提供担保的，裁定驳回申请。人民法院接受申请后，必须在48小时内作出裁定；裁定采取保全措施的，应当立即开始执行。申请人在人民法院采取保全措施后30日内不依法提起诉讼或者申请仲裁的，人民法院应当解除保全。③在开庭前发现与案件有直接利害关系的当事人没有参加诉讼的，可以申请人民法院追加这些人为本案当事人。因为如果这些人不参加诉讼，不仅不利于查清案情，也会损害当事人的合法权益。

（二）律师代理被告应诉

律师在应诉阶段接受被告人委托的，应当注意做好如下两项工作：①根据案件事实和法律规定，针对原告的诉讼请求和理由，代写答辩状，然后代为提交或告知委托人自收到起诉书之日起15日内向人民法院提交答辩状。②考虑委托人能否提起反诉。如果委托人接受律师建议提起反诉的，律师应当代写反诉状，并将其与答辩状一起提交法院。当然，提起反诉既可以随答辩状一并提出，也可以另用反诉状单独提起。提起反诉，应当在举证期限届满前提出。

无论是原告的代理律师还是被告的代理律师都应注意此项代理工作，即我国《民事诉讼法》第137条规定："人民法院审理民事案件，除涉及国家秘密、个人隐私或者法律另有规定的以外，应当公开进行。离婚案件，涉及商业秘密的案件，当事人申请不公开审理的，可以不公开审理。"据此，代理律师在接到开庭通知前或在接到开庭通知后，可根据案件的性质和当事人的申请，及时向人民法院申请不公开审理。

二、开庭前的准备工作

律师接受委托后至出庭前是律师代理民事诉讼最重要的一个诉讼阶段，这一阶段的准备工作做得是否充分直接关系到整个代理活动的成败。因此，在出庭前，律师必须认真、细致地做好以下几项准备工作：

（一）确定举证期限

《民事诉讼法》第68条规定，当事人对自己提出的主张应当及时提供证据。人民法院根据当事人的主张和案件审理情况，确定当事人应当提供的证据及其期限。当事人在该期限内提供证据确有困难的，可以向人民法院申请延长期限，人民法院根据当事人的申请适当延长。当事人逾期提供证据的，人民法院应当责令其说明理由；拒不说明理由或者理由不成立的，人民法院根据不同情形可以不予采纳该证据，或者采纳该证据但予以训诫、罚款。第69条规定，人民法院收到当事人提交的证据材料，应当出具收据，写明证据名称、页数、份数、原件或者复印件以及收到时间等，并由经办人员签名或者盖章。

举证期限对于民事诉讼具有十分重要的意义，很多诉讼活动必须在举证期限内完成。例如，当事人必须在举证时限内向人民法院提交证据材料，当事人在举证期限内不提交的，将被视为放弃举证权利。对于当事人逾期提交的证据材料，人民法院在审理时不组织质证，但对方当事人同意质证的除外。当事人在举证期限内提交证据材料确有困难的，应当在举证期限内向人民法院申请延期举证，经人民法院准许，可以适当延长举证期限。当事人在延长的举证期限内提交证据材料仍有困难的，可以再次提出延期申请，是否准许由人民法院决定。

（二）查阅案卷材料，了解熟悉案情

阅卷既是代理律师的一项基本权利又是律师了解案情的一条重要途径。案卷材料是法院掌握的关于本案的各项材料，其来源有三个方面：①原告方当事人以及代理人提供；②被告方当事人及其代理人提供；③法院通过自行调查收集。案卷材料包含了当事人制作并提交至法院的各种诉讼文书，如起诉状和答辩状，以及各种证据材料。这里的证据材料既包括双方当事人的举证材料又包括法院通过调查或鉴定得到的证据材料，能够比较客观、全面地反映案件事实以及双方当事人各自的诉讼请求和主张。

（三）与委托人谈话，听取委托人的意见

在了解基本案情和双方争执焦点的基础上，代理律师应与委托人进行一次有针对性的谈话，要求他详细地介绍案件的发生、经过和结果，并向委托人说明本案争论的焦点以及对其有利和不利方面。此外，还要听取当事人的意见，以便确定是否还需要委托人再提供新的证据和线索。同时，要注意委托人的思想动态，避免激化矛盾，而且要向委托人介绍举证及参加诉讼时应注意的事项。

（四）调查收集证据

除当事人客观上无法收集的证据应由人民法院依职权收集外，根据《民事诉讼法》规定的"谁主张，谁举证"原则，当事人必须对自己提出的主张承担举证责任。这对代理律师提出了很高的要求。为全面弄清案件的事实真相，分清是非，明确责任，有效维护当事人的合法权益，代理律师应深入实际，调查研究，全面认真地审查证据。因此，向有关单位和个人调查取证，既是代理律师的一项基本诉讼权利，也是代理工作的一项重要内容。代理律师调查取证的侧重点在于收集和掌握有利于委托人的事实和证据，但对于不利于委托人的事实和证据也应予以足够的重视，这样能够形成正确的、令人信服的代理意见，真正达到维护委托方当事人合法权益的目的。代理律师对于在调查中了解到的不利于委托方当事人的事实和证据，不应向法院提供，只可作为自己发表代理意见时的参考资料。

我国《民事诉讼法》第67条第2款规定："当事人及其诉讼代理人因客观原因不能自行收集的证据，或者人民法院认为审理案件需要的证据，人民法院应当调查收集。"根据《最高人民法院关于民事诉讼证据的若干规定》的规定，当事人及其诉讼代理人申请人民法院调查收集证据，应当在举证期限届满前提交书面申请。申请书应当载明被调查人的姓名或者单位名称、住所地等基本情况、所要调查收集的证据名称或者内容、需要由人民法院调查收集证据的原因及其要证明的事实以及明确的线索。

当事人可以根据《最高人民法院关于适用〈中华人民共和国民事诉讼法〉的解释》第112条的规定，申请人民法院责令对方当事人提交书证，申请书应当载明所申请提交的书证名称或者内容、需要以该书证证明的事实及事实的重要性、对方当事人控制该书证的根据以及应当提交该书证的理由。对方当事人否认控制书证的，人民法院应当根据法律规定、习惯等因素，结合案件的事实、证据，对于书证是否在对方当事人控制之下的事实作出综合判断。下列情形，控制书证的当事人应当提交书证：①控制书证的当事人在诉讼中曾经引用过的书证；②为对方当事人的利益制作的书证；③对方当事人依照法律规定有权查阅、获取的书证；④账簿、记账原始凭证；⑤人民法院认为应当提交书证的其他情形。前款所列书证，涉及国家秘密、商业秘密、当事人或第三人的隐私，或者存在法律规定应当保密的情形的，提交后不得公开质证。控制书证的当事人无正当理由拒不提交书证的，人民法院可以认定对方当事人所主张的书证内容为真实。

（五）申请证据保全、财产保全或先予执行

在证据可能灭失或者以后难以取得的情况下，诉讼参加人包括诉讼代理人可以向人民法院申请保全证据。申请保全证据的，人民法院可以要求其提供相应的担保。

申请人民法院保全证据时，申请书应当载明需要保全的证据的基本情况、申请保全的理由以及采取何种保全措施等内容。法院进行证据保全时，根据人民法院的要求，代理诉讼的律师应当亲自到场或者商请委托人到场。

如果认为由于对方当事人的行为或者其他原因，将使日后判决不能执行或难以执行的，代理律师应建议当事人提出财产保全申请。财产保全限于请求的范围或者与本案有关的财物。人民法院进行财产保全应当采取查封、扣押、冻结或者法律规定的其他方法。人民法院保全财产后，应当立即通知被保全财产的人。被申请人的代理律师可以建议其提供担保以解除财产保全。如果财产保全裁定是错误的，代理律师可以向申请人要求赔偿。

如果律师代理的是追索赡养费、扶养费、抚养费、抚恤金、医疗费用以及劳动报酬等案件，代理律师应考虑是否建议当事人向人民法院提出先予执行的申请。

作为对方当事人的代理律师，如果认为人民法院作出的财产保全或者先予执行裁定不当，应建议当事人或在其授权的情况下申请复议。

（六）申请或参加庭前证据交换

庭前证据交换有两种情况：①经当事人申请，人民法院可以组织当事人在开庭审理前交换证据；②人民法院对于证据较多或者疑难复杂的案件，应当组织当事人在答辩期满后、开庭审理前交换证据。交换证据的时间可以由当事人协商一致并经人民法院认可，也可以由人民法院指定。人民法院组织当事人交换证据的，交换证据之日举证期限届满。当事人申请延期举证经人民法院准许的，证据交换日相应顺延。证据交换应当在审判人员的主持下进行。

在证据交换的过程中，审判人员对当事人无异议的事实、证据应当记录在卷；对有异议的证据，按照需要证明的事实分类记录在卷，并记载异议的理由。通过证据交换，确定双方当事人争议的主要问题。

当事人在收到对方交换的证据后提出反驳并提出新证据的，人民法院应当通知当事人在指定的时间进行交换。

人民法院对逾期提供证据的当事人处以罚款的，可以结合当事人逾期提供证据的主观过错程度、导致诉讼迟延的情况、诉讼标的金额等因素，确定罚款数额。

（七）申请司法鉴定

当事人可以就查明事实的专门性问题向人民法院申请鉴定。当事人申请鉴定，应当在人民法院指定期间内提出，并预交鉴定费用。逾期不提出申请或者不预交鉴定费用的，视为放弃申请。对需要鉴定的待证事实负有举证责任的当事人，在人民法院指定期间内无正当理由不提出鉴定申请或者不预交鉴定费用，或者拒不提供相关材料，致使待证事实无法查明的，应当承担举证不能的法律后果。

人民法院准许鉴定申请的，应当组织双方当事人协商确定具备相应资格的鉴定人。当事人协商不成的，由人民法院指定。人民法院依职权委托鉴定的，可以在询问当事人的意见后，指定具备相应资格的鉴定人。

人民法院应当组织当事人对鉴定材料进行质证。未经质证的材料，不得作为鉴定的根据。

人民法院收到鉴定书后，应当及时将副本送交当事人。当事人对鉴定书的内容有异议的，应当在人民法院指定期间内以书面方式提出。

（八）准备代理意见

代理意见是代理律师在开庭审理中，根据法庭调查的情况，对案件事实与法律适用发表的见解。书面的代理意见又称代理词。准备代理意见时，通常应当做比较广泛的书面准备，即根据本案的实际情况和自己的诉讼经验，尽可能多地预想案件审理中可能出现的问题，全面准备代理意见。当然，也可以只准备代理词的大纲，在开庭审理结束后，再根据案件审理情况书写代理词。

（九）庭前准备过程中的其他工作

根据代理律师的工作经验，庭前准备工作主要包括以下几个方面：

1. 通过调查取证，如果事实已经查清，责任已经明确，律师应利用有利的地位和身份尽力做和解工作，促使双方当事人互让互谅，达成和解协议。

2. 根据法院通知的合议庭组成人员或者独任审判员的情况，以及本案书记员的情况，在发现回避事由时提出回避申请。

3. 根据法律规定，代理律师可以根据当事人的意愿和案件的实际情况，申请法院采用简易程序。

4. 注意法院有没有程序违法或者侵犯委托人合法权益的行为。如果存在前述行为，代理律师应当依法要求法院予以纠正。

三、法庭审理过程中的律师代理活动

根据《民事诉讼法》的规定，人民法院审理第一审案件通常采用普通程序。普通程序是民事诉讼的基础性程序，其开庭审理分为宣布开庭、法庭调查、法庭辩论、评议与宣判四个阶段。每个阶段都有该阶段的特点与任务，相应地，代理律师也各有其业务活动。2021 年修正的《民事诉讼法》第 16 条规定，"经当事人同意，民事诉讼活动可以通过信息网络平台在线进行。民事诉讼活动通过信息网络平台在线进行的，与线下诉讼活动具有同等法律效力"。

（一）宣布开庭阶段的律师代理活动

1. 申请延期审理。根据《民事诉讼法》第 149 条的规定，有下列情形之一的，代理律师可以建议当事人申请延期开庭审理：①必须到庭的当事人和其他诉讼参与人有正当理由没有到庭的；②当事人临时提出回避申请的；③需要通知新的证人到庭，调取新的证据，重新鉴定、勘验，或者需要补充调查的；④其他应当延期的情形。

2. 申请有关人员回避。如果有《民事诉讼法》规定的回避情形的，代理律师可向当事人说明回避的意义和目的，告知当事人提出回避申请，同时，还要告知委托人申请回避必须要有合法的理由，当事人不能滥用申请回避的权利影响审判的顺利进行。对法院作出的不予回避的决定不服的，可以申请复议一次。

另外，代理律师要注意核对对方当事人的身份以及当事人的代理人的代理权限。

（二）法庭调查阶段的律师代理活动

法庭调查是开庭审理的中心环节。

1. 代理宣读起诉状或者答辩状。法庭调查阶段，根据律师与原告委托人的分工，可以由律师宣读起诉状，也可以由委托人宣读起诉状，由律师补充说明诉讼请求。对于代理被告参加诉讼的，也可以进行类似的分工，由律师宣读答辩状，或者由委托人宣读答辩状，由律师补充说明答辩的事实与理由。

2. 举证、质证。举证、质证是法庭调查阶段的核心内容。在法庭调查中举证，应当出示在举证期限内已向法院提交并将副本送达对方当事人的证据。质证时，当事人应当围绕证据的真实性、关联性、合法性，针对证据证明力的有无以及证明力的大小进行质疑、说明与辩驳。对书证、物证、视听资料进行质证时，当事人有权要求出示证据的原件或者原物。但有下列情况之一的除外：①出示原件或者原物确有困难并经人民法院准许出示复制件或者复制品的；②原件或者原物已不存在，但有证据证明复制件、复制品与原件或原物一致的。

证据应当在法庭上出示，由当事人质证。未经质证的证据，不能作为认定案件事实的依据。

另外，在法庭调查过程中，代理人可以提出新的证据。对于当事人逾期提交的证据材料，人民法院应当责令其说明理由；拒不说明理由或者理由不成立的，人民法院根据不同情形可以不予采纳该证据，或者采纳该证据但予以训诫、罚款。

代理人也可以要求重新进行调查、鉴定或者勘验，是否准许由法院决定。

2019 年修正后的《最高人民法院关于民事诉讼证据的若干规定》就质证作了较为详细的规定。

3. 确定争议焦点。在此阶段，要在双方分别提出诉讼请求和答辩意见，并且经过质证的基础上确定双方争议的焦点。争议焦点可以由审判人员在双方主张的基础上总结。但是对于审判人员的总结，律师认为不正确或不全面的，应当及时向法庭提出。

（三）法庭辩论阶段的律师代理活动

法庭辩论是指在审判人员的主持下，双方当事人或其诉讼代理人根据法庭调查的证据、事实和相关法律的规定，当庭就双方争议的事实问题和法律问题进行辩驳和论证的诉讼活动。法庭辩论既是双方当事人及其诉讼代理人辨明事实、发表意见的主要阶段，又是审判人员听取双方意见，做到兼听则明的重要环节。代理律师在这一阶段，应通过发表代理词和与对方辩论，阐明自己对本案的基本看法和法律见解，从而维护委托人的合法权益。

代理律师应当根据法律规定，利用辩论发言的机会，充分论证己方观点的正确和对方观点的错误之处。为了充分发挥代理律师在法庭辩论中的作用，达到维护被告人合法权益的目的，代理律师在法庭辩论过程中，要注意以下几个问题：①要明确辩论的目的和对象。辩论的目的是说服审判人员，让他相信并采纳代理律师的意见。表面上，辩论的对象是对方当事人及其代理人，而实际上的对象是审判人员。代理律师通过辩论，只要使审判人员认为其主张合理合法就能达到预期目的。否则，即使通过辩论驳倒了对方当事人及其代理人，但未能说服审判人员，审判人员也不会采纳代理律师的意见，不能最终使法院的判决、裁定有利于委托人。②在法庭辩论过程中，要做到有理、有利、有节，不要重复。③律师在反驳对方观点时，要以理服人，切忌讽刺挖苦、人身攻击。

另外，《民事诉讼法》第 144 条第 2 款规定："法庭辩论终结，由审判长或者独任审判员按照原告、被告、第三人的先后顺序征询各方最后意见。"代理律师应注意协助委托人行使这最后发表意见的权利。

（四）评议与宣判阶段的律师代理活动

在评议与宣判阶段，代理律师的主要工作是认真听取审判，向当事人说明和解释判决或者裁定的内容；就上诉等问题向当事人提供咨询意见，询问当事人是否提出上诉；根据当事人的授权，接受法院送达的判决书或裁定书。2021 年《民事诉讼法》第 90 条第 1 款的规定："经受送达人同意，人民法院可以采用能够确认其收悉的电子方式送达诉讼文书。通过电子方式送达的判决书、裁定书、调解书，受送达人提出需要纸质文书的，人民法院应当提供。"

如果代理律师认为裁判正确，而当事人要求上诉的，代理律师可以向当事人提出裁判正确合法的意见，但是不能强迫当事人放弃上诉的诉讼权利。如果判决确有错误，应该根据当事人的请求，再办理委托手续，代理上诉。

（五）律师代理民事诉讼的其他问题

1. 诉讼调解中的律师代理。我国《民事诉讼法》第 145 条规定："法庭辩论终结，应当依法作出判决。判决前能够调解的，还可以进行调解，调解不成的，应当及时判决。"法庭调解是指在审判人员的主持下，当事人通过平等协商就双方争议的民事权益或法律关系达成协议，以终结诉讼的活动。法庭调解应当遵循自愿、合法的原则。代理律师在调解阶段的主要工作是：

（1）配合法院促成调解。根据当事人的态度和案件情况，代理律师认为有调解可能的，应提请和配合法院进行调解，以及时结案。

（2）监督法院依法调解。人民法院进行调解必须符合自愿和合法的原则，代理律师发现调解有强迫和违法情况的，应建议当事人不接受调解协议，并请求法院及时判决。

（3）向委托人说明有关法律事项。代理律师要向委托人详细说明达成调解协议的法律后果和调解书的法律效力；如达成调解协议的，应当由人民法院制作调解书；

调解书在双方签收后，即与生效的判决书具有同等的法律效力，等等。

（4）进行谈判时要维护委托人的合法权益。在法庭调解过程中，代理律师要在事实和法律的基础上进行一系列的谈判，因此，代理律师必须从使当事人利益最大化的角度出发参加法庭调解。

2. 诉讼和解中的律师代理。在诉讼进行中，代理律师可以根据案件审理的实际情况，与对方当事人在协商的基础上达成和解协议，从而申请撤诉以终结诉讼。

需要注意的是，上述诉讼调解和诉讼和解都不得违背当事人的意愿，都需要根据当事人的特别授权进行。没有当事人的特别授权，律师不得进行调解或者和解。

3. 阅读庭审笔录。无论是中途休庭，还是法庭辩论终结后闭庭，代理律师均应当阅读庭审笔录。发现笔录有误的，应当及时要求补正。特别是涉及事实自认、证据认可、质证记录或诉讼请求表述的记录出现错误，将直接影响当事人的利益，对此，代理人应当加以特别注意。

第四节　第二审程序中的律师代理

民事诉讼第二审程序，是指由于当事人上诉，上一级人民法院对下一级人民法院尚未发生法律效力的一审裁判进行审理所适用的程序。律师担任二审案件当事人的代理人是指律师接受第二审民事案件当事人的委托，担任诉讼代理人，参加二审民事案件的诉讼活动，以维护当事人合法权益的行为。根据《民事诉讼法》第171条的规定，当事人不服一审判决的，有权在判决书送达之日起15日内向上一级人民法院提起上诉；不服一审裁定的，有权在裁决书送达之日起10日内向上一级人民法院提起上诉。因此，当事人可委托律师代为提起上诉，更好地维护自己的合法权益。

一、提起上诉前的准备

在当事人委托律师提起上诉时，律师应当首先审查当事人的上诉请求是否符合上诉的条件：①审查上诉人是否享有上诉权或依法可行使上诉权；②审查上诉对象是否属于依法允许上诉的判决和裁定；③审查上诉是否超过法定期限；④审查一审判决和裁定是否有错误；⑤审查是否有证明原一审裁判错误的新证据。

由于种种原因，在一审程序中，对当事人有利的证据可能没有被发现。如果在二审程序中能找到这些证据，对维护当事人的合法权益将有很大帮助。

律师接受委托的，应当参照前述代理一审程序的要求，与当事人或者他的法定代理人签订委托代理协议，并取得当事人或他的法定代理人的授权。律师接受委托后，应当根据第二审审理程序的特点，进行必要的准备。根据《民事诉讼法》及其司法解释的规定，第二审程序的审理范围限于对当事人提起的上诉请求的有关事实和适用法律进行审查，同时，对判决违反法律禁止性规定、侵害社会公共利益的，第二审人民法院也应当审理。第二审中当事人提出的证据应当限于第一审程序审理结束后新发现的证据。

代理律师应当充分了解案情和一审的裁判情况，仔细审阅一审裁判文书和有关诉讼材料，询问一审的情况，找出一审判决中违法或者违背客观事实的情况。根据当事人提供的新情况，与当事人共同寻找新证据。

二、提起上诉

根据有关法律规定，提起上诉要采取书面形式。律师接受被代理人的委托并在作了必要的准备后，应在法定的上诉期限内写好上诉状。在上诉状里，要写明上诉人的姓名、住址、原审法院名称、案件的编号和案由、上诉的请求和理由，并写明一审判决或裁定在适用法律、认定事实或者在程序上的错误之处，并要求上一级人民法院予以改正。上诉应当通过原审法院提出，并按对方当事人以及其诉讼代理人的人数提出上诉状副本。

三、第二审审判中的律师代理

对于上诉案件，第二审人民法院可以开庭审理也可以径行判决。2021 年《民事诉讼法》第 176 条第 1 款规定："第二审人民法院对上诉案件应当开庭审理。经过阅卷、调查和询问当事人，对没有提出新的事实、证据或者理由，人民法院认为不需要开庭审理的，可以不开庭审理。" 开庭审理即在第二审人民法院合议庭的主持下，双方当事人被通知到庭，经过法庭调查和法庭辩论，由合议庭作出判决的审理方式。径行判决是指第二审人民法院合议庭认为不需要组织开庭审理，而是在审阅案卷材料、听取当事人的有关请求和答辩意见即可以查清事实的情况下，直接作出裁判，结束二审程序的诉讼活动。由于这两种审判方式的不同，律师的代理工作亦有很大差别。根据上述审理的不同情形，代理律师在二审中除了可以参照代理一审程序的做法外，还应注意以下问题：

1. 无论采取哪种方式审理，都必须由审判员组成合议庭，人民陪审员不能参加二审合议庭。律师应注意第二审人民法院组成的合议庭是否合法，如果没有组成合议庭，或者合议庭中有不应当参加二审审理的人员，代理律师应当要求法院组成合法的合议庭。

2. 对于开庭审理的，上诉人或被上诉人可以与代理律师同时出庭，也可以由代理律师单独出庭（但离婚案件除外）。律师除按照一审开庭审理的做法进行代理活动外，还应当特别指出应当撤销或者维持一审判决的理由，或者当事人提出的新证据成立或者不成立的理由，或者提出新提交的证据是否符合新证据的条件。

3. 对于径行判决的，代理律师应当通过提交上诉状或者答辩状、书面代理词的机会，充分阐述己方意见，提出应当改判或者维持原判的理由、事实与法律意见。对于案件复杂，或者二审中有当事人提出新证据的，代理律师应当建议开庭审理，并说明不宜径行判决的理由，以维护当事人的合法权益。

4. 在二审程序中，双方当事人也可以进行调解。二审程序中的代理律师可以根据案件的具体情况，本着最大限度地维护被代理人合法权益的原则，在取得同意的前提下与对方达成调解协议。

5. 人民法院审判民事案件实行两审终审制。因此，第二审人民法院的判决属于终审判决，一经送达立即生效，此时律师应当主动做好被代理人的思想工作，劝其服判息讼。如果代理律师认定二审裁判确有错误，可以向当事人作出说明，告知其可以申请再审，或者向人民检察院反映，请求人民检察院提出抗诉。

第五节　再审程序中的律师代理

再审程序中的律师代理，是指律师根据当事人或其法定代理人、近亲属的委托，依法担任再审案件当事人的代理人，进行民事诉讼活动的行为。根据我国《民事诉讼法》的规定，依审判监督程序提起再审的案件，依据原生效判决作出的程序不同，以及是否属于上级人民法院提审，分别适用第一审民事诉讼程序或者第二审民事诉讼程序。所以，此处仅阐述再审程序中律师代理的特殊部分，其他内容可以参照前述第一审程序或第二审程序的代理。

一、当事人申请再审中的律师代理

律师可以以委托人的名义，代表委托人的合法意志，依据案件的事实和有关法律，代委托人书写再审申请书。但当事人委托律师申请再审时，代理律师一定要掌握以下原则：①审查是否属于可以申请再审的范围；②审查申请再审的主体是否合法；③审查申请再审的对象是否合法；④审查申请再审是否具有法定的事实和理由；⑤审查调解是否违反自愿原则或调解协议内容是否违法；⑥审查申请再审是否超出法定期限。

二、再审程序中的律师代理

根据《民事诉讼法》的规定，再审案件分为自行再审案件、指令再审案件和上级法院提审的案件。因再审案件的类型不同，所适用的诉讼程序也有所不同。

1. 自行再审案件依原审判程序进行，但是必须另行组成合议庭，曾经参加此案审理的法官不能参加再审。按一审程序进行的再审，当事人可对再审的判决、裁定提起上诉，律师经特别授权后也可代为提出上诉；按二审程序进行的再审，所作的判决、裁定是发生法律效力的判决、裁定，当事人不能上诉，律师应劝说当事人服判息讼。

2. 指令再审案件，如系指令一审法院再审的，适用一审程序，对再审的判决、程序，可由经当事人特别授权的律师代为上诉；如系指令二审法院再审，适用二审程序，所作的判决、裁定为发生法律效力的判决、裁定，不能上诉。

3. 上级人民法院提审的再审案件，适用二审程序，由合议庭进行审理，所作的判决、裁定为发生法律效力的判决、裁定，不能上诉。

第六节　涉外民事诉讼中的律师代理

一、律师代理涉外民事诉讼的概念

涉外民事诉讼，是指具有涉外因素的民事诉讼，即作为诉讼主体的当事人一方或双方是外国人、无国籍人、外国企业或组织，或者双方当事人争议的标的物在外国，或者引起双方权利义务关系发生变动的法律事实发生在外国的民事诉讼。

二、律师代理涉外民事诉讼应注意的问题

律师代理涉外民事诉讼，除要遵守代理民事诉讼的一般程序外，还应注意以下问题：

（一）委托授权手续问题

我国律师接受外国当事人的委托，亦应与其签订委托代理合同，就委托的事项和权限、委托的期限和费用负担等作出详细的约定。外国当事人还应向我国律师出具授权委托书并将其提交人民法院。根据《民事诉讼法》第271条的规定，在中华人民共和国领域内没有住所的外国人、无国籍人、外国企业和组织委托中华人民共和国律师或者其他人代理诉讼，从中华人民共和国领域外寄交或者托交的授权委托书，应当经所在国公证机关证明，并经中华人民共和国驻该国使领馆认证，或者履行中华人民共和国与该所在国订立的有关条约中规定的证明手续后，才具有效力。另外，如果外国当事人委托我国律师代为承认、放弃或变更诉讼请求，进行和解，提起反诉或上诉，还必须进行特别授权并按《民事诉讼法》的上述规定办理有关手续，否则无效。如果该外国人所属国与我国没有外交关系，应当将经过公证机关证明的委托授权手续交予与我国有外交关系的国家驻该国使领馆，再由该外国使领馆转交我国驻该国使领馆认证。

（二）期间问题

被告在中华人民共和国领域内没有住所的，人民法院应当将起诉状副本送达被告，并通知被告在收到起诉状副本内30日内提出答辩状。被告申请延期的，是否准许，由人民法院决定。

在中华人民共和国领域内没有住所的当事人，不服第一审人民法院判决、裁定的，有权在判决书、裁定书送达之日起30日内提起上诉。被上诉人在收到上诉状副本后，应当在30日内提出答辩状。当事人不能在法定期间提起上诉或者提出答辩状，申请延期的，是否准许，由人民法院决定。我国《民事诉讼法》为涉外民事诉讼当事人规定如此充裕的诉讼期间，一方面体现了我国给外国当事人以优厚待遇；另一方面也是基于路途遥远、往返时间较长的考虑。律师接受在我国没有住所的外国当事人的委托，担任代理人参加诉讼时，应注意《民事诉讼法》的上述特殊规定，协助其在规定的期限内进行答辩或上诉活动。当然，如果外国当事人不能在规定的

期限内提起上诉或提出答辩状的，可以告知或协助其申请延期，是否准许，由人民法院决定。

（三）法律文书的送达问题

根据我国《民事诉讼法》第274条的规定，人民法院对在中华人民共和国领域内没有住所的当事人送达诉讼文书，可以采用下列方式：①依照受送达人所在国与我国缔结或者共同参加的国际条约中规定的方式送达；②通过外交途径送达；③对具有我国国籍的受送达人，可以委托我国驻受送达人所在国的使领馆代为送达；④向受送达人委托的有权代其接受送达的诉讼代理人送达；⑤向受送达人在我国领域内设立的代表机构或者有权接受送达的分支机构、业务代办人送达；⑥受送达人所在国的法律允许邮寄送达的，可以邮寄送达，自邮寄之日起满3个月，送达回证没有退回，但根据各种情况足以认定已经送达的，期间届满之日视为送达；⑦采用传真、电子邮件等能够确认受送达人收悉的方式送达；⑧不能用上述方式送达的，公告送达，自公告之日起满3个月，即视为送达。在上述几种送达方式中，第四种即向诉讼代理人送达，是最为普遍、最为可靠的一种送达方式。因为按照法律的规定，接受送达的律师在接受后，有义务将诉讼文书送交当事人。而且，律师一经接受送达即视为人民法院送达完成，并对委托人产生法律上的效力。一般来说，采用这种方式，都是由代理律师向自己所代理的当事人送达，但在特殊情况下，也可以由代理律师送达对方当事人。

（四）申请财产保全问题

关于涉外案件财产保全，2021年《民事诉讼法》第279条只规定了涉外仲裁案件"当事人申请采取保全的，中华人民共和国的涉外仲裁机构应当将当事人的申请，提交被申请人住所地或者财产所在地的中级人民法院裁定"。对其他情形的案件财产保全应当参照一般程序的规定。

■思考题

1. 简述民事诉讼中律师代理的特点。

2. 简述民事诉讼中律师代理的范围。

3. 试述民事诉讼中律师代理的意义。

4. 如何理解民事诉讼中代理律师的诉讼地位？

5. 简述民事诉讼中代理律师的权利义务。

6. 简述民事诉讼中的律师代理关系。

7. 简述第一审程序中代理律师的主要工作。

8. 比较一审、二审和审判监督程序中律师代理工作的异同。

9. 简述涉外民事诉讼中代理律师应遵守的特有原则。

10. 简述2019年修正后的《最高人民法院关于民事诉讼证据的若干规定》的变化。

■**参考书目**

1. 王新平:《民事诉讼证据运用与实务技巧》，法律出版社 2020 年出版。
2. 最高人民法院研究室编:《民事办案实用手册》，人民法院出版社 2022 年版。
3. 孟涛主编:《民事诉讼实训教程（在线教学版）》，中国政法大学出版社 2022 年版。

第十二章　行政诉讼中的律师代理

■ 学习目的和要求

　　通过本章的学习，掌握律师代理行政诉讼的概念和特征、律师在行政诉讼中的地位以及律师在行政诉讼中的权利与义务，了解律师在行政诉讼中的工作方法和步骤。

■ 重点及难点

　　律师在行政诉讼中的工作方法和步骤。

第一节　律师代理行政诉讼概述

一、律师代理行政诉讼的概念和特征

（一）律师代理行政诉讼的概念

律师代理行政诉讼是指律师接受行政诉讼当事人或其法定代理人的委托，以被代理人的名义，在被授权的权限范围内，代理当事人参加行政诉讼，从而维护其合法权益的活动。

（二）律师代理行政诉讼的特征

行政诉讼具有明显的单向性，因此，律师代理行政诉讼也具有一些与民事诉讼不同的特点。

1. 诉讼当事人的特定性。行政诉讼的被告是作出行政行为的行政主体，主要是行政机关，而原告是与行政主体的行政行为有利害关系的公民、法人和其他组织。律师无论是代理行政诉讼中的原告还是被告，都必须首先考虑主体是否适格的问题。

2. 原、被告在诉讼权利、义务上的不均衡性。行政诉讼一反民事诉讼中"谁主张，谁举证"的举证原则，而实行"举证责任倒置"原则，即由被告承担主要的举证义务，律师代理行政诉讼时的工作重点也因此变化。

3. 诉讼目标的确定性。相对于民事诉讼，行政诉讼的诉讼目标比较确定，只有撤销行政行为、确认行政行为违法或无效、责令行政机关履行职责和申请行政赔偿

等几种特定的请求。

4. 诉讼程序的独特性。根据《行政诉讼法》的规定，行政诉讼有着独特的程序，不仅仅表现在举证责任的分配方面，而且在庭审的安排、诉前保全以及执行等方面也都有特殊的规定。

5. 法律依据的广泛性。目前，我国的行政法体系尚未形成，行政诉讼案件的处理依据大多是行政法规。随着我国依法治国进程的推进，关于行政法律关系的法律法规会越来越多。只有具备扎实的法律基础，掌握丰富的行政法律知识，律师才能代理好行政诉讼案件，才能维护好当事人的合法权益。

6. 服务对象的复杂性。律师代理行政诉讼案件是基于当事人的委托，与其他案件不同的是，行政诉讼案件往往是群体性的，原告方人数众多。与代理单个委托人相比，在行政案件中律师将受到各方更多的关注。同时，律师在处理与委托人的关系上，也将耗费更多的精力。

二、律师在行政诉讼中的地位

律师在行政诉讼中既具有独立性的一面，又具有一定的从属性。

律师代理行政诉讼案件，是独立的诉讼参与人。虽然律师的代理目的是维护被代理人的合法权益，但他并不受被代理人或其他人的意志左右，只是根据案件的客观事实和有关法律、法规提出有利于被代理人的代理意见。与民事诉讼案件相比，律师代理行政诉讼案件具有明显的独立诉讼地位，究其原因是行政诉讼标的的确定性。

所谓从属性，是指律师的代理权限在很大程度上受制于委托人的诉讼权利。在行政诉讼过程中，律师既可担任作为原告的公民、法人或其他组织的代理人参加诉讼，也可以担任作为被告人的行政主体的代理人参加诉讼。所不同的是，律师担任作为被告人的行政机关的代理人参加诉讼时，其代理权就会受到一定限制，如没有起诉权和反诉权、没有自行收集证据权、没有和解权等。相反，如果律师担任原告人的代理人时，其代理权限就较为广泛。

三、律师在行政诉讼中的代理权利和义务

前文已经提到，在行政诉讼中，原、被告的诉讼权利、义务是不相同的，而当事人的诉讼权利是律师代理权利的基础，因此，律师的代理权限会因其是代理原告方还是代理被告方而有所不同。

1. 律师作为被告即行政主体的代理人时，没有代为起诉和提起反诉的权利。

2. 律师作为被告即行政主体的代理人时，不得自行向原告和证人收集证据。根据《行政诉讼法》及有关规定，在诉讼过程中，被告不得自行向原告、第三人和证人收集证据。同样，作为被告诉讼代理人的律师也不能自行向原告、第三人和证人收集证据。

3. 律师作为原告或被告的代理人，没有和解权。在行政诉讼中，当事人对行政法律关系的权利、义务无权自由处分，人民法院也只能在有限的案件中，如行政赔偿、补偿以及行政机关行使法律、法规规定的自由裁量权的案件，以调解的方式解决行政案件，双方当事人及其诉讼代理人不能进行和解。

4. 律师作为原告的代理人时，没有举证证明原告诉讼主张成立的义务。

四、律师代理行政诉讼的作用

党的二十大报告对依法行政、推进法治政府建设非常重视，律师作为专业的法律服务工作者，代理行政诉讼对于依法行政法治政府建设有着重要的意义。

（一）有助于维护公民、法人和其他组织的合法权益

由于行政相对人的法律知识和诉讼经验有限，加之对"民告官"的天然恐惧，行政相对人难以独立进行有效的行政诉讼来维护自身权益。律师则可以通过行政诉讼中的代理活动，帮助广大公民、法人和其他组织将涉及其自身利益的行政行为交付司法审查，通过诉讼程序维护他们在行政管理活动中的实体性权益。律师的参与有助于缓解委托人对诉讼程序的恐惧心理，也能够节省委托人的时间，减少讼累，同时提高诉讼活动的有效性。

（二）有助于督促行政机关依法行政

通过行政诉讼，有助于行政主体检讨自身行政管理活动的合法性和合理性，促使其进一步优化行政程序，提高行政活动的透明度和公信力，提高行政机关"依法行政"的自觉性。

（三）有助于人民法院及时准确地审理行政案件

在那些因行政机关的不作为而提起的行政诉讼案件中，律师还可以主动收集证明行政机关应当作为的具体法律依据，从而免去了法院收集证据的奔波，提高了审判工作的效率。

（四）有利于促进行政立法的规范性和合理性

律师通过行政诉讼代理，研究个案，剖析法理，有助于行政机关对有关规范性文件和抽象性行政行为的合法性、合理性进行检讨，从而推进行政立法的规范性和合理性。

同时，律师能够通过自己的行政诉讼代理的实践活动和理论研究，为我国有关立法部门和各级法院的行政审判庭业务建设提供实践和理论的根据，有助于逐步健全和完善我国的行政审判法律制度。

五、律师代理行政诉讼的原则

1. 律师代理行政诉讼案件，应当坚持"以事实为根据，以法律为准绳"的原则，勤勉尽责，恪守律师职业道德和执业纪律，不受行政机关、其他组织和个人的干涉，维护当事人的合法权益和法律的正确实施。

2. 律师代理行政诉讼案件，依据当事人的委托，在被委托的权限内依法履行代理职责，不得损害委托人的合法权益。

3. 律师代理行政诉讼案件，应当保守国家秘密和当事人的商业秘密、个人隐私。按有关规定须向主管司法行政机关通报案情，但已失密或已解密的除外。

第二节　律师在行政诉讼中代理原告

行政诉讼中的原告、被告依法享有的诉讼权利义务并不相同。因此，律师代理的对象不同，在其中承担的工作也并不完全一致。本节与第三节将依次讨论律师在行政诉讼中分别代理原告、被告的工作流程及注意事项。

一、诉前准备阶段

（一）审查相关事项

诉前准备阶段通常为开始诉讼准备活动至正式提交行政起诉状之前。律师在诉前准备阶段的主要活动是对包括案件是否属于行政诉讼受案范围、法律法规规定的复议前置案件、起诉期限、被告适格、管辖法院等事项进行审查，确保案件的适诉性。

1. 审查案件是否属于人民法院受理行政案件的范围。我国《行政诉讼法》第 12 条明确规定了行政诉讼的受案范围：①对行政拘留、暂扣或者吊销许可证和执照、责令停产停业、没收违法所得、没收非法财物、罚款、警告等行政处罚不服的；②对限制人身自由或者对财产的查封、扣押、冻结等行政强制措施和行政强制执行不服的；③申请行政许可，行政机关拒绝或者在法定期限内不予答复，或者对行政机关作出的有关行政许可的其他决定不服的；④对行政机关作出的关于确认土地、矿藏、水流、森林、山岭、草原、荒地、滩涂、海域等自然资源的所有权或者使用权的决定不服的；⑤对征收、征用决定及其补偿决定不服的；⑥申请行政机关履行保护人身权、财产权等合法权益的法定职责，行政机关拒绝履行或者不予答复的；⑦认为行政机关侵犯其经营自主权或者农村土地承包经营权、农村土地经营权的；⑧认为行政机关滥用行政权力排除或者限制竞争的；⑨认为行政机关违法集资、摊派费用或者违法要求履行其他义务的；⑩认为行政机关没有依法支付抚恤金、最低生活保障待遇或者社会保险待遇的；⑪认为行政机关不依法履行、未按照约定履行或者违法变更、解除政府特许经营协议、土地房屋征收补偿协议等协议的；⑫认为行政机关侵犯其他人身权、财产权等合法权益的。除前款规定外，人民法院受理法律、法规规定可以提起诉讼的其他行政案件。该条采用了肯定的列举与概括的形式划定了行政诉讼的受案范围。

与此同时，《行政诉讼法》第 13 条则采用列举的形式明确地排除了不属于行政诉讼受案范围的四种行为：①国防、外交等国家行为；②行政法规、规章或者行政机关制定、发布的具有普遍约束力的决定、命令；③行政机关对行政机关工作人员的奖惩、任免等决定；④法律规定由行政机关最终裁决的行政行为。

　　基于实践中更为复杂的情形，最高人民法院通过出台司法解释的形式，进一步明确与细化了受案范围的有关内容。2018 年 2 月，最高人民法院颁布的《最高人民法院关于适用〈中华人民共和国行政诉讼法〉的解释》（以下简称《2018 年行诉法适用解释》）中第 1 条第 1 款便规定："公民、法人或者其他组织对行政机关及其工作人员的行政行为不服，依法提起诉讼的，属于人民法院行政诉讼的受案范围。"

　　《2018 年行政法适用解释》第 1 条第 2 款则将不属于人民法院行政诉讼的受案范围的事项予以排除。分别为：①公安、国家安全等机关依照《刑事诉讼法》的明确授权实施的行为；②调解行为以及法律规定的仲裁行为；③行政指导行为；④驳回当事人对行政行为提起申诉的重复处理行为；⑤行政机关作出的不产生外部法律效力的行为；⑥行政机关为作出行政行为而实施的准备、论证、研究、层报、咨询等过程性行为；⑦行政机关根据人民法院的生效裁判、协助执行通知书作出的执行行为，但行政机关扩大执行范围或者采取违法方式实施的除外；⑧上级行政机关基于内部层级监督关系对下级行政机关作出的听取报告、执法检查、督促履责等行为；⑨行政机关针对信访事项作出的登记、受理、交办、转送、复查、复核意见等行为；⑩对公民、法人或者其他组织权利义务不产生实际影响的行为。

　　《2018 年行政法适用解释》第 2 条共分 4 款，分别对《行政诉讼法》第 13 条中的"国家行为""具有普遍约束力的决定、命令""对行政机关工作人员的奖惩、任免等决定""'法律规定由行政机关最终裁决的行政行为'中的'法律'"进行了解释，明确了具体条目的适用条件。

　　以上这 4 条共同构成了律师审查案件是否属于行政诉讼受案范围的依据。

　　（1）审查案件是否属于法律法规规定的复议前置案件。《行政诉讼法》第 44 条规定，当事人享有是否先行提出行政复议再提起行政诉讼的选择权。必须先行经过行政复议后才可以提出行政诉讼属于特例，它必须是法律、法规明确的规定。例如，《行政复议法》（2017 年修正）第 30 条第 1 款规定："公民、法人或者其他组织认为行政机关的具体行政行为侵犯其已经依法取得的土地、矿藏、水流、森林、山岭、草原、荒地、滩涂、海域等自然资源的所有权或者使用权的，应当先申请行政复议；对行政复议决定不服的，可以依法向人民法院提起行政诉讼。"类似的要求还常见于《商标法》《专利法》《集会游行示威法》《国家安全法》等之中。

　　（2）审查当事人是否适格。律师需要分别审查原告、被告是否适格。

　　对于原告适格的问题，《行政诉讼法》第 25 条对此进行了规定。行政行为的相对人以及其他与行政行为有利害关系的公民、法人或者其他组织，有权提起诉讼。有权提起诉讼的公民死亡，其近亲属可以提起诉讼。有权提起诉讼的法人或者其他组织终止，承受其权利的法人或者其他组织可以提起诉讼。此外，在涉及生态环境和资源保护、食品药品安全、国有财产保护、国有土地使用权出让等领域的行政公益诉讼中，人民检察院有权提起诉讼。

这里需要注意的是，有权提起行政诉讼的不仅仅是行政行为的相对人。在某些情况下，行政主体的行政行为不但对行政相对人的利益产生影响，而且对第三人的利益也产生影响，此时，第三人就可以以行政行为利害关系人的身份提起行政诉讼。《2018 年行诉法适用解释》第 12 条列举了"与行政行为有利害关系"的情形，分别为：①被诉的行政行为涉及其相邻权或者公平竞争权的；②在行政复议等行政程序中被追加为第三人的；③要求行政机关依法追究加害人法律责任的；④撤销或者变更行政行为涉及其合法权益的；⑤为维护自身合法权益向行政机关投诉，具有处理投诉职责的行政机关作出或者未作出处理的；⑥其他与行政行为有利害关系的情形。

对于同案原告为 10 人以上的案件，律师事务所应当告知同案原告可以推选 2~5 名诉讼代表人参加诉讼。如果同案原告已经推选出诉讼代表人或已经由人民法院指定了诉讼代表人，而且被推选或被指定的诉讼代表人具有代表同案其他原告聘请律师的权限，律师事务所可以与诉讼代表人办理委托手续。被推选或被指定的诉讼代表人不具有代表同案其他原告聘请律师的权限的，律师事务所应当与同案原告分别办理委托手续。

对于被告适格的问题，《行政诉讼法》第 26 条对此进行了规定。原则上，作出行政行为的行政机关是被告。2 个以上行政机关作出同一行政行为的，共同作出行政行为的行政机关是共同被告。行政机关委托的组织所作的行政行为，委托的行政机关是被告。行政机关被撤销或者职权变更的，继续行使其职权的行政机关是被告。

此处需要特别强调的是，经复议的案件，复议机关决定维持原行政行为的，作出原行政行为的行政机关和复议机关是共同被告；复议机关改变原行政行为的，复议机关是被告。复议机关在法定期限内未作出复议决定，公民、法人或者其他组织起诉原行政行为的，作出原行政行为的行政机关是被告；起诉复议机关不作为的，复议机关是被告。

另外，《2018 年行诉法适用解释》第 19~25 条分别规定了经批准行为、特定行政机构、开发区管理机构、行政机关被撤销或者职权变更时、村民委员会与居民委员会、高等学校等事业单位与行业协会、房屋征收部门的被告资格。

2. 审查是否超过起诉期限。《行政诉讼法》对起诉期限的规定，分为经复议的行政行为和未经复议的行政行为两种情形。根据不同的诉讼类型，又可进一步细分为是针对行政处理决定的起诉期限、对行政不作为的起诉期限和要求行政赔偿的起诉期限。（见表 12-1）

表 12-1　行政诉讼的起诉期限

案件类型		起算日期	正常期限	未知诉权的保护期限	未告知行政行为内容	期限扣除或延长
经过复议		收到复议决定或复议期限届满	15 日	2 年	不适用	适用
未经复议	行政处理决定	自知道或应当知道作出行政行为之日	6 个月	2 年	20 年/5 年	
	行政不作为	行政机关接到申请之日起 2 个月（有例外从例外）	6 个月	时效中断	20 年/5 年	
	行政赔偿	赔偿义务机关作出赔偿决定之日，或者接到赔偿请求之日起 2 个月	3 个月	2 年	不适用	

此外，《行政诉讼法》还规定了起诉期限延长的情况，即公民、法人或者其他组织因不可抗力或者其他不属于其自身的原因耽误法定期限的，被耽误的时间不计算在起诉期限内。在障碍消除后的 10 日内，可以申请延长期限，由人民法院决定是否准许。

对于超过法定起诉期限，且无正当理由起诉的，律师应当告知委托人，该起诉可能被法院裁定不予受理或者驳回。

3. 核实管辖法院。《行政诉讼法》第 18 条第 1 款规定，行政案件由最初作出行政行为的行政机关所在地人民法院管辖。经复议的案件，也可以由复议机关所在地人民法院管辖。因此，行政案件原则上由普通法院按照级别管辖的规定受理相应案件。

例外情况下，铁路运输法院等专门人民法院经最高人民法院批准，高级人民法院可以根据审判工作的实际情况，确定若干人民法院跨行政区域管辖行政案件。

（二）确定诉讼请求

行政诉讼的本质和特点是司法权对行政权的审查和监督，这种审查和监督主要集中于行政行为的合法性。因此，律师代理行政案件时，必须向委托人明确解释行政诉讼的目的和后果：①行政诉讼基本不解决行政行为合理性的问题；②行政诉讼仅针对已发生的行政行为，一般不能对行政机关的未来行为作出具体指令（责令履行法定职责之诉和赔偿之诉除外）；③法院不能代替行政机关作出行政行为。例如，在行政许可领域，是否颁发许可证和颁发给何人最终必须由行政机关来决定。

行政诉讼的诉讼请求是法定的，主要包括：①撤销之诉；②确认之诉；③责令履行法定职责之诉；④变更之诉；⑤赔偿之诉。律师在代理行政案件中，应当本着合法、有利的原则，正确提出诉讼请求。

在某些情况下，行政相对人认为被告几个连续的行政行为均使自己利益受损，因而就出现了诉讼请求的选择问题。我们可以举一个比较极端的例子说明这种选择，例如，在某个拆迁纠纷中，被拆迁人认为拆迁管理机关颁发拆迁许可证的行为违法，且其对拆迁补偿安置争议作出的裁决也不合法，最后又违反法定程序实施了强制拆迁。因此，原告既可以针对房屋拆迁许可证的颁发提出确认违法之诉，也可以针对行政裁决提起撤销或变更之诉，或者针对强制拆迁提起赔偿之诉。这时，律师要提示委托人根据最终的诉讼目标选择具体诉讼请求，而且多个诉讼请求在逻辑上不能发生矛盾，以避免因技术原因导致败诉。

（三）收集相关证据

《行政诉讼法》规定，被告对作出的行政行为负有举证责任，原告所负的证明责任相对有限。原告在起诉被告不履行法定职责的案件中，原告应当提供其向被告提出申请的证据。在行政赔偿、补偿的案件中，原告应当对行政行为造成的损害提供证据。

即使在原告依法不承担举证责任的案件中，如果原告掌握对方违法行政的证据，也将有助于法院尽快厘清事实、作出判断。因此，作为原告方代理律师仍然应当积极收集相关证据。

此外，律师应妥善保管委托人提供的证据材料原件；因律师保管不善遗失原件，给委托人造成损失的，律师事务所及承办律师应承担相应的赔偿责任。

（四）根据案件需要，提出停止执行申请或先予执行申请

行政诉讼期间原则上并不停止行政行为的执行，但《行政诉讼法》第56条规定了4种例外情形，满足这4种情形时，法院可以裁定停止执行。因此，律师可以根据实际情况来申请，例如，委托人的人身权、财产权正在受到被诉行政行为的侵害，行政拘留、劳动教养、强制销毁、变卖等，原告代理律师可以提出停止执行具体行政行为的申请。

二、庭前实施阶段

（一）提交起诉状

行政起诉状一般包括这些内容：当事人的基本信息、诉讼请求、事实与理由及结尾。其中，当事人的基本情况应列明原告的姓名（公民）、名称（法人或其他组织）、住址，被告的名称、法定代表人、住址。制作完毕后，应由起诉人签名或盖章。

行政诉讼的诉讼请求包括：①请求判决撤销或者部分撤销被诉行政行为；②请

求确认被诉行政行为违法或无效，并可同时请求被告采取相应的补救措施；③对被告不履行法定职责的，请求判决被告在法定期限内履行法定职责；④请求判决被告变更不当的行政处罚，或变更涉及款额的确定、认定确有错误的其他行政行为；⑤请求判决被告履行行政协议中约定的义务，或采取补救措施或者赔偿损失。

提出上述诉讼请求的同时，原告可根据其遭受损害的事实，一并请求判决被告承担行政赔偿责任。

（二）提交有关证据

1. 提交证据的时间。人民法院组织庭前交换证据的，原告方应在指定的证据交换日提供证据；未组织庭前交换证据的，应当在开庭审理前提供证据。逾期无正当理由未提交证据材料的，视为放弃举证权利。

因正当事由申请延期提供证据的，律师应代理原告在举证期限内向人民法院申请延期举证，经人民法院准许，可以适当延长举证期限。原告逾期提交的证据材料，应当说明理由，不说明理由或理由不成立的，除非被告同意质证，人民法院将不组织质证。

2. 提交证据的内容。律师应代理原告提供符合起诉条件的相应证据材料。在起诉被告不作为的案件中，还应当提供在行政程序中曾经提出申请的证据材料。但下列情形除外：①原告申请的事项是被告应当依职权主动履行的法定职责；②原告因被告受理申请的登记制度不完备等正当事由不能提供相关证据材料并能作出合理说明。

在行政赔偿诉讼中，原告应当对被诉行政行为造成损害的事实提供证据。

原告也可以提供证明被诉行政行为违法的证据。提供的证据不成立的，并不免除被告对被诉行政行为合法性承担的举证责任。

3. 提交证据的形式。原告应按照《行政诉讼法》及其相关规定提供书证、物证、视听资料、电子数据、证人证言、在中华人民共和国领域外形成的证据以及外文书证或者外国语视听资料等证据材料。对涉及国家秘密、商业秘密或者个人隐私的证据，应当作出明确标注，并向法庭说明，由法庭予以审查确认。

原告向人民法院提供证据，应当编制证据目录。编制证据目录的过程将有助于理顺律师办案流程、整理思路，明确证据使用的目的。完整的证据目录应当包括证据编号、证据名称、页数、证明目的、证据来源及页码等信息。

（三）查阅案卷材料

法院在受理行政诉讼后，一般会通知被告在收到行政起诉状之日起 10 日内提交相关证据。原告代理律师应当在被告提交证据的法定期限届满之日起尽早到人民法院阅卷，并根据人民法院规定，复制或摘抄被告提交的作出行政行为的全部证据、依据以及其他有关案卷材料，客观、真实地制作阅卷笔录。

对于被告提交的证据，原告代理律师应当从以下几个方面进行详细审查：①证据的来源是否真实、可靠和合法；②证据形成和制作的形式要件是否完备和合法；③证据的内容是否清楚而无歧义，能否证明与案件有关的事实；④证据之间能否互相印证，有无彼此矛盾之处；⑤其他需要审查的内容或形式。

对于被告提交的据以作出行政行为的规范性文件，原告代理律师应从以下几个方面进行考查：①是否与法律、上位法规、规章相冲突；②是否超越法定权限；③是否已被明示或默示废止。

(四) 调查、核实证据

原告代理律师有权向当事人、证人或有关知情人调查、了解案情、收集证据。原告代理律师因客观原因无法自行收集证据的，应当及时申请人民法院调取该证据。对于应当由原告提供而无法提供的证据原件或者原物，原告应当申请人民法院调取该证据；对于根据案情需要或者委托人提出需要勘验物证现场或者重新勘验物证现场的，需要对专门性问题进行鉴定或重新鉴定的，应当向人民法院书面提出勘验申请或者鉴定申请。

1. 申请人民法院调取证据。原告因客观原因不能自行收集，但能够提供确切线索的证据材料，可以申请人民法院调取。申请人民法院调取证据，应当在举证期限内提交书面申请。调取证据申请书应写明证据持有人的姓名或名称、住址等基本情况，拟调取证据的内容、申请调取证据的原因及其要证明的案件事实。

行政审判中，由于行政诉讼被告和行政诉讼原告的地位存在着实际的不对等，被告常常凭借自身的强势地位妨碍原告的举证，进而妨碍行政诉讼的顺利进行。因此，《最高人民法院关于行政诉讼证据若干问题的规定》（以下简称《证据规则》）强调了行政诉讼中被告妨碍举证的责任推定，规定原告确有证据证明被告持有的证据对原告有利，被告无正当事由拒不提供的，可以推定原告的主张成立。适用该规则，应满足以下条件：①被告持有的证据对原告有利。在这种情形下，被告为了获得有利的诉讼地位，往往不会主动向法庭提交此类证据。②原告确有证据证明被告持有此种证据。如果仅仅是原告在主观上认为被告持有此种证据，而实际上被告并不持有或原告不能有效证明被告持有时，就不能进行推定。③被告无正当事由拒不提供此种证据。这里的"正当事由"是指法律规定可以不提供证据的情形，如证据灭失等；"拒绝提供"则是指依法负有举证责任、应举证而不举证的情形。只有当被告无正当事由拒绝提供其持有的对原告有利的证据时，才可推定原告的主张成立。当原告拒绝提供其持有的对被告有利的证据时，并不能推定被告的主张成立。

当被告无正当理由拒绝提供其持有的对原告有利的证据时，法院"可以"推定原告的主张成立，但并不是"必须"推定原告的主张成立。判断原告主张是否成立，应综合全案进行分析，而不仅仅取决于孤证。

2. 申请证据保全。行政诉讼中，在证据可能灭失或者以后难以取得的情况下，诉讼参加人可以向人民法院申请保全证据，人民法院也可以主动采取保全措施。

　　律师代理原告申请证据保全，应注意以下事项：①证据保全的对象。证据保全主要依据当事人申请而启动。行政诉讼中，证据保全的对象应符合两个条件：一是，该证据和案件事实之间存在一定的关联性，可能对案件的实体处理结果产生影响；二是，该证据可能灭失或以后难以取得。只有同时符合这两个条件，法院才能依法对证据加以保护和固定，实施证据保全行为。②申请证据保全的时间要求。原告应在举证期限届满前向法院申请证据保全，即当事人申请证据保全的期限和原告向法院提交证据的期限一致。如果原告依正当理由经法院准许延期举证，则证据保全申请期限也随之推延。律师需要注意，在民事诉讼中，当事人向法院申请证据保全，不得迟于举证期限届满前 7 日。而在行政诉讼中，证据保全申请期限宽限至举证期限届满前。③申请证据保全的形式。原告应以书面形式向法院申请证据保全，在该申请书中，需详细列明证据名称、所在地点、证据保全的内容和范围、证据和案件事实之间的联系及申请证据保全的理由等事项。④法院可要求证据保全申请人提供相应的担保，即法院就是否要求申请人提供担保具有自由裁量权。⑤证据保全的方法。行政诉讼中的证据保全措施多种多样，由法官根据案件实际情况作出决定。行政诉讼中，法院进行证据保全时，可以要求当事人或其诉讼代理人到场，以见证证据保全行为。需要说明的是，"可以"一词意味着这并不是实施证据保全必不可少的条件，是否要求他们到场由法院根据案件的实际情况进行自由裁量。而且，如果当事人或其诉讼代理人拒不到场，并不会影响到法院采取证据保全措施。实际上，对证据保全的见证是当事人及其诉讼代理人对法院的证据保全行为进行的监督，也是其维护自身合法权益的一种手段，故当事人及其诉讼代理人应尽量亲自见证法院实施的证据保全行为。

　　根据《行政诉讼法》第 42 条的规定，证据保全申请的主体是诉讼参加人，除原告外，行政诉讼的被告和第三人也可向法院申请证据保全。其时间、程序和形式要求与原告申请的证据保全并无二致，在以后相应的章节中不再赘述。

　　3. 申请重新鉴定。原告有证据或者有正当理由表明被告据以认定案件事实的鉴定结论存在《证据规则》第 30 条规定的情形之一的，即鉴定部门或者鉴定人不具有相应的鉴定资格；鉴定程序严重违法；鉴定结论明显依据不足；经过质证不能作为证据使用的其他情形，可以申请重新鉴定。申请重新鉴定应在举证期限届满前以书面形式向人民法院提出，并应根据法院要求预交鉴定费用及提供相关材料。

　　律师应提醒委托人，对需要鉴定的事项负有举证责任的当事人，在举证期限内无正当理由不提出鉴定申请、不预交鉴定费用或者拒不提供相关材料，致使对案件争议的事实无法通过鉴定结论予以认定的，应当对该事实承担举证不能的法律后果。

　　4. 申请证人出庭作证。根据《证据规则》第 43、44 条的规定，律师可代理原告申请证人出庭作证。原告提供的证人、鉴定人因出庭作证或者接受询问而支出的合理费用，由原告方先行支付，最后由败诉一方当事人承担。

5. 申请专家证人出庭作证。根据《证据规则》第48条的规定，律师可代理原告申请专家证人出席作证。

原告代理律师应当根据前期收集的证据材料，在开庭审理前准备好代理意见，制作法庭调查、质证和辩论提纲。提纲主要包括事实陈述、举证、质证、提问、辩论和综合陈述六个部分。

三、法庭审理阶段

在法庭审查阶段，原告律师的主要权利和职责有：申请回避、参加法庭调查、向证人和鉴定人发问、进行质证、参加法庭辩论、发表代理词等。

（一）申请回避

当事人及其法定代理人在诉讼中，发现审判人员具有下列情形之一的，有权要求他们回避：①是本案的当事人或者当事人有直系血亲、三代以内旁系血亲及姻亲关系的；②本人或者近亲属与本案有利害关系的；③担任过本案的证人、鉴定人、勘验人、辩护人、诉讼代理人的；④与本案的诉讼代理人、辩护人有夫妻、父母、子女或者同胞兄弟姐妹关系的；⑤本人与本案当事人之间存在其他利害关系，可能会影响案件公正处理的。凡在一个审判程序中参加过本案审判工作的审判人员，不得再参加本案其他程序的审判。当事人可以据此申请其回避。

律师代理当事人申请回避，应当说明理由，在案件开始审理时提出；回避事由在案件开始审理后知道的，应当在法庭辩论终结前提出。

（二）参加法庭调查与辩论

在法庭调查阶段，律师可以对对方当事人及其代理人出示的证据的真实性、关联性、合法性及其与所要证明的事实的关系等方面进行质证。

经法庭许可，律师可以向证人、鉴定人及其他诉讼参与人发问。律师应当就与被诉行政行为是否合法以及该行政行为是否侵犯原告或者第三人合法权益有关的问题发问。发问受到法庭制止时，律师应尊重法庭的决定，调整问题或者发问方式，或表明发问的必要性和关联性。针对其他当事人或代理人威逼性、诱导性的发问、带有前提的发问或者与本案无关的发问，律师有权提出反对意见。

在法庭调查及质证过程中才发现的证据疑问，律师可以申请重新鉴定、勘验，要求补充证据，必要时可以申请中止或延期审理。但被告代理律师对被告提供的证据一般不得申请重新鉴定、勘验和要求补充证据。

律师对涉及关键事实和问题的陈述、举证、质证、发问，应注意语速，便于书记员准确记录。

在法庭辩论阶段，律师发言应紧紧围绕被诉行政行为是否合法以及法庭调查中的争议焦点进行。原告代理律师可以从以下六个方面对具体行政行为发表代理意见：①事实是否清楚，证据是否充分；②适用法律、法规是否正确；③程序是否合法；④是否超越职权；⑤是否滥用职权；⑥是否不履行或拖延履行法定职责。

律师发表代理意见应当从事实和法律出发，尊重对方当事人的人格，不作无端猜测，不得讽刺、挖苦、谩骂、侮辱、嘲笑对方。

在法庭辩论过程中，律师发现某些案件事实未查清的，可以申请恢复法庭调查。在庭审过程中，如果发现审判程序违法，律师应当指出并要求立即纠正，以维护当事人的诉讼权利。

休庭后，律师应当认真阅读法庭笔录，如有遗漏或者差错，应当立即申请法庭予以补正。律师应按法庭要求及时提交代理词。需要并且可以补充证据的，律师应当在法庭指定的期限内提交。

如果被告在案件宣判前作出变更、撤销或部分撤销被诉行政行为的书面决定或意见，原告代理律师应当告知原告，并征求原告是否撤诉的意见。原告要求撤诉的，律师可以根据原告的书面请求代其向人民法院申请撤诉。

四、庭后工作

开庭审理结束后，律师此时充分了解各方的意见，对于法庭的态度与观点也有了认识，对于庭审中发现的新问题应当及时予以解决。开庭结束并不意味着律师代理工作的结束，律师还需要向当事人汇报有关情况。特别是在接到法院判决之后，律师应当协助当事人分析原因，根据当事人的意愿与实际情况决定是否采取进一步的诉讼行动。

第三节　律师在行政诉讼中代理被告

现行《行政诉讼法》要求被告在收到行政起诉状副本之日起 15 日内提交作出行政行为的证据和所依据的规范性文件，并提出答辩状。因此，被告代理律师一般自收到起诉状副本之日起开展实质性的工作。律师在行政诉讼中代理被告的工作流程与代理原告相似，可以分为庭前实施阶段、法庭审理阶段与庭后工作三个阶段。庭后工作内容与代理原告基本相同，此处不再赘述。

一、庭前实施阶段

（一）核实起诉的基本条件

被告代理律师收到人民法院送达的起诉状副本后应当核实本案是否符合起诉的基本条件，应全面审查下列事项：①被诉的行政行为是否客观存在；②被诉行政机关是否依法应被列为被告；③原告的起诉是否属于《行政诉讼法》及有关司法解释规定的受案范围；④原告起诉的案由是否属于复议前置或者复议终局事项；⑤起诉人是否具备原告的资格；⑥受诉人民法院有无管辖权；⑦起诉是否超过起诉期限；⑧是否遗漏诉讼当事人。

被告代理律师如果发现案件有应当不予受理的情形，应代理被告提请法院裁定不予受理或驳回起诉。如果发现案件不属于受诉人民法院管辖，应在接到人民法院起诉状副本之日起 15 日内代理被告以书面形式向人民法院提出管辖权异议。

（二）整理、提交证据

确认起诉符合法定条件之后，被告代理律师应当按照行政诉讼的证据规则整理案卷材料提交法庭。一般应包括以下内容：①证明被告有权作出行政行为的职权依据；②证明被告的行为符合执法程序的事实依据和相应的程序性规范依据；③被告作出行政行为所认定事实的证据；④被告执法目的合法的依据；⑤被告作出行政行为的法律依据；⑥认为被诉案件涉及的行政行为属于复议前置的情况而原告未申请复议或超过起诉期限的证据；⑦在被告不作为的案件中，主张不作为理由的事实依据和法律依据；⑧其他相关证据和材料。

被告应当在收到起诉状副本之日起 15 日内，提供据以作出被诉行政行为的全部证据和所依据的规范性文件。不提供或者无正当理由逾期提供证据的，法院将视被诉行政行为没有相应的证据。

被告认为原告的起诉超过法定期限的，应当承担举证责任。

在提交证据时，律师应注意证据的有效性。书证应当是原件，如提供复印件、影印本或抄录本的，应注明出处，经过有关部门核对无疑并加盖印章；提供报表、图纸的，应附有说明材料；提交物证应尽量提供原物，只有在提供原物确有困难时才可以提供与原物无误的复印件和证明该物证的照片、录像；最后应制作证据目录，写明证据种类、份数、所要证明的问题等事项。

下列证据不能作为认定被诉行政行为合法的依据：①被告及其诉讼代理人在作出行政行为后，或者在诉讼过程中自行收集的证据。但是，如果原告或者第三人在诉讼过程中，提出了其在被告作出行政行为过程中没有提出的反驳理由或证据的，被告可以经人民法院准许补充相关证据。此外，人民法院根据需要，可以责令被告在判决前调查取证。②被告在行政程序中通过非法剥夺公民、法人或其他组织依法享有的陈述、申辩或者听证权利而获得的证据。③被告在诉讼过程中提供的，被告在行政程序中未作为行政行为依据的证据。④复议机关在复议程序中收集和补充的证据，或者作出原行政行为的行政机关在复议程序中未向复议机关提交的证据，不能作为人民法院认定原具体行政行为合法的根据。

（三）准备答辩状

被告代理律师应对被告作出行政行为所认定的事实、证据，适用的法律、法规及处理程序进行审慎、全面地审查。当被告代理律师确认被告作出的行政行为合法、有效时，应主要从以下几个方面出具代理意见：①作出行政行为的主体合法；②行政行为是在法定职权内作出的；③对行政管理相对人的主体资格、行为事实的认定符合法律规定的条件，并且证据充分；④适用法律、法规正确；⑤行政机关作出行政行为的意思表示真实，符合立法目的；⑥符合法定程序和形式。

如果被告代理律师认为被告作出的行政行为违法或不当，可建议被告在法庭宣判前自行撤销或变更该具体行政行为，并做好善后工作。

二、法庭审理阶段

在法庭审理阶段，被告代理律师的主要任务是在既有证据及答辩状的基础上，针对原告提交的证据、陈述以及法官的询问等做好答辩工作。这些工作的核心主要围绕着被诉行政行为的合法性来展开。在法庭调查中，不能仅局限于原告争议的内容，需要全面地就行政行为合法性的各要素进行阐释；法庭质证中需要对所提交的全部证据进行质证，未经质证的证据不能作为认定行政行为合法性的依据。

被告代理律师应当根据法庭的询问，就被告作出的被诉行政行为，分别陈述下列内容：①行政行为的名称、文号、内容、作出的行政机关、作出的时间及有关送达情况；②被告的职权依据；③被告的行政执法程序及依据；④被告所认定的事实；⑤行政行为所适用的法律；⑥被告行政执法的目的；⑦法庭认为与被诉行政行为有关的其他问题或事实。

根据庭审的具体情况，被告代理律师可以征求被告是否对被诉行政行为进行变更、撤销或部分撤销的意见。被告要求或者愿意对被诉行政行为作出变更、撤销或部分撤销的，律师应当及时告知法庭，并附上被告变更、撤销或部分撤销被诉行政行为的书面决定或意见。

其他关于回避、出庭、质证、辩论的权利义务以及注意事项，与原告代理律师并无区别，在此不作赘述。

第四节 律师在二审与再审中的代理

律师在二审与再审的代理活动中，在法庭审理阶段的工作程序与第二、三节介绍的并无二致。但在提交上诉状、申诉状或答辩状阶段的工作有所不同。

一、律师在二审阶段的代理

律师可以根据当事人的请求，代其书写上诉状或答辩状。

没有参加一审诉讼的律师担任二审代理人的，应当及时到人民法院查阅案卷，复制或摘录案卷材料，审核有关证据材料和依据，并对一审人民法院的审判活动及其作出的判决或裁定从以下几方面进行审核：①案件是否属于人民法院的受案范围；②一审人民法院所列当事人是否正确、有无遗漏；③一审人民法院的审判程序是否合法；④一审认定事实是否清楚、完整，有无前后矛盾；⑤一审裁判的证据是否充分、确凿，有无未经质证却作为判决或裁定依据的证据；有无采信了不应当采信、应当采信的却没有采信的情况；证据相互之间有无矛盾；⑥一审认定的事实与判决或裁定的结果是否具备必然的逻辑联系；⑦一审适用法律、法规是否正确；⑧一审判决有无加重对原告的处罚；有无应当变更显失公正的行政处罚而未变更；有无应当移送刑事处理的而未移送的情况。

律师应当根据一审情况，及时做好证据补充工作，但依法不得补充证据的情况除外。

当事人对一审人民法院认定的事实有争议的，律师应当要求二审法院依法开庭审理。二审案件不开庭审理的，律师应当及时提交书面代理词。

二、律师在再审阶段的代理

律师可以根据原审当事人的委托，代其撰写、并向有管辖权的人民法院或人民检察院递交申诉状。律师接受申诉委托，应当着重审核是否具备下列情形：①不予立案或者驳回起诉的裁定错误。②发现了新的证据，使原判决、裁定的基础丧失。③原判决、裁定认定事实的主要证据不足、未经质证或者系伪造。④原判决、裁定适用法律、法规有错误。⑤违反法律规定的诉讼程序，可能影响公正审判。⑥原判决、裁定遗漏诉讼请求。⑦原判决、裁定的法律文书被撤销或者变更的。⑧审判人员在审理该案件时有贪污受贿、徇私舞弊、枉法裁判行为。

律师代理当事人在递交申诉状或再审申请书的同时，可以向人民法院提出中止执行的申请。

第五节　律师代理行政执行案件

我国现行的法律制度将行政执行分为两类，分别为生效裁判文书的执行和未经诉讼的行政行为的执行。下面也将分这两类来介绍律师应当如何代理行政执行案件。

一、律师代理对生效裁判文书的强制执行

对法院发生法律效力的判决书、裁定书、调解书，负有义务的一方当事人拒绝履行的，律师可以接受对方当事人的委托，代为申请人民法院强制执行。

（一）审查案件

1. 律师应当确认哪些类型的文书可以申请由法院执行。具体包括了行政判决书、行政裁定书、行政赔偿判决书和行政调解书这四大类。此外，法院判决行政机关履行行政赔偿、行政补偿或者其他行政给付义务，行政机关拒不履行的，对方当事人可以依法向法院申请强制执行。

2. 审查这些裁判文书是否已经生效。对于一审判决，当事人有自收到判决书之日起 15 日的上诉期；对于一审裁定，当事人则有收到裁判书之日起 10 日的上诉期。当事人逾期不提起上诉的，一审判决或裁定才发生效力。对于二审裁判，裁判文书送达各方当事人之后即生效。而对于行政赔偿调解书，根据《民事诉讼法》的相关规定，调解书经双方签收后即具有法律效力。

3. 审查执行义务人是否依生效的裁判文书履行义务。

（二）审查案件是否仍在执行期限内

申请执行的期限原则上为 2 年。申请执行的期限从法律文书规定的履行期间最后一日起计算；法律文书规定分期履行的，从规定的每次履行期间的最后一日起计算；法律文书中没有规定履行期限的，从该法律文书送达当事人之日起计算。

申请执行时效适用关于中止、中断的规定。律师应对人民法院裁定执行中止的事实与理由进行审查，确定是否提出执行中止的异议，协助委托人做好恢复执行程序的准备工作。律师应严格审查人民法院终结执行是否符合法律规定。对于不符合条件的终结执行，律师应代理委托人及时提出异议。

（三）确定管辖法院

根据《2018 年行诉法适用解释》第 154 条的规定，原则上发生法律效力的行政判决书、行政裁定书、行政赔偿判决书和行政调解书，由第一审人民法院执行。第一审人民法院认为情况特殊，需要由第二审人民法院执行的，可以报请第二审人民法院执行；第二审人民法院可以决定由其执行，也可以决定由第一审人民法院执行。因此，律师代理对生效裁判文书的执行通常向作出第一审裁判的法院提出强制执行的申请。尽管案件经过二审，执行申请应当向第一审人民法院提出。

律师在对以上事项审查结束之后，依此准备强制执行申请书及其相关材料。

二、律师代理对非诉行政行为的强制执行

公民、法人或者其他组织对行政行为在法定期限内不提起诉讼又不履行的，律师可以接受行政机关委托，代为申请人民法院强制执行；行政机关根据法律的授权对平等主体之间的民事争议作出裁决后，当事人在法定期限内不起诉又不履行的，作出裁决的行政机关在申请执行的期限内未申请人民法院强制执行的，律师可以接受生效行政行为确定的权利人或者其继承人、权利承受人的委托代为申请人民法院强制执行。

（一）审查案件

接受代理前，律师应当审查执行案件是否符合条件。对非诉行政行为的审查内容不同于对生效裁判文书的审查内容。具体条件为：①行政行为依法可以由人民法院执行；②行政行为已经生效并具有可执行内容；③申请人是作出该行政行为的行政机关或者法律、法规、规章授权的组织；④被申请人是该行政行为所确定的义务人；⑤被申请人在行政行为确定的期限内或者行政机关催告期限内未履行义务；⑥申请人在法定期限内提出申请。

（二）确定执行法院

律师代理申请人民法院强制执行具体行政行为，应当向作出该行政行为的行政机关所在地的基层人民法院提出；执行对象为不动产的，应当向不动产所在地的基层人民法院提出。

（三）提交执行申请书和相关证据

律师代理申请强制执行，应当在法定期限内向人民法院提交强制执行申请书，行政决定书及作出决定的事实、理由和依据，当事人的意见及行政机关的催告情况，申请强制执行的标的情况以及法律、行政法规规定的其他材料。

（四）申请财产保全

行政机关申请人民法院强制执行前，有充分理由认为被执行人可能逃避执行的，代理律师可以根据委托人的要求代其申请人民法院采取财产保全措施。律师应当告知委托人提供相应的财产担保。

第六节　律师承办涉外行政案件应注意的问题

一、依法办理委托代理手续

外国人、无国籍人、外国组织在中华人民共和国进行行政诉讼，有权委托律师代理诉讼，而且应当委托中华人民共和国律师机构的律师。

外国人、无国籍人或外国组织除委托律师以外，还可以委托除律师之外的其他人作为诉讼代理人，如社会团体、外国人的近亲属（含国内和国外的近亲属）、所在单位推荐的人（如合资企业推荐的人）、外国驻华使领馆官员等。

外国人委托我国律师机构的律师代理行政诉讼的，如果该外国人、无国籍人、外国组织在国内没有住所的，其委托书要通过域外寄交或托交的，应当经所在国公证机关证明，并且经我国驻外使领馆认证，或者在履行我国与该国订立的有关条约中规定的证明手续以后，该委托书在我国境内才具有效力。

二、依法审查确定管辖法院

根据《2018年行诉法适用解释》第5条第2项的规定，涉外或者涉及香港特别行政区、澳门特别行政区、台湾地区的案件属于《行政诉讼法》第15条第3项规定的"本辖区内重大、复杂的案件"的，应依法由中级人民法院管辖。

三、与委托人确定送达方式

《最高人民法院办公厅关于向外国送达涉外行政案件司法文书的通知》规定，对于需要向海牙民商事送达公约成员国送达涉外行政案件司法文书的，可参照1965年订立于海牙的《关于向国外送达民事或商事司法文书和司法外文书公约》和我国国内相关程序向有关外国提出司法协助请求，通过公约规定的途径送达。代理律师应就司法解释中规定的涉外送达方式与委托人协商并达成一致意见。

■思考题

1. 简述律师在行政诉讼中的地位、权利与义务。
2. 简述律师在行政诉讼中代理原告、被告在工作内容上的区别。
3. 简述律师在代理行政执行案件的工作程序和方法步骤。

■参考书目

1. 何海波：《行政诉讼法》，法律出版社 2016 年版。

2. 吕立秋主编：《行政诉讼律师基础实务》，中国人民大学出版社 2014 年版。

3. 北京京润律师事务所：《行政诉讼胜诉之道》，北京大学出版社 2021 年版。

4. 袁裕来：《特别代理：民告官手记》，中国检察出版社 2003 年版。

5. 袁裕来：《特别代理：民告官手记Ⅱ》，中国检察出版社 2004 年版。

6. 袁裕来：《特别代理：民告官手记Ⅲ》，中国检察出版社 2006 年版。

7. 袁裕来：《特别代理：民告官手记Ⅳ》，中国检察出版社 2008 年版。

8. 袁裕来：《特别代理：民告官手记Ⅴ》，中国检察出版社 2009 年版。

9. 袁裕来：《特别代理：民告官手记Ⅵ》，中国检察出版社 2010 年版。

10. 袁裕来：《特别代理：民告官手记Ⅶ》，中国检察出版社 2011 年版。

11. 袁裕来：《特别代理：民告官手记Ⅷ》，中国检察出版社 2012 年版。

12. 何兵主编：《行政诉讼案例研习》，法律出版社 2018 年版。

13. 茆荣华主编：《上海法院行政诉讼案例精选》，上海人民出版社 2017 年版。

14. 吴宇龙：《从法官到律师：行政诉讼二十年》，中国政法大学出版社 2021 年版。

第十三章　律师担任法律顾问

■ **学习目的和要求**

　　通过本章的学习掌握法律顾问的概念、特征和作用；理解法律顾问与律师事务所及聘方的关系；了解法律顾问的种类和聘请程序。

■ **重点及难点**

　　律师担任法律顾问的工作方法和步骤。

第一节　律师担任法律顾问概述

　　"法律顾问"这一职业最早于 19 世纪末出现在美国，近百年来，随着各国经济的发展，法律顾问在经济领域和社会生活中发挥着愈来愈大的作用，并得到了迅速的发展。我国 1980 年颁布的《律师暂行条例》中第一次明确了"法律顾问"这一概念。1989 年司法部发布《司法部关于律师担任政府法律顾问的若干规定》，1991 年司法部发布《司法部关于进一步加强律师担任企业法律顾问工作的通知》，1992 年司法部发布《司法部关于律师担任企业法律顾问的若干规定》。1997 年 1 月 1 日实施的《律师法》再次明确将"接受自然人、法人或者其他组织的委托，担任法律顾问"列为律师诸项业务中的首项。2003 年，全国律协出台《律师法律顾问工作规则》，促进、保障律师法律顾问工作的开展，保证服务质量，使法律顾问工作制度化、规范化。2013 年，十八届三中全会通过了《中共中央关于全面深化改革若干重大问题的决定》，要求"普遍建立法律顾问制度"。2014 年 10 月 23 日，党的十八届四中全会通过《中共中央关于全面推进依法治国若干重大问题的决定》，将法律顾问的服务对象拓展到政府机关，"积极推行政府法律顾问制度，建立政府法制机构人员为主体、吸收专家和律师参加的法律顾问队伍，保证法律顾问在制定重大行政决策、推进依法行政中发挥积极作用"。2016 年 6 月，中共中央办公厅、国务院办公厅印发《关于推行法律顾问制度和公职律师公司律师制度的意见》，进一步规定了党政机关、人民团体、国有企事业单位建立健全法律顾问制度的要求。2018 年，司法部出台《司法部关于进一步加强和规范村（居）法律顾问工作的意见》，对进一步建立健全村（居）法律顾问工作制度机制、规范和创新村（居）法律顾问工作作出部署。

各级司法行政机关、律师协会对律师事务所担任法律顾问工作进行监督、指导。

一、法律顾问的概念

本章所指法律顾问，是指律师依法接受自然人、法人或者其他组织以及党政机关的聘请，以自己的专业知识和技能为聘请方提供多方面的法律服务的专业性活动。担任法律顾问的律师必须是依《律师法》及有关规定取得了律师执业证书并在律师事务所执业的执业律师。未经律师事务所指派，律师个人不得以任何形式或名义担任法律顾问。律师助理人员不得独立担任法律顾问，但可以协助律师完成法律顾问工作。

法律顾问服务的对象包括两类，一类是自然人、法人或者其他组织，另一类是党组织、政府机关和事业单位等。律师为企业法人及其他组织担任法律顾问，有利于推进企业依法经营、合规管理；为政府部门担任法律顾问，有利于提高在新形势下政府依法行政的水平；为各级党组织担任法律顾问，则有利于全面提高党依据宪法、法律治国理政、依据党内法规管党治党的能力和水平。

二、法律顾问的特征

（一）服务关系的持续性

法律顾问合同的时效一般以年或者某一项事务为单位，法律顾问与顾问单位之间的法律服务关系比较稳定。

（二）服务内容的综合性

法律顾问不仅为顾问单位及时提供法律意见，还可依据合同约定代理顾问单位参与诉讼、非诉讼活动，参与重要决策的作出，承担谈判、法律宣传、审查法律文书等广泛的工作。

（三）服务对象的广泛性

法律顾问最初出现在企业。随着社会的进步，国家机关、社会团体甚至公民个人都认识到聘请律师担任法律顾问的重要性，聘请法律顾问成为普遍现象。委托法律顾问处理法律事务的现象日益增多，委托事务的内容也不再限于某一特定的法律领域。

（四）服务方式的个性化

随着社会的进步，顾问单位对律师的要求也越来越高。法律顾问必须对顾问单位的管理、经营、运作方式进行深入了解，根据顾问单位的要求，提供个性化的法律服务。

三、法律顾问与公职律师、公司律师

（一）公职律师与公司律师

公职律师，是指任职于党政机关或者人民团体，依法取得司法行政机关颁发的公职律师证书，在本单位从事法律事务工作的公职人员。公司律师，是指与国有企业订立劳动合同，依法取得司法行政机关颁发的公司律师证书，在本企业从事法律事务工作的员工。

2018 年 12 月 13 日，司法部颁布了《公职律师管理办法》《公司律师管理办法》，确立了公职律师、公司律师的具体制度。

（二）法律顾问与公职律师、公司律师的相同点

律师为党政机关或者人民团体提供法律顾问服务时，其工作的范围与该单位内部的公职律师类似。同理，当律师为国有企业提供法律顾问服务时，其工作范围与该企业的公司律师类似。律师提供此类法律服务时，主要与该顾问单位的公职律师、公司律师进行分工协作，共同为顾问单位服务。

（三）法律顾问与公职律师、公司律师的不同点

律师在律师事务所执业，顾问单位与律师事务所达成法律顾问服务合同后，律师事务所指派律师代表律师事务所为顾问单位提供法律服务。相比之下，公职律师是其所在单位的公职人员，公司律师则是其所在企业的员工，律师则不是顾问单位的人员。

此外，公职律师、公司律师不得从事有偿法律服务，不得在律师事务所等法律服务机构兼职，不得以律师身份办理所在单位以外的诉讼或者非诉讼法律事务。换言之，公职律师、公司律师只能为本单位提供法律服务。而律师事务所的律师在担任法律顾问期间，仍可以为其他委托人提供法律服务。

第二节　党政机关法律顾问

党政机关法律顾问，是指律师事务所接受各级党组织、政府机关、事业单位的委托，为其提供约定的法律顾问服务。

一、党政机关法律顾问概述

根据《中共中央关于全面推进依法治国若干重大问题的决定》的要求，党政机关应当以其法制机构人员为主体、吸收专家和律师参加的法律顾问队伍，保证法律顾问在制定重大决策、推进依法治国中发挥积极作用的制度。律师接受党政机关委托后，将成为其法律顾问队伍中的一员，在其党政机关依法治国、依法行政工作中发挥重要作用。

（一）律师担任党政机关法律顾问的作用

1. 推进依法治国。党的十八届三中全会通过的《中共中央关于全面深化改革若干重大问题的决定》明确指出："建设法治中国，必须坚持依法治国、依法执政、依法行政共同推进，坚持法治国家、法治政府、法治社会一体建设。"无论是政府职能的转变抑或是社会管理方式的创新，都要求各级党政机关能够更加自觉地运用法治

思维和法治方式来行使权力，履职尽责；要按照权力清单恪守权力边界，将权力关进法律制度的笼子里。律师在法律顾问服务中运用法律思维和法治理念，将会促进各级党政机关依法行使职权、依法决策，不断规范其行为，减少其决策失误，强化其权威，不断推进我国的依法治国。

2. 完善治理体系和治理能力现代化。治理体系和治理能力现代化离不开依法办事，法治是构建和完善治理体系和治理能力现代化的重要动能和关键杠杆。目前，我国已经基本形成了数量庞大的法律、法规、规章和规范性文件体系，约束权力运行的规范性体系已较为完善。律师在法律顾问服务中运用有关我国法律规范的专业知识，有利于保证党政机关决策和公共事务管理的科学性、合法性和正当性，维护党政机关的权威和公信力，增强各级党政机关领导干部及工作人员的法治观念和法律素养，从而完善党政机关的治理体系和治理能力。

（二）律师担任党政机关法律顾问的原则

1. 独立性。律师在担任法律顾问期间，享有依据事实和法律提出法律意见的权利。尽管法律顾问是服务于作为聘请方的党政机关，但其也负有以事实为依据、以法律为准绳的职责，作为党员的律师还应当遵守党内法规和党的纪律，而不是一味地接受该党政机关的任何安排。因此，律师法律顾问在一定程度上应独立于该党政机关。事实上，法律顾问在一定程度上发挥着监督党政机关依法履职的作用。法律顾问通过为党政机关的工作提供法律意见、进行合法性论证的服务，使党政机关的权力运行合法、合理。从这个角度上看，法律顾问不只是为党政机关提供法律服务，更是促使党政机关在法治范畴内开展工作。

2. 遵守工作纪律。律师担任党政机关法律顾问期间，应当遵守工作纪律。具体而言：①遵守保密制度，不得泄露党和国家的秘密、工作秘密、商业秘密以及其他不应公开的信息，不得擅自对外透露所承担的工作内容；②不得利用在工作期间获得的非公开信息或者便利条件，为本人及所在单位或者他人牟取利益；③不得以法律顾问的身份从事商业活动以及与法律顾问职责无关的活动；④不得接受其他当事人委托，办理与聘任单位有利益冲突的法律事务，法律顾问与所承办的业务有利害关系、可能影响公正履行职责的，应当回避；⑤与聘任机关约定的其他义务。

（三）党政机关法律顾问的选聘

律师担任党政机关法律顾问，是党政机关使用财政性资金从律师事务所采购法律服务，属于政府采购，应当遵守《政府采购法》及相关法规、规章和规范性文件。

政府采购法律服务，实行集中采购和分散采购相结合。政府采购中的当事人包括采购人、供应商和采购代理机构。党政机关作为法律服务的采购人，如采用集中采购，则由集中采购机构为采购代理机构，根据相关党政机关的委托，代表其向律师事务所采购法律服务；律师事务所则作为法律服务的供应商。

政府采购法律服务时，主要采用公开招标、邀请招标、竞争性谈判、单一来源采购、询价以及国务院政府采购监督管理部门认定的其他采购方式。其中，公开招标是政府采购的主要采购方式。

以财政部条法司3年期聘用法律顾问律师事务所政府采购为例。财政部委托相关公司作为其采购代理机构，并于2019年2月13日在中国政府采购网上发布招标公告，就财政部条法司聘请法律顾问律师事务所项目进行国内公开招标，邀请合格的投标人投标。招标内容是为财政部条法司提供2019年起3年的法律服务，主要包括：行政复议、行政应诉相关服务；财税法律法规及协定、合同审核咨询服务；其他服务。预算金额为人民币540万元。经过评审专家的评审，于2019年3月18日发布中标公告，确定聘用北京某律师事务所作为财政部条法司法律顾问，中标金额为人民币540万元。

二、党政机关法律顾问的服务内容

（一）重大事项合法性审查

重大事项合法性审查是指律师在党政机关职权范围内为其有关社会经济发展的重大决策提供合法性审查的法律服务。《国务院关于加强法治政府建设的意见》已经把坚持依法科学民主决策作为法治政府建设的重要一环，律师担任党政机关法律顾问，可以参与党政机关的重大决策并确保各项决策在程序和实体上合法。例如，《广东省政府法律顾问工作规定》已经将"为重大行政决策、重要行政行为提供法律意见"作为政府法律顾问的法律服务范围之一。

1. 律师协助党政机关规范决策程序。依法治国要求加强决策程序建设，健全重大决策规则，推进决策的科学化、民主化、法治化。其一，律师应当协助党政机关从实际出发，系统全面地掌握实际情况，深入分析决策对各方面的影响，认真权衡利弊得失。其二，律师应当协助党政机关把公众参与、专家论证、风险评估、合法性审查和集体讨论决定作为重大决策的必经程序。作出重大决策前，要广泛听取、充分吸收各方面意见，意见采纳情况及其理由要以适当形式反馈或者公布。其三，对于行政决策来说，律师应当协助政府机关完善重大决策听证制度，扩大听证范围，规范听证程序，确保听证参加人的代表性，促使行政机关将听证意见作为决策的重要参考。其四，律师可以列席政府常务会议或部门领导班子会议重大决策事项的集体讨论。其五，律师可以提前审查重大决策事项的合法性，使其在提交法制机构进行合法性审查前，经过律师的审查和把关，确保重大决策可以通过法制机构的合法性审查。

2. 律师协助党政机关完善决策风险评估机制。凡是有关经济社会发展和人民群众切身利益的重大政策、重大项目等决策事项，都应当进行合法性、合理性、可行性和可控性评估，重点是进行社会稳定、环境、经济等方面的风险评估。律师应协助党政机关建立、完善部门论证、专家咨询、公众参与、专业机构测评相结合的风险评估工作机制，通过舆情跟踪、抽样调查、重点走访、会商分析等方式，对决策可能引发的各种风险进行科学预测、综合研判，确定风险等级并制定相应的化解处置预案。律师对决策风险的评估结果，可以作为党政机关决策的重要依据。

3. 律师协助党政机关健全重大决策跟踪反馈和责任追究制度。在重大决策执行过程中，律师可以协助决策机关跟踪决策的实施情况，通过多种途径了解利益相关方和社会公众对决策实施的意见和建议，全面评估决策执行效果，并根据评估结果建议决策机关对决策予以调整或者停止执行。违反决策规定、出现重大决策失误、造成重大损失的，律师可以向决策机构或其上级机关、纪检监察部门反映情况，以便决策机关按照"谁决策、谁负责"的原则严格追究责任。

（二）参与立法及其他规范的制定

参与制定法律规范指律师在党政机关职权范围内，为政府机关制定法律、法规、规章或其他规范性文件草案提供专业咨询服务，以及为各级党组织根据党章制定党内法规提供专业咨询服务。

1. 律师可以参与政府机关制定法律、行政法规、地方性法规、自治条例和单行条例以及国务院部门规章和地方政府规章的制定、修改和废止。其一，在我国立法的实践中，国务院各部委负责起草与其职权范围相关的法律、行政法规的草案，并将其送审稿报送国务院审查，省级人民政府各厅局负责起草与其职权范围相关的地方性法规，并将其送审稿报送省级人民政府审查。律师作为国务院各部委、省级人民政府及其厅局的法律顾问，将参与这些草案的起草。其二，国务院各部委可以在其权限范围内制定规章，省级人民政府可以在其行政区域范围内制定地方政府规章，律师作为其法律顾问，将会参与该规章的起草和审查。其三，对于管理公共事务职能的政府机关依照法定权限、程序制定并公开发布，涉及公民、法人和其他组织权利义务，具有普遍约束力，在一定期限内反复适用的公文，即规范性文件，律师作为其法律顾问，将会参与该规范性文件的起草和审查。

律师参与制定法律、法规、规章或其他规范性文件草案。例如，《自然资源部立法工作程序规定》规定，自然资源部的立法起草机构可以组织法律顾问、公职律师和有关专家、单位参加法律、行政法规和部门规章送审稿的起草工作，也可以委托有关专家、单位起草法律、行政法规和部门规章送审稿。律师在参与该草案的起草工作中，将对预期效果和可能产生的影响进行风险评估、根据风险评估结果制定应对预案，参与征求有关机构和相关部门的意见和听取人大代表、政协委员的意见和建议，对征求意见稿进行修改，形成送审稿。

律师参与制定规范性文件，将确保其制定的全过程均符合有关推进依法行政、建设法治政府的部署和要求，切实保障群众合法权益，维护政府公信力。具体而言，行政规范性文件必须严格依照法定程序制发，重要的行政规范性文件要严格执行评估论证、公开征求意见、合法性审核、集体审议决定、向社会公开发布等程序。

2. 律师可以参与各级党组织制定党内法规的工作。党内法规是党的中央组织以及中央纪律检查委员会、中央各部门和省、自治区、直辖市党委制定的规范党组织的工作、活动和党员行为的党内规章制度的总称。党章是最根本的党内法规，是制定其他党内法规的基础和依据。起草党内法规，应当深入调查研究，全面掌握实际情况，认真总结历史经验和新的实践经验，充分了解各级党组织和广大党员的意见和建议。为了规范中国共产党党内法规制定工作，建立健全党内法规制度体系，提高党的建设科学化水平，必要时，调查研究可以吸收相关专家学者参加或者委托专门机构开展。律师可以接受各级党组织委托，为其根据《中国共产党党章》《中国共产党党内法规制定条例》《中国共产党党内法规和规范性文件备案审查规定》制定党内规章制度提供专业咨询服务。

（三）参与行政复议和行政诉讼

律师参与行政复议的法律顾问服务，是指当公民、法人或者其他组织认为具体行政行为侵犯其合法权益，向行政机关提出行政复议申请时，律师作为该行政机关的法律顾问，协助行政机关受理行政复议申请、作出行政复议决定。需要注意的是，律师如果代表被申请人，也就是作出具体行政行为的行政机关参与行政复议，一般不属于法律顾问的工作范围，而是作为代理人代表行政机关参与复议中的答辩。

具体而言，律师可以参与行政复议的全过程，为行政机关作出决定提供法律意见。其一，协助行政机关作出是否受理行政复议申请的决定，即审查行政复议申请是否符合行政复议的受理范围和管辖范围。其二，为行政机关制定向有关组织和人员调查取证的方案，查阅文件和资料，分析从申请人、被申请人和第三人处听取的意见。其三，律师在行政机关调查取证的基础上，审查申请行政复议的具体行政行为是否合法与适当并就此提供法律意见，必要时可以协助行政机关拟订行政复议决定。其四，如果行政复议涉及对规范性文件的审查，律师还可以协助行政机关审查相关规范性文件。其五，律师应当确保行政机关在行政复议中严格按照法律规定的权限和程序，对其在行政复议中存在的不合法行为及时作出提示，促使其采取纠正措施。其六，律师还应当注意当事人不服行政复议决定而提起行政诉讼的风险，并及时采取应对措施。

律师参与行政诉讼的法律顾问服务，是指当公民、法人或者其他组织认为行政机关和行政机关工作人员的行政行为侵犯其合法权益，向人民法院提起行政诉讼时，律师为应诉提供相关准备工作。法律顾问在行政诉讼中的工作，主要是指律师就行政诉讼发生的可能性、行政诉讼中可能遇到的问题、败诉风险、应诉策略等事项，为行政机关提供法律意见，供行政机关参考。如果行政机关决定聘请律师作为其代理人出庭应诉，则一般不属于法律顾问的工作范围，而涉及作为代理诉讼的律师参与行政诉讼，即属于律师的诉讼业务。

（四）合同（协议）的审核

律师参与党政机关的合同审查，主要涉及行政协议和民事合同两类。

行政协议是指行政机关为实现公共利益或者行政管理目标，在法定职责范围内，与公民、法人或者其他组织协商订立的具有行政法上权利义务内容的协议。行政协议将会引起行政法律关系的发生、变更和消灭，受到行政法律规范的约束。根据《最高人民法院关于适用〈中华人民共和国行政诉讼法〉若干问题的解释》，公民、法人或者其他组织可以就政府特许经营协议、土地、房屋等征收征用补偿协议和其他行政协议提起行政诉讼。由此可见，行政协议纠纷应属于行政诉讼的范畴，而不属于民事诉讼。

律师审查行政协议，应当从如下几个方面着手：其一，签订行政协议的行政机关应当在其职权范围内订立该行政协议，行政协议约定的事项不得超出其权限。其二，行政机关与相对方在真实、平等、自愿的基础上就行政协议所涉事项达成一致意见，充分尊重相对方的缔约自由，避免行政机关借助其行政权力胁迫相对方与其缔约。律师还应当在行政协议中充分描述这种自由缔约的背景信息，以便因该合同而发生纠纷时，行政机关得以证明缔约的合理性。其三，行政协议的内容合法。行政协议约定的事项涉及行政机关履行行政职权，行政机关的职权是法定的，因此该协议的权利义务也应当是法定的。律师在审查行政协议时，应当确保合同每个条款均源自与该事项相关的法律、法规和规章的规定。其四，行政协议依法登记、备案或审批。如果行政协议依法需要登记、备案或审批的，律师应当及早提示行政机关办理该合同的登记、备案或批准手续，避免合同因未办理该手续而未成立或未生效。

行政机关在履行职权之外，还会作为平等市场主体与相对方签订民事合同。这些合同不具有任何行政目的，如办公用品采购合同、保洁服务合同等。相对方与行政机关就民事合同发生纠纷的，可以诉诸民事诉讼或仲裁。律师为行政机关审查民事合同，与律师作为自然人、法人或其他组织的法律顾问审查民事合同，并不存在实质的差异。因此，具体可参见第三节相关内容。

（五）参与处理涉及法律的重大突发性、群体性事件

突发事件，是指突然发生，造成或者可能造成严重社会危害，需要采取应急处置措施予以应对的自然灾害、事故灾难、公共卫生事件和社会安全事件。律师应当协助行政机关根据《突发事件应对法》及相关法律法规处理涉及法律的重大突发性、群体性事件。

律师可以为党政机关处置重大突发性、群体性事件提供法律支持。其一，事件调查。对于属于事故的重大事件，我国《生产安全事故报告和调查处理条例》规定了调查处理程序，律师作为法律顾问，可以参与调查全过程，包括现场查验、审查视听资料、审阅文件、访谈，在此基础上可以根据党政机关的委托发表独立意见，或为调查报告的起草提供法律意见，从而促使调查报告真实、准确、完整与权威。其二，信息公开。事件的处理离不开相关党政机关通过新闻发布等多种形式及时披露信息。律师不仅可以协助相关部门严格依照《政府信息公开条例》公开信息，还

可以对发布内容的合法性进行审核，避免公众从法律角度提出质疑。其三，责任追究。在重大事件的处理中，往往会涉及对相关党政机关的责任人员追究责任。律师可以在追究责任过程中，依据法律法规和党内法规，提出追究责任的法律意见，或对行政机关的追责行为进行合法性论证。其四，表彰抚恤。政府部门在对事件中牺牲或受伤的公务人员进行表彰、抚恤过程中，律师可就烈士褒扬金、抚恤金、定期抚恤金、死亡补助金等补偿的依据、标准、数额、时限提供法律意见。其五，赔偿救助。政府部门在对事件中利益受损的人民群众给予赔偿金和救助金时，律师可以从法律适用、人员鉴别、赔偿及救助形式、数额等方面提供法律意见。其六，谣言查处。党政机关在重大事件处理过程中往往需要应对谣言传播的问题，相关政府部门可以根据《网络安全法》和《互联网新闻信息服务管理规定》等维护新闻传播秩序。在此过程中，律师可以为政府的查处行为提供法律依据，并确保其执法的合法性。其七，预防机制。律师除了配合事件发生后的事后处理，还可以参与事前的预防机制建设，防患于未然，及时、定向核查可能的隐患。

第三节　自然人、法人或其他组织法律顾问

自然人、法人或其他组织法律顾问，是指律师事务所接受自然人、法人或其他组织委托，为其提供约定的法律顾问服务。在律师日常业务中，最典型的是为包括国有企业、民营企业、外资企业在内的各类企业法人担任法律顾问。为自然人或个体企业、合伙企业、家庭生产承包户等经营性活动及管理行为提供的法律顾问服务，以及为其他非企业民事主体，如机关事业单位、社会团体、基金会、民办非企业单位等提供的法律顾问服务，可以参照企业法律顾问。因此，本节将以为企业担任法律顾问为例展开介绍。

一、企业法律顾问概述

企业法律顾问是指律师事务所为企业合规经营和控制法律风险而提供的法律服务。在实践中，企业法律顾问服务分为常年法律顾问和专项法律顾问两类。常年法律顾问是指律师事务所为企业提供的服务期限较长、服务范围较为全面的法律服务；专项法律顾问则是律师事务所针对企业的某一特定领域而提供的法律服务。严格意义上来说，通常非诉讼业务，如并购与重组、公司上市、融资等律师服务，都可以理解为针对该领域的专项法律顾问服务。

（一）企业法律顾问的作用

1. 合规与法律风险控制。对于企业而言，企业法律顾问的核心作用是确保企业在经营中的合规经营，并控制企业经营的法律风险，亦即合规和法律风险控制（Compliance and Legal Risk Management）。合规是指企业及其员工的经营管理行为符合法律法规、监管规定、行业准则和企业章程、规章制度以及国际条约、规则等要

求；法律风险是指企业及其员工因不合规行为，引发法律责任、受到相关处罚、造成经济或声誉损失以及其他负面影响的可能性；合规和法律风险控制则是指以有效防控合规风险为目的，以企业和员工经营管理行为为对象，开展包括制度制定、风险识别、合规审查、风险应对、责任追究、考核评价、合规培训等有组织、有计划的管理活动。

合规与法律风险控制是现代企业管理活动的重要组成部分，律师提供法律顾问服务即运用其专业知识协助企业开展此类管理活动。相比之下，律师为当事人提供的其他法律服务，如在民事诉讼、刑事诉讼、行政诉讼中的律师服务，与当事人的管理活动并没有直接关系。由此可见，企业法律顾问服务与其他法律服务的区别在于，其是一种基于合规和法律风险控制的企业管理活动。

2. 合规经营。根据国资委颁布的《中央企业合规管理指引（试行）》[1]，合规经营主要包括：①市场交易，即完善交易管理制度，严格履行决策批准程序，建立健全自律诚信体系，突出反商业贿赂、反垄断、反不正当竞争，规范资产交易、招投标等活动；②安全环保，即严格执行国家安全生产、环境保护法律法规，完善企业生产规范和安全环保制度，加强监督检查，及时发现并整改违规问题；③产品质量，即完善质量体系，加强过程控制，严把各环节质量关，提供优质产品和服务；④劳动用工，即严格遵守劳动法律法规，健全完善劳动合同管理制度，规范劳动合同签订、履行、变更和解除，切实维护劳动者合法权益；⑤财务税收，即健全完善财务内部控制体系，严格执行财务事项操作和审批流程，严守财经纪律，强化依法纳税意识，严格遵守税收法律政策；⑥知识产权，即及时申请注册知识产权成果，规范实施许可和转让，加强对商业秘密和商标的保护，依法规范使用他人知识产权，防止侵权行为；⑦商业伙伴，即对重要商业伙伴开展合规调查，通过签订合规协议、要求作出合规承诺等方式促进商业伙伴的行为合规；⑧其他需要重点关注的领域。

3. 法律风险控制。根据国资委颁布的《中央企业全面风险管理指引》、财政部等颁布的《企业内部控制基本规范》、国家标准化管理委员会发布的《企业法律风险管理指南》和全国律协发布的《中华全国律师协会律师办理企业法律风险管理业务操作指引》，在法律风险控制中，应收集风险管理相关信息，在此基础上进行法律风险评估、制定风险管理策略、提出和实施风险管理解决方案，从而实现风险管理的监督与改进。

企业经营管理活动中的法律风险通常包括：①与企业主要的经营管理活动相关的法律风险，如生产活动、市场营销、物资采购、对外投资、人事管理、财务管理

---

〔1〕《中央企业合规管理指引（试行）》由国务院国有资产监督管理委员会国资发法规〔2018〕106号文发布，发文时间为2018年11月2日，施行时间为2018年11月2日。

等；②企业内部组织机构运行中的法律风险，如董事会、监事会、经理层和各个业务部门可能存在的法律风险；③企业与其内、外部人员在经营往来中发生的法律风险，如股东、客户、供应商、员工、政府主管部门等。

法律风险可以从不同角度进行归类，例如：①导致企业法律风险的行为，通常包括法律环境变化、违反法律监管、违约、侵权、怠于行使权利、行为不当等；②法律风险发生后承担的责任，通常包括刑事法律风险、行政法律风险、民事法律风险；③法律风险涉及的领域，通常包括合同、知识产权、招投标、劳动用工、税务、诉讼仲裁等。

（二）企业法律顾问服务的方式

根据全国律协发布的《律师承办企业法律顾问业务操作指引》，律师在企业法律顾问服务中的具体工作通常包括：①为委托人就有关法律问题提供咨询意见及建议；②审查、修改、起草合同等法律文书、文件；③代理参加诉讼、调解或仲裁活动；④审查、修改、起草企业的规章制度；⑤参与重大决策，并就其中的法律问题提供建议；⑥为客户提供法律知识或法律事务处理技能培训；⑦应客户要求关注特定领域法律法规的发布和修改；⑧办理客户委托的其他法律事务。

律师在企业法律顾问服务过程，与企业沟通接洽的方式通常包括：①律师上门，即律师赴企业的办公场所提供顾问服务；②客户上门，即企业赴律师事务所发出工作指示或接受律师工作成果；③远程服务，即律师与企业通过电话、电子邮件、视频会议等方式进行沟通、交付律师工作成果。

在企业法律顾问服务中，律师应当遵守如下原则：①充分了解企业。律师应当通过企业的公开资料及与企业管理人员的访谈，全面了解该企业、该行业相关的市场经营情况和法律环境状况，并深入了解企业性质、经营范围、内部组织结构及负责人、隶属关系、主要关联方等内部情况。②避免利益冲突。律师为企业提供法律顾问服务，不得与律师事务所现有当事人存在利益冲突；在服务期限内，也不得接受与该企业存在利益冲突的其他当事人的委托。③遵守法律。律师在服务范围内应当依法独立提供法律服务，应拒绝为实施违法行为及违背事实、违背律师职业道德等行为提供服务。④律师在提供企业法律顾问服务过程中，对其了解到的国家秘密、企业商业秘密以及其他不宜公开的信息、个人隐私等，均负有保密的义务。⑤避免涉及企业内部冲突。企业内部人员和部门之间发生利益冲突时，律师应当尽最大可能避免因卷入相关冲突而影响判断的独立性和解决方案的客观性。当企业内部有不同意见时，律师应当理解并向冲突各方解释，并且律师只能以依法代表企业或依授权代表企业的一方的意见为准。⑥完整保存的工作档案。律师在提供法律顾问服务过程中，应当记录为企业提供服务的交办事项、工作要求、工作内容、工作文件底稿、工作时间、工作成果等相关事项，以便根据企业需求和法律规定向有权查阅该档案的相关方提供。

二、企业法律顾问的服务内容

（一）合同管理及其法律风险控制

律师作为法律顾问参与企业合同管理，最常见的业务是合同审查。根据全国律协发布的《中华全国律师协会律师办理合同审查业务操作指引》，合同审查业务是指律师接受委托，就其送审的合同根据企业的要求及律师的专业判断，通过检查、核对、分析等方法，就合同中存在的法律问题及其他缺陷提出意见供委托人进行决策、自行调整或商务谈判时参考的专业活动，不包括对文本进行修改。

律师对合同的审查通常主要从如下几个方面着手：①对主体合格性的审查，即对于有资格要求的交易，律师应当审查或提醒委托方注意合同各方当事人从事该交易所应具备的各类法定条件，以确保签订及履行该合同的合法性以及能够得到全面的法律保护。②对内容合法性的审查，即审查合同内容的合法性，应当根据不同层面的法律规范、相关国际条约（如有）等方面的规定，并结合法律对于合同内容、审批手续等方面的要求进行审查。其中，审查合同是否有效只能依据法律及行政法规。③对条款实用性的审查，即律师可以根据委托人的行业性质、交易特性、相对人情况等，审查合同对于容易发生的争议是否已经设定实用性条款，例如，对可能发生的问题或争议是否进行了充分的预见，合同条款的设置是否便于交易、便于追究违约责任。④对权益明确性的审查，即审查合同时应注意合同中的权利义务是否明确，以避免当事人因权利义务不明而丧失权益或导致损失。⑤对合同严谨性的审查，即律师应在审查合同时，注意条款是否由于逻辑思维的严谨性不足而导致权益无法保护，例如，对于具体权利义务的列举，是否由于严谨性不足而存在产生较大争议的可能性；是否存在由于术语或关键词不统一而造成的条款冲突；对于合同中约定禁止的行为，是否具有相应的违约责任条款。

律师在审查合同时，应当注意如下原则：①律师在合同审查过程中应勤勉尽责，努力发现并提示委托人合同中存在的各类风险及不利条款，特别是有可能加重委托人责任、可能导致合同无效或部分无效、因约定不明有可能产生重大争议的条款。②律师审查合同的工作范围包括但并不仅限于合同条款本身，除既有条款外，还应充分注意根据合同性质或交易目的应予约定而未予约定的内容，或足以影响双方重大权益的其他条款约定不明、冲突等情况。③合同中的标的、价格、质量标准、数量、履行期限等约定总体上属于商务条款，应提醒委托人自行确定。但律师应当注意各类商务条款中影响民事责任后果的约定，尤其是对委托人不利的情况以及涉及民事责任的识别与追究的内容。④对于无名合同及《民法典》合同编第二分编典型合同中没有规定的合同，在审查时应注意《民法典》合同编第一分编通则以及《民法典》第一编总则的相关规定，并参照合同编第二分编典型合同中有关买卖合同的相关规定进行审查。⑤律师应保持对司法解释、权威案例、审判机关在合同理解方面的主流观点的持续关注，并在合同审查工作中坚持审慎原则，对有可能导致败诉的条款及时提出警示。

（二）公司治理法律风险控制

律师参与公司治理法律风险控制，是指律师为企业的公司治理体系建立与完善提供的法律服务。公司治理有狭义和广义两种含义。狭义的公司治理是股东会、董事会和经理、监事会之间的权力分配及制衡关系；广义的公司治理则包括可能对公司与其所有者关系产生影响的各种制度的总和，如公司外部的监管市场、经理市场、资本市场、产品市场、机构投资者，以及公司内部的股东会、董事会、监事会等。

公司治理体系的法律载体是公司内部的制度体系，仅对公司自身及公司的内部利益关系人具有约束力，但其功能却是协调公司内、外部各利益关系方的权利义务关系。根据全国律协发布的《中华全国律师协会律师承办公司治理业务操作指引》，律师承办公司治理法律风险业务的目标是协助企业建立和完善该内部制度体系（主要是公司内部规范性文件体系），以平衡保障公司股东及各股东的实际控制人，公司董事、监事及高级管理人员，公司员工个人及整体（以职工代表会议和工会为代表）等各方的利益，合理分配各利益关系方的权利和责任。

律师在该领域的工作内容通常包括为公司设计、拟制、论证、审核及协助确定合理有效的公司治理结构和相应治理机制。该业务涉及公司章程等宪章性文件的拟制与修订、公司运营及管控制度的建立与完善、公司战略制定、法律风险的防范与控制、投资人关系管理、员工激励约束、企业集团管理、公司内外部信息报告和披露、社会责任承担等相关具体业务。

公司治理结构的核心是如何在公司内部划分权力，涉及规范股东会、董事会、监事会及高级管理人员权利和义务分配，以及与此有关的聘选、监督等问题的制度框架。良好的公司治理结构可解决公司各方利益分配问题，对公司高效运转、提高竞争力起到决定性的作用。律师的工作重点是在法定的治理结构基础上合理划分股东会、董事会、监事会、经理的职权，一方面，该治理结构应当遵守《公司法》关于股东会、董事会、监事会的职权和议事规则的强制性规则，另一方面，律师可以根据公司实际创造性地自行设计股东会、董事会、监事会的职权和议事规则，以满足公司治理的需要。

公司治理结构除了在内部划分权利这一核心之外，还涉及其他方面的工作。具体而言，律师还应当根据企业实际情况提供如下方面的法律服务：①股权激励，即通过股权期权等机制，使实际进行经营管理的经理层的长期利益与股东长远利益趋于一致，促使其努力工作，完成公司和股东财富最大化的目标；②小股东利益保护，即防止控股股东或大股东侵占中小股东的利益，合理限制大股东的表决权；③防范公司高管侵害公司利益，即避免公司董事、高级经理人员将公司拥有的权利、财产利益或可期待的机会或者理应属于公司的机会据为己有；④建立竞业禁止规范，使董事、高管不得自营或者为他人经营与其所任职公司同类的营业，或者从事损害本公司利益的活动；⑤规范关联交易，使关联交易事实上对公司公平、合理，且得到合理的披露；⑥建立商业秘密保密制度，并为公司起草与相关董事、监事、高管签订的相应保密协议；⑦为上市公司建立信息披露制度，根据《上市公司信息披露管理办法》的规定，国家对上市公司的信息披露有强制性规定，承办律师应根据该管理办法为公司制定具体的信息披露制度。

（三）人力资源管理及劳动法律风险控制

根据全国律协发布的《律师办理劳动人事法律服务业务操作指引》，律师在人力资源及劳动法律风险控制中的服务包括咨询服务、劳动争议案件的代理服务、劳动刑事案件的辩护服务，以及担任劳动法律事务顾问等非诉服务。

劳动法律风险控制最核心的问题是控制劳动争议的相关法律风险。劳动争议通常包括如下类型：因是否存在事实劳动关系发生的争议；因订立、履行、变更、解除和终止劳动合同发生的争议；因除名、辞职和辞退、离职发生的争议；因工作时间、休息休假、社会保险、福利、服务期、竞业限制以及劳动保护发生的争议；因劳动报酬、工伤待遇、非因工伤亡或患病待遇、经济补偿或者赔偿金等发生的争议；法律、法规规定的其他争议。

律师为企业提供法律顾问服务时，应当全面了解企业在用工方面是否存在违反法律、法规的行为，并向企业充分提示可能存在的法律风险。具体而言，律师应当了解企业的情况，包括：企业概况（包括但不限于所有制性质、责任形式、所处地域、规模、员工人数、所属行业等）；用工性质；劳动合同签订、履行情况；薪酬福利制度及发放情况；规章制度的制定情况；工时制度及休息休假情况；加班及加班工资的发放情况；社会保险缴纳情况；劳动保护及是否存在职业病危害的有关情况；商业秘密保护及竞业限制的情况；职工代表大会及工会的建立情况；是否存在工伤及工伤发生、认定、伤残鉴定、赔偿等情况；以往发生的劳动法律纠纷的类型及案件审理结果；其他与劳动法律事务相关的信息。

律师担任企业劳动法律事务顾问的服务包括以下全部或者部分内容：协助企业依法制定、修改、公示规章制度；对企业的用工计划与招聘方案提出法律意见，指导企业依法招收聘用员工，避免就业歧视；制定或审查修改企业的劳动合同版本，指导企业人力资源管理部门与员工新签、续签、变更劳动合同；协助企业与工会或者劳动者代表协商签订、变更集体合同或者专项协议；为企业裁员提供法律意见，指导企业人力资源管理部门与员工合法解除、终止劳动合同；为企业缴纳社会保险、住房公积金、企业年金等问题提供法律意见；协助企业处理工伤事故或突发性群体事件；为企业涉及劳务派遣事项提供法律意见；为企业提供最新的劳动法律法规及劳动政策信息；为企业人力资源管理人员提供劳动法律培训或法律讲座；为企业提供日常人力资源管理方面的咨询服务；其他属于企业劳动法律事务方面的服务。

在企业存在违法行为的情况下，律师可以建议企业以和解方式解决纠纷，以避免仲裁、诉讼所带来的法律风险；同时，应当建议企业完善规章制度，纠正违法行为，依法用工。在此过程中，律师应当结合企业的具体情况，综合考虑劳动争议或不合法的内部规定对企业可能产生的整体性、连锁性反应，向企业提出合法、合理、具有操作性的咨询意见及解决方案。

■思考题

1. 简述我国"普遍建立法律顾问制度"的实践。
2. 简述律师担任党政机关法律顾问的作用。
3. 简述律师担任企业法律顾问的服务内容。
4. 简述村（居）法律顾问在基层治理中的作用。

■参考书目

1. 宋朝武、李寅武主编：《公司法律顾问实务锦囊》，法律出版社 2022 年版。
2. 万方主编：《公司法律顾问——实务操作与案例解析》，武汉大学出版社 2021 年版。
3. 徐嵩、武志坚、高建平主编：《企业全程法律顾问》，中国法制出版社 2021 年版。
4. 北京市兰台律师事务所编著：《企业法律顾问实务操作全书》，中国法制出版社 2020 年版。
5. 郑新芝主编：《政府法律顾问实务：技能、问答与案例》，中国法制出版社 2017 年版。
6. 林庆坚：《行政法治在路上——政府公职律师手记》，人民出版社 2017 年版。
7. 苏云鹏：《公司律师：成为公司的价值创造者》，中国法制出版社 2020 年版。

第十四章　律师办理诉讼外业务

■ **学习目的和要求**

　　通过本章的教学让学生了解律师办理诉讼外业务的概况。

■ **重点及难点**

　　律师办理诉讼外业务的现状及发展趋势。

第一节　律师办理诉讼外业务概述

　　律师传统的业务是诉讼代理业务，律师诉讼外业务是指律师从事的诉讼业务以外的业务。诉讼外法律业务非常广泛，小到为自然人提供法律咨询，大到公司上市和重大并购。随着市场经济环境的发展变化和律师自身素质的提高，很多新的业务被开拓出来，律师执业范围不断扩展，律师和律师事务所都趋向于从以往传统的单一诉讼业务范围向多领域、多元化发展，诉讼外业务在律师业务领域中所占的比重越来越大。律师的诉讼外业务涉及金融、投资、公司并购、工程项目、合资合作等各个领域。部分律师或律师事务所已经开始放弃所有诉讼业务而改为专门从事诉讼外业务。甚至于在诉讼外业务中，律师的专业化分工也越来越细。公司设立、企业改制、收购重组、破产清算、上市融资、房地产开发及项目转让、基础设施建设、建设工程及政府采购招投标、企业重大资产处置、连锁经营、金融债券或资产包转受让、银行贷款审查、商标专利申请转让与许可使用、股票债券发行、股权激励机制设计等有着强劲的发展势头。除此之外，传统的诉讼外业务，如调解和仲裁在新时期下也获得了巨大发展空间，从而适应多元化纠纷解决，改善营商环境，服务于"一带一路"建设的要求。

　　在国外，如美国，律师业务重心由诉讼业务向顾问业务的转变发生在内战之后，并一直持续至今。诉讼外法律业务主要集中在大型律师事务所中。在最大的律师事务所，诉讼外业务量可以达到90%。同样的转变在中国正在发生，例如，在北京的律师事务所中，诉讼外业务和诉讼业务基本持平的律师事务所达到1/5；对于大多数其他中心城市的律师事务所而言，其诉讼外业务已经成为增长的主要来源。公司企业成为这类法律服务的主要采购者，大众意义上的成功律师或律师事务所也多为以诉讼外业务为主的律师和律师事务所。

一、诉讼外业务代理的概念

诉讼外业务代理，是指律师接受当事人的委托，在授权范围内处理当事人诉讼外法律事务的活动。

诉讼外业务是不包含纠纷而无需进行诉讼程序的事务，或者虽然已经出现纠纷，但不通过法院进行诉讼，而在当事人之间通过调解或者仲裁解决的事务。

诉讼外法律事务具有以下特征：①诉讼外法律事务必须是具有法律意义的事务，具体是指办理这类事务本身能够引起法律关系的发生、变更或者消灭，或者办理这类法律事务应当履行一定的法律程序或者需要律师给予法律上的某种帮助；②办理这类法律事务的方式必须是不通过诉讼程序，律师向当事人提供的是诉讼之外的法律帮助；③诉讼外法律事务是基于当事人的委托或者请求而产生的。

二、律师处理诉讼外法律事务的原则和范围

（一）律师处理诉讼外法律事务的原则

我国《律师法》对律师处理诉讼外法律事务的原则并没有作具体规定，但对律师执业活动的原则在总则中作了原则性的规定，例如，律师执业必须遵守宪法和法律，恪守律师职业道德和执业纪律；必须以事实为依据、以法律为准绳；应当接受国家、社会和当事人的监督；执业受法律保护。这些都是律师进行执业活动的共有原则，也是律师处理诉讼外法律事务的工作原则。律师处理诉讼外法律事务，除了遵守上述原则外，还应当遵守下列几项原则：

1. 维护委托人合法权益的原则。委托人之所以聘请律师处理诉讼外法律事务，就是通过律师的工作，使其合法权益不受侵害，保护其行使法律赋予的权利。因此，律师必须把维护委托人的合法权益作为整个工作的基本准则，绝不能实施有损于委托人合法权益的行为。同时，维护委托人合法权益还表现在要为委托人保守商业秘密。

2. 开拓创新原则。我国改革开放和现代化建设事业已经进入了新的发展阶段，律师应当打破固有模式，冲破传统观念，大胆开拓，勇于创新，全身心地投入到改革开放和现代化建设中去，为社会主义市场经济的发展，为政府机关、企事业单位、社会团体和公民个人提供优质、创造性的法律服务。

3. 合法原则。这一原则一方面要求律师处理诉讼外法律事务时应严格遵循法律的规定；另一方面要求律师对委托人违反国家法律、政策的行为，应当说服其停止并纠正。如果委托人拒不接受律师的正确意见，且影响国家利益或者产生其他不良后果，律师应当及时将情况反映给律师事务所，由其决定是否解除委托。

4. 平等原则。律师处理诉讼外法律事务，为委托人提供法律服务，双方的法律地位是平等的。因此，双方应当相互尊重，相互信任，平等待人。作为律师，绝不能动辄发号施令，把自己的法律意见和建议强加于委托人，甚至干涉委托人的非委托事务；即使是合同中规定的职责范围内的法律事务，也必须征求委托人的意见，在其同意或者授权的情况下方可进行。作为委托人，应当把律师当作自己的参谋和助手，遇有重大疑难问题最好主动、及时征询律师的意见，对律师的法律意见和合理化建议要认真听取，以避免出现失误和纠纷。

（二）律师处理诉讼外法律事务的范围

诉讼外业务领域覆盖面广，有着宽阔的发展前景。从提供法律咨询服务、出具法律意见书到各种大型的项目合同的签订、大型企业的改制等各个领域都存在诉讼外业务资源。目前，我国有一些诉讼外业务已经很成熟，一些正在逐渐开发，还有更多的服务业务尚待开发。诉讼外法律服务是与一个国家和地区的经济发展紧密相连的，也就是说，只要有法律服务需求，就会有律师提供相应的法律服务。但是，由于经济发展水平及律师自身对诉讼外业务认识的诸多原因，目前各地诉讼外业务的开展尚不平衡。

三、律师处理诉讼外法律事务的意义

（一）有助于保护委托人的合法权益

在现实生活中，许多公民、法人或者其他组织在自己的权益被侵害时，不知道该通过何种渠道来获得救济，有的甚至不知道自己有许多权益是受法律保护的，更不知道是怎样受到保护的。通过律师处理诉讼外法律事务，一方面，能够让委托人知道自己的权益，知道应当依法维护自己的权益；另一方面，也使得委托人知道应当如何依法维护自己的权益。

（二）有助于维护社会的稳定

在日常生活中和经济活动中，公民、法人和其他组织之间极易产生各种矛盾和纠纷，这些矛盾得不到及时解决就会影响社会秩序的稳定，阻碍经济活动的正常运行，甚至酿成严重的经济犯罪活动。诉讼是解决矛盾和纠纷的主要途径，但受程序制约，往往需要几个月甚至更长时间才能使矛盾和纠纷得以解决。律师处理诉讼外法律事务，可以将许多矛盾、纠纷消除在萌芽阶段，也可以抑制、阻止矛盾的激化，预防违法犯罪行为的发生，从而有助于社会的发展和社会秩序的稳定。

（三）有助于提高律师的法律素质

律师处理诉讼外法律事务涉及范围广泛，问题复杂多样，而且对于当事人提出的问题，一般要及时回答。因此，这就要求律师必须具有扎实的业务知识基础，同时具有一定的实践经验及处理问题的能力，尤其是要有一定的应变能力，否则难以胜任这一工作。律师处理诉讼外法律事务，可以促使律师在实践中不断学习、积累、掌握广泛的业务知识及其他相关知识，以适应工作的需要。

（四）有助于强化社会的法治环境

律师处理诉讼外法律事务，用法律手段来保护委托人的合法权益，通过与有关当事人交流，使其明白法律保护什么、禁止什么、有哪些救济途径等，让当事人认知法律、期待法律、关注法律、信仰法律，从而形成遵守法律的社会环境。

四、诉讼外业务对律师的要求

诉讼外业务对律师提出了更高的要求：

1. 要具有团结协作、相互配合的意识。传统的诉讼业务由于流程明确，一般 1 名律师即可办理，而许多诉讼外业务往往涉及多个法律领域或同一法律领域的多个方面，且持续的时间较长，单个甚至几个律师难以完成工作，需要律师团队在相当长时间内全方位地介入，律师之间的协作和配合显得十分重要。因此，做好诉讼外法律业务，必须具备合作精神。

2. 要具有较好的人际关系处理能力。诉讼外业务往往需要与众多客户打交道并协调各方面关系，具有良好的人际关系处理能力有助于业务的处理和律师业务的拓展。

3. 应具备较强的文字表达能力，善于和勤于文案工作。诉讼外业务往往需要制作大量的文书，要求律师能够用规范的法律语言准确、完整地表达观点，并能够全面、系统、有针对性地阐述观点，在此基础上形成完整的文字资料和记录。律师需要向客户提交诸多工作成果，诸如方案、法律意见书、律师尽职调查报告、律师函、合同协议、法律服务工作报告等，以及律师自己留存备查的律师工作日志、会议记录、资料交接清单等。

4. 保守当事人的秘密。这是律师的基本职业道德之一。诉讼外业务中，承办律师可能接触到当事人更多的秘密，因此，更要注意保守当事人的秘密。

第二节　律师办理调解业务

律师调解业务是指由律师依法成立的律师调解工作室或者律师调解中心作为中立第三方主持调解，或者律师参与到各类调解组织中作为调解员，协助纠纷各方当事人通过自愿协商达成协议解决争议。律师调解业务不同于律师作为当事人的代理人参与调解，而主要指律师以调解员的身份参与到各种调解组织居中解决纠纷。律师作为当事人的代理人参与调解，与律师作为当事人的代理人参与民事诉讼没有实质性区别，因此可以参照律师民事诉讼业务进行学习，本节中不再赘述。

一、律师调解业务概述

（一）法治建设中的律师调解

党的十八届四中全会通过了《中共中央关于全面推进依法治国若干重大问题的决定》。根据该决定的要求，推进法治建设，应当健全社会矛盾纠纷预防化解机制，完善调解、仲裁、行政裁决、行政复议、诉讼等有机衔接、相互协调的多元化纠纷解决机制。加强行业性、专业性人民调解组织建设，完善人民调解、行政调解、司法调解联动工作体系。在此基础上，2015 年 10 月 13 日，中央全面深化改革领导小组第十七次会议审议通过了《关于完善矛盾纠纷多元化解机制的意见》。

为了贯彻前述决定和意见，最高人民法院于 2016 年颁布了《最高人民法院关于人民法院进一步深化多元化纠纷解决机制改革的意见》，引导当事人选择适当的纠纷解决方式，完善调解与诉讼有机衔接、相互协调的多元化纠纷解决机制，即诉调对接机制。人民法院将建立诉调对接平台，对诉至法院的纠纷进行适当分流，对适宜调解的纠纷引导当事人选择诉讼外方式解决，建立人民调解、行政调解、商事调解、行业调解、司法调解等联动工作体系。

为了充分发挥律师在预防和化解矛盾纠纷中的专业优势、职业优势和实践优势，健全、完善律师调解制度，推动形成中国特色的多元化纠纷解决体系，律师开始成为多元化纠纷解决机制中调解工作的主要力量。为此，最高人民法院和司法部于 2017 年颁布了《最高人民法院、司法部关于开展律师调解试点工作的意见》，对律师调解进行了详细规定，并决定在北京、黑龙江、上海、浙江、安徽、福建、山东、湖北、湖南、广东、四川等 11 个省（直辖市）进行试点。截至 2018 年 11 月，11 个试点省份共设立律师调解工作室（中心）2357 个，律师调解案件 3.7 万余件，达成调解协议 1.6 万余件。

（二）律师调解的意义

1. 推动多元化纠纷解决。律师制度是中国特色社会主义司法制度的重要组成部分，律师作为职业法律服务工作者，在多元化纠纷解决机制中发挥作用的大小，是衡量国家法治水平的重要指标。律师业务领域从为一方当事人提供诉讼或非诉法律服务，向作为中立第三方居中调解双方当事人之间的纷争拓展，对于满足人民群众的多元解纷需求，提升多元化纠纷解决机制的专业化水平，推动我国纠纷解决机制实现现代化、走向国际化具有重要意义。

2. 充分发挥了律师的专业能力。律师是国家治理体系中一支非常重要的纠纷解决力量。律师加入调解员队伍，为当事人解决纠纷又打开了"一扇门"，有助于纠纷的合理分流和纠纷解决资源的合理配置，有助于缓解法院有限的司法资源与持续增长的诉讼案件量之间的矛盾。职业律师加入社会化调解队伍，能够满足人民群众，特别是市场主体对调解服务专业化、规范化日益增长的新需求，有助于提升社会化调解的公信力。

3. 有助于我国多元化纠纷解决机制与国际接轨。从国际上看，在美国、欧洲各国、日本、新加坡等国家和地区，律师在替代性纠纷解决机制（ADR）的发展中发挥着越来越重要的作用。一些境外律师已经将目光瞄准中国大陆调解市场，与国内组织合作，积极参与到涉外民商事纠纷的调解工作中来。大力发展我国的律师调解，构建高水准的商事纠纷解决机制，为国际商事主体提供良好的法律服务，有助于提升我国在国际社会的竞争力和公信力，助力"一带一路"国家战略的实施。

二、律师如何进行调解

（一）律师调解基础

律师调解是指律师、依法成立的律师调解工作室或者律师调解中心作为中立第三方主持调解，协助纠纷各方当事人通过自愿协商达成协议解决争议的活动。

律师调解的原则包括：①坚持依法调解。律师调解工作应当依法进行，不得违反法律法规的禁止性规定，不得损害国家利益、社会公共利益和当事人及其他利害关系人的合法权益。②坚持平等自愿。律师开展调解工作，应当充分尊重各方当事人的意愿，尊重当事人对解决纠纷程序的选择权，保障其诉讼权利。③坚持调解中立。律师调解应当保持中立，不得有偏向任何一方当事人的言行，维护调解结果的客观性、公正性和可接受性。④坚持调解保密。除当事人一致同意或法律另有规定的以外，调解事项、调解过程、调解协议内容等一律不公开，不得泄露当事人的个人隐私或商业秘密。⑤坚持便捷高效。律师运用专业知识开展调解工作，应当注重工作效率，根据纠纷的实际情况，灵活确定调解方式方法和程序，建立便捷高效的工作机制。⑥坚持有效对接。加强律师调解与人民调解、行政调解、行业调解、商事调解、诉讼调解等有机衔接，充分发挥各自特点和优势，形成程序衔接、优势互补、协作配合的纠纷解决机制。

（二）律师调解模式

1. 在人民法院设立律师调解工作室。人民法院将律师调解与法院的诉讼服务中心建设结合起来，在人民法院诉讼服务中心、诉调对接中心或具备条件的人民法庭设立律师调解工作室，配备必要的工作设施和工作场所，由律师为调解员协助诉诸人民法院的纠纷各方当事人通过自愿协商达成协议解决争议。

2018 年，北京市东城区人民法院与北京市律师协会共同签署了《关于开展律师调解工作的框架协议》，正式确定了双方今后就诉前委托律师调解和诉调对接工作建立合作机制。2019 年，北京互联网法院成立诉前人民调解委员会，该调解委员会由专业律师组成，专门从事该法院互联网纠纷调解工作。

2. 在公共法律服务中心（站）设立律师调解工作室。县级公共法律服务中心、乡镇公共法律服务站设立专门的律师调解工作室，由公共法律服务中心（站）指派律师调解员提供公益性调解服务。该模式的律师调解具有基层性、公益性和专业性的特征。

国务院《"十三五"推进基本公共服务均等化规划》要求，建立公共法律服务体系，加强法律援助综合服务平台和便民窗口、法律服务中心（站、工作室），加强人民调解组织、司法鉴定机构建设。《司法部关于推进公共法律服务体系建设的意见》和《司法部关于深入推进公共法律服务平台建设的指导意见》中要求，建立健全县

（市、区）司法行政法律服务中心、乡镇（街道）法律服务工作站、村（社区）法律服务点（窗口），引导律师积极参与调解处置和社区工作等公益法律服务。

3. 在律师协会设立律师调解中心。省级、设区的市级律师协会设立律师调解中心。律师调解中心在律师协会的指导下，组织律师作为调解员，接受当事人申请或人民法院移送，参与矛盾化解和纠纷调解。

杭州市律师协会在杭州市司法局的指导下，于 2016 年成立了全国首个以律师为主体的专业性调解组织——"杭州律谐调解中心"（以下简称"调解中心"），旨在建立多元化纠纷解决机制，将社会矛盾引导分流，为社会和公众提供便捷、低成本的调解服务，把争议化解在基层。此后，各地律师协会陆续建立律师调解组织。

4. 律师事务所设立调解工作室。有条件的律师事务所可以自行设立调解工作室，组成调解团队，可以将接受当事人申请调解作为一项律师业务开展，同时可以承接人民法院、行政机关移送的调解案件。

律师事务所设立的调解工作室具有一定的商业性，律师事务所可以为调解收取一定的费用。根据《最高人民法院关于人民法院进一步深化多元化纠纷解决机制改革的意见》，人民法院支持商事调解组织、行业调解组织、律师事务所等按照市场化运作，根据当事人的需求提供纠纷解决服务并适当收取费用。

（三）律师调解方式

人民法院、公共法律服务中心（站）、律师协会和律师事务所应当向当事人提供承办律师调解工作的律师事务所和律师调解员名册，并在公示栏、官方网站等平台公开名册信息，方便当事人查询和选择。律师事务所和律师接受相关委托代理或参与矛盾纠纷化解时，应当告知当事人优先选择调解或其他诉讼外方式解决纠纷。

律师调解一般由 1 名调解员主持。对于重大、疑难、复杂或者当事人要求由 2 名以上调解员共同调解的案件，可以由 2 名以上调解员调解，并由律师调解工作室或律师调解中心指定 1 名调解员主持。当事人具有正当理由的，可以申请更换律师调解员。律师调解员根据调解程序依法开展调解工作，律师调解的期限为 30 日，双方当事人同意延长调解期限的，不受此限。经调解达成协议的，出具调解协议书；期限届满无法达成调解协议，当事人不同意继续调解的，终止调解。

律师调解员组织调解，应当用书面形式记录争议事项和调解情况，并经双方当事人签字确认。律师调解工作室或律师调解中心应当建立完整的电子及纸质书面调解档案，供当事人查询。调解程序终结时，当事人未达成调解协议的，律师调解员在征得各方当事人同意后，可以用书面形式记载调解过程中双方没有争议的事实，并由当事人签字确认。在诉讼程序中，除涉及国家利益、社会公共利益和他人合法权益的以外，当事人无需对调解过程中已确认的无争议事实举证。

调解协议通过三种方式履行：①自行履行。经律师调解工作室或律师调解中心调解，当事人达成调解协议的，律师调解员应当鼓励和引导当事人及时履行协议。

当事人无正当理由拒绝或者拖延履行的，调解和执行的相关费用由未履行协议一方当事人全部或部分负担。②申请支付令。经律师调解达成的和解协议，调解协议中具有金钱或者有价证券给付内容的，债权人依据《民事诉讼法》及其司法解释的规定，向有管辖权的基层人民法院申请支付令的，人民法院应当依法发出支付令；债务人未在法定期限内提出书面异议且逾期不履行支付令的，人民法院可以强制执行。③司法确认。经律师调解工作室或律师调解中心调解达成的具有民事合同性质的协议，当事人可以向律师调解工作室或律师调解中心所在地基层人民法院或者人民法庭申请确认其效力，人民法院应当依法确认调解协议的效力。

律师调解员具有以下情形的，当事人有权申请回避：系一方当事人或者其代理人的近亲属的；与纠纷有利害关系的；与纠纷当事人、代理人有其他关系，可能影响公正调解的。律师调解员具有上述情形，当事人要求回避的，律师调解员应当回避，当事人没有要求回避的，律师调解员应当及时告知当事人并主动回避。当事人一致同意继续调解的，律师调解员可以继续主持调解。

律师调解员不得再就该争议事项或与该争议有密切联系的其他纠纷接受一方当事人的委托，担任仲裁或诉讼的代理人，也不得担任该争议事项后续解决程序的人民陪审员、仲裁员、证人、鉴定人以及翻译人员等。

三、行业调解

行业调解是指在特定领域和行业设立的行业性、专业性人民调解委员会组织的调解工作，其业务范围限定于调解特定行业、专业领域的矛盾纠纷。行业调解是律师调解模式的创新，是与在人民法院设立律师调解工作室、在公共法律服务中心（站）设立律师调解工作室、在律师协会设立律师调解中心、在律师事务所设立调解工作室之外的第五种模式。但是，与前述四种模式不同的是，特定行业的调解委员会并不是由律师组建的，但律师可以在其中发挥较大的作用。

根据最高人民法院、司法部2018年颁布的《最高人民法院、司法部关于扩大律师调解试点工作的通知》，明确拓展调解业务领域。各地除根据《最高人民法院、司法部关于开展律师调解试点工作的意见》规定在人民法院、公共法律服务中心（站）、律师协会、律师事务所设立律师调解工作室（中心）外，可以根据需要探索在医疗纠纷、道路交通、劳动争议、消费者权益保护等领域或行业设立律师调解组织，为人民群众提供便捷多样的律师调解服务。根据业务领域对律师调解组织和律师调解员实行分类精细管理，针对不同法律服务需求精准匹配调解组织或调解员。根据《司法部关于进一步加强行业性、专业性人民调解工作的意见》《司法部、中央综治办、最高人民法院、民政部关于推进行业性专业性人民调解工作的指导意见》，司法行政机关要加强与有关行业主管部门的协调配合，根据相关行业、专业领域矛盾纠纷情况和特点，指导人民调解协会、相关行业协会等社会团体和其他组织，设立行业性、专业性人民调解委员会或依托现有的人民调解委员会设立人民调解工作室。

律师在调解机构中可以担任调解员，发挥其法律专业的优势，为特定领域和行业纠纷化解发挥作用。根据中央全面深化改革委员会第一次会议审议通过的《中央政法委、最高人民法院、司法部、民政部、人力资源和社会保障部关于加强人民调解员队伍建设的意见》，人民调解委员会根据需要可以聘任一定数量的专、兼职人民调解员，并要注重选聘律师等社会专业人士担任人民调解员，不断提高人民调解员的专业化水平。此外，司法行政部门要积极吸纳律师等作为培训师资力量，参与人民调解委员会主任、骨干调解员的岗前培训和年度培训，提高培训质量和水平。

目前，律师已经广泛作为行业调解机构的调解员。例如，根据《中国证券业协会证券纠纷调解工作管理办法》，中国证券业协会证券纠纷调解中心将会聘任有 5 年以上纠纷解决经验的律师担任调解员；根据《全国工商联、司法部关于推进商会人民调解工作的意见》，由商会组织依法设立商会人民调解委员会，积极吸纳律师担任商会人民调解委员会委员和人民调解员。

第三节　律师办理仲裁业务

律师办理仲裁业务是指由律师受仲裁机构聘任，根据当事人约定或仲裁机构的仲裁规则，成为仲裁庭成员，组织开庭并作出仲裁裁决。律师仲裁业务不同于律师作为仲裁案件当事人的代理人参与仲裁，而主要指律师以仲裁员的身份、作为仲裁庭成员参与到仲裁中并居中裁决仲裁案件。律师作为当事人的代理人参与仲裁，与律师作为当事人的代理人参与民事诉讼没有本质区别，传统上诉讼和仲裁业务合称为诉讼仲裁业务或纠纷（争议）解决业务（Dispute Resolution）。因此，对律师作为当事人的代理人参加仲裁，可以参照律师民事诉讼业务进行学习，本节中不再赘述。

一、律师仲裁业务概述

（一）法治建设中的仲裁

2014 年，党的十八届四中全会作出《中共中央关于全面推进依法治国若干重大问题的决定》，要求健全社会矛盾纠纷预防化解机制，完善仲裁等多元化纠纷解决机制，提高仲裁公信力。2016 年，最高人民法院颁布《最高人民法院关于人民法院进一步深化多元化纠纷解决机制改革的意见》，要求加强与仲裁机构的对接，积极支持仲裁制度改革，尊重商事仲裁规律和仲裁规则，及时办理仲裁机构的保全申请，依照法律规定处理撤销和不予执行仲裁裁决案件，规范涉外和外国商事仲裁裁决司法审查程序等。

2019 年 4 月，中共中央办公厅、国务院办公厅发布《关于完善仲裁制度提高仲裁公信力的若干意见》，要求充分发挥仲裁在尊重当事人意思自治和便捷、高效解决纠纷等方面的作用。该意见要求改进仲裁员选聘和管理工作，拓宽仲裁员聘任渠道，鼓励根据不同业务性质、矛盾纠纷解决需求，聘任不同专业、不同领域的人员担任仲裁员，逐步建立分类别、适应多层次需求的仲裁员队伍。探索聘任基层享有较高威望、善于调处民间纠纷的人士参与仲裁调解工作，根据需要聘任通晓国际仲裁规则、善于处理涉外经济贸易事务的人员担任仲裁员。仲裁委员会可以对聘任的仲裁员按照不同专业设立仲裁员名册，鼓励根据各自实际探索仲裁员推荐名册。探索成立仲裁员职业道德委员会，健全仲裁员的聘任资格审查、日常管理、监督考核机制。按照国家有关规定，建立适应仲裁业务发展的仲裁员报酬制度，合理确定仲裁员报酬标准，规范仲裁员报酬管理工作。该意见为律师受聘仲裁员、开展律师仲裁业务提供了坚实的政策基础。

（二）律师仲裁的意义

1. 参与多元纠纷解决。律师仲裁是完善调解、仲裁、行政裁决、行政复议、诉讼等有机衔接、相互协调的多元化纠纷解决体系的重要部分，是律师参与共进、共建、共治、共享的社会治理格局建设的重要途径。目前，我国正在努力贯彻落实仲裁法律制度，进一步加强仲裁与诉讼对接工作机制，提高对仲裁在国家治理体系中作用的认识，并努力把仲裁融入经济社会发展各个领域，在支持传统商事仲裁的同时，也积极支持和保障仲裁机构参与基层社会治理。律师不仅是具有法律专业知识的人员，也是以解决纠纷为主要工作的专家，因此律师参与仲裁、参与多元纠纷解决，具有天然的专业优势，也有助于仲裁公信力的提高。

2. 服务于"一带一路"建设等国家重大战略。2018 年，中共中央办公厅、国务院办公厅印发了《关于建立"一带一路"国际商事争端解决机制和机构的意见》，要求充分考虑"一带一路"建设参与主体的多样性、纠纷类型的复杂性以及各国立法、司法、法治文化的差异性，积极培育并完善诉讼、仲裁、调解有机衔接的争端解决服务保障机制，切实满足中外当事人多元化的纠纷解决需求。在该意见的指导下，最高人民法院设立第一、第二国际商事法庭，支持具备条件、在国际上享有良好声誉的国内仲裁机构开展涉"一带一路"国际商事仲裁，建设"一站式"国际商事纠纷多元化解机制。此外，在京津冀协同发展、雄安新区建设、长江经济带发展、粤港澳大湾区建设、国家自由贸易试验区建设、海南自由贸易港建设等重大发展战略中，仲裁也正在发挥重要的作用。在仲裁支持国家重大战略的过程中，律师不仅不能缺席，还应当积极主动发挥作用。

3. 推动打造有国际影响力的仲裁品牌。在经济全球化的今天，仲裁作为国际上广泛认可的商事纠纷解决方式之一，在解决国际经贸争议、消除投资和贸易障碍、推进国际法治建设中发挥着独特而重要的作用。随着"一带一路"倡议的深入推进，中国与世界各国在政治、经贸、人文等各领域的合作将更为密切，国际、国内各界对仲裁服务的需求将日益增加。中国仲裁已经在国际上取得重要的影响力，下一步我国仲裁机构还将改革创新、拓展国际仲裁市场，打造具有国际影响力的仲裁品牌，提升我国仲裁的国际竞争力和话语权，为国家重大发展战略创造良好的法治环境。在这一过程中，最重要的是培养具有高素质、高水平、国际认可的仲裁员队伍，律师则是优秀仲裁员的重要来源。

4. 维护我国当事人在国际仲裁中的合法权益。我国企业已经深入参与国际经贸往来，由此发生的跨境商事纠纷许多会在国际仲裁机构中解决，如国际商会（ICC）、伦敦国际仲裁院（LCIA）、香港国际仲裁中心（HKIAC）、新加坡国际仲裁中心（SIAC）、联合国国际贸易法委员会（UNCITRAL）、迪拜国际仲裁中心（DIAC）、澳大利亚国际商事仲裁中心（ACICA）、海牙常设仲裁法院（PCA）、伦敦海事仲裁协会（LMAA）、美国仲裁协会（AAA）等。如果仲裁庭中没有中国仲裁员，其很可能无法充分理解案情并作出尊重我国当事人合法权益的裁决。目前，我国已经有部分国际化律师在这些仲裁机构的仲裁案件中担任仲裁员，但人数和公信力仍未能满足中国企业需求，未来中国律师"走出去"担任仲裁员仍大有可为。

二、律师如何参与仲裁

（一）律师接受仲裁机构聘任

《仲裁法》第 13 条规定，仲裁委员会应当从公道正派的人员中聘任仲裁员。律师担任仲裁员的，应当从事律师工作满 8 年。除此之外，不同仲裁机构对律师担任仲裁员的条件还会有其他要求。例如，《中国国家经济贸易仲裁委员会、中国海事仲裁委员会关于聘任仲裁员的规定》第 2 条中要求，中国籍仲裁员掌握一门外语并可以作为工作语言，少数知名人士可适当放宽，并能够保证仲裁办案时间。《北京仲裁委员会仲裁员聘用管理办法》则要求，律师应当具有法律专业硕士研究生或以上学历；或者具有法律专业大学本科学历，并多次任首席或独任仲裁员，办案能力强；从事或曾从事诉讼或仲裁业务，办案经验丰富；在律师行业中具有较高的专业水准和良好信誉，无任何违纪行为或不良反映；能够胜任首席或独任仲裁员工作。

律师申请担任仲裁机构的仲裁员，应当根据仲裁机构的要求填写申请材料，经仲裁机构审查通过后决定聘任。仲裁机构将向受聘的律师发放仲裁员聘书，并将其列入仲裁员名册。律师受聘为仲裁员后的任期，由仲裁机构规定，通常为 3~5 年，任期届满后，由仲裁机构决定是否续聘。仲裁员任期未满，仲裁员不愿意继续担任仲裁员的，或者因严重违反相关规定而被认定为不称职的，或者由于其他原因需要解聘的，仲裁机构可以解聘。

（二）律师接受选定或指定成为仲裁案件的仲裁庭成员

律师受聘为仲裁机构的仲裁员后，根据当事人的选定或仲裁机构的指定，可担任相关仲裁案件的仲裁庭成员。律师作为仲裁庭成员不代表任何一方当事人，应独立于各方当事人，并平等地对待各方当事人。

律师仲裁员在接受选定或指定为仲裁庭成员时，应保证有足够时间按照仲裁规则的要求参加开庭、评议、调查、制作裁决等审理工作。在仲裁庭审理日程或开庭时间确定后，律师仲裁员应尽量避免因个人事由影响审理日程或开庭。律师仲裁员如果不能确定是否有相应时间办理该仲裁案件的，应及时向仲裁机构说明，由仲裁机构决定是否通知当事人重新选定仲裁员或由仲裁机构重新指定仲裁员。

律师在接受选定或指定为仲裁庭成员时，应当如实书面披露可能引起对其公正性和独立性产生合理怀疑的任何事实或情况。其一，律师仲裁员应披露本人与案件存在的利害关系，例如：是该案的当事人、代理人或当事人、代理人的近亲属；对于该案事先提供过咨询；私自与当事人、代理人讨论案件情况，或者接受当事人、代理人请客、馈赠或提供的其他利益；在本案为当事人推荐、介绍代理人；担任过本案或与本案有关联的案件的代理人或证人；与当事人或代理人有较为密切的交谊或嫌怨关系；与当事人或代理人有同事、代理、雇佣、顾问关系的；与当事人或代理人为共同权利人、共同义务人或有其他生意或财产关系的。其二，律师仲裁员应披露本人所属律师事务所与案件存在的利害关系，例如：该律师事务所与案件有关联或与当事人有过业务往来；该案件仲裁庭其他成员也是该律师事务所的律师；其近亲属在当事人的律师工作的律师事务所工作。律师如果在担任该案件仲裁庭成员后才发现具有前述应予披露情形的，也应立即披露。

当事人收到律师仲裁员书面披露材料后，可以以披露的事实或情况为理由要求该仲裁员回避。即使律师仲裁员没有披露相关情况，但当事人对被选定或被指定的仲裁员的公正性和独立性产生具有正当理由的怀疑时，也可以要求该仲裁员回避，但通常应说明提出回避请求所依据的具体事实和理由并举证。

（三）律师作为仲裁庭成员审理案件

仲裁员应在开庭之前认真阅读当事人提交的材料，并着手审查：当事人的状况，仲裁请求是否明确，是否属于仲裁协议约定的仲裁事项，当事人是否提出管辖权异议，答辩是否明确具体，是否提出反请求并办理了有关手续，当事人提交的材料是否完整、齐全。仲裁庭成员应在分别阅卷基础上，在首次开庭前由首席仲裁员召集并主持案件评议。

仲裁庭应当开庭审理案件。当事人约定不开庭，或者仲裁庭认为不必要开庭审理并征得各方当事人同意的，可以根据当事人提交的文件进行书面审理。无论采取何种审理方式，仲裁庭均应当公平、公正地对待各方当事人，给予各方当事人陈述和辩论的合理机会。

仲裁不公开审理。当事人要求公开的，可以视情况公开，但涉及国家秘密、第三人商业秘密或者仲裁庭认为不适宜公开的除外。对于不公开审理的案件，当事人及其代理人、证人、仲裁员、仲裁庭咨询的专家和指定的鉴定人等，在案件审理期间以及裁决书作出后，不得对包括当事人在内的任何人透露与案件审理有关的任何情况。

开庭时，仲裁庭应当严格围绕仲裁请求、已确定的案件争执点、举证期限截止前提交的证据材料等进行审理。庭审可分为陈述、答辩、调查、辩论、最后陈述等阶段。通常以首席仲裁员提问为主。庭审调查中质证的顺序通常是：申请人出示证据并进行说明；被申请人质证；被申请人出示证据并进行说明；申请人质证。庭审结束前，首席仲裁员应征求其他仲裁员的意见；最后一次庭审结束前，首席或独任仲裁员应告知当事人有陈述最后意见或者庭后提交书面最后意见的权利。庭审结束后，由仲裁庭作出裁决。由 3 名仲裁员组成仲裁庭的，裁决应当按照多数仲裁员的意见作出，少数仲裁员的不同意见可以记入笔录。不能形成多数意见时，裁决应当按照首席仲裁员的意见作出。

三、律师作为仲裁员的职业准则

（一）公平中立、不偏不倚的义务

律师不得违背仲裁员独立、公正的立场，例如：①借故拖延办案时间；②拒绝说明理由，执意支持有利于一方当事人的裁决意见；或者故意曲解事实和法律，坚决支持或反对一方当事人的请求和主张的；③在开庭审理中，违背公正原则，代替一方向另一方质证、辩论、提出要求的；④无正当理由不在裁决书上签字的；⑤向当事人透露本人的看法或仲裁庭合议情况；⑥代人打听案件情况，或者代人向仲裁庭成员实施请客送礼或提供好处和利益；⑦接受当事人请客、馈赠或提供的其他利益；⑧私下联络同案仲裁员，不顾事实和法律，人为制造多数意见，为当事人谋求不正当利益；⑨故意隐瞒应当回避的事实；⑩徇私舞弊，枉法裁决。

（二）勤勉履行仲裁员职责的义务

律师在担任仲裁员并审理案件期间，应当勤勉履行仲裁员职责，不得出现如下行为：①开庭审理或仲裁庭合议时，迟到、早退，或者无故缺席；②开庭审理时，查看或使用手机、呼机，随便出入仲裁庭，或从事与开庭审理无关的活动，或者着装不得体；③不阅卷或不认真阅卷、不研究案情、不发表意见、不认真审查仲裁裁决的；④违反仲裁规则，致使案件审理超审限；⑤违反仲裁规则，致使仲裁庭开庭审理、仲裁庭合议、制作裁决等审理活动多次发生变更或迟延满规定次数，或迟延时间过久；⑥无正当理由不参加合议、调查或者开庭；⑦拒绝提供可供办案时间，或者拒绝在开庭笔录、合议笔录、材料清单上签字的；⑧违反仲裁规则，不对拟作出的裁决作出意见；⑨将制作裁决的职责委托给仲裁庭以外的人的。

（三）达到仲裁员专业能力的义务

仲裁是一项专业性、技术性、实践性很强的工作。仲裁员既要积极推进仲裁程序发挥仲裁的效率优势，又要给予双方当事人陈述和辩论的合理机会，保障仲裁程序的正当及裁决的公正。这不仅需要对仲裁理论、仲裁规则、仲裁程序的深入了解，而且需要具有运用仲裁规则、证据规则、仲裁实务技巧解决纠纷的经验、智慧和能力。

律师受聘为仲裁员后，应当努力提高自身专业能力，具备办理仲裁案件所必需的能力，不得出现如下情形：①不熟悉《仲裁法》、仲裁规则、证据规则及仲裁审理业务；②不具备办理案件所需的法律或其他专业知识、经验的；③缺乏庭审能力，思路不清或者表达能力差，不能推动仲裁程序顺利进行的；④缺乏认定案件证据、事实的分析判断能力的；⑤不能按仲裁机构要求制作裁决或提供制作裁决的书面意见的。

律师为了保持其作为仲裁员的专业能力，应当积极参加培训，不断提高仲裁理论水平和处理实际问题的能力，特别是受聘仲裁机构组织的培训。此类培训通常涉及仲裁实务、仲裁理论、仲裁员职业操守、仲裁法和其他相关法律、仲裁文化等。此类培训的方式通常包括：参加专门为仲裁员组成的培训活动，参与仲裁领域的宣传推广、学术研讨、经验交流等活动，作为专家为仲裁机构的仲裁员培训授课，以仲裁实务、仲裁理论、仲裁员职业操守、仲裁法和其他相关法律、仲裁文化等为主题撰写文章并发表。

第四节　律师办理并购业务

律师办理并购企业是指律师受企业并购业务的当事人委托，为企业并购提供法律专业服务。企业收购通常是指一家公司（"并购方"）为获得另一家公司（"目标公司"）的部分或全部控制权，利用自身可支配的现金、证券等有形资产、无形资产或以承担债务的形式为对价，购买目标公司的股权或有形资产、无形资产等，并导致目标公司经营性资产实质性变化，或其控制性股东发生变化，或丧失法人资格等的行为。

一、律师并购业务概述

（一）企业并购

企业并购又称并购与重组（Merger& Acquisition）。股权并购是并购企业通过向目标公司增资扩股或者与原股东直接进行股权转让的行为成为目标公司股东，达到收购目标公司的行为。在股权并购中，并购方可以通过收购获得公司的控制权，如收购目标公司的全部股权，或收购部分股权，但该股权的占比足以控制目标公司；并购方还可以通过收购股权成为目标公司的小股东，从而分享目标公司的股权增值收益或分红收益。资产并购是指收购目标公司的资产，并购方可以收购目标公司的全部资产，也可以收购部分资产。

股权收购和资产收购各有利弊。如果采取股权收购的方式，并购方在成为目标公司股东并持有股权的同时，也间接承担了目标公司以前的债务问题。如尽职调查不充分，没有发现公司的潜在债务，那么将会导致并购方获得的目标公司股权发生贬值，并购方的利益发生损失。如果采取资产并购的方式，那么资产的所有权从目标公司转移至并购方名下，而目标公司的债务仍在目标公司名下，因此并购方无需承担目标公司的债务。因此，如果目标公司债权债务清晰，没有历史遗留问题，则可以适用股权并购的方式；如果目标公司债权债务关系混乱，历史遗留问题较多，则资产并购是一种更优的方式。尽管股权并购存在一定的风险，但大多数情况下，并购方仍倾向于采取股权并购的做法，原因有三：一是资产并购会缴纳大量税负，如在土地并购中，会缴纳大量增值税、契税等，而股权并购的税费则相对较低；二是目标公司本身往往是一种具有商业价值的身份，如其获得的经营资质、长期经营的商业信誉等，通过股权并购可以让并购方间接享受到该利益；三是资产转让涉及所有权登记的变更和占有的转移等工作，如果并购的资产数量庞大，由此将会导致巨大的工作量，从而延缓交易的进度，而股权转让则仅涉及股权这一项的所有权变更和占有转移，相对而言简便得多。

此外，仅就股权并购而言，还包括转让股权和增资扩股两种形式。转让股权是指目标公司的股东将其持有的股权转让给并购方，并购方向该股东支付股权转让价款；增资扩股是指目标公司增加注册资本金，由并购方认缴该新增的注册资本金，并将其认缴的出资款支付给目标公司。转让股权和增资扩股的区别包括：一方面，股权转让中的投资款以转让价款的名义支付给了目标公司的原股东，增资扩股中的投资款以增资款的名义支付给了公司，因此前者是目标公司的原股东收益，后者是目标公司收益；另一方面，股权转让中发生了股权所有权的转让，因此发生了税法上认为有可能缴税的收入，有可能发生税负，而增资中不发生股权所有权转让，而新增了股权，因此没有税负。

（二）律师在企业并购中的作用

律师事务所为并购重组公司的并购重组提供法律服务的法定职责是依照法律规定的标准为并购重组公司的股权转让、资产置换、收购兼并等活动进行核查、验证，经把关合格后上报政府进行审批。律师事务所在公司并购重组活动中既为并购重组公司服务，同时也为政府服务，是证券市场不可缺少的"经济警察"。律师依法以独立主体的身份对上市公司并购重组的合法性作出独立的法律评价，为监管机构审核上市公司并购重组提供重要的法律依据。另外，从律师行业的本质特点考虑，律师作为社会法律工作者，与其说是当事人利益的代言人，不如说是公共利益的维系者。律师的执业目的具有两重性：维护证券市场当事人的合法利益和证券市场公共秩序的整体利益。律师不仅仅是中介人员，还是一个国家证券监管运行机制中的重要一环，与其他证券监管部门一样，肩负维护法律正确实施，维护公平与正义的责任。

二、律师如何进行并购业务

（一）尽职调查

尽职调查是指在企业并购中律师接受收购方的委托，对目标公司的资产和负债情况、经营和财务情况、法律关系以及目标公司面临的机会等潜在的风险进行一系列调查。一般来说，并购中的尽职调查包括财务尽职调查、税务尽职调查、商业尽职调查和法律尽职调查。律师则是参与法律的尽职调查。在并购中，当事人可以通过专业机构的尽职调查，尽可能全面、深入地掌握目标公司的各类信息并发现其中存在的风险与问题，为并购决策及并购价款金额的确定提供依据，并在并购实施后尽快接管目标公司。

1. 制作尽职调查计划及清单。律师应根据并购项目具体情况，结合当事人意向，制作尽职调查计划及清单，尽职调查计划应包括：尽职调查方式、人员安排、时间安排等。尽职调查清单应遵循个性化原则，针对不同特点的并购项目，具有不同突出点和侧重点，防止尽职调查流于形式。一般来说，尽职调查清单包括但不限于目标公司的主体资格及基本情况、资产情况、债权债务情况、关联企业情况、涉及诉讼仲裁情况、涉及行政处罚情况、职工情况、税务情况等。

2. 发出调查清单并由目标单位或相关方搜集、整理、移交资料。律师会在尽职调查启动前，向当事人或目标公司发出"法律尽职调查清单"，由目标公司提供必要的尽职调查资料。在获得目标公司提供的文件、资料与信息后，律师进行初步的整理和录入，查漏补缺，发现问题，以便及时地与目标公司相关人员沟通，必要时可以就相关问题对目标公司相关人员进行询证、交涉。

3. 开展现场调查及目标公司访谈工作。律师应前往目标公司或项目所在地开展法律尽职调查，对于目标公司移交的资料，承办律师应逐一核查真实性，对于复印件资料应要求加盖目标公司公章。所有移交的材料应由律师出具签收单，写明移交内容、数量、形式等。

此外，律师还可以向市场监督、土地管理、房屋管理、知识产权、税务、自然资源等相关领域的主管部门及法院等司法机关查询目标公司工商登记、土地房产、知识产权、环境保护、矿产资源、纳税、社保缴纳、涉诉等情况，同时应向相关部门了解当地对于目标公司的并购是否有限制政策或者优惠政策以及办理流程，从相关部门调取的资料应加盖相关部门公章或档案章。

最后，律师还可以前往目标公司资产所在地现场查看，核查现有资产情况、生产经营情况，是否有资产流失或违法经营等情况。

4. 资料汇总整理并形成尽职调查工作底稿。律师根据目标单位提供的资料和信息进行书面审查及现场调查后，出具尽职调查报告初稿。律师在核查资料、人员访谈、现场核实和第三方验证等之后仍然存疑的事项。为尽职调查中无法确认的事项，针对此等事项，律师可以根据交易具体情况酌情建议各方采取一定的措施，以排除交易的风险和各方的疑虑。

5. 出具最终的法律尽职调查报告。根据当事人的调查目标和律师尽职调查的专业要求，经过尽职调查后，律师核查清楚一般法律尽职事项及当事人重点关心的法律问题，并经当事人确认承办律师制作的初步尽职调查报告内容后，承办律师可以撰写正式的法律尽职调查报告。在提交正式的法律尽职调查报告前，律师事务所内部业务团队还可以对尽职调查报告进行讨论复核,严格按照法律法规规定,客观复核尽职调查报告及相关证据材料。复核完成后,律师将向当事人提交正式的法律尽职调查报告。当事人对于尽职调查报告有疑问的,可以向律师提出,由律师对于疑问再次进行调查与复核。

尽职调查报告通常分正文与附件两部分,正文内容通常包括定义、背景、总体概要及报告,对目标公司历史沿革、股权状况、资产、负债、保险、员工、合同、争议与诉讼、知识产权、环境保护、竞争与反垄断、税收等事项出具的审查意见;附件包括调查范围与程序、假设与限制、未回答问题及其他。

(二)出具法律意见

1. 法律意见书的作用。法律意见书是律师对当事人拟进行的并购交易从法律角度进行分析并提出的咨询意见。法律意见书与尽职调查报告的区别是,尽职调查报告针对的是目标公司所进行的调查分析,法律意见书则是对当事人收购目标公司的行为所进行的法律分析。律师在对该收购行为进行分析的时候,通常需要考虑:当事人进行该并购在法律上的可行性,交易中可能遇到的法律问题,该法律问题将如何解决,为了解决该法律问题而需要对交易结构或模式进行哪些调整,采取哪种交易结构或模式将会对当事人的商业目的和安排造成的负面影响最小、最有利于实现当事人的商业利益。

对于上市公司而言,当其进行并购重组时,也需要律师出具法律意见并向监管部门和股东披露。此时,该法律意见书的作用与前述普通并购的法律意见书不同。上市公司并购重组的法律意见书,不是为了维护当事人的商业利益而向当事人提供的法律咨询意见,而是律师为了证券市场有序发展这一公共利益而向监管部门和股东提供的法律咨询意见,以防止任何单位和个人利用重大资产重组损害上市公司及其股东的合法权益。具体而言:律师事务所应当审慎核查重大资产重组是否构成关联交易,并依据核查确认的相关事实发表明确意见;律师事务所应当对重大资产重组的实施过程、资产过户事宜和相关后续事项的合规性及风险进行核查,发表明确的结论性意见;上市公司向特定对象购买的相关资产过户至上市公司后,律师事务所应当对资产过户事宜和相关后续事项的合规性及风险进行核查,并发表明确意见。律师事务所出具的法律意见都会进行报告、公告,从而向监管部门和股东披露。

2. 法律意见书的内容。①对并购方案的描述,包括并购的标的,如目标公司股权或资产;并购的价款,如支付现金、股权或债权;并购资金的来源,如自有资金、融资所得资金及其融资方式;并购的后果,即并购完成后是否控制以及如何控制目标公司或其资产;②并购所涉主体资格,包括并购交易所涉各方是否有效存续、企业组织形式、所有权性质、内资还是外资、中国企业或是外国企业等;③并购交易的授权与审批,包括并购交易各方是否根据其公司章程获得了董事会、股东会、投资决策机构等内设机构的同意和授权,是否需要政府主管部门的审批以及是否通过审批；④并购协议的核心条款，包括标的、价款、支付方式、对赌条款、违约责任、合同效力等；⑤交易的合规性，包括该并购交易的并购价款金额是否公允、是否存在损害上市公司和股东利益的情况，标的权属是否清晰、是否存在过户或者转移上的法律障碍、是否涉及相关债权债务的处理，是否符合国家产业政策和有关环境保护、土地管理、反垄断等法律和行政法规的规定；⑥证券上的合规性，包括该并购交易是否依法向公众披露了必要的信息，是否构成重大资产重组，是否是关联交易或同业竞争，是否构成借壳上市，是否导致上市公司不符合股票上市条件，内幕信息知情人是否有买卖上市公司股票的情况。

（三）起草和修改并购协议

并购协议一般包括股权转让协议、资产购买协议、增资认股协议、股东协议等。完善的并购协议可以有效地控制交易风险，其中核心条款是价格、付款等。

并购协议的内容包括：

1. 价格和调价机制。价格是并购交易文件的关键点，通常在交易双方初步措施之后会确定初步估值，然后根据尽职调查报告体现的资产状况调整价格，并将该价格作为最终的并购价格。

2. 付款方式。其中，主要涉及付款时间的问题，亦即，被并购方先交付资产、并购方再付款，抑或并购方先付款、被并购方后交付资产。前者对并购方有利、被并购方有风险，后者对被并购方有利、并购方有风险，具体采取哪种方式往往取决于双方的交易地位。除此之外，为了使双方的风险都得以控制，双方会采取资金共管的方式，并购方将并购价款交由银行等中立的第三方监管，待被并购方交付资产、交易条件具备后，由第三方向被并购方付款。这种模式非常类似于淘宝在线购物中，买方先付款给支付宝，确认收货后再由支付宝付款给店家的交易模式。

3. 交割的先决条件。某些条件具备后才进行交割，如政府主管部门的审批，经其审批后交易才能合法地进行，因此将该审批的完成作为交易的前提。这些审批通常包括国资委、发改委、商务委、环保以及其他行业主管机关的审批。

4. 陈述与保证。交易双方向对方承诺其具备一定的交易条件，如双方具备合适的主体资格、不存在营业执照被吊销注销等情况。此外，被并购方还将承担更多的陈述保证义务，如对其注册资本金、股权、动产、不动产、环保、劳动社保、债务、财务各方面进行陈述和保证，确保并购方所购买的资产没有任何瑕疵。如果确实存在瑕疵，且并购方认为不影响交易的，则并购方通常会要求被并购方出具对该情况的披露函，然后由并购方出具同意其免责的文件。这个是卖方可以争取到的。

5. 过渡期安排，即从协议签订到交割完成期间公司如何经营的安排。由于此期间短暂数周，长则数月乃至整年，这期间目标公司不可避免会继续进行经营活动，这些经营活动很可能导致目标公司的估值发生增加或减少，或者经营过程中发生违法违规。为了避免这些变化导致交易前提发生变化、损害双方利益，特别是并购方的利益，双方通常会对这期间如何经营、并购方如何监管目标公司的经营进行约定，亦即过渡期安排。

6. 其他商业安排，并购方为了实现其并购的商业目的，在并购交易之外还会对被并购方提出其他要求，例如：上市承诺，即必须在指定时间内完成目标公司的上市；业绩对赌，即目标公司必须达成指定的经营业绩目标；反稀释，即目标公司进行再融资时，并购方有权参与该融资，以避免其持有股权的占比被新的融资稀释；限制转让，即为了将目标公司其他股东与并购方绑定在一起共同经营目标公司，而限制其他股东在并购后转让股权；优先清算，即在目标公司解散清算、被整体并购时，并购方将优先于其他股东获得清算资产或并购价款，从而保证并购方的投资回报；一票否决权，即并购方如果在并购后成了目标公司的小股东、不享有控股权，为了防止其无法控制目标公司，并购方会要求在某些可能影响到公司重大利益的事项上享有一票否决权，亦即这些事项的决策必须征得其同意。

■ 思考题

1. 简述诉讼外业务的发展前景。
2. 谈谈你对中国特色的多元化纠纷解决体系的理解。
3. 简述律师作为仲裁员的职业准则。

■ 参考书目

1. ［美］戴维·博伊斯：《追求正义：华尔街律师戴维·博伊斯自传》，吕亚萍译，当代中国出版社 2012 年版。

2. ［美］杰弗里．克里维斯、娜奥米·勒克斯：《遇/预见未来的法律人：美国 30 名调解人的成功路径》，许捷译，法律出版社 2017 年版。

3. 深圳市律师协会 ADR 法律专业委员会编著：《律师调解对商事调解的重塑》，法律出版社 2019 年版。

4. 上海市锦天城律师事务所编著：《锦天城律师文集：诉讼与仲裁》，法律出版社 2019 年版。

5. 上海市律师协会国际贸易业务研究委员会主编：《国际商事仲裁律师实务》，法律出版社 2018 年版。

6. 石建勋、郝凤霞主编：《企业并购与资产重组：理论、案例与操作实务》，清华大学出版社 2021 年版。

7. 马永斌编著：《公司并购重组与整合》，清华大学出版社 2020 年版。

8. 本书编写组：《新编律师常用法律文书大全》，法律出版社 2021 年版。

9. 中华全国律师协会知识产权专业委员会编：《中国知识产权律师年度报告 2021》，中国法制出版社 2021 年版。